科學無神論原理

李申 著

巴蜀書社

图书在版编目（CIP）数据

科学无神论原理/李申著．—成都：巴蜀书社，
2021.11（2022.11 重印）
ISBN 978-7-5531-1499-6

Ⅰ.①科…　Ⅱ.①李…　Ⅲ.①无神论-研究
Ⅳ.①B91

中国版本图书馆 CIP 数据核字（2021）第 118125 号

KEXUE WUSHENLUN YUANLI
科学无神论原理

李申　著

责任编辑	童际鹏
出　　版	巴蜀书社 成都市锦江区三色路 238 号新华之星 A 座 36 层　邮编 610023 总编室电话：(028)86361843
网　　址	www.bsbook.com
发　　行	巴蜀书社 发行科电话：(028)86361856
经　　销	新华书店
印　　刷	成都顺印天下数字印刷有限公司
照　　排	四川胜翔数码印务设计有限公司
版　　次	2021 年 11 月第 1 版
印　　次	2022 年 11 月第 2 次印刷
成品尺寸	170mm×240mm
印　　张	24.5
字　　数	400 千
书　　号	ISBN 978-7-5531-1499-6
定　　价	78.00 元

目　录

序言 …………………………………………………………… 朱晓明（1）
一、加强无神论研究建议的提出……………………………………（1）
二、积极论证、设计课题，提出实施建议…………………………（2）
三、申请立项，获得批准……………………………………………（4）
四、讨论和确定提纲…………………………………………………（4）
五、撰写初稿，召开年会，集中研讨………………………………（6）
六、修改定稿，交付出版……………………………………………（7）
导论：概念与宗旨……………………………………………………（8）
一、无神论、科学无神论和马克思主义无神论……………………（8）
二、原始宗教、国家宗教、世界宗教和新兴宗教…………………（10）
三、无神论宣传、教育与真理的传播………………………………（12）
四、马克思主义者对无神论宣传的态度……………………………（14）

正编　关于神祇不存在的证明及事神效果分析

第一章　什么是神……………………………………………………（21）
第一节　神祇不都是精神性的存在…………………………………（21）
一、古埃及和古代欧洲的肉身人神…………………………………（21）
二、古印度的肉身人神………………………………………………（23）

三、中国古代人神和物质体神祇…………………………………（25）
四、弗雷泽《金枝》中的肉身人神…………………………………（28）
第二节　人创造的神并不都是人的形象……………………………（29）
一、古希腊和古埃及的动物神……………………………………（29）
二、中国古代的动物神……………………………………………（32）
三、印度和其他古代民族的动物神………………………………（35）
四、动物神的历史顺序……………………………………………（37）
第三节　灵魂与精灵神………………………………………………（40）
一、游离于人神之旁的灵魂观念…………………………………（40）
二、早期灵魂的物质特性…………………………………………（44）
三、中国古代鬼神的精灵化………………………………………（47）
四、基督教神祇的精灵化进程……………………………………（52）
五、佛教神祇的精灵化……………………………………………（54）
第四节　超精灵神……………………………………………………（58）
一、伊斯兰教的超精灵神…………………………………………（58）
二、佛教的超精灵神………………………………………………（60）
三、中国传统宗教神祇的超精灵化………………………………（64）
四、基督教的超精灵神之一：泛神论和“上帝死了”……………（68）
五、基督教的超精灵神之二：蒂里希的新上帝观………………（71）
第五节　神祇的超自然能力…………………………………………（74）
一、自然力与超自然能力…………………………………………（74）
二、兽神和魔神的超自然能力……………………………………（78）
三、人神的超自然能力……………………………………………（81）
四、精灵神的超自然能力…………………………………………（84）
五、超精灵神的超自然能力………………………………………（88）
六、神祇是被认为具有超自然能力的存在………………………（91）
第二章　关于神祇不存在的证明……………………………………（93）
第一节　兽神、魔神不存在的历史证明……………………………（93）
一、兽神、魔神被宣布为非神……………………………………（93）
二、子不语怪力乱神………………………………………………（96）
三、它们被宗教学家认为是虚构的………………………………（99）

四、兽神和魔神的产生……………………………………………………（103）
第二节　人神不存在的历史证明……………………………………………（107）
一、人神的普遍性……………………………………………………………（107）
二、历史上对人神的否定……………………………………………………（110）
三、人神的死亡………………………………………………………………（113）
四、人神的德行和能力………………………………………………………（116）
五、看不见的人神……………………………………………………………（121）
第三节　精灵神不存在的历史证明…………………………………………（125）
一、精灵神的优越性…………………………………………………………（125）
二、对精灵神的改进…………………………………………………………（128）
三、对基督教精灵神的肯定与否定（1）　…………………………………（132）
四、对基督教精灵神的肯定与否定（2）　…………………………………（137）
五、对基督教精灵神的肯定与否定（3）　…………………………………（140）
六、对基督教精灵神的肯定与否定（4）　…………………………………（145）
七、基督教教士对精灵神God的否定和重塑God的工程　………………（148）
第四节　对超精灵神的批判…………………………………………………（151）
一、对蒂里希上帝观的批评…………………………………………………（151）
二、所谓“存在本身”或“存在的基础”…………………………………（153）
三、“存在的基础”或“存在本身”的内在矛盾　………………………（158）
四、所谓“God不能被理解”………………………………………………（160）
五、超精灵神时代的灵魂问题………………………………………………（164）
第五节　关于神祇存在不存在的总结………………………………………（166）
一、所谓“我们证明不了神的存在，你们也证明不了神的不存在”
……………………………………………………………………………（166）
二、神祇形状的产生和发展…………………………………………………（169）
三、神祇功能的产生和发展…………………………………………………（173）
四、有神论的衰落……………………………………………………………（179）
五、国外近现代学者对宗教有神论衰落的评论……………………………（183）
第三章　事神及其效果……………………………………………………（191）
第一节　物质献祭……………………………………………………………（191）
一、神祇与宗教………………………………………………………………（191）

二、献祭事神…………………………………………………………（195）
三、人祭…………………………………………………………………（200）
四、殉葬…………………………………………………………………（205）
五、献祭的效果及对献祭否定…………………………………………（209）
第二节　道德献祭…………………………………………………………（213）
一、走向德行献祭的漫长历程…………………………………………（213）
二、德行的差异和冲突…………………………………………………（216）
三、国家宗教的神祇与德行的保证……………………………………（220）
四、世界宗教的神祇与德行的保证……………………………………（225）
五、德行献祭的效果……………………………………………………（232）
第三节　出离德行的献祭…………………………………………………（237）
一、佛教的成佛捷径……………………………………………………（237）
二、基督教的活祭………………………………………………………（242）
三、伊斯兰教的“五功”和儒教的“主敬”…………………………（248）
四、非祭的奉献与非常的贪婪…………………………………………（252）
五、非常的贪婪和褊狭的心理…………………………………………（259）
第四节　维护事神原则的经典和它与新知识的冲突……………………（267）
一、宗教心理与对教义的信仰…………………………………………（267）
二、经典与经学…………………………………………………………（271）
三、对违背经典者的处罚………………………………………………（276）
四、经典知识与科学发展………………………………………………（280）
五、宗教与科学的关系评述……………………………………………（285）
第五节　事神效果综述……………………………………………………（289）
一、宗教是古代世界的总理论…………………………………………（289）
二、神祇崇拜的总效果…………………………………………………（293）
三、信仰神祇不是人类与生俱来的本性………………………………（296）
四、信仰神祇是一种愚昧文化…………………………………………（299）
五、特异功能和愚昧……………………………………………………（302）
六、对待愚昧的方法是帮助摆脱………………………………………（306）
第四章　中国共产党的宗教理论和宗教政策…………………………（310）
第一节　中国共产党的宗教理论…………………………………………（310）

第二节　中国共产党的宗教政策……………………………………………（315）

附录　主要宗教神学知识及批判

第一章　原始宗教………………………………………………………………（323）
第二章　国家宗教（一）：古埃及、古希腊、古罗马宗教 ……………………（325）
第三章　国家宗教（二）：犹太教、印度教 ………………………………（328）
第四章　国家宗教（三）：儒教、道教、神道教 …………………………（332）
第五章　世界宗教（一）：佛教 ……………………………………………（340）
第一节　四圣谛和三法印……………………………………………………（341）
第二节　不一不异论…………………………………………………………（344）
第三节　不坐禅的禅宗………………………………………………………（347）
第四节　信佛与信神…………………………………………………………（348）
第五节　轮回说………………………………………………………………（349）
第六章　世界宗教（二）：基督教 …………………………………………（351）
第一节　曲折的历程…………………………………………………………（351）
第二节　宗教与教会…………………………………………………………（354）
第三节　救赎与原罪…………………………………………………………（355）
第四节　God论与三位一体说………………………………………………（358）
第五节　关于爱………………………………………………………………（361）
第六节　关于最后审判………………………………………………………（366）
第七节　传教问题……………………………………………………………（368）
第七章　世界宗教（三）：伊斯兰教 ………………………………………（372）
结语………………………………………………………………………………（374）
引用书目…………………………………………………………………………（377）
后记………………………………………………………………………………（386）

序　言

朱晓明

以李申教授为主撰写的学术专著《科学无神论原理》（以下简称《原理》），是中国无神论学会承担的国家社科基金委托课题《科学无神论基本理论问题研究》的重要成果。

在《原理》一书即将付梓之际，我作为课题负责人，有责任把这个课题的来龙去脉，向读者做一个说明。

一、加强无神论研究建议的提出

2013 年 8 月 19、20 日，中国无神论学会第四届会员代表大会暨 2013 年年会在北京举行。会前，我们于 2013 年 7 月 23 日向中央有关领导同志致函，汇报当前无神论研究和宣传教育面临的问题和挑战，提出将无神论学科建设作为国家的一项战略，制订一个长期可行的规划，并从领导、组织、制度等方面给以有力保障的建议。8 月 26 日，有关领导同志做出重要批示，指出“加强无神论研究和宣传教育很有必要”，并请有关部门的领导同志“从各自领域对此项工作给予支持”。

令我们感到鼓舞的有两件事：一是中国社会科学院的领导高度重视。王伟光院长及时批示，并请时任副院长李捷负责。10 月 15 日、11 月 12 日，李捷副院长、邓纯东书记（中国社会科学院马克思主义研究院党委书记）两次听取无神论学会的汇报，研究解决突出问题，并提议学会和中心（中国社会科学院科学与无神论研究中心）年内举办第一届科学无神论论坛。二是全国哲学社会科学规划办公室主动来联系。9月初，国家社科规划办主动与社科院科研局联系，要求无神论学会，提出10个课题纳入2014年课题招标指南。这对我们是一个重要的支持和推动，反映了中央有关部门在落实领导同志批示精神中的积极态度和重视程度。

二、积极论证、设计课题，提出实施建议

对国家社科规划办交办的任务，无神论学会高度重视，立即开展了课题征集和论证工作，采取了三项措施：

1. *广泛征集课题*。2013年9月17日，由左鹏教授（中国无神论学会副理事长、北京科技大学教授）负责，以学会名义向全体理事（百余名）发出《关于征集无神论研究课题的函》，要求各位理事根据自己的学术积累、研究旨趣，围绕无神论领域的重大理论和现实问题，设计研究课题。截至9月25日，共收到24位理事的回复，设计了45项研究课题。

如果仅仅为了提出10个课题，也没有必要这么大动干戈。之所以要在全体理事中征集，一方面是有利于群策群力、集思广益；另一方面，也是通过学术活动加强与理事的联系。要使理事们知道自己的责任，不是只到开年会时才联系，而是平时就要经常联系，形成一种学术研究的氛围。联系不是一种形式，而要有实质内容，才有吸引力，并可持续。

2. *科学论证课题*。为进一步集思广益，2013年10月19至20日，中国无神论学会召集京内外的15位专家学者举行课题论证会，对征集到的45项课题逐一审议，最后汇总、整合出《科学无神论基本理论问题研究》等12项研究课题。

这次专家论证会，规模不大，请的大多是专家，尤其是将来能够积极承担有关课题并在第一线工作的中青年学者。这一方面是限于经费，另一方面也便于集中意见，使有限的力量能集中完成最急需、最基础的课题。课题征集和论证的过程，也是集思广益、扩大影响、提高认识、凝聚共识的过程。这样形成的方案，可能更具科学性，更能得到学界的认可，这也是对未来能够承担课题的研究力量的摸底。

汇总、整合出的12项研究课题是：

(1)《科学无神论基本理论问题研究》

(2)《无神论史研究》

(3)《当代无神论思潮研究》

(4)《马克思主义无神论研究》

(5)《科学无神论与宗教信仰自由》

(6)《科学无神论与科教兴国》

(7)《教育与宗教相分离的实施途径研究》

(8)《科学无神论与抵御境外宗教渗透》

(9)《科学无神论与当代神秘主义研究》

(10)《边疆民族地区科学无神论宣传教育研究》

(11)《科学无神论与党的意识形态工作研究》

(12)《科学无神论与“中国梦”的实现》

3. 提出课题立项方式建议。为确保课题研究能够真正落到实处并坚持马克思主义与科学无神论的研究方向，左鹏教授分析了 2000 年以来国家社会科学基金年度项目（含一般项目和青年项目）中无神论课题的指南和立项情况。

在 2000 年至 2013 年的项目指南中，含有“无神论”一词的课题共 21 项。其中，哲学 11 项，宗教学 10 项。另外，马克思主义·科学社会主义、党史党建各有 1 项明显带有无神论研究取向。

在同期获准立项的课题中，含有“无神论”一词的共 8 项，其中哲学 5 项，宗教学 2 项，马克思主义·科学社会主义 1 项。另外，含有“宗教”一词的课题在马克思主义·科学社会主义中有 7 项，在哲学中有 4 项，在政治学中有 1 项，在宗教学中难以计数。

对比发现，14 年来在国家社会科学基金项目指南中，无神论课题明显偏少，最后能够获准立项的课题更少，而且这些立项的课题同设计的课题指南没有太大关联。

在当前无神论学科处于弱势地位的情况下，如果把中国无神论学会论证设置的 12 项课题一般性地纳入 2014 年国家社会科学基金项目指南并分解到各个学科申报、评审，很难引起其他学科专家的特别重视。出于维护本学科传统立项方向的需要，无神论课题很可能在不同子学科的激烈竞争中，在通讯评审阶段就被提前淘汰出局。即使少数申报有幸入围，由于部分评审专家对无神论的偏见和忽视，加强无神论研究和无神论学科建设所急需的重要基础性和应用性课题也将难以通过、难以立项，或者立了与课题指南设计初衷相悖的课题。这样，加强无神论研究和宣传教育的设想就很可能再次落空。

总结以往的经验教训，为使无神论研究项目顺利实施，夯实学科建设的基础，学会向国家社科规划办提出两个建议方案：一是将12项设计课题打包为一个“无神论研究项目”，由国家哲学社会科学规划办公室作为委托项目，通过社科院科研局，委托中国无神论学会和中国社会科学院科学与无神论研究中心组织实施；二是从12项课题中选择最具基础性、现实性的5项课题（《科学无神论基本理论问题研究》《无神论史研究》《科学无神论与科教兴国》《教育与宗教相分离的实施途径研究》《科学无神论与党的意识形态工作研究》），由国家哲学社会科学规划办公室作为特别委托项目，通过社科院科研局，委托中国无神论学会和中国社会科学院科学与无神论研究中心组织实施；其他课题纳入2014年国家社会科学基金项目指南，按一般程序申报评审。

三、申请立项，获得批准

我们关于课题立项方式的建议得到中宣部领导和社科规划办的重视和支持，2013年11月，社科规划办同意学会提交立项报告。立项报告申报的课题名称是《科学无神论基本理论问题研究》，我是课题负责人，主要参加者有李申（博士，学会副理事长、上海师范大学教授）、王珍（博士，学会副秘书长、中央社会主义学院副教授）、黄奎（博士，学会理事、中国社会科学院世界宗教研究所副研究员）、戴继诚（博士，学会理事、中国人民公安大学副教授）等，成果形式为一部专著、一本论文集。社科规划办随即批准这一项目作为委托课题，由无神论学会承担。学会提出的其他部分课题将分别纳入2014年社科基金课题指南，面向全国招标。

四、讨论和确定提纲

委托课题立项批准后，2013年12月21日，第一次《科学无神论原理》提纲研讨会召开。会前，我向各位理事发了一封电邮，请会前做点功课，思考和回答几个问题：（1）这次承担《科学无神论基本理论问题研究》课题，如何回答新问题、吸收新成果。（2）现在一些干部群众为什么对无神论没有兴趣？为什么不喜欢无神论？症结在什么地方？从学术研究的角度如何回答、如何改进？(3) 社会上，关于无神论的一些活动和言论，哪些对我们有启发、借鉴。(4) 宗教学研究领域的一些错误理论，迷惑性较大，如何用马克思主义、科学无神论观点予以剖析，澄清是非。(5) 西方新无神论思潮有哪些新进展，如何借鉴、吸收，为我所用。(6) 党的理论创新成果对无神论研究的指导和运用，如何把无神论纳入大局、服务大局。要使这个课题的研究，在继承以往研究成果的基础上，更接地气、更开放、更科学、更有用，使无神论研究像毛泽东对哲学研究所说的：走出书斋、走向社会，充满生机活力，增强吸引力、感染力、说服力，扩大影响力、话语权。

通过讨论，与会学者认为要说清楚为什么没有神，马克思主义是指导，要用马克思主义的立场、观点、方法来研究问题。但是，判断是非的逻辑前提，不是马克思主义的个别论断。我们初学的人，往往喜欢把马克思主义的某一种说法当做判断真假是非的标准。实际上，从根本上来说，要从实际出发，而不要从概念出发。逻辑前提有两条：一是认识必须符合实际，实事求是；二是价值上必须符合人民的根本利益。一是真理性，一是阶级性。说“有神论”错，因为有神论不符合实际，不符合人民利益。2013 年 11 月 19 日，加润国主任（学会副理事长、国家宗教局宗教研究中心副主任）给我发来电邮，提出了他起草的《〈马克思主义无神论〉提纲》。其很有见地和价值，有些内容加入了《原理》一书的相关章节。

李申教授是被毛泽东誉为“凤毛麟角”的任继愈先生的学生，1986 年毕业于中国社会科学院研究生院，获哲学博士学位，学有专长，著述颇丰。他以多年的研究和积累为基础，主动请缨，提出将成果形式之一的专著定名为《科学无神论原理》的建议，并承诺承担主要的撰写任务。2014 年 1 月 6 日，李申教授提出《〈科学无神论原理〉提纲》。2014 年 1 月 15、16 日，李申教授再次提出《〈科学无神论原理〉提纲（修订稿）》。

2014 年 1 月 18 日，第二次《科学无神论原理》提纲研讨会召开。与会理事认为，这一委托课题是学会承担的任务，因此要把发挥李申教授的研究优势与发挥集体的智慧很好地结合起来。成果预期的读者群为：干部、大学生。让干部认识无神论，从而不能以公共权力和资源宣传有神论；让大学生认识无神论，从而有一定的鉴别能力，不受有神论的影响。目的：一是让无神论成为一种常识、一种常态，成为主流；二是抵御敌对势力利用宗教进行的渗透，维护国家安全。田心铭老师（学会副理事长、教育部高等学校社会发展研究中心原主任）由于另有会议，请假，但提交了研讨发言提纲。他提出：这本书是原理的体系，有普遍性、稳定性、准确性；基本说法，需要推敲、得到大家赞同；就像磨文件，外人看不出来，但磨到一定程度，咬准了，每一个概念的界说、表达，都搞准确了，分量就出来了；站住了，价值、持久性，就有了；学术的功夫，往往是在最后的打磨中出来的。

2014 年 2 月 19 日，学会向社科规划办致函汇报。国家社科基金委托课题《科学无神论基本理论问题研究》，从 2013 年年底到 2014 年年初已经召开了 3 次课题研讨会，初步讨论确定了研究提纲，正在顺利推进。

五、撰写初稿，召开年会，集中研讨

2014 年 3 月 15 日，中国无神论学会理事长会议召开，确定下半年召开的年会主题为"科学无神论基本理论问题研究和学科体系建设"研讨会。

2014 年 8 月 1 日，李申老师完成《科学无神论原理（征求意见草稿）》，通过电邮发给部分理事征求意见。2014 年 8 月 15 日，李申老师再发《科学无神论原理（征求意见草稿）》。

2014 年 8 月 15 日，我向李申老师发了《科学无神论原理（初稿）》读后的电邮。我认真看了好几天，总的印象是：书稿内容丰富，观点鲜明，论述透彻，有长期的积累，为进一步研究提供了很好的基础。

有些论述相当深刻、精彩。例如："（威尔逊认为）随着社会组织的逐步完善以及运行效率的提高，虽然可能还会出现许多新的问题，但是宗教的社会功能将会在现代社会中逐渐衰退，剩下的，仅仅是心理的功能。"（《本书》第 267 页）

"宗教，有宗，有教。宗，是对神的信仰；教，就是把神的意志传达给民众。"（《本书》第 272 页）

"解释经文要应付的最重要的情况，是经书的内容实际上已经不适应新的情况，但又不能说经书是错，所以必须重新解释，使经书的内容与新的情况相适应。这种解释如果能被接受，新的思想就可以在旧的框架中生长起来，使教义得到更新和发展。"（《本书》第 273 页）

这些论断，入木三分，很见功力，实在令人过目难忘。

2014 年 11 月 21 日，部分理事长碰头会举行，讨论年会日程，确定在 2014

年年会上用半天时间，集中讨论李申教授的书稿，并在会前通过环保低碳的电邮方式，将书稿发给全体理事。

这个课题是无神论学会近年来承担的第一项国家社科基金委托课题，也是加强无神论学科建设迈出的重要一步。李申教授也希望尽量扩大征求意见的范围，多听听各方面专家学者的意见。2014 年 12 月 13、14 日，无神论学会 2014 年年会在珠海召开。出席年会的理事对《原理》书稿进行了认真的讨论，徐麟教授（学会理事、河北社科院研究员）做了重点发言。在讨论和交流的过程中，理事们互相启发、思想激荡，有了更多、更深的收获。

六、修改定稿，交付出版

2015 年 6 月 17 日，李申教授发来电邮，说明这一段时间在京外利用两个多月的时间对《原理》进行了修改定稿。征得李申教授同意，我将书稿通过电邮发给了各位理事。徐麟等理事认真阅读并提出了一些文字上的修改意见。6 月 30 日，李申教授发来电邮，对大部分意见予以采纳，加了一个后记，并嘱我写一个序言，交代这个委托课题前前后后的有关情况。

这本专著主要由李申教授执笔，加润国研究员撰写了《中国共产党的宗教理论和宗教政策》一章，同时也凝聚了学会内外很多人的心血。在此，对所有关心、帮助科学无神论研究和宣传教育工作的各界朋友表达我们深深的敬意。你们的关注和支持，永远是我们克服困难、勇往直前的不竭动力和源泉。

朱晓明

2015 年 7 月

导论：概念与宗旨

一、无神论、科学无神论和马克思主义无神论

无神论是揭示神祇①不存在的理论。自从神祇观念产生以后，就不断产生着揭示神祇并不存在的观念和理论。这样的观念和理论，本书称之为“无神论”。

“无神论”这个概念，在历史上曾呈现出非常复杂的状态。在中国，《墨子·公孟》批评“公孟子曰无鬼神”，是中国传统文献中所能找到的最早的无神论表述。在西方古代，基督教曾被称为无神论者。而在基督教取得了统治地位以后，常常把不信基督教或者对基督教某些教条持批评意见的人称为“无神论者”。在无神论概念这些纷繁复杂的表现背后，共同的东西是：它们都是对某些神祇或者神祇现象的否定。不过历史上的无神论，在否定某些神祇或者神祇现象的同时，往往维护着别的、被认为是正统的神祇，甚至会创造出新的神祇。

16世纪，哥白尼（Mikołaj Kopernik，1473—1543）“日心说”的问世，成为人类新时代的第一缕曙光。从此以后，人类对自然界的认识，也就是自然科学，开始了不断加速的发展历程。在自然科学快速发展的基础上，诞生了一种彻底的无神论观念。由于这种无神论奠基在近代自然科学发展的基础上，有大量正确的知识作支撑，我们称之为“科学无神论”。

在我国，笔者所能查到的、首先使用“科学无神论”概念的是国务院宗教事务局。该局于1954年曾出版《更广泛的开展科学无神论的宣传》一书，汇集前苏联宣传无神论的文章。“文化大革命”以后，首先使用“科学无神论”概念的

---

① 神祇，本书中泛指一切鬼神。神，中国古代指天神；祇，读 qí，中国古代指地神。

是我国马克思主义宗教学的开创者和奠基人任继愈先生。在他任所长的世界宗教研究所于1977年编写并出版了《科学无神论讲话》。他本人于1979年在《哲学研究》发表《为发展马克思主义的宗教学而奋斗》，指出“马克思主义宗教学本质上是一种科学无神论”。

科学无神论最早的代表人物，是17世纪英国唯物主义思想家霍布斯（Thomas Hobbes，1588—1679），后来是18世纪法国的唯物主义思想家狄德罗（Denis Diderot，1713—1784）、霍尔巴赫（Paul-Henri Thiry，baron d'Holbach，1723—1789）、爱尔维修（Claude Adrien Helvétius，1715—1771）、拉美特利（Julien Offroy De La Mettrie，1709—1751）等人。其中观点最为彻底的霍尔巴赫等人，他们完全否认神祇的存在，也不再创造新的神祇，从而开创了人类完全依靠自身力量争取幸福生活的新时代。在他们看来，那些创造和传播神祇观念的人，都是骗子；信奉神祇的人，都是傻子。只有他们，才用理性的阳光照亮了黑暗，获得了真理。

随着法国大革命的影响，法国学者的无神论观点也迅速传播。在19世纪的德国，首先由本是神学家的大卫·施特劳斯（D. F. Strauss，1808—1874），然后是青年黑格尔派领袖鲍威尔（Bruno Bauer，1809—1882），认真研究了耶稣的生平，认为基督教圣经中耶稣的神迹都不是历史事实，而是被无意识或有意识地创造出来的神话。接着是费尔巴哈（Ludwig Andreas Feuerbach，1804—1872），认为不是神创造了人，而是人创造了神。神，是人们按照自己的本质幻想出来的；人对神的崇拜，实际上是对人的本质的崇拜。

在批判地继承青年黑格尔派和费尔巴哈哲学观念的基础上，马克思和恩格斯进一步阐明了有神论观念产生的现实基础：“不是人们的意识决定人们的存在，相反，是人们的社会存在决定人们的意识。”[①] “一切宗教都不过是支配着人们日常生活的外部力量在人们头脑中的幻想的反映，在这种反映中，人间的力量采取了超人间的力量的形式。”[②] 支配着人们日常生活的外部力量，首先是自然界，其次是社会生活。神祇观念，就是人类对这种支配人们日常生活的外部力量幻想

① ［德］马克思：《〈政治经济学批判〉序言》（1859），《马克思恩格斯选集》第2卷，北京：人民出版社，1995年，第32页。

② ［德］恩格斯：《反杜林论》（1876—1878），《马克思恩格斯选集》第3卷，北京：人民出版社，1996年，第666—667页。

的产物。因此，要使人们摆脱神祇观念，根本条件是提高人类掌控这种外部力量的能力，改变人们的社会生活条件。

马克思和恩格斯对于神祇观念的说明，不仅有着坚实的自然科学的知识基础，更提供了如何认识神祇观念的正确立场和科学方法。也就是说，马克思主义不仅彻底否定神祇的存在，而且科学地说明了有神论，科学地对待有神论，因而是科学无神论发展的最高形态——马克思主义无神论。

近年来，伴随着无神论概念深入，在网络上甚至学术论著中，出现了诸如“反神论”“疑神论”等概念。所谓疑神论并未否定神的存在，反神论更是要以神的存在为前提，因此都不能和无神论概念相提并论，因而不是本书讨论的对象。

二、原始宗教、国家宗教、世界宗教和新兴宗教

无神论的对立面，是有神论，即相信神祇存在的理论。创立或者传播神祇观念用以教导世人的社会现象，就是宗教。宗，“尊祖庙也”（《说文解字》）。庙宇是神祇居住的地方，所以，宗，就是信仰神祇；教，就是用神祇观念教导世人，也就是传统的“神道设教”。所谓“神道设教”，就是借助神祇及其相关的道理，教导世人。《周易·观卦·彖辞》“圣人以神道设教而天下服”，就是说，借助神祇意志教导世人易于服从。所以中国近代学者们集体编写的《辞源》第一版，给“宗教”的定义就是“神道设教”。

至晚在隋唐之际，佛教就开始自称宗教。从宋代开始，儒教也有自称宗教的。从元代开始，道教也自称宗教。到清代末年，“宗教”一词就成为指称所有以神祇信仰为核心的社会现象，并且和英语中的 religion 相对应。

人类信仰的神祇，多种多样。宗教的形式，也各不相同。依据历史的发展，宗教可分为原始宗教、国家宗教、世界宗教和新兴宗教四大种类。

原始宗教是人类最早的宗教形式。由于当时的人类社会规模很小，信仰同一神祇的人数也非常稀少，甚至每个人都有自己信仰的神祇。其信仰的目的，也都非常具体，因而神祇的功能也非常有限。

随着人类社会群体的增大，出现了较为固定的领袖人物，神祇中也开始出现能力高于其他神祇的神祇，甚至部落或者部落联盟中的领袖人物、王者或者巫师，也被当作神祇。部落由联盟到形成民族，民族或独立或融合形成国家，国家宗教开始成为新的宗教形式。

国家宗教的神祇更加集中，往往只有少数几个，甚至只有一个主要神祇。其他神祇，或者处于服从地位，或者被边缘化甚至消失。国家宗教的目的，是国家的安全，其神祇，或者是国家的保护神，或者要能给国家的长治久安提供思想指导。国家宗教的信众，往往只是本国的民众。如今所知的犹太教、古希腊的宗教、古罗马的国教、印度教、中国的儒教、日本的神道教，都是典型或者较为典型的国家宗教。

在国家宗教统治时期，由于对社会苦难以及一般苦难意识的加深，摆脱苦难的要求也日益强烈，于是出现了以寻求个人幸福而不是国家安全为目的的宗教，这就是世界宗教。所谓世界宗教，就是说它的教义不局限于本国或者本民族之内，而是适用于所有的人。典型的世界宗教，是佛教和基督教。伊斯兰教也是世界宗教。由于特殊的历史条件，伊斯兰教从创立之日起，首先要担负起国家宗教的责任，直到现在，情况也并未改变，所以较多地保留着国家宗教的特征。同样，国家宗教中，犹太教由于犹太人失国的悲惨命运，使它带有较多的世界宗教的特征。

新兴宗教，指资产阶级革命以后，由于实行宗教自由政策，而不断涌现的大量的宗教团体。这些团体数量众多，仅在一个国家登记在册的数量，往往就有成千上万，甚至有数万或数十万个。其中有最为落后和野蛮的以教主为神、以巫术为基本活动内容，如日本“奥姆真理教”之类的教团；也有认同科学和民主精神、以实现人类大同为目的、除了宣称信仰一个至上神之外几乎和世俗团体少有差别的“巴哈伊”教；还有为了逃避税收而登记为宗教团体的企业和公司。许多新兴宗教的教义，或是对传统宗教中某些教义片面的理解和发展，或是传统宗教中各种教义零言碎语的混合，而少有新的创造。其中有些采用暴力手段或者因为坚持片面教义而走向极端，往往直接危害社会安全。在我国，这类组织，被法律宣布为“邪教”。

各种宗教虽然目的不同，教义各异，但共同的特点，是信仰神祇。有人把球迷组织甚至共产主义、无神论也说成是宗教，是明显的歪曲。特别是某些有神论者或有神论的拥护者，出于反对无神论的目的，把无神论也说成是宗教，这就像说“方的圆”或者“圆的方”一样，自相抵触，不能成立①。

本书所讨论的是作为各种宗教信仰的有神论观念。无神论，否定的仅仅是有神论观念，即认为神祇真实存在的观念。科学无神论诞生之初，直到马克思主义产生以后的很长一段时间内，人们所说的“宗教批判”，其中被批判的“宗教”，基本内容都是指宗教的有神论观念，甚至就是指基督教的神学观念。随着宗教学的发展，今天人们所说的宗教，其内容不仅指某一个宗教，也不仅指宗教的有神论观念，还包括信教的群众以及由信教群众所组成的团体。在这种情况下，有人故意说什么无神论者要“批判宗教”，似乎无神论者要把信教群众作为自己批判的对象，这完全是恶意的挑拨。

那么，无神论者为什么要批判有神论，要宣传或者传播无神论呢？

三、无神论宣传、教育与真理的传播

无神论者为什么要宣传或者传播无神论？因为神是不存在的，无神论是真理，而宣传或者传播真理，是最重要的造福人类的事业。

人要生活，衣食住行，都需要正确的知识指导，才能正常生活。假如把不能吃的东西说成能吃，把不能走的路说成能走，那就一定要害人。所以寻求真知识，是人的本性。小孩子听大人讲故事，都喜欢问一句“是真的吗？”中央电视台曾有一个节目《是真的吗？》，都是人类求真知识本性的表现。所谓真理，就是真的、正确的知识。在《是真的吗？》这个节目中，连“打火机掉在热汤锅里就会爆炸”，“被高温曝晒的汽车开几下门温度就会降低很多”这样的事情，不少人都要问一句：“是真的吗？”那么，当有人告诉你说“我们的幸福还是灾难，都是神在主宰着”“人死灵魂不死，或在天堂享福，或在地狱受苦”，诸如此类的问题，难道我们不该问一句“是真的吗？”而此类问题归结到一点，就是“真的有神吗？”而所谓无神论，要告诉你的也只有一点：神，是不存在的。

历史上，有神论者认为神是存在的，神的话就是真理。而无神论者则不断指

---

① 恩格斯《费尔巴哈和德国古典哲学的终结》：“在 40 年代，巴黎的路易·勃朗派改良主义者正是这样说的，他们也认为不信宗教的人只是一种怪物，并且对我们说：因此，无神论就是你们的宗教！费尔巴哈想以一种本质上是唯物主义的自然观为基础建立真正的宗教，这就等于把现代化学当作真正的炼金术。如果无神的宗教可以存在，那么没有哲人之石的炼金术也可以存在了。况且，炼金术和宗教之间是有很紧密的联系的。哲人之石有许多类似神的特性，公元头两世纪埃及和希腊的炼金术士在基督教学说的形成上也出了一份力量。”（《马克思恩格斯选集》第 4 卷，北京：人民出版社，1996 年，第 234 页。）

出，神是不存在的；所谓神的教导，不过是某些人假托神的名义编造出来的。比如基督教，在它早期的历史上，曾经严厉地批判当时的人们所信仰的神祇：

> 自古以来，那班凶恶鬼魔，变相去侮辱妇女，腐蚀青年……他们既为惧怕所卷去，不能认识魔鬼之为魔鬼，却称其为神祇，一一给予魔鬼们所各自称呼的名号……（当年他们对待苏格拉底，就是）控他提出新异神祇，而对我们，他们亦同样作法……我们因顺服它（道成肉身之基督），不但否认那些作了这样的事之灵物为神祇，却断定他们为邪恶而不圣洁的魔鬼。
>
> 由于此故，我们乃被称为无神论者。我们供认，若就这种样子的神祇来说，我们诚是无神论者。但我们绝不否定最真实的上帝。①

讲这番话的，是基督教早期著名的护教士游斯丁。二百多年以后，基督教在欧洲迅速传播。法兰克王国的创立者克洛维（Clovis I，481—511）仍然信仰和罗马帝国类似的神祇。他的王后是个基督徒。当他们有了第一个儿子的时候，王后要为儿子洗礼，并因此发表了一篇否定克洛维所信神祇的议论：

> 你所信奉的神是算不了什么的。他们既不能帮助自己，也不能帮助别人，因为他们是用木头，或是石头，或是金属雕刻成的。而且，你给他们取的名字也是人的名字，而不是神的名字。萨腾就是一个人，据说他因为免得被儿子从自己的国里赶出去，就逃跑了。朱辟特也是一个人，是个干出一切淫乱和越轨丑行的最下流的人，他污辱自己家族的妇女，甚至连自己的姊妹也不能幸免，因为她自己承认是‘乔夫的姊妹和妻子’。马尔斯和赫丘利又有什么威力呢？他们也许通晓魔术，但是从未具有神力。你莫如侍奉上帝，他一说话，就从虚无之中创造天地、大海和其中的一切……②

游斯丁护教辞提到了苏格拉底，而迄今为止仍有不少人认为苏格拉底是个无神论者，因为当时判他死刑的理由，就是他的无神论立场。然而苏格拉底自己声明，

---

① 《游斯丁第一护教辞》第五章《被控为无神论者的基督徒》、第六章《拒绝无神论的控告》和《基督教早期文献选集》，香港：基督教文艺出版社，1995年，第408、409页。

② 吴于廑主编：《外国史学名著选》上册，北京：商务印书馆，1988年，第417页。

他不是无神论者，他信仰的是自己的神祇，如同基督教宣称信仰自己的God[①]一样。这些历史事实，使我们看到了历史上无神论和有神论争论的复杂情况，也使我们看到了那些否定旧神祇的人们如何为了传播新的神祇观念而英勇献身。游斯丁和苏格拉底一样，为了自己的信仰，也被当时的国家判处死刑。

在基督教的《新约》中，要求自己的信徒要努力传播神的“福音”。在他们看来，他们传播的是真理，而真理将会给人们带来幸福，所以真理也称为福音。

然而真理和谬误的对立，从来都是相对的。一千多年过去了，以往那些曾经是人类福音的道理，今天已经不再是真理。人类已经明白，神，包括基督教的神，都是不存在的。要创造人类的幸福，只能依靠人类自己。而以往的人类思想史留给我们的重要财富之一，就是如果知道了真理，就要努力宣传真理，并且不计成败利钝，不顾得失荣辱。

这也就是我们今天要宣传无神论的理由。

四、马克思主义者对无神论宣传的态度

中世纪的欧洲，基督教一统天下，人们没有选择信仰的自由。由于领导基督教的罗马教廷特别是教皇或称教宗的腐败，16 世纪，在基督教内部先后产生了以路德、加尔文为领袖的新的派别。在与旧教的斗争中，首先在德国境内，民众争取到了可以信仰新教的自由。一百多年以后，在英国的革命和反革命的反反复复的内战中，“宗教自由”被正式确定为政治和法律原则。不过所谓自由，也和德国情况类似，仅仅是可以信仰基督教不同派别的自由。18 世纪，随着美国独立战争和法国大革命的胜利，宗教自由被确立为现代民主共和国的政治法律原则。

正如马克思所说：“资产阶级的‘信仰自由’不过是容忍各种各样的宗教信仰自由而已，工人党则力求把信仰从宗教的妖术中解放出来。”[②] 所谓“从宗教的妖术中解放出来”，不是像 18 世纪法国的无神论者一样，把批判宗教作为自己的基本任务；也不是像施特劳斯、鲍威尔所代表的青年黑格尔派一样，把批判宗

---

① God，拉丁文为 Deus，明末入华的耶稣会传教士利玛窦音译为“陡斯”，义译为中国古代的“上帝”。将 God 译为“上帝”，不仅在当时就有不少传教士反对，迄今为止，也未得到罗马教廷认可。由于英语流行范围广大，本书为尊重实际和行文方便，一律称 God。

② ［德］马克思：《哥达纲领批判》，《马克思恩格斯选集》第 3 卷，北京：人民出版社，1996 年，第 317 页。

教作为人类解放的前提条件。在马克思、恩格斯看来，宗教，也就是宗教观念，即有神论，它的消亡，不是人类解放的前提。恰恰相反，宗教的消亡，要以人类的彻底解放为前提。人类的解放，首先要实现的，是社会的变革。而在变革旧的社会制度的斗争中，无神论者，和信仰宗教也就是信仰有神论的基本群众，应该团结起来，为实现自己共同的利益而奋斗。在争取人类解放的斗争中，假如把无神论和有神论的分歧扩大到不适当的范围，比如把传播无神论作为革命的主要任务，不仅会妨碍争取解放的斗争，而且也会因此帮了有神论的忙。

但是这不是说可以放弃传播无神论观念，只是说，传播无神论观念，必须服从工人阶级政党的基本任务，即服从为争取人类解放而变革社会的实际斗争。为了这一目的，恩格斯曾经建议，在工人中间广泛传播 18 世纪法国唯物主义者的文献，破除有神论观念。后来列宁又重申了恩格斯的主张，并且要求俄国共产党在自己的有关刊物上，向广大人民群众“提供各种无神论的宣传材料，告诉他们实际生活各个方面的事实，用各种办法接近他们，以引起他们的兴趣，唤醒他们的宗教迷梦，用种种方法从各方面使他们振作起来”。列宁还指出，如果认为，要使人民群众摆脱愚昧状态，仅仅“通过纯粹马克思主义的教育这条直路”就可以做到，“那就是最大的而且是最坏的错误”[①]。列宁以后，苏联共产党在宣传无神论的问题上，有经验，也有教训，但在执行宗教信仰自由政策的同时，坚持科学无神论宣传的原则，则从来没有改变。

中国共产党从成立之初，一面坚持宗教信仰自由的原则，同时坚持无神论的教育和宣传。毛泽东同志在湖南农民运动中，一面用生动的事例和语言教育群众不必信风水、信八字，一面坚持“农民自己立起来的菩萨应让农民自己丢开”的主张。中国共产党人从井冈山时期取得局部政权到后来取得全国政权，都一面坚持“宗教信仰自由”的原则，在政治上和宗教信仰者结成统一战线；一面坚持破除迷信、向广大人民群众宣传科学无神论。近百年来，中国共产党人在执行宗教政策的准确率方面会有波动，但基本原则却从来没有改变。

中国共产党人宣传科学无神论，遵循着两条基本原则：第一，不在宗教活动场所宣传无神论；第二，不向已经有了宗教信仰的人宣传无神论，从而使科学无神论的宣传和尊重信教群众的信仰并行不悖。那种认为科学无神论的宣传、教育会妨碍宗教信仰自由政策的执行，会伤害信教群众的宗教感情的论断，是不正确

---

① 列宁：《论战斗唯物主义的意义》，《列宁选集》第 4 卷，北京：人民出版社，1995 年，第 648—649 页。

的，甚至是恶意挑拨。那种认为只需要宣传科学知识就可以了，不必专门进行科学无神论宣传的主张，也是错误的，其实质是要取消科学无神论的宣传。列宁当年曾经指出，仅仅依靠纯粹马克思主义的宣传，不可能使群众摆脱愚昧；那么，主张仅仅依靠一般唯物主义原理和科学知识的传播，就更加不可能使群众摆脱有神论的愚昧。20 世纪最后 20 年里，由于各种原因在我国造成的“无神论无人讲”以致有神论泛滥的状况，更加说明列宁的判断是正确的。

在当前我国社会主义事业飞速发展，国内外敌对势力企图利用有神论危害我国家安全、干扰社会主义事业进程的情况下，有人主张用容忍某些有神论的发展来抵制另一些有神论的渗透，这是“饮鸩止渴”。而认为宣传科学无神论就会使我们孤立起来，成为全世界宗教信仰者的敌人，则是挟洋自重。我们的马克思主义指导、社会主义道路都没有使我们成为全世界非马克思主义者和非社会主义道路者的敌人；世界上几个大的宗教，成千上万的新兴宗教，他们都各自努力地宣传着自己的教义，也都并没有使其中的哪一个成为其他宗教的共同敌人，我们宣传自己科学无神论的世界观，怎么就能成为全世界所有宗教有神论的敌人呢？

无神论是个否定神的存在的概念。然而要否定神的存在，首先要弄清“什么是神”。而本书的宗旨：其一，是在弄清“什么是神”的基础上，说明神为什么是不存在的；第二，说明信仰这个并不存在的神，并且把自己的命运、灵魂都交给它，乃是迄今为止人类所犯下的最大的思想错误。

·正　编·

关于神祇不存在的证明及事神效果分析

关于神祇的不存在，历史上的无神论者曾经从各种不同的角度进行过证明。从苏格拉底到游斯丁，他们否认以前的神祇，认为这些神祇都只配称为魔鬼，重要原因之一，就是这些神祇道德败坏。法兰克王后否认她丈夫克洛维这位开国君主的神祇，另一原因就是这些神祇无能。罗马帝国后来宣布基督教为国教，其重要原因也是因为原来的国教所信仰的神祇，未能保护国家的安全。中国历史上不断出现废黜、丢弃神祇的情况，或是因为原来奉祀这些神祇的族群不再存在，或是因为这些神祇未能被列入国家祀典。而不被列入国家祀典的原因，也往往与该神祇的能力和德行相关。

近代产生的科学无神论思潮，论证神祇不存在的根据，主要是新的唯物主义哲学。这种哲学认为，只有物质才是唯一真实的存在；精神只是肉体的作用或者机能，不可能离开肉体而独立存在。被认为是纯粹精神、没有任何广延性的God，是不存在的。在这个基础上，他们还对人们如何创造神祇，提出了种种说明。

历史上这些无神论思潮，对于否定他们当时的神祇，都是正确的，甚至理由也充分，也是我们今天否定神祇存在的宝贵思想资料。同时我们也发现，历史上否定神祇的种种证明，放在另一时代，其理由就未必是充分的。比如18世纪的科学无神论思潮，他们当时面对的，基本上就是基督教的神祇。而当时基督教的观念是：God是纯粹精神性的存在。因此，证明了精神不能离开物质的肉体而独立存在，也就否认了God的实在性。

但是唯物主义哲学的证明并不能否认所有的神祇。大量的历史资料表明，所有古代民族信仰的神祇，几乎无例外的，都不是作为一个精神体而存在。迄今为止，这样的神，比如把某些动物当做神的现象，在许多民族中也都还有残留。至于把现实的活人当成神，在古代民族中，也是一个普遍现象。以致我国在20世纪后期当一些所谓“气功大师”，特别是“法轮功”的头儿李洪志，自称为神的时候，一些高级干部、一些马克思主义理论家、一些自然科学界的泰斗级人物，竟然认为这些“大师”们讲的是科学，是辩证唯物主义，从而为这些“大师”的言行辩护。

神，并不存在。不是神创造了世界和人类，而是人创造了神，对于今天的许多人来说，已经是常识。所谓神的存在，也就只能存在于人的观念之中。然而从古到今，存在于人们观念中的神，或者说，人们关于神的观念，却是不一样的。在下面的论证中，我们首先要说明的是，从古到今，人们关于神的观念的重大差别之一是神在人们的观念中，并不都是精神性的存在。而非精神性的神的观念，在今天世界上，也没有完全绝迹。所以在本书中，我们没有使用“神灵”这样的概念，而是用“神祇”，就是因为那些被称为神的对象，并不都被认为是精神性的存在。神，在中国传统的观念中，指天神；祇（qí），是地神。中国传统观念中还有第三类神，是人鬼。我们所使用的“神祇”，不仅指天神、地神，还包括人鬼，包括一切被称为神的对象。为了叙述方便，我们也仅仅指出神祇是什么或者不是什么，而不再处处指明这些所谓神仅仅是人们观念中的存在。

上面简单的叙述表明，我们以前的无神论者关于无神的证明，都各自适应着自己的时代，也都不能说明一切神祇现象。所以迄今为止，有人向无神论者叫板说：我们不能证明神的存在，你们也不能证明神的不存在。为了回答当代有神论者对于我们的责难，我们必须采用进一步的证明方式。这种方式就是：利用以前无神论者的所有成果，把它们的证明，也把有神论者对于它们神祇的说明，依历史顺序逻辑地联结起来，我们将会看到，否定神祇的存在，不是我们的主观设想，而是历史上所有的有神论、无神论共同完成的成果。我们也希望，今天的有神论者，或者替有神论辩护的哲学家、宗教学家，能够认真地、耐心地审查本书的成果，然后再想一想，还有什么理由可以替神祇的存在进行辩护。

不过在进行这些论证之前，我们必须首先说明：什么是神？也就是说，从上古开始，人们对于自己所创造的这个对象，都持有什么样的观念。

第一章　什么是神

第一节　神祇不都是精神性的存在

一、古埃及和古代欧洲的肉身人神

关于“什么是神”这个命题，本书要说的第一句话是：神，并不都是精神性的存在。近代以来，由欧洲所代表的近代文化成为世界范围内的主流文化，这种文化又往往把古希腊作为它的源头，并为较多的世人所熟知，所以我们就从古希腊谈起。

古希腊的神祇中，首先和最引人注意的，就是奥林匹斯山上诸神，特别是他们的领袖宙斯。宙斯的爷爷是天神乌兰诺斯，奶奶是地神该亚，他们生下了诸多神祇，包括泰坦诸神。泰坦诸神中的克洛诺斯，应母亲该亚的要求，阉割了父亲乌兰诺斯。阉割下的肉块被抛入大海，化为美丽的爱神阿芙洛狄忒。宙斯是克洛诺斯的儿子，他推翻了父亲的统治，成为新一代神王，也就是奥林匹斯山上诸神的领袖，和兄弟波塞冬、哈得斯三分世界。宙斯主管天空和大地，波塞冬主管海洋，哈得斯主管冥界。

宙斯有多个妻子，最后一个是赫拉。宙斯有许多子女，包括战神雅典娜、太阳神阿波罗；还有凡人海伦，就是引发特洛伊战争的那位美女；赫剌克里斯，由于和神女赫柏结婚，后来也成为奥林匹斯山上的神祇。宙斯孔武有力，常常婚外偷情，或者干脆就是强奸。他曾让私生子赫尔墨斯趁赫拉沉睡，偷偷吮吸赫拉奶水，被赫拉发觉，一把将他推开，其奶水喷洒出来，形成了天河。

这些描述，其根据是古希腊诗人赫西俄德的《神谱》、荷马的《伊利亚特》《奥德赛》，还有被称为西方历史学之父的古希腊学者希罗多德的《历史》。依据这些描述，则古希腊诸神可以娶妻生子，可被阉割，有奶水，因而都应该是物质性的存在，而不是精神体。依据这些文献的描述，他们还常常和人间的英雄争斗。在特洛伊战争中，狄俄墨得斯用枪刺伤了天神阿芙洛狄忒的手，并且流出了鲜血；还刺伤了战神阿瑞斯的小腹，以致宙斯必须召唤神中的医生为阿瑞斯治伤，因而更加说明了他们的物质性。

据希罗多德的《历史》载，古希腊诸神则多来自埃及。神的名字，也多是从埃及传去的。其中最为典型的，是海神波塞冬。可以推测，古代埃及的神祇，也是物质性的存在，而不是精神体。

古希腊的神祇传到古罗马，往往仅被更改一个名称，就成为古罗马国家信奉的神祇。宙斯改称朱庇（辟）特，赫拉改称朱诺，波塞冬改为尼普顿。太阳神阿波罗，原名未动。至于人们熟悉的爱神维纳斯，就是古希腊的阿芙洛狄忒。克洛维王后曾提到的马尔斯，或写为玛尔斯，就是希腊的阿瑞斯。赫丘利，或写作墨丘利，乃是吮吸天后奶水时被推开的赫尔墨斯。也就是说，古罗马国家信奉的诸神，就是古希腊诸神的翻版。

我们相信，古罗马诸神绝不是古希腊诸神的简单翻版，他们原来一定也有自己的信仰。但当他们接触到较为先进的古希腊诸神信仰时，把自己原来信仰的神祇和古希腊信仰的神祇进行比附，以致酷似翻版，是完全有可能的。古希腊诸神与埃及诸神的关系，也应当是这样的关系。无论这种推测是否成立，有一点是明确的，即从古埃及经古希腊到古罗马，他们的国家所信仰的神祇，都是相似的，并且都是有血有肉的超人，而不是精神存在。

克洛维不是罗马帝国的继承者，然而王后指责他信奉的神祇，基本上都是罗马帝国的神祇。这说明当时欧洲在罗马帝国之外，或者在所谓蛮族征服了罗马帝国之后，人们所信奉的神祇，具有类似的性质。或者说，至少在 5 世纪及其以前，基督教之外，从古埃及经古希腊到整个欧洲，都信奉着具有肉体的物质性的神祇。

二、古印度的肉身人神

让我们把视线转向亚洲，看看印度人的神祇。

当佛教诞生的时候，佛教从印度教那里接受的重要遗产之一，就是所谓的轮回观念。轮回链条中的五道或者六道，除了人、畜之外，地狱、饿鬼属于鬼的范围，天和阿修罗属于神的范围。如果从宗教学的立场看问题，则鬼也是与人对立的神祇。就从佛教的材料来看，所有属神的存在，在印度佛教经典上，还都是非常物质化的存在。

依佛经的描写，所谓“天”，就是生活在天上的生物。他们的形象像人，但比人英俊、美丽。他们也要生儿育女，但性交的方式十分高雅。他们道德高尚，寿命很长，可以长到千岁万岁甚至许多劫数，唯一的缺点是终要死亡。敦煌壁画上的“飞天”，其意义就是“天上会飞的女神”，类似中国人心中的仙女。“阿修罗”也像人，但相貌丑陋，好勇斗狠。

所谓“地狱”，就是生活于地狱中的生物。依《长阿含经》卷十九，两大金刚山之间，有八大地狱。第一大地狱是“想”，即想地狱。那里的“众生”长着铁爪，他们每天的工作，就是把对方身上的肉一条条地撕下来：

> 手生铁爪，其爪长利。迭相瞋忿，怀毒害想。以爪相掴，应手肉堕。想为已死，冷风来吹，皮肉还生，寻活起立。自想言，我今已活。余众生言，我想汝活。以是想故，名想地狱。

不仅如此，这些众生还有武器：

> 复次。想地狱其中众生，怀毒害想，共相触挠。手执自然刀剑。刀剑锋利，迭相斫刺。刮剥脔割，身碎在地。想谓为死，冷风来吹，皮肉更生……

至于所谓“脓血流出”“皮肉焦烂”之类的语言，更是描述地狱状况的常用语。并且，地狱中的众生，寿命都很长。因为假如他们很快就死掉，也就不能再受到惩罚，这是不可以的。所以地狱中的众生必须寿命极长，为的是让他们长期受苦。

地狱的管理者阎罗王，也是一个物质体，而且其生活状况并不美妙。每过一段日子，鬼卒就把他捉住，用铁钩撬开他的嘴，向里面灌铜汁，使他从口经腹直到肛门，都烧焦烧烂：

> 佛告比丘：阎浮提南大金刚山内，有阎罗王宫。王所治处，纵广六千由旬。其城七重。七重栏楯，七重罗网，七重行树。乃至无数众鸟，相和悲鸣，亦复如是。然彼阎罗王昼夜三时，有大铜镬自然在前。若镬出宫内，王见畏怖，舍出宫外。若镬出宫外，王见畏怖，舍入宫内。有大狱卒，捉阎罗王卧热铁上，以铁钩擗口使开，洋铜灌之，烧其唇舌，从咽至腹，通彻下过，无不焦烂。受罪讫已，复与诸采女共相娱乐。彼诸大臣同受福者，亦复如是。（《长阿含经》卷十九）

这显然是铁器发明之后才能想象出来的场景。这样的处所，也是个非常物质化的世界。地狱中的众生和他们的领袖，也都是非常物质化的存在。

至于“饿鬼”是什么形态，我们可以用佛经中魔鬼的头领“波旬”作代表。波旬的工作，就是千方百计破坏佛祖说法。波旬能够变化，比如变成乞丐或者少年，他也是一个物质性的存在。

从轮回说上溯到印度教本身，其主神梵天，后来成为佛教的护法神。其形象多为婆罗门装束：四面、四臂。另一主神毗湿奴，头戴王冠；四手，各持法器。他会化身为各种形象，妻子是吉祥天女。第三位主神湿婆，是毁灭之神。他有五头、三眼、四手，知识渊博，能歌善舞，是魔鬼的统帅。这些神祇，和古希腊、古罗马的神祇，虽然在外部形象上有许多区别，但大体都是人形，都以肉体的方式存在。

依佛经，原则上，一切神，和一切人、畜生、虫子一样，不仅都有物质性的身体，而且都有生死：

> 佛言：大王，如是，如是，一切众生、一切虫、一切神，生者趣死，终归穷尽，无有一生而不死者。（《杂阿含经》卷四六）

至于佛陀，则是高于诸天的神祇。诸天的寿命虽然很长，但都有尽头。到了尽头，仍然要堕入轮回。据佛经，只有那位创世的梵天，可以不再轮回。天的另一位头领“帝释天”，也仍然要轮回。梵天和帝释天都甘愿做佛的弟子，请求佛陀为诸天讲说如何摆脱轮回的办法。其意义，就像人间的国王为自己的臣民请来经师一样。佛陀由于在菩提树下悟得了摆脱轮回的办法，所以修成了“金刚不坏之身”，即像金刚石一样、可以战胜一切而一切都战胜不了它、永远不会败坏的身体。佛陀因享有这种地位，被一些研究者称为“神王”，即神中的王者。然而在佛经中，对佛的赞美性称号有许多，其中最多的是“天人师”，即天和人的导师。天和人，还有地狱、饿鬼，都是肉身存在；佛陀，也是肉身的存在物。

三、中国古代人神和物质体神祇

类似古希腊奥林匹斯山上诸神的，在中国古代是《山海经》和甲骨文中记载的“帝”。据《山海经》，除了单称的“帝”之外，还有帝俊、黄帝、炎帝、帝尧、帝舜等。其中帝俊是十个太阳和十二个月亮的父亲，黄帝是海神禺虢和禺京的父亲、炎帝是火神祝融的远祖。黄帝曾和蚩尤作战。蚩尤让风伯、雨师，即风神、雨神作狂风暴雨；黄帝则让旱神天女魃止雨，又命令应龙即会飞的龙，杀死了蚩尤。也就是说，这些帝，是当时最高的神，如同奥林匹斯山上诸神一样。他们也生儿育女，其主要活动场所也在山上。不同的是，奥林匹斯山诸神都是永生不死的，而《山海经》中的帝，则会死亡。比如帝颛顼死后葬于务隅之山。后来传说，黄帝死，葬于桥山；被司马迁采信，写入《史记》。

《山海经》诸帝之中，黄帝、炎帝后来成为统一的秦帝国所祭祀的上帝。秦朝灭亡，刘邦又加上颛顼，共五位上帝，成为汉代初年祭祀的最高神。五位上帝之中，黄帝位居中央，因而最为尊贵。

古印度的轮回观念认为，人，包括畜生等，如果行善，来世也可以成为“天”，即天神。中国古代，至少从战国时代开始，也相信人可以通过服食药物，或者用某种方式保养、锻炼自己的身体，也可以成为神。这样的神，被称为“仙”。仙，就是肉体的神。从战国时代开始，就有不少人把追求成仙付诸行动。见于记载的，有荆王，即楚王；有燕昭王等。秦朝统一中国，国家财力雄厚，秦始皇就发起了大规模的求仙运动。汉朝建立以后，经过数十年休养生息，国家更加富强，汉武帝求仙也有了更大的规模。一位叫公孙卿的方士对汉武帝说，黄帝边作战边求仙，最后肉体上升，成了上帝。汉武帝听后非常兴奋，他说，假如我能像黄帝那样，就把妻子儿女当破拖鞋一样扔掉。后来又有人告诉汉武帝，天上最尊贵的神，是太一，五帝不过是太一神的辅佐，于是汉武帝就建立了太一祭坛，把太一神作为最高的上帝。数十年后，王莽代汉做了皇帝，他在诏书中屡次援引描述天上宫廷的《紫阁图》说，太一、黄帝都是成仙上天的人。也就是说，直到这个时代，以王莽为代表的上层，仍有许多人相信，上帝是肉体的神。

上帝如此，古代所祭祀的山河湖海之神，还有太阳、月亮，也被认为是肉体的存在。太阳、月亮被认为是帝俊和妻子常羲或称羲和的子女，自然也是肉体。海神禺疆或称禺京，既是黄帝的子孙，自然也是肉体存在。孔子在世时，吴国战胜了越国，在越国的京城会稽发掘出一段骨头，大得可以装满一辆车。使者到鲁国请教孔子，孔子说，这是被大禹处死的防风氏的骨头。并且说，古代的山神，就是山的守护者。防风氏守护封嵎山。有一次大禹在会稽召集山神开会，防风氏迟到了，被处死。

依此类推，则在孔子时代，人们仍然认为，山河湖海之神，就是山河湖海的守护者。作为这些神的领袖的大禹，应当就是当时的帝，即更高的神。

孔子以前已经问世的文献，如《周易》《尚书》《诗经》等，其中的最高神，或称上帝，或称天，是同实异名的概念。从孔子开始，儒家的文献，包括《论语》《孟子》《荀子》等，对于最高神，一般称“天”，很少称上帝。称上帝，多在引用古书时。到董仲舒，认为天是一个圆盘形状，有日月星辰，阴阳二气，不断进行日夜交替、寒暑代换的存在物，因而是个物质体。正是这个物质体，可以通过阴阳二气和人发生立竿见影般的感应，赏善而罚恶，是一个至上神，也是人的曾祖父。

董仲舒以后，历代的儒者们都从儒经中寻找根据，为这位上帝命名。如皇天上帝、昊天上帝、皇皇后帝等等。隋唐时期，独尊儒术的国家政权把上帝的名称确定为“昊天上帝”，并且依据毛氏对于《诗经》的解释，认为“昊天”的意思，就是我们头顶那既高且远的一大团元气。由于它最为尊贵，所以称为“上帝”：

> 元气广大则称昊天，据远视之苍苍然则称苍天。人之所尊莫过于帝，托之于天，故称上帝。（《唐开元礼》）

也就是说，国家祭祀的最高神昊天上帝，就是我们头顶上的那一大团元气。对于最高神这样的界定，被唐以后的历代国家政权所承袭。宋代程颐进一步说明道：“以形体谓之天，以主宰谓之帝，以功用谓之鬼神，以妙用谓之神，以性情谓之乾。”（《程氏易传·乾》）在和弟子们的谈话中，程颐不只一次地表达过同样的意思。对于我们来说，关注的重点是，那个主宰着世界的“帝”，有一个元气广大的形体。

依今天的哲学观念，元气，是物质。物质的东西如何能主宰世界呢？

在中国古人看来，人，还有一切物体，都是由气或称元气凝聚而成的。气或元气自身，固有构成人的精神和本性的东西：“气之性本虚而神，则神与性乃气所固有。”（张载《正蒙·乾称》）气凝聚成人，气中的神与性，就是人的精神和本性。气凝聚成其他物体，特别是大的物体，如天地日月、大山大川还有湖海，在它们的形体中，都有如同人的精神一样的存在，而中国古人，也把它们尊为贵神加以祭祀。其中天最大，所以天是其他神祇的领袖。

在程颐和他的后学朱熹看来，气中那成为人和物本性的东西，是理。他们认为，那元气广大的天，真正起主宰作用的，是元气中的理。从这个意义上说，天就是理：“天即理。”和其他思想家相同的是，程颐和他的后学朱熹都认为，气中固有的理或者灵，是不能离开气而独立存在的，叫做“理不离气”：

> 天下未有无理之气，亦未有无气之理。（《朱子语类》卷一）

因此，中国古代国家所信仰的神祇，从来都不是纯粹的精神体。天，是广大元气；大地，自然是坚硬的物质体。类似的，还有大的山川河流，比如五岳、长江和黄河等等，都是儒教的重要神祇。明朝末年，当利玛窦来华传教，接触到中国这样的神祇观念时，他最不能理解的，就是宋代以来的天地观念。在他看来，神，只能是纯粹精神的，而不能和下贱的物质混为一谈。他更不能理解的，当时的中国人竟然把藏污纳垢的大地也作为神祇加以祭祀。

在这里，不仅是两种神祇观念的冲突，也是两种哲学观念的冲突：即，精神，是否可以离开物质而独立存在。在利玛窦看来，是可以的。因为他接受的基督教哲学，其基础，是古希腊的哲学传统。在中国古代哲人看来，是不可以的。这是中国哲学一以贯之的思想传统。我们不来评论哪种哲学更加符合实际。在这里我们仅仅能确认的是，从古到今人类所信仰的神祇，并不都是纯粹的精神体，特别是中国古代的神祇。

四、弗雷泽《金枝》中的肉身人神

詹姆斯·弗雷泽（James George Frazer，1854—1941），著名人类学家。《金枝》（Golden Bough）是他的代表作。在这本书里，他广泛地搜集了世界各地的神祇现象，其中包括大量的把活人奉为神祇的资料。

依弗雷泽的描述，人类社会早期的巫师，后来往往会成为国王。这些巫师和国王在世的时候，就往往被人们尊崇为神。他们的后裔，甚至一些平凡的人，也往往被尊崇为神。他说，在马贵斯，或名华盛顿群岛，有一类终身被祀奉为神的人，当地土人相信他们具有超自然的威力，可以驾驭自然力量。他们可以使五谷丰收或者使土地荒芜；他们可以散布疫病致人死亡，因此需要活人向他们献祭，以免他们愤怒。这些人和神，在实质上已混淆不分了。弗雷泽把这样的神称为“人神”。这些人神，有时就是国王本人，更经常的则是祭司或其下属的官吏。古代埃及人膜拜的对象远不只猫狗以至很小的小鹿，他们还大量地扩展到膜拜人。有这样一位人神，住在安那庇斯村，人们把烤好了的祭品送到祭坛上奉献给他，他就坐下来享用，跟普通的凡人一样。

弗雷泽说，人神最多的国家，是印度。在印度，人神为数之多，恐怕要算世界第一。国王不仅在成年的时候是神，就在儿童时代，也被认为是神。一介平民，甚至一个挤奶的人，也可以成神。直到弗雷泽著作《金枝》的时期，他说，所有活着的、以英勇有力著称、或被认为具有神奇能力的人，都有被崇敬为神的可能。

至于基督教，弗雷泽说，也没有能够避免染上这些令人痛恶的欺惑行径。公元 2 世纪，一个弗利吉亚人蒙泰勒斯声称是“三位一体”的化身。这样的情况，并不是一个孤立的例子，也不是一个神志不正常的人的荒唐的自负之言。从远古到今天，许多教派曾经相信，基督，甚至 God 本身，就化身在每一个正式基督徒身上，因此导致基督徒之间也互相礼拜。而在 13 世纪兴起的“自由圣灵兄弟姐妹会”，认为自己可以成为神的一部分。

事实上，基督教的这种情况，在犹太教中就可以找到。《旧约》中，经常提到“神人”这个概念。其英语表达是 man of God。如果理解为“作为神的人”，也就是弗雷泽说的“人神”。

在犹太教中，人神的例子，首先是摩西，其次是以利沙。其《列王记上》第十三章，记载了一个神人。他奉耶和华神之命，从犹大到伯特利来宣布预言，施行神迹。但是由于他违背了耶和华的命令，所以耶和华让狮子咬死了他，他的尸身被人们妥善安葬。

至于《新约》中的耶稣，也是一个人神。他自称是 God 之子，或称“人子”。所谓人子，并不是普通人的儿子，而是作为人的、God 的儿子。当他被处死以后，人们到他的墓中，什么也没有发现。这就是说，他的肉体也升天了。而当他复活的时候，他还特意让人摸摸他的肋骨，以证明他确实复活了。也就是说，复活后的耶稣，是一个肉身的存在。所以公元 325 年 5 月 20 日，在罗马帝国皇帝君士坦丁亲自主持的尼西亚大公会议所强行通过的“三位一体”说，就常常遭到伊斯兰教的抨击，因为这个信条把活人耶稣也作为 God。直到 14、15 世纪，基督教才在自己的信经中明确声明，God，是纯粹的精神存在。

中国的人神，弗雷泽指出了藏传佛教的活佛。他说，这些人神，都录名注册在北京的理藩院，共 160 名，其中西藏有 30 名，北部蒙古 19 名，南部蒙古 57 名。

类似的状况，是古代社会的普遍现象。也就是说，在古代一个相当长的时期内，人类社会是把活人尊崇为神的，并不认为神是精神性的存在。

这样的神，弗雷泽称之为“人神”，我们认为是非常正确的。这些人神，都是人造出来的。也就是说，是被人认为他们是神。从这些神身上，或许可以印证古希腊思想家色诺芬所说的一句话：如果动物会造神，那么造出来的，一定是动物的形象。然而如果再放开眼光，考察更多的资料，则色诺芬的话就不是正确的了。这样的历史事实是，人造出来的神，也会是动物的形象，或者根本没有形象。

第二节　人创造的神并不都是人的形象

一、古希腊和古埃及的动物神

色诺芬说动物造的神一定是动物的形象，这是因为他当时所知道的神，都是，或者基本上都是人的形象。他不知道，那些有着动物形象、被称为魔鬼的对象，在以前，都曾经是人类创造出来的神。

古希腊神话中，与人神对立的魔鬼或称妖魔，大量存在。著名的，如狮身人面的斯芬克斯，生有双翼、每根头发都是一条蛇的美杜莎，数量众多的、上半身是人、下半身是马的马人。这一类妖魔的形象，多是人体器官与动物器官的结合。如斯芬克斯仅仅具有人的面孔，马人就有半个身体都是人，美杜莎则以人身为主体，配以双翼和蛇发。这一类，我们通称为半人半兽形妖魔。

类似的妖魔还有百个龙头一个人头、从肩至股为人体的堤丰；具有人体、但有牛头和牛尾的弥诺陶洛斯。

第二类妖魔，基本是禽兽的形状。它们不具有人的器官，但具有非常夸张的某些动物器官，或是不同动物器官的组合。这样的妖魔如鹰头狮，也称狮鹫，拥有狮子的身体和鹰头、鹰嘴、鹰翅；如双头犬，拥有两个狗头和一条蛇尾。

第三类则基本是原型的动物，但体型都特别巨大，或者某些器官非常特殊。如体型巨大的卡吕冬野猪，有着青铜鸟喙和金属羽毛的斯廷法利斯湖怪鸟，体型巨大、皮坚如铁、刀枪不入的涅墨亚狮子，金角铜蹄、飞跑似箭的刻律涅牝鹿。

这些被称为“怪物”“妖魔”的对象，是古希腊神祇的对手，也是神话中的重要配角。没有它们，就无从知道古希腊神祇们是如何的英武，古希腊神话就没有光彩。那么，它们是从哪里来的呢？一般的神话学或宗教学著作，都把它们看作是古希腊的诗人或思想家们想象出来的，也就是虚构出来的。然而问题恰恰在于：它们是怎样被虚构出来的？人虚构的东西，为什么会虚构成动物的形象？如果不能合理地说明这些妖魔怪物的由来，仅仅说是虚构或者想象出来的，就等于什么也没有说。

当我们把眼光稍稍偏离一点古希腊，我们就会看到，类似的妖魔怪物，在古埃及同样存在。而在那里，不论是古代的记述者，还是现在的研究者，都清楚地说明，这些在古希腊神话和宗教中被看作妖魔怪物的存在，在古埃及，则统统是神祇。

被西方学者称为“历史学之父”的古希腊历史学家希罗多德的《历史》，如果说不是记述古埃及神祇的最早文献，也算是较早的文献。据《历史》一书，当时的埃及还到处存在着动物崇拜。有的崇拜鳄鱼，有的崇拜河马，蛇、水獭以及某些鱼、鸟，甚至鸭子，都曾经是他们崇拜的对象。当然，这些崇拜不是很统一的，不同地区的人崇拜着不同的动物。但是，都有动物崇拜，并且被崇拜的还都是原型的动物，则是崇拜的共同特点。

据希罗多德所说，在埃及人看来，所有的兽类，包括家畜，都被认为是神圣的。比如猫、狗，如果死亡，就要被制成木乃伊，安葬在圣墓里。这样的圣墓，今天已经被发现了很多。考古学家曾经在一座圣庙里发现了30万个猫的木乃伊，其中有些还有老鼠和线球制成的陪葬品，说明希罗多德的记述是真实的。希罗多德还说，如果有谁杀死圣兽，要受严厉的处罚，甚至被处死刑。显然，这些所谓圣兽，就是被崇拜的神祇。

希罗多德也谈到了埃及的其他神祇。埃及也有宙斯。他有一个山羊的头，被称为阿蒙。也有女神，有一对牝牛的角。还有一尊被称为潘恩的神，长着山羊的面孔和山羊的腿，和这尊神在希腊的形象是一致的。

希罗多德的记载在埃及的出土文物中得到了印证。出土的埃及神庙和金字塔墓葬中，有大量的半人半兽形的神像。

现代学者们对埃及诸神的描述，则集中于戴维·利明（Darid Leeming）、埃德温·贝尔德（Edwin Belda）的《神话学》（*Mythology*）一书。

据《神话学》，众神之王阿蒙形象像人，有时有公羊头。女神努特，有时被画成母牛。另一位女神是战神，形象经常是母狮，或者是狮首人身。太阳神有时是鹰，有时是一只甲虫。空气之神名舒，人形；她的妹妹特夫努特，则被描述为狮子的形状。哈皮神是至高无上的神，也具有多种动物形象，狒狒是其中之一。《神话学》也描述了古埃及纯粹的动物崇拜，大到鳄鱼，小到很低等的动物，都有被当做神的情况：

> 在埃及前王朝时代和埃及帝国时代的最后数百年间，动物崇拜在古埃及人的生活里占有特别重要的意义。在那些年代里，无数的鸟类、鱼类、爬虫及小哺乳动物被埋葬在炽热的撒哈拉沙漠里。对这些最低级动物也要举行葬礼，其仪式是很复杂的。比如在尼罗河畔经常能够见到完整的鳄鱼墓地（包括制成木乃伊的鳄鱼蛋和小鳄鱼）。据说法老们经常参加献祭孟斐斯的神圣黑牛的仪式。最常见的神鸟是鹰。①

① ［美］戴维·利明（Darid Leeming）、［美］埃德温·贝尔德（Edwin Belda）《神话学》（*Mythology*），李培茱等译，上海：上海人民出版社，1990年，第8页。

和古希腊一样，埃及也有魔神和纯粹的兽神。

苏联学者托卡列夫的说法和戴维大体相同。他说，在古埃及，早期的行政单位叫“诺姆”，每一诺姆奉一动物为神明。另一位苏联宗教学家克雷维列夫（Иосиф Аронович Крывелев）也注意到了古埃及的兽神崇拜：

> 动物崇拜在埃及盛行一时。1851 年，马里埃特在孟斐斯城附近发现了塞拉彼阿姆墓穴，在那里找到了 64 具公牛（阿皮斯）的木乃伊。被奉为神明的，还有各种动物：赫特霍尔是牝牛神，巴斯特是猫神，托特是鹤神（一说孔雀神），荷鲁斯是鹰神。
>
> 在希腊化时期和罗马时期，动物崇拜甚至更加流行。这时出现的城市大多以动物命名——例如，克罗科迪尔城（鳄鱼城）和利奥特城（狮子城）——也可证实这点。除上述动物以外，还崇拜蛇、蛙、鹞鹰……公绵羊、金龟子。①

所谓希腊化时期和罗马时期，已经相当于我国的秦汉、甚至更晚近时期。这时候古埃及仍然流行动物崇拜，是个很值得注意的现象。

克雷维列夫总结道：“除了拟人的神以外，古代人的幻想还创造了许多形如动物的神。其形象往往比拟人的神为早。”②

埃及诸神的动物形象，可说是有关的著作家都承认的事实。问题是如何解释这些事实。

二、中国古代的动物神

中国古代有一部奇书《山海经》，其中记载了中国古代最早的神祇信息。其中除了被称为“帝”的人神以外，被称为“神”的，都是兽神或者魔神。

所谓“山海经”，主要记载山、海的地理和物产，同时也讲到该山、该海的神祇及其特性。共十八卷，分山经（南、西、东、北、中五山各一卷）、海外经（南、西、北、东各一卷）、海内经（南、西、北、东各一卷）、大荒经（东、南、

---

① ［苏］克雷维列夫等《宗教史》（История Религий），王先睿等译，北京：中国社会科学出版社，1984 年，第 68 页。

② 同上。

西、北各一卷)，最后一卷单称海内经。其中山神的形状，多数是半人半兽形的，少数是怪兽形的。如南山首经和中次十二经的神，“鸟身而龙首”；南次二经的神“龙身而鸟首”，中次九经的神“马身而龙首”。这些神的形状，和古埃及、古希腊宗教和神话中的怪物、魔神的形状同属一类，研究者多把它们看作怪物，但在《山海经》中，则明确称它们为神。

水神、海神的情况和山神类似，但没有山神如此整齐。见于经文的水神有天吴、海神有禺虢，都是半人半兽的形象：

> (水伯，名天吴)朝阳之谷，神曰天吴，是为水伯。在𧉈𧉈北两水间。其为兽也，八首人面，八足八尾，皆青黄。(《山海经·海外东经》)
>
> (海神，名禺虢)：东海之渚中有神，人面鸟身，珥两黄蛇。践两黄蛇，名曰禺虢。……禺虢处东海，是谓海神。(《山海经·大荒东经》)

还有一个“冰夷”，其形象是：“人面，乘两龙。”(《山海经·海内北经》)后世认为他就是河伯，即黄河神冯夷。至于“水伯”天吴，经文明确称之为神，同时也说明，它也是兽：“其为兽也……”

《山海经》中的兽神、魔神，和古埃及、古希腊的兽神、魔神一样，大多都淹没在了历史的长河中，也有一些，一直被后世所信仰。比如凤凰，《山海经》的记述是：

> (南次三经)丹穴之山……有鸟焉，其状如鸡，五采而文，名曰凤凰。首文曰德，翼文曰义，背文曰礼，膺文曰仁，腹文曰信。是鸟也，饮食自然，自歌自舞，见则天下安宁。(《山海经·南山经》)

其中肯定有后人添加的文字，如仁义礼智信之类，但很难否认此外的文字。该鸟“见则天下安宁”，显然是神鸟。后世的“麟凤龟龙，谓之四灵”，就是把这四种动物当做四种神祇。对它们的崇拜，甚至一直延续到封建王朝灭亡以后。

《山海经》中被后世继承的魔神，其代表者是蓐收：

> 西方蓐收，左耳有蛇，乘两龙。(《山海经·海外西经》)

而据《西山经·西次三经》，则蓐收是泑山之神："泑山，神蓐收居之。"后人的注释，说蓐收是"金神"，即五行之神中的一位，居西方，也是西方之神。据《左传》，则蓐收是上古管理金属事务的官员。据《国语》，则蓐收在春秋时期曾降临虢国，其形象是"人面白毛虎爪"（《国语·晋语下》）。在汉代，蓐收还是五位上帝之一："西方帝少皞白灵蓐收"（《汉书·郊祀志下》）；"立秋之日迎秋于西郊祭白帝蓐收"（《后汉书·祭祀志中》）。汉代以后，蓐收仅仅作为五行之一的"金神"延续到元代。

中国古代从汉朝开始，国家奉行"独尊儒术"的政策。儒经《礼记》记载："天子大腊八。"注释认为，这是天子在临近岁末要祭祀八种神，其中有猫，有虎，还有昆虫。这项祭祀，历代未必都能认真实行，但正式取消对该神的祭祀则是在清朝前期。春秋时代臧文仲祭海鸟时，海鸟受不了祭祀时击钟敲鼓的惊吓，死掉了。后世祭祀，又增加了礼炮。猫虎不能耐心地做神，在享受祭祀的时候往往上蹿下跳，近乎儿戏。

大约从此以后，国家祭祀中就没有了兽神的地位。至于魔神，则没有完全绝迹，但被逐渐改造成人的形象。比如龟被改造为"玄武神"或称"真武神"，其形象完全是人，只是脚踏龟蛇，以表明它的身份。龙神，也成了人形，但要加一个龙的头，其作用，仅仅是为了表明它的身份。

在民间，兽神和魔神的遗迹，几乎是随处可见。龙王，还有牛王、马王，都是人身加上表明身份的兽头。和佛教地狱观念一起的牛头马面，则是地狱管理者的助手。纯粹的兽神，最大量的就是狐狸精。"精"的意义，相当于妖。不过在宗教学上，则是神祇的一种。此外在中国东北，民间更多的信"黄皮子"，即成了精的黄鼬。长江以南，多有信青蛙的，称为"五通神"。这些被称为妖怪精灵的东西，在人们的观念中，并不认为它们是一个精神存在，而仅认为它们有超自然的功能。比如狐狸精，它会变成人的形状，最多的是美女。但它本身的狐狸身体则没有消失。只有那些有更高超自然能力的神祇或者高超巫术的人物，通常是僧人或者道士，可以降服它们，使它们失去超自然的能力，现出本来的狐狸形状。其他兽神或者魔神，也是这样的性质。

三、印度和其他古代民族的动物神

记载印度古代宗教神话的书，被称为“吠陀”类的最早。书中记载的情况和古希腊类似，主神都已经是人神，并有和恶魔战斗取得胜利的光荣业绩，因此，和古埃及、古希腊的情况一样，这些魔怪，也当产生于这些主神之前，是这些人神以前的神。主神毗湿奴还有多种化身，其中半数都是化身魔怪，也是魔怪曾经作为诸神的一个旁证。由此我们还可能继续推测，即在这些魔怪之前，也一定有一个阶段，那时候，原型的动物也曾被它们崇拜为神。至今印度民众中还广泛存在的动物崇拜，应是上古动物崇拜的残留。当今仍然被崇拜的动物，未必就是上古时也被崇拜的动物，就像中国曾经广泛流行的狐狸精在上古文献中也没有根据一样，但在上古印度和其他民族一样，曾有一个把原型动物广泛崇拜为神的时期，则应当是合理的推测。

在当今的印度民间，把动物崇拜为神的现象，和其他民族相比，则特别突出。被崇拜为神的动物品种之多，也无与伦比。其中最为突出的，是牛和猴。印度的牛儿可以和汽车一起在公路上悠闲地漫步，不仅汽车焦急的喇叭声不能打断它们的悠闲，就是警察对它们也无可奈何。这些自由散漫的牛儿还常常践踏农民的庄稼，农民可以千方百计使它们离开，但不能鞭打或使用其他暴力，因为牛儿是他们敬畏的神祇。

和牛儿媲美的是猴儿。据说猴儿受崇拜源于印度史诗《罗摩衍那》。诗中记载神猴哈努曼帮助主人公罗摩王子不止一次地战胜过恶魔，所以受到崇拜。也有学者指出，就在《罗摩衍那》故事形成的时期，哈努曼就是人们崇拜的大神。当代印度人的猴儿崇拜，不过是上古崇拜的遗迹。

今日的印度，无论是城市还是农村，随处都可以见到猴儿们肆无忌惮地到处游走，穿堂入室搜寻食物，在神殿中玩耍歇息，在电线上追逐嬉闹。甚至还常常潜入高级官员的办公室顺手拿走手边的机密文件。不久前有篇报道说，一群猴儿把一位副市长挤下阳台摔伤致死。

和猴儿、牛儿差不多一样受到崇拜的还有蛇和大象。印度有许多蛇庙，供奉蛇神，还有专门为蛇神设置的节日。

印度的兽神和魔神崇拜引起了宗教学家的注意。托卡列夫指出，在古代印度，诸神往往取兽形。如智能之神迦涅什，其形状为象；哈努曼形状为猴。考古发掘的滑石印章，刻有种种兽形，多为牡牛，间有象、虎、犀牛。动物雕像也时有发现。托卡列夫认为，婆罗门时期对动物的崇拜，与雅利安人进入印度以前土著居民的信仰有关。土著居民崇拜的动物，有蛇、猴、象、牛等等，印度教赋予了它们以合法的形式①。

英国学者渥德尔（A. K. Warder）的《印度佛教史》（*Indian Buddhism*）说道，古印度人崇拜一个伟大的上帝，是湿婆天的原型。而在一座著名的浮雕中，湿婆天身旁有群兽围绕，“暗示他是百兽之主”。而“兽主”一名，乃是湿婆天的正式副称。湿婆天也常被称为“湿婆兽主”。这些群兽，乃是“神圣的神话的动物和妖怪”②。而神圣的动物和妖怪，在我们看来，也就是兽神和魔神。

因此，当代印度人的兽神崇拜，有着悠久的历史传统。

色诺芬说动物造的神一定是动物形象，原因在于他所知道的神都是人形的。但是晚于他的思想家琉善（Lucian，125 或 120—180 至 200），还是发现了各种各样的动物崇拜，并且存在于不同的民族之中：

> 关于神并不存在固定的概念。……亚述人祭鸽子，波斯人祭火，埃及人祭水。虽然水算是埃及人共有的神，但孟斐斯人却尊公牛为自己的神。珀路西翁人尊葱头为自己的神。在一些城市里，白鹤或鳄鱼是神；在另一些城市里，狗头狒狒、猫儿或猴子是神。③

到公元 6 世纪，在基督教都尔主教格雷戈里（538—594）的《法兰克人史》中，还记述了一支进入法兰克人地区的部落联盟对于动物，甚至树林、河流等等的偶像崇拜：

> 这一族人似乎一向崇拜偶像，对真正的上帝毫无所知。他们把树林、河水、飞禽、走兽以及其他自然要素都当做偶像，甘心奉若神明，加以崇拜，并且向它们奉献牺牲。④

---

① 参阅：[苏] 托卡列夫《世界各民族历史上的宗教》，魏庆征译，北京：中国社会科学出版社，1985 年，第 326 页。

② [英] 渥德尔《印度佛教史》，王世安译，北京：商务印书馆，1987 年，第 23 页。

③ 《琉善哲学文选》，罗念生等译，北京：商务印书馆，1980 年，第 189 页。

④ 吴于廑主编《外国史学名著选》，北京：商务印书馆，1988 年，第 401—402 页。

格雷戈里对此非常反感，他希望用《旧约》中神的教导，来唤醒这些偶像崇拜者。他援引《旧约》中反对偶像崇拜的话语，援引以色列人曾因事奉铸金牛犊而遭罹天谴，希望当地人能够放弃偶像崇拜。然而，《旧约》中不只一次反对偶像崇拜的言论，倒是足以说明，当时的以色列及其周边地区，普遍存在着各种各样的偶像崇拜，包括对于兽神的崇拜。

戴维·利明的《神话学》则介绍了美洲的原始神祇。美洲盛行着雷鸟崇拜，这是一种鹰头的生物，据说它挥动翅膀就可以产生雷鸣。他们还崇拜一尊名为科特利丘的神，据说她是众神之母，也是人类的母亲。据墨西哥城国立考古博物馆中展出的科特利丘像，是一个面部为双獠牙巨蛇的形象。她穿着由百蛇编成的裙子，乳房丰满，戴有由人手、人心和骷髅所结成的项链，手脚生着利爪。显然，这是一个上古神话中怪物的形象。还有一尊被称为魁特札尔库克的神，意为“长满羽毛的蛇”。

以上简单的列举足以说明，动物崇拜，也就是兽神和魔神崇拜，是人神之前存在于世界各地的普遍现象，问题是如何去理解和说明这样一种现象。

不过在说明之前，我们应该首先排列一下兽神和魔神的历史顺序。而在这种历史顺序中，隐含着我们将要说明的问题。

四、动物神的历史顺序

和克雷维列夫一样，另一位苏联学者托卡列夫根据古埃及的神祇也得出结论说，魔神源于兽神：

> 凡此种种，无不说明上述半人半兽形象均溯源于所谓神圣动物。①

依此类推，则应该得出结论说，古希腊神话中的怪物，也当来自神圣动物，但是托氏没有做出这样的结论。

戴维·利明也认为，埃及的神祇，有一个前后发展的关系：

---

① ［苏］托卡列夫《世界各民族历史上的宗教》，魏庆征译，北京：中国社会科学出版社，1985年，第327页。

> 埃及众神中最古老的神追溯到公元前3500年，但他们当时多半是部落图腾。经过了若干世纪的拟人变化之后，才出现了众所熟知的埃及兽首众神。众神中的首领是显赫的太阳神，他的名称和化身多不胜举。[①]

所谓“部落图腾”，则主要是动物和变形的兽神。这就是说，埃及人最先崇拜的神是动物，然后才是半人半兽神。至于人神，自当是最后出现的神祇。

认为兽神在魔神之前，是一个非常重要的观点。这样一种观点，符合中国古代神祇发展的实际。

在中国的《山海经》中，兽和神是同样的怪兽或者半人半兽的形象，说明那时的神和兽乃是同样的存在物。它们既被称为神又被称为兽，这不能解释为兽从神来，而只能解释为神从兽来。就是说，人们最初崇拜的神，就是兽。从《山海经》中神和兽的名号看，已经有名号的兽的数量，要远远大于有名号的神的数量，这也只能说明，是人给兽起名在前，而给神起名在后。这也是神从兽来的证据之一。

《山海经》中的兽神，大多已经是怪兽或者半人半兽的魔神。这样的神，既然被称为兽，则它们还不是最初的神。最初的神，应当就是原型的动物，也就是说，原型的禽兽。

无论在古希腊的神话中，还是在中国古代的神话中，原型的兽和魔神相比，都处于更低的层次。它们没有名号，也没有多少事迹，而纯粹是一个被战胜、被征服的角色。古希腊神话中的卡吕冬野猪、斯廷法利斯湖怪鸟、涅墨亚狮子、刻律涅牝鹿，还有毒龙、野牛等等，都是比魔神能力低一等的角色。在《山海经》和中国古代其他文献的神话中，封豨（大野猪）、长蛇，也是英雄射杀的对象，而龙、蛇等，则往往是神的乘坐物。

从能力方面看来，愈是配备了人体器官的魔神，也愈难战胜。那些单纯的兽神，人间的英雄一般凭勇力就可以战胜。但要战胜那些魔神，特别是配备着人体器官的魔神，就要多费周折，往往要多费智慧。比如要战胜斯芬克斯，战胜美杜莎，单凭勇力就远远不够了。而要战胜那个配备了一个人头和人的上半身的百头巨龙堤丰，就非得宙斯亲自上阵不可。自然，这种现象不是绝对的。现实中，人

---

① ［美］戴维·利明（Darid Leeming）、［美］埃德温·贝尔德（Edwin Belda）《神话学》（*Mythology*），李培茱等译，上海：上海人民出版社，1990年，第3页。

被猛兽毁灭的事例也并不少见。神话中，人神也并非不遭受挫折。但是人神必然是最后的胜利者，配备人体器官的魔神往往处于魔神的最高层次，而单纯的动物神处于最低层次，这个基本顺序则大体不变。由此我们作出如下推论：

人类造出的第一批神祇，乃是单纯的动物形象，我们称为“兽神”。后来，人们才想到把不同野兽的器官组合起来，创造出魔神。比如给老虎配上翅膀，让蛇多长出几个头。第三步，就是给兽神配上人体器官，并且让它们显示出智慧（如斯芬克斯）和某种善行（如马人曾养育过英雄阿喀琉斯）。最后出现的，是人神。在上古的神话和宗教中，也是最高一级的神祇。

兽神出现的时代究竟距今多远？这是个永远也无法弄清的问题。我们只能根据神话和传说，根据出土文物和文献记载的资料，也根据现在田野调查得来的资料，推测人类曾经经过了这样一个时期，就像推测人类曾经经过一个杂乱的群婚时代一样。

人神统治的时代持续有多久？也是不大容易弄清的问题。在古希腊、古印度和中国古代的神话中，人神都已经高居于统治地位，并且都各自战胜了他们的对手兽神和魔神。从此以后，兽神和魔神都只能被称为怪物或者妖魔，而不得再称为神，如果它们想要成神，并且“神界”也允许它们成神的话，一般情况下，都要先变成人形。兽和魔被称为神的时代，永远不可能存在了，就像原始社会不可能再复原一样。至于那些仍然被尊崇的兽神，不过是一种历史的遗迹，就像当今的时代在偏远的地区还会有原始社会的遗存一样。

据弗雷泽在《金枝》中的考察，原始时代的巫师和部落领袖，往往在世时就被崇拜为神。他们应当是人类创造的第一批人神。后来被称为神的人，往往是国王。弗雷泽介绍了许多关于古埃及法老和古罗马帝国的国王，还有那个著名的恺撒，在世时就被尊崇为神。最后一个被尊崇为神的国王，是日本的天皇。第二次世界大战，日本战败，天皇在被迫发表的《人间宣言》中才委婉地取消了自己的神性。

不过人神的统治也未能永远存在下去。代替人神统治的，我们称之为“精灵神”。这时的神，才被认为是一个精神性的存在。当神祇被认为仅仅是个精神存在的时候，才和灵魂发生了这样那样的联系。

第三节　灵魂与精灵神

一、游离于人神之旁的灵魂观念

当前的宗教学，无论是国外还是国内，都把灵魂观念作为宗教或者神祇的起源。然而最初的神祇，和灵魂观念是不相关的。甚至古代有的民族，完全否认灵魂的存在，但他们那里照样有神祇，有宗教。和前两节一样，我们还是先从古希腊谈起。

古希腊神话中，已经出现了灵魂观念。冥王哈得斯，就是人死以后灵魂的管理者。这些灵魂，如同影子一样，所以赫剌克里斯来到地府，要杀死怪物戈耳工的时候，赫耳墨斯告诉他："死人的灵魂只不过是空虚的影子，不会为人间的利剑所伤。"[①] 就在这一时期，古希腊人崇拜着奥林匹斯山上的神祇。而那些在冥界里的灵魂们，却并不是神祇，因为神祇是不死的。这就是说，灵魂观念和神祇，是各自独立、互不相关的存在。神祇们，都不是灵魂或者精神存在。他们有儿女，也有父母甚至祖父母。父母和祖父母也都是神，并且从天地开辟时就是神。世界和人类，就是神们造出来的。

在古希腊哲学产生和发展的时代，思想家们对灵魂问题也进行了热烈的讨论。据亚里士多德《论灵魂》所说，泰勒斯把灵魂看成某种具有引起运动能力的东西，毕达哥拉斯认为灵魂是由热元素和冷元素组成的，分为表象、心灵和生气三个部分。赫拉克里特一面说火产生了一切，一切都复归于火，一面认为一切都充满着灵魂和精灵。原子论者，把灵魂看作精细的原子。至于亚里士多德，则把灵魂看作是构成一切存在物的四大要素之一中的"形式"。

对后来的灵魂观念影响至深的，是柏拉图的灵魂观。柏拉图认为，凡是能够自主运动的东西，都是由灵魂操纵的结果。也就是说，一切能够自己运动的存在物都有灵魂，而灵魂是没有出生和消灭的。灵魂在没有和肉体结合之前，生有羽翼，跟着众神在天空飞翔。当它和肉体结合之后，要用数千甚至上万年恢复到有羽翼的状态。依照它和肉体结合过程中行为的善恶，过程结束后，灵魂将受到审

---

① ［德］斯威布《希腊的神话和传说（上）》，楚图南译，北京：人民文学出版社，1984 年，第 168 页。

判。正义者重新生出羽翼回到天上，有罪恶者将在地狱中受到惩罚。至于神祇，也是兼具肉体和灵魂的存在物：

> 我们从来不曾窥见神，也不能充分察觉神，只能把神想象为一个不朽的生灵，永远兼具灵魂和肉体。①

其中宙斯是众神之王，也是诸精灵之王，他驾着飞车在天上飞翔，其余列位于十二尊神的，各依指定的秩序，率领一队。

也就是说，尽管古希腊思想家们对于灵魂问题见解不同，但在认为灵魂和神祇是各自独立的存在这个问题上，则没有分歧。或者说，有没有灵魂观念，和是否已经崇拜神祇，互不相关。

灵魂问题还可以追溯到古埃及。古埃及的早期文献“亡灵书”，是祭司们为死者撰写的书。这些书一开始，是赞颂神的赞歌，通常是赞颂太阳神，接着是赞颂奥西里斯，他是“神与人的主人”。而死者们需要这本书，是为了获得神的指导和保护，以便躲过恶魔的危害。这类广泛流行的书告诉我们，在古埃及，神祇们的存在，和灵魂观念的有无，同样是互不相关的问题。

在古印度，产生了著名的轮回观念。我们在前面提到的柏拉图的灵魂观念中，其中就包含着轮回观念。柏拉图说，灵魂或受惩罚、或受酬报，千年之后，都要回到原点，重新选择。有些原来是人的灵魂，就可能转生为兽，再后也可能重新转生为人。在这种轮回中，灵魂是作为主体而存在的。然而在最讲轮回，或者说，其轮回学说最为完善的印度，却偏偏不讲灵魂。轮回就是轮回。此生为人、为天，来生就可能是饿鬼，是畜生。如此而已。比如幼虫成蛹、蛹变成虫，谁见过它们的灵魂？在印度教基础上诞生的佛教，完全接受了轮回观念，但同样不讲灵魂，或者说，佛教不认为人死后会留下一个不死的灵魂。

佛教创始人释迦牟尼在菩提树下悟道，最重要的结论就是“诸法皆空”。所谓诸法皆空，就是一切存在都是虚幻不实的“无自性”，即没有自己的本性。这一条重要原理，后来被作为佛教“三法印”，即三条基本原理之一：“诸法无我。”假如承认灵魂存在，就是诸法有我，因为灵魂就是个“我”。这是违背佛教基本原理的。佛教后来传到中国，从中国传统中接受了灵魂观念，才把灵魂作为轮回

---

① 《柏拉图全集·克拉底鲁》，王晓朝译，北京：人民出版社，2003年，第160页。

的主体，并且把本来都是“众生”所在之处的“天堂”“地狱”变为人死后灵魂的归宿。也就是说，在古印度，神祇也是兼具肉体和灵魂的存在。神祇被创造出来，和人类是否具有灵魂观念没有关系。

在世界三大宗教之中，主张灵魂不死最有力的，当属基督教。基督教的《旧约》，基本上就是犹太教的经典。《旧约》中的神祇，也与灵魂观念无关。其中所反映的以色列人观念，和古希腊人有重大不同。以色列人不认为灵魂可以离开肉体而独立存在。其中也没有天堂、地狱观念，而只有所谓“最后审判”。届时神会让枯骨都重新长出血肉，以便接受审判。行善的将得永生，作恶者将受永罚。恩格斯在讲到犹太教时曾经说过，犹太教在同外教接触的时候，一面把自己的神变成大家共有的唯一的神，一面却“接受了原先同犹太教格格不入的灵魂不死说”①。也就是说，犹太教的神，不仅不是单纯精神性的存在，而且也不是灵魂观念产生的后果。相反，人之所以具有灵魂，乃是神吹了一口气的结果。而人虽然有了能够认知和思维的灵魂，但这个灵魂不仅不能不死，更不能成为神祇。

在中国古代，讲述上古故事的《山海经》中，讲述了山海诸神，也讲述了高于这些神祇的诸“帝”，却没有讲到灵魂问题。或者说，《山海经》是讲山海地理物产的，诸神也是顺便提到的。那么，在记录古代政治宗教生活的《尚书》中，多次讲到帝或者上帝，也没有讲到灵魂问题。其《盘庚》中，盘庚要迁都，为了说服他的臣子们，多次提到他的“先后”，即他的祖先，也提到群臣们的祖先。并且说，假如群臣们不听从命令，他的先后就会让群臣们的祖先抛弃这些臣子云云。在这里，我们可以根据现在的观念，推论盘庚所说的“先后”以及群臣的祖先们，都是指他们那未死的灵魂，然而这样的推测是否就是当时的观念，则没有其他文献可以佐证。但这时，诸神，还有诸神的首领：帝或者上帝，却已经有了很长，甚至可以说是悠久的历史。也就是说，中国古代神祇被创造出来，也和人们是否产生灵魂观念没有关系。

在中国古代文献中，第一次提到灵魂问题的，是《左传》。昭公七年，由于郑国人惊恐传说，已经被杀的大夫伯有来了，他要杀死某人，结果某人果然死了。又传说他要杀死某人，那人果然也死了。于是人心惶惶。直到执政的大夫子产为伯有举行了盛大祭祀，并妥善安排了他的后人，闹鬼的事才停止下来。这一

---

① 恩格斯《布鲁诺·鲍威尔和原始基督教》(1882 年)。载《马克思恩格斯全集》第 2 版第 25 卷，北京：人民出版社，2001 年，第 552 页。

年，子产出访晋国，晋国大夫赵景子询问：伯有可以作鬼吗？于是引出了著名的子产的灵魂论。

依子产的论述："人生始化曰魄，既生魄，阳曰魂。"（《左传·昭公七年》）传统的注释，认为这是说人最先形成的，是形体和形体的灵。魄，就是形体的灵。然后有魂。魂，是气的灵。人体中都充满了气，所以人都有魂有魄，一般并称"魂魄"。从现代解剖学的观点看问题，这是中国古代对于人能思维的精神现象和肉体的神经系统最为接近实际的认识。这和其他民族笼统地只讲灵魂，有重大区别。

子产接着说，人在世时，如果"用物精多，则魂魄强"。也就是说，假如消费的物品精美而且众多，他的魂魄就强壮。伯有是郑国的贵族，属于用物精多一类，所以死后魂魄强盛，能够为鬼。

我们这里所关心的是，赵景子的问，子产的回答，都在讲述着一个问题，那就是说，在当时人们的心目中，并不是所有的人死后都"有鬼"的，只有那些在世时用物精多者，还有"强死"的匹夫匹妇，即不正常死亡的普通民众，死后才可能有鬼。

据《尚书》，从大禹时代，就开始有"鬼"这样一个概念。在商代，鬼和神一样，成为祭祀的对象。由此开始，逐渐形成了中国古代的三大神祇系统：1. 神，指天神；2. 祇，指地神；3. 鬼，指人鬼，即人死后的存在。当然，这只是理论上如此。在实际使用中，人们往往只是鬼神并称，把地祇也称为神。至于鬼，则"鬼之为言归也"（《尔雅·释训》）。至于这个归去的人仅是灵魂还是别的什么？《尚书》本文没有说明，仅从"归"字上也无法判断。然而无论如何，中国先秦时代就已经形成的神、祇、鬼三大系统，说明神的被创造，与灵魂观念，也没有关系。

因此，无论我们把视线投到哪里，都会看到，都会发现，古代各个民族，他们很早都创造了自己的神祇，这些神祇，和他们的灵魂观念是否出现，都没有关系。因此，寻找神祇、也就是寻找宗教的起源，不必、也不应该求助于灵魂观念的出现与否。而且，人类早期创造的神祇，从兽神到人神，都是兼具肉体和灵魂的，如果认为兽也有灵魂的话。也就是说，人类早期的神祇，都是物质性的。甚至初期所指的灵魂，也是物质性的。

二、早期灵魂的物质特性

在古希腊神话中，灵魂被认为是像影子一样的东西。在古希腊哲学中，把灵魂看作是精细原子或者冷热元素的观点，显然是把灵魂看作是物质性的东西。柏拉图强调众神都是兼具肉体和灵魂的，说明他非常清楚灵魂和肉体的区别。但是真的要追问“灵魂是什么”的时候，他也只能把灵魂想象成物质性的东西。灵魂们一个一个地单独存在，并且生有羽翼。泰勒斯说灵魂是运动的动力，但这动力是什么？他没有解说。亚里士多德认为灵魂是物的形式，有使灵魂脱离物质的倾向，然而也仅仅是有倾向而已。在古代世界，认识到人的精神现象不同于肉体，是容易做到的；但是要他们把灵魂想象成和物质存在完全不同的东西，则是困难的。古希腊的哲人们如此，其他民族的哲人们也是如此。

如果再往前追溯，则原始时代的灵魂观念，更是与现代的灵魂观念相距甚远。不少人类学家都指出，在那些进化程度较低的民族中，其灵魂观念往往是和阴影、呼吸等等联系着的概念。这一点，缪勒的评论是：

> 除非我们得知贝宁尼格罗人的灵魂一词是指“呼吸”（生命的标志），还是“意向”（思想的标志），还是“灵魂”（愿望和情感之所）；除非我们知道他们的所谓灵魂是物质的还是非物质的，可见的还是不可见的，否则，只说某些原始部落将阴影，或鸟，或流星视为自己的灵魂，在我看来是毫无意义的。①

然而无论是阴影，是鸟，还是星星，已经说明，当他们要说出“灵魂是什么?”的时候，他们只能把灵魂想象成物质性的东西。

类似的情况，就是《旧约》中的灵魂观念。God向他用尘土造的人的鼻孔里吹了一口气，那人就变成了“有灵”的活人，这就是亚当。《旧约》中的这段文字说明，在《旧约》的作者看来，人单有一个肉体是不够的，他必须有一个“动力”之类的东西，才是一个活人。这个东西，就是我们说的灵魂。灵魂的获得，

---

① ［英］缪勒（Friedrich Max Muller，1823—1900）《宗教的起源与发展》（Lectures on Origin and Growth of Religion），金泽译，上海：上海人民出版社，1989年，第61页。

是God向那人鼻孔里吹气的结果，说明在作者看来，那个能够提供活动动力的灵魂，就是呼吸之气，或者是和呼吸之气类似的东西。而这个东西，就是物质的东西。

印度宗教，直到佛教，不认为人有灵魂，所以他们也不讨论灵魂是什么。但在中国，至少从子产开始，就明确认为，人有一个灵魂，称为魂魄。因此，魂魄，或者简单地说，灵魂是什么就成为中国哲人着重讨论的问题。

子产说，魄产生以后，“阳曰魂”。一般理解，魂，就是阳气。

子产以后，中国哲学逐渐形成了这样的认识：人的肉体，和一切事物一样，都是由气构成的。气分阴阳两种。那么，构成灵魂的阳气，和构成肉体的阴气，有什么不同呢？

据《礼记·檀公》记载，大约与子产同时的吴国公子季札出使齐国，将要回国的时候，长子去世了。季札把儿子葬在齐国的土地上，在坟前号哭道：

> 骨肉归复于土，命也。若魂气，则无不之也，无不之也。

这件事得到了孔子的称赞，认为季札是懂得礼仪的人。季札关于灵魂归宿的哀哭，也成为后世人们对于灵魂归宿的权威解释。其要点是：骨肉复归于土。至于灵魂，是可以到任何地方的。

不过对于我们来说，关心的是，在季札看来，灵魂，乃是一种气：魂气。季札的看法由于得到孔子的称赞，也成为后世人们灵魂观念的基础。

子产、季札之后，孔子专门讨论了“灵魂是什么”的问题。内容见于《礼记·祭义》，这是一段较长的文字：

> 宰我曰：“吾闻鬼神之名，不知其所谓。”
>
> 子曰：“气也者，神之盛也。魄也者，鬼之盛也。合鬼与神，教之至也。众生必死，死必归土，此之谓鬼。骨肉毙于下，阴为野土，其气发扬于上，为昭明，焄蒿凄怆，此百物之精也，神之著也。因物之精，制为之极，明命鬼神，以为黔首则。百众以畏，万民以服。

这里把复归于土的称为“鬼”，把随气发扬于上的称为“神”。我们不讨论这种区别的意义，我们所注意的是，这里所说的神，就是子产、季札所说的魂。魂，或称神，是一种气。这种气在人死以后，“发扬于上”，这是“百物之精”，即一切物的精气。圣人把这百物之精气命名为“鬼神”，为的是让民众“畏”“服”。这就比子产、季札都更进一步，说明灵魂乃是百物之“精气”。

这段话是不是孔子说的，并不重要。重要的是，我们知道，子产以后，古代哲人认识到，人的灵魂，乃是一种“精气”，而这种认识，在秦汉以前，已经是一种普遍的认识。现存《管子·内业篇》，学术界一般认为是战国时期的作品。这一篇文章中明确指出，鬼神，就是精气：

> 凡物之精，此则为生。下生五谷，上为列星。流于天地之间，谓之鬼神。藏于胸中，谓之圣人。

此，唐房玄龄认为是“得此”的意思，即得到这个东西，五谷就有了生命，在天上则成为星星。在天地之间流荡，就是鬼神；藏在胸中，就是圣人。近代郭沫若先生认为“此”应是“比”，即结合在一起的意思。然而认为鬼神是精气，或是精气的集合，则没有分歧。

这样的鬼神观念，在《吕氏春秋》中被进一步发挥：

> 精气之集也，必有入也。集于羽鸟，与为飞扬；集于走兽，与为流行；集于珠玉，与为精朗；集于树木，与为茂长；集于圣人，与为夐明。（《吕氏春秋·尽数》）

也就是说，精气聚集到鸟儿身上，使鸟儿飞翔；聚集到走兽那里，使走兽奔走；聚集到珍珠和美玉那里，使它们精莹和明亮；聚集到树木那里，使树木繁荣茂盛；聚集到圣人身上，使圣人聪明智慧。很显然，这就是古希腊泰勒斯说的“动力”，亚里士多德说的“形式”类的东西，也就是柏拉图说的“灵魂”。

这样的观念，在《易传》中被概括为：“精气为物，游魂为变，是故知鬼神之情状。”也就是说，季札所说的“无不之”的魂气，就是精气，就是鬼神。

从和肉体对立的意义上说，这样的灵魂，就是单纯精神性的存在。鬼神，也是单纯精神性的存在。如果要进一步说明“这和肉体对立的东西到底是什么”的时候，我们的古人也只能说，这是一种精细的气：精气。在这个问题上，我们的先哲，和古希腊的哲人，和希伯来民族的哲人，处于同一个思维水平。他们只能把灵魂想象成精细的物质存在，就像他们虽然看不见，但只能把神祇想象成兼具灵魂和肉体一样。

中国这样的观念，一直保持到东汉时期。王充的《论衡》，还是把人的“神”、或称精神，说成是精气：

> 人之所以生者，精气也。死而精气灭。……人之精神藏于形体之内，犹粟米在囊橐之中也。死而形体朽，精气散，犹囊橐穿败粟米弃出也。粟米弃出，囊橐无复有形；精气散亡，何能复有体而人得见之乎。（《论衡·论死》）

也就是说，人的精神，就是精气。人死，精气散亡，就像口袋破了粮米洒出一样。粮米洒出，口袋就没了原来饱满的形状；精气散了，怎么还会成为人的形状呢？这是王充反对人死为鬼的重要理论根据。在这里，他仍然只能把人的精神说成是精细的气：精气。要对人的精神（灵魂）作进一步说明，彻底和物质区别开来，在中国，要到两晋南北朝时期。

上述的考察表明，即使在人们把鬼神说成是精神存在的一个长时期内，所说的“精神存在”，还仍然是物质性的东西，和后世说的精神存在，还不能等同相看。至于再往前追溯，则人们观念中的鬼神，一直是有肉体的存在物。

三、中国古代鬼神的精灵化

从人们把鬼神说成是精气开始，可以说中国古代已经开始把鬼神精灵化了。我们说“已经开始”，就是说，这仅仅是把鬼神精灵化的开始。要完成鬼神的精灵化，即认为所有的鬼神，亦即所有的神祇，都是精神性的存在，还有一个漫长的过程。

《山海经》中的那些帝，是人间的君主，也是最高等级的神。在《尚书》《周易》《诗经》等文献中，常常提到的天、帝、上帝，也是当时的国家所崇拜的最高神。但是这个最高神的形象、体质怎么样的，却没有任何说明。这就给后世留下了无限的想象空间。秦朝统一，确定的上帝有四位：黄帝、炎帝、青帝和白帝少昊氏。少昊氏被作为上帝之一，乃是因为秦人认为，少昊氏是他们的祖先。司马迁作《史记》，把尧舜和夏商周秦诸朝君主的祖先都追溯到黄帝，表明他们之所以做天子，因为他们确实是上帝的后裔：天之子。而对于刘邦，一个连祖父都说不清是谁的人，竟然五年之内就做了天子，就使司马迁大惑不解，只能归结为上天派来的“大圣人”。就是这位大圣人，在戎马倥偬之中，又加上黑帝颛顼，使上帝增加为五位。

这五位上帝，除了青帝太昊氏，都可以在《山海经》中找到根据。到了汉代，人们很清楚他们已经死亡，他们作为上帝，应该仅仅是他们的灵魂做了上帝。但是当方士公孙卿说黄帝是成仙上天的时候，汉武帝还是信以为真，并且开展了大规模的求仙运动。就在这个过程中，竟无一人向武帝说明，黄帝在天上的，只是他的灵魂，而不是肉身。因此，可以说，在当时的汉代朝廷上，相信黄帝，可能还有其他几位上帝，都是肉体上天的人，是一种主流的观念。

不久，山东人缪忌上言，说天上最尊贵的是太一，五帝只是太一的辅佐。于是武帝为太一修建了规格最高的祭坛，作为上帝之首。近百年后，到王莽时代，仍然有不少人相信，太一，还有上帝们，都是一个兼具肉体和灵魂的存在。其他的神祇，可以此类推。

就在此一时期，神祇的精灵化进程也在继续进行。儒者们为五位上帝各自造了一套新的名称，以便使它们和人间的君主脱离关系。至于那最高的上帝，儒者们也在根据儒经，努力地寻求新的解释。在《诗经》和《周礼》中，都有“昊天上帝”这样一个概念，作为天上最高的上帝。有人认为，昊天，指的就是天空；上帝，指的是《周易》中所说的“玄天”；有人说，昊天上帝就是北极星，名字叫耀魄宝。而王莽代表国家所制订的礼仪中，则为五位上帝各加上了一个“灵”字：中央帝黄灵后土，东方帝太昊青灵勾芒，南方炎帝赤灵祝融，西方帝少昊白灵蓐收，北方帝颛顼黑灵玄冥。

这些名称说明，王莽以及当时的儒者已经充分认识到，神祇乃是一种精灵。然而如果要他们说，这精灵“是什么”的时候，他们也只能说，是精气。比如天上的星星，依当时的观念，每一颗星就是一尊神，在祭祀上帝时，不仅日和月，而且重要的星星，都要陪同上帝享受祭祀。日，月，还有星星，都是什么？当时的人们认为，它们是精气：

> 三光者，阴阳之精。气本在地，而圣人统理之。（《史记·天官书》）
>
> 凡天文在图籍昭昭可知者，经星常宿中外官凡百一十八名，积数七百八十三星。皆有州国官宫物类之象。……此皆阴阳之精，其本在地而上发于天者也。（《汉书·天文志》）

三光，指日月星。经星，就是恒星。今天看来，他们说三光是精气，是把日月星都当成物质性的东西。然而在他们的心目中，所谓精气，和人的灵魂一样，是单纯的精灵，精神性的存在。

与神祇相关的，是鬼。王充否认人死可以为鬼。其理由是，精气，也就是灵魂，离开了肉体，不仅不能有知，而且也不能再成为人形，而是和天地之气混合起来，就像融化的冰又复归于水一样。但是王充承认，鬼，是存在的，它们是“太阳之气”：

> 凡世间所谓妖祥，所谓鬼神者，皆太阳之气为之也。太阳之气，天气也。
>
> 太阳之气，盛而无阴。故徒能为象，不能为形。无骨肉，有精气，故一见恍惚。辄复灭亡也。（《论衡·订鬼》）

“太阳之气”，即阴阳之中，阳的程度最高的气。因为阳的程度最高，所以“盛而无阴”，徒能为象，不能为形。实际上，这就是精气。所以说是“无骨肉，有精气”。

假如《礼记》中孔子和子路关于鬼神问题的对话果然是真，则从孔子开始，到王充为止，五六百年中，中国古代哲人可说是完成了神祇精灵化的第一步。第二步，就是使精灵和物质彻底脱离关系。这个过程，是在争论佛教教义的时候发生的。

中国哲学从《庄子》开始，人们逐渐都接受了“气聚为生，气散为死”的命题。意思是说，气聚集起来就有生命，气消散就是生命的终止。灵魂作为精气，也是气的一种。晋代反对轮回说的孙盛认为，气散之后，不可能再聚到一起进行轮回。赞成轮回说的罗含认为，轮回是个不断进行的过程，没有终结。但他未能证明作为灵魂的气一定能完整的聚在一起。这样，对灵魂本质的认识，就日益成为轮回报应说必须解决的理论问题。

从《庄子》开始，还把肉体和灵魂的关系比作薪柴和火焰的关系。王充借用这个关系认为，“天下无独燃之火，世间安得有无体独知之精”（《论衡·论死》）。也就是说，灵魂离开肉体，就像火离开了薪柴一样。火离开薪柴就要熄灭，灵魂离开肉体也就无法独立存在。到了晋代，僧人慧远也借用薪与火的比喻，说薪柴可以燃尽，但火却可以由此薪传至彼薪。以此说明，肉体死亡，灵魂则可以传给另一个人。为了进一步说明灵魂的特殊性质，慧远说，人的神，也就是灵魂，是一种特殊的东西：

> 夫神者何也，精极而为灵者也。（慧远《形尽神不灭》）

“精极而为灵”是什么意思，慧远本人也未必说得清楚，但是他力图说明，人的灵魂，是和物质截然不同的东西，则意思明确而肯定。

慧远以后，郑鲜之进一步对灵魂进行了界定：

> 理精于形，神妙于理。（郑鲜之《神不灭论》）

理，在这里，就是亚里士多德说的形式。形式虽然是物质的形式，但却是和物质，也就是质料完全不同的东西。而神，也就是灵魂，比理还要精妙，这就彻底划清了灵魂，或者说精神，和肉体的界限。

到了范缜，又进一步指出，精神和肉体的关系，是锋利和刀刃的关系：

> 神之于质，犹利之于刃。……未闻刃没而利存，岂容形亡而神存。（范缜《神灭论》）

把形神关系，也就是肉体和精神、灵魂的关系比作刀刃与锋利的关系，是中国哲学史上认识精神和肉体关系的最高成就。这个比喻的正确性，迄今为止也无可挑剔。

从慧远到范缜，各人的哲学立场不相同，但对于正确认识精神和肉体的关系，则各自都做出了自己的贡献，使中国哲学对于精神现象的认识，提高到一个新的阶段。

把人的精神或说灵魂与肉体的关系推广到物质和精神的一般关系，使当时的哲人对于神祇的精灵化也前进了重要一步。先是儒者，后来成为道教高士的葛洪，说明了那物质性的天，为什么被认为是最高的神。他说：

> 山川草木、井灶洿池，犹皆有精气。况天地为物之至大者，于理当有精神。有神，则宜赏善而罚恶。但其体大而网疏，不必机发而响应耳。（《抱朴子·微旨》）

这里的哲学根据是，世界上一切事物，都是气的凝聚。气凝聚而成的人，有精气，所以人有灵魂。山川井灶等，是古代所祭的神祇，它们也是气的凝聚，所以也有精气，为神祇。天，是天地间最大的物，当然应该有精气。精神，做世界的主宰，赏善而罚恶。这显然是把人有精神或说灵魂推广到所有事物的结果。

葛洪在这里还说灵魂是精气，稍后的宗炳，在参与“神灭神不灭”的争论中，就摆脱了灵魂或精神是精气的说法。他说：

> 夫五岳四渎，谓无灵也，则未可断矣。若许其神，则岳唯积土之多，渎唯积水而已矣。得一之灵，何生水土之粗哉！而感托岩流，肃成一体。设使山崩川竭，必不与水土俱亡矣。神非形作，合而不灭，人亦然矣。（宗炳《明佛论》，一名《神不灭论》）

五岳四渎，都是当时国家祭祀的重要神祇。因此，当时的人们，谁都不能说它们无灵。那么，它们的灵从哪里来的呢？宗炳认为，绝不是由水、土这样粗糙的东西中产生出来的，即“神非形作”。非形作，那么，从何而来呢？宗炳的回答是“感托岩流，肃成一体”。即存在于某个地方，来和水土结合在一起的。所以即使山崩川竭，那个从外面而来，和它们结合在一起的神，是不会消灭的。

宗炳生于晋代，活到南朝，是佛教居士。他对于神和水土关系的论述，具有普遍的意义，说明在此一时期，中国古代哲人完成了神祇精灵化的认识过程。

E. 埃文斯—普里查德在批评宗教起源问题上的“万物有灵论”时指出：

> 发达的而且最典型的万物有灵论形态并不是在原始社会中发现的，而是在像中国、埃及和古代地中海地区这样相对先进的社会中发现的。[①]

这个说法大体符合实际。我们要补充的是：第一，在中国，是两晋南北朝时期才最后完成的。公元纪年大约在 3 到 6 世纪。第二，这一时期的中国古人虽然做出了万物有灵的结论，但他们心目中的神祇，却从来都不是单纯的精神存在，而都是像葛洪说的天，宗炳说的山川一样，有一个物质的形体；形体内，有像人一样的精神或灵魂。

---

① ［英］E. 埃文斯—普里查德《原始宗教理论》，孙尚扬译，北京：商务印书馆，2001 年，第 64 页。

四、基督教神祇的精灵化进程

利玛窦到中国来，使他最为不解的是，中国人所信仰的上帝，竟然是那个物质的天。更令他难以接受是，脚下藏污纳垢的地，竟然是和天同样伟大的神。因为在他看来，神，是单纯的精神性存在，不能和下贱的物质混为一谈。两百多年后，英国人麦克斯·缪勒创立宗教学，认为佛教是无神的宗教，因为在他看来，佛陀是个人，不是神。从利玛窦到缪勒的神祇观念表明，在他们看来，神祇，一定是单纯的精神存在。他们所接受的这个观念，影响深远。直到现在，不论是普遍民众，还是学者，心目中的神祇，也都是单纯精神性的存在。

然而从利玛窦到缪勒对于神祇的看法，只是反映了他们那个时代基督教的神祇观念。而基督教的神祇观念，并不从来就是那样的。也就是说，基督教的神祇观念，并不从来就认为神祇必须是单纯精神性的存在。

基督教承认本是犹太教经典的《旧约》也是自己的经典。《旧约》中，除了多次提到"神人"是个"神而人"或"人而神"的存在，就像奥林匹斯山上的神祇一样，此外，那最高的神耶和华，最初也不是单纯的精神存在。

《旧约·创世记》第一章第二节："……上帝的灵运行在水面上，上帝说，要有光，就有了光……"（通行中译本，下同）"上帝"，有的译为"神"。"上帝的灵"，有的译为"天主的神"。其英文是："And the Spirit of God moved upon the face of the waters."这里用的也是"神（天主）的……"这样的句式。那么，"上帝说"，是上帝的"灵"说呢，还是上帝就是个灵？而"上帝的灵"或"天主的神"，明显是说，这个上帝或称天主乃是一个兼具肉体和灵魂（神）的存在，和古希腊诸神一样。

《创世记》第六章第三节："耶和华说，人既属于血气，我的灵就不永远住在他里面。""我的灵"，英文是"My spirit"，有译"我的神"。在这里，耶和华，和他的灵（神），是可以分别看待的两种存在。耶和华神的灵，和人的血气混在一起，才使人有了生命，那么，耶和华本身，是否也是一个由灵和肉组成的存在呢？

《创世记》第一章第二十六节："上帝说：我们要照着我们的形象，按着我们的样式造人……"第二十七节："上帝就照着自己的形象造人，乃是照着他的形象造男造女。"依据《旧约》的这段文字，则耶和华神具有形象，而且是人的形象。有形象，就是物质性的存在。《旧约》中，最高神耶和华还不是单纯精神性的存在。至于《新约》的主角耶稣，一开始就是一个肉身的神。

在基督教形成的时期，犹太教本身就存在着不同的派别。对于神是不是单纯的灵，有着完全不同的意见。就像中国汉代的情况一样。甚至那些认为神是单纯的灵的人们，心目中的灵也未必是后代人心目中的灵。基督教形成以后，教父们关于上帝、基督和圣灵之间的神位高低，他们是物质还是精神等等问题上，进行了长达几个世纪的争论。作为早期护教士的德尔图良（Tertullian，145－220），坚持认为灵魂乃是物质实体。

稍后于德尔图良的奥利金（Origen Adamantinus，185－254），坚持认为“圣父”（即 God）是纯粹精神的实体，此外的一切都是有形体的。而耶稣则是“道成肉身”，即圣父之道所演化成的肉身的神。但是奥利金关于神是纯粹精神而非物质的观念遭到了各方面的反对。不少人认为，God 是有形体的。经典中“God 是灵”这句话，在隐修士们看来，反而成为 God 是物质的，而非单纯精神性存在的证据：

> 奥利金关于非物质性的神的观念，在那些神性拟人论者中，尤其是在隐修士们当中，特别引起反感。他们的上帝就是圣经上所描述的，具有同他们一样的身躯和肢体。他们以圣经为凭据，得意地证明上帝是有形体的：圣经不是说“上帝是灵”吗？那么谁不知道灵是物质的？[①]

这样，“上帝是灵”这句在我们看来表述上帝是纯粹精神的语言，在这些隐修士那里反而成为上帝非精神的证据。这至少说明，《旧约》中的 God，是可以被理解为一个物质的神。而且这不是我们今天的理解，而是历史上曾经存在过的理解，是基督教自身对于 God 的理解，而那把 God 理解为纯粹精神的观念，反而遭到反对。

“基督教神学的中心问题，始终是基督作为神，如何与一神论观点相调和的问题。”[②] 也就是消除传统的、承认物质的神的观念问题；是如何完满地解释，耶稣这个曾经被崇拜为神的活人，如何和 God 的纯粹精神性相一致的问题。而

---

① ［美］G. F. 穆尔（George Foot Moore）《基督教简史》（History Of Religions Part 2：Christianity），北京：商务印书馆，1981 年，第 80 页。

② 同上。

God 本身，也有一个如何消除他本来是，至少本来可能是一个物质的神的问题。穆尔（George Foot Moore）简略地描述了这些论争的激烈和复杂。那时候，基督教还处于罗马帝国不断的迫害之下。只要迫害稍一缓和，类似的论争就开始。主教们相互开除教籍，争论达到了不共戴天的程度。其中最严重的论争发生在亚历山大教会长老阿里乌斯（Arius，约 250－336）和其他神父之间。阿里乌斯认为神的标准是“自我存在”，圣子既是因为圣父而得以存在，所以他不是 God。由于他的这些观点，阿里乌斯和他的十几个追随者被撤了职。但是由于他们不承认自己的错误，使基督教会发生了严重的分裂。

五、佛教神祇的精灵化

初期的佛教，没有精灵化的神祇。传统印度宗教的神祇，都有自己的肉体。六道轮回中的天，有自己的肉体；畜生和人不必说，地狱、饿鬼，都是“众生”之一。人的生活有苦有乐，天的生活比人美妙，而且寿命很长，然而都免不了可能沦为畜生、饿鬼，甚至地狱的命运。为了避免沦为地狱、饿鬼等等的命运，与其千方百计以求做人、做天，不如彻底摆脱轮回。这样虽然没有做人、做天的快乐，但也没有做饿鬼、畜生等等的痛苦。当时进行这种探索的人数众多，只有佛陀获得了成功。他找到了摆脱轮回的法子，并且认为自己已经摆脱了轮回。这样，他就比所有的天们都要高明，所以被称为“天中天”；他不仅把自己找到的方法在人间传播，还经常给天们讲课、传道，所以被称为“天人师”，即不仅是人的导师，还是天们的导师。

这位天和人的导师不仅具有六大神通，即六种超自然的能力。比如天眼通可以看见一切；天耳通可以听到一切；神足通可以在虚空中穿行；如意通具有无限的神力。有的经文认为，佛的一毛孔中可以容纳三千大千世界，即无限多个像我们这样的世界，而最高境界是所谓消除了一切烦恼的漏尽通。这一切都足够使人向往，但更令人向往的，是这位天人师还有一个金刚不坏之身，即长生不死的肉身。因此，即使不能成佛，能成为次一等的阿罗汉，也能有好几种神通，能够使肉身长存许多许多年，甚至也金刚不坏，长生不死。因此，初期的佛教，或者说佛教在印度时，不仅他接受的印度教的神祇，包括他自己新创造的神祇，佛陀，阿罗汉等，都是肉身的存在，而不是死后的灵魂。

但是有一天，佛陀要涅槃了。虽然人们对于涅槃可以做出种种解释，但涅槃以后肉体不再存在，则是掩盖不了的事实。据《杂阿含经》卷七，人们开始关注佛死以后的问题。佛陀告诉诸比丘，即他的信仰者说：

> 我世间常，世间无常；世间常无常，世间非常非无常。世有边，世无边；世有边无边，世非有边非无边。命即是身，命异身异。如来死后有，如来死后无；如来死后有无，如来死后非有非无。

佛陀这里要回答的，是“佛死以后，还有什么？”但这里的回答与其说是回答，不如说是逃避。

有一次，一个外道俱迦那碰到佛的著名弟子之一阿难：

> 俱迦那言：云何，阿难，如来死后有耶？阿难答言：世尊所说，此是无记。
>
> 复问：如来死后无耶？死后有无耶？非有非无耶？阿难言：世尊所说，此是无记。
>
> 俱迦那外道言：云何，阿难。如来死后有，答言无记。死后无，死后有无，死后非有非无，答言无记。云何，阿难，为不知不见耶？阿难答言：非不知，非不见。悉知，悉见。
>
> 复问阿难：云何知，云何见？阿难答言：见可见处，见所起处，见缠断处。此则为知，此则为见。我如是知，如是见。云何说言不知、不见。
>
> （《杂阿含经》卷三十四）

“此是无记”，也就是拒绝回答。阿难此后的回答，可说是更为严重的逃避。在“阿含经”中，这个问题以各种不同的形式提了出来，但都被当作无意义的问题搁置起来。因此，在阿含类佛经所反映的早期小乘佛教中，在人们的观念中，佛陀和他的弟子们，还都是肉体的存在。

佛教小乘之后是大乘。大乘佛教先是空宗，后出现有宗。有宗的经典《大般涅槃经》，佛有死无死，死后还有什么，这样的问题得到了认真的讨论和解决。据昙无谶译《大般涅槃经》（北本）载，佛当涅槃之际，“三千大千世界”中的“六趣众生”，即不仅人类，也包括诸天和地狱、饿鬼等，都“心大忧愁，同时举声悲啼号哭”。（卷一）曾以精美食物供养过佛的铁匠纯陀，虽然知道“诸行无常”的道理，仍然难以止住悲哀。他认为，佛如来不属于“诸行”，是金刚不坏之身。况且天们的寿命都极长，佛为什么不满百年：

> 我闻诸天寿命极长，云何世尊是天中天，寿命更促不满百年。（卷二）

假若佛如来和诸行一样，那就不应该称为“天中天”，也不得称为三界中的自在法王。所以纯陀再三强调，不应把如来等同于诸行。

佛的弟子迦叶说，如来之身就像金刚，是不会坏的。现在为什么要涅槃？他甚至怀疑佛陀是否造了什么“恶业”：

> （迦叶：）菩萨修习等心众生同子想者，应得长寿，善知宿命；常住于世，无有变易。今者世尊，以何因缘，寿命极短同人间耶？如来将无于诸众生生怨憎想？世尊昔日作何恶业？断几命根？得是短寿不满百年。（《大般涅槃经》卷三）

这时佛陀告诉迦叶，所谓“金刚不坏身”，不是这个会吃饭的“食身”，而是“法身”：“如来身者是常住身，不可坏身，金刚之身。非杂食身，即是法身。”（《大般涅槃经》卷三）简而言之：“如来身即是法身。”这个法身无边无碍，不生不灭。这个法身，就是如来所说的法。也就是说，佛说的那一套道理，那一套思想，是不会消灭的。消灭的，只是佛的肉体。所说的佛，并不是佛的肉体，而是佛的思想。这样，以《大般涅槃经》的出现为标志，佛教完成了神祇精灵化的进程。

《大般涅槃经》中，法身又称为法性，佛性。该经认为，法性或称佛性，人人都有，因此人人都有可能成佛。在《大般涅槃经》译出之前，中国僧人依据其他佛经，认为有一种坏到极点的“一阐提人”是不能成佛的。晋代末年高僧竺道生根据他自己对佛教基本精神的理解，认为一阐提人也可以成佛，当时被认为是外道，他本人也被开除了僧籍。《大般涅槃经》的译出，用权威的力量支持了道生的主张，是中国佛教发展史上的重大事件。

然而若从整个佛教的发展看问题，则《大般涅槃经》更重要的贡献，是提出了“法身”问题，解决了长期以来困扰佛教的“佛身是什么”的疑问。佛，是佛教的至上神。佛身是什么？是佛教神学的核心问题。虽然许多佛经都提到法身问题，但是只有《涅槃经》详细阐述了法身概念产生的过程，并给“什么是法身”以详细的说明。以致后秦釋道朗为《涅槃经》撰写的序言中说，该经“是法身之玄堂”，即最重要的居所。

需要说明的是，法身或者佛性、法性，不是灵魂。灵魂，各人是各人的；法身、佛性，则是共同的本质：“一切诸佛，同一法身。”（《八十华严经》卷47）法身、佛性是清净或清静的，灵魂则可能有污浊的和丑恶的。就其普遍性而言，法身、佛性可以存在于任何灵魂之中，包括最恶的恶人的灵魂之中，但是它不是灵魂。成佛，也不是灵魂成佛。而是个体融入普遍的法身之中，就像印度教主张“与梵合一”一样。说明白了，所谓成佛，就是完全彻底地接受并实践了佛说的法。

不过这样的观念对于中国信仰者是难以接受的，或者说，是难以理解的。因为在这里没有“我”的存在。假如没有“我”，那么，我又为什么要千辛万苦地修佛呢？于是佛教神祇的精灵化，也在另一条途径上展开了，这就是中国传统对于佛教教义的改造。

中国人撰写的第一篇佛学论文，迄今为止，所知的就是《牟子理惑论》。该论指出，依佛教教义，“有道虽死，神归福堂；为恶既死，神当其殃”。神，就是灵魂。这是中国人对于轮回说的基本理解，也是中国传统鬼神观念送给这个外来宗教的最重要的礼物。

《牟子理惑论》之后，孙盛和罗含讨论轮回问题，核心就是作为精气的灵魂散了以后，能否再重新完整地聚在一起。此后关于轮回问题的讨论，核心就进一步集中在“神灭神不灭”的问题，也就是灵魂是否死亡的问题。这就说明，中国人，不论是信仰佛教还是反对佛教，都认为轮回是死后的灵魂在轮回。这样，天堂、地狱，就不再是“六趣众生”待的地方，而是人死后灵魂的归宿处，而六趣中的三趣，或者说三道，天、地狱、饿鬼就都成了精神性的存在。

把佛也看做精神性的存在，大约发生在较晚的时期。对佛教教义有深入研究的梁武帝萧衍，著《立神明成佛义记》，明确指出：“经云：心为正因，终成佛果。”也就是说，成佛的，乃是人的心，即灵魂：

> 故知生灭迁变，酬于往因。善恶交谢，生乎现境，而心为其本，未曾异矣。以其用本不断，故成佛之理皎然；随境迁谢，故生死可尽明矣。

把心作为人的根本，并不算什么重要发明。但是把成佛说成是让心成佛，则是中国佛教的重大发明。这个发明，是佛教通过接受中国传统观念，实现了神祇的彻底精灵化。

无论是哪一条道路，佛教和其他主要宗教一起，在公元2、3世纪到5、6世纪之间，也完成了自己神祇的精灵化过程。只是在这个时期及其以后，人们才可以说：神，是精神性的存在。

那么，神祇，是否以这样的形态一直存在下去呢？也就是说，神祇作为精神存在，是不是神祇的最终形态呢？回答是否定的。神祇被精灵化以后，又或早或晚被不同程度地超精灵化了。

第四节　超精灵神

一、伊斯兰教的超精灵神

伊斯兰教的最高神是“安拉”，在波斯等语系中称“胡大”，中国最近的《古兰经》译本意译为“真主”。安拉与人之间，还有天使、魔鬼等，在宗教学研究中，都属于神祇。天使和魔鬼的形态问题，无论在《古兰经》中还是在伊斯兰教教义学的研究中，对于伊斯兰教的神祇都不具有代表意义，所以这里我们也仅仅讨论信仰者心目中的安拉（真主）。

依伊斯兰教义，《古兰经》是真主通过他的最后一位使者给予人类的指示，该经也有大量的赞颂真主的言辞。其中出现频率最多的，或者最为重要的是：真主是仁爱的、至慈的；是万能的、至睿的；是全聪的、全知的；是至赦的，至容的；喜爱行善者，不引导不义者，是独一的主宰、万物的创造者，是永生不灭的等等。对真主的这些描述，都是从真主的作用，或者说是功能上来描述的。至于真主本身的形态，则几乎没有描述，也很难从经文中找到有关真主形态的说明。

伊斯兰教创立的时候，当地不仅存在着各种比较原始的宗教形态，也存在着犹太教、基督教这样比较后起的宗教。因而犹太教、基督教的教义，也是伊斯兰教教义的重要来源。《古兰经》中许多名字和故事，明显就是脱胎于《旧约》和《新约》。亚伯拉罕在《古兰经》中称易卜拉欣，摩西称穆萨，耶稣则被称为尔萨，并且都被认为是穆罕默德之前真主下派的先知。也就是说，《古兰经》曾经吸收了基督教的许多教义。

在《古兰经》创立的年代，基督教的三位一体说已经有了悠久的历史，God也被许多信经说成是单纯的精神体。真主和God处于同一位格，但在《古兰经》中，却找不到三位一体的说法，也没有真主作为单纯精神体的论述。依伊斯兰教义，真主可以是全知全能的、至善至慈的等等，但不能说是物质的，或者是精神的。因为真主创造了世界，包括创造人类，创造人类的灵魂。创造者和它的作品，不能是一样的，甚至也不能是类似的："任何物不似像他"① (《古兰经》42：11)。如果说真主是精神体，那就和他创造的人类的灵魂是一样的或者类似的，这是不正确的，就像人类中的作者和作品也不能是一样的或类似的。所以，真主是独一的。人们也不能根据自己已有的知识去想象真主。因为这种想象，不过是现实中某些事物状况的延伸，因而不会是真主的实况。从这个意义上说，真主是人类所不可认识的。

但真主是确实存在的，并且是无时不在，无处不在。这种说法，使我们很容易想起哲学中的本体，然而真主也不是本体。因为本体相对的是现象或属性，而真主是超越一切之上的，没有和它对立的东西。它是本体和属性的统一。是自足的，不依赖于任何事物而存在的。

这样，我们从《古兰经》以及伊斯兰教学者那里得到的真主的印象就是：真主既不是物质的，因而不是人神；也不是精神的，因而也不是精灵神，更不是God那样的单纯精神体。这样的神祇，我们只能称之为"超精灵神"。

在建立自己神祇观念的时候，伊斯兰教还抨击基督教的三位一体说。《古兰经》认为，麦西哈·尔撒（耶稣）只是真主的使者，不是真主的儿子。因为真主是独一的主宰，绝对没有子嗣。尔撒只是麦尔彦（玛利亚）之子。他和其他使者一样，有生有死。不过传说他被钉十字架而死，则是错误的。那些相传杀死他的人，并没有能够杀死他。他不拒绝做真主的使者，也没有认为自己就是真主，那些讲三位一体的人，都是不信道的人：

> 妄言真主确是三位中的一位的人，确已不信道了。除独一的主宰外，绝无应受崇拜的。如果他们不停止妄言，那末，他们中不信道的人，必遭痛苦的刑罚。(《古兰经》5：73)

---

① 《古兰经》，马坚译，北京：中国社会科学出版社2003年版。下引该经，只括注章、节。

也就是说，在《古兰经》看来，耶稣只是个有血有肉的活人，不是神，所以不能作为三位一体中的一位。当然，《古兰经》也没有接受 God 是单纯精神体的说法。

因而真主是这样一尊神：他是世界的创造者和主宰者。他能使死者复生，能够赏善罚恶。凡是行了善的，都将在他那里得到报酬；自然，行了恶的，也必将受到他的惩罚，并且非常迅速。

《古兰经》被认为是真主降示的经典。要降示，就不能不说。比如“他说，‘阿丹啊！你把这些事物的名称告诉他们吧。’当他把那些事物的名称告诉了他们的时候，真主说：‘难道我没有对你们说过吗？我的确知道天地的幽玄，我的确知道你们所表白的，和你们所隐讳的。’”（2：33）类似的文字，在《古兰经》中所在多有。因此也有人宣称，他们听到过真主的语言：“他们当中有一派人，曾听到真主的言语。”（2：75）而真主作为世界的创造者，不仅会说，自然也要做。第二十三章中，真主说：“我确已用泥土的精华造人。”并且详细叙述了造人的过程。这样一个不仅可以动嘴，而且可以动手的主宰者，使人不得不做出拟人的想象。因此，就有一派伊斯兰学者，认为真主是人形的，甚至认为真主具有肉体。然而这一派的观念，遭到伊斯兰主流学派的严厉抨击，因而很少传播。整个伊斯兰世界，在具体问题上可以分成许多教派，但在对于真主的观念问题上，则基本没有分歧。认为真主是无形无象，无始无终，非物质、非精神，不被创生而且永远存在的神祇。

中国伊斯兰学者对于真主安拉的介绍，开始于明末清初的王岱舆、刘智等人。他们在哲学上把真主表述为“真一”。认为真一是世界的主宰，不仅有体，有用，而且“有为”。它“是一切理气之所资始，亦一切理气之所归宿”（刘智《天方典礼》卷一）。所谓“一切理气”，即一切物质现象和一切精神现象。也就是说，真主不仅是一切物质现象的来源和归宿，也是一切精神现象的来源和归宿，但它自己，则既不是物质现象，也不是精神现象，而是一个超越精灵观念的神。

二、佛教的超精灵神

佛教神祇完成了精灵化之后，佛，成了一个单纯的精神存在。它有一个不变的法身，这个法身会根据需要，变化成各种各样的“应身”，来解决人们要他解决的问题。这些应身也是如幻如化，似有而无，似无而有。虽然，有形象存在就是物质性的特征，但是由于他们都是法身所化，所以我们仍然认为这时的佛是单纯的精神存在，即所谓精灵神。佛以下，菩萨、罗汉等等，也都如此。

然而不到百年，这样的佛陀观念又受到了新的挑战，这就是禅宗的佛陀观念。

依法身说，法身就是佛说的法，也是人人都具有的佛性。依释迦牟尼在菩提树下悟道所得，人生之所以痛苦，原因是“爱欲”使他造业，从而堕入轮回而难以自拔。而脱出轮回，也就是脱离痛苦的方法是通过坐禅修炼内心，使一个念头也不生起，自然没有爱欲，也不再造业；或者是通过诵念佛经，明白佛说的道理，认识到生命的不可贵，甚至整个世界都不值得留恋，从而断绝爱欲，不再造业。中国佛教，把前者的修行方法称为“禅定”，或简称为“定”；把后者的修行方法称为“慧”，即佛教的智慧。并且逐渐把去掉欲望的修行过程比喻为去掉污垢的过程。去掉污垢，认识到自己本来具有一个清静，或者清净的成佛的本性，即佛性，就可能成就佛道，脱离轮回链条。禅宗把人人具有的清净佛性比做镜子，而把欲望所造之业比做灰尘。其中北宗一派认为，经常擦拭这些灰尘，就可以使自己成就佛道。南宗一派认为，只要认识到自己有个清净的佛性，就立刻可以成佛。

佛性，也就是法性、佛的法身。用一般哲学的语言说，就是佛的本体、本身。而据《涅槃经》等佛经所说，佛有许多个，但法身只有一个。因此，一切人，甚至一切众生，都同一佛性。后来有的僧人把佛性扩大到一切事物，包括没有生命的事物，认为它们也都有佛性。而这个佛性，或者法性、法身，如同基督教的God，伊斯兰教的安拉，也都是唯一的、普遍的。而且God被精灵化为单纯的精神存在，法身既然被解释为佛说的法，因此也就是佛的思想，是单纯的精神存在。也就是说，在禅宗出现以前，佛教信仰者都认为，存在着一个普遍性的精神体，这就是佛。

为了给信仰者一个安慰，佛教在认定一切诸佛同一法身的基础上，又创造了一个报身。就是说，信仰者经过一定的宗教修养之后，可以修成一个“报身佛”。如果说法身佛是为了回答佛涅槃以后“什么是佛”的问题，报身佛则是要回答信仰者经过宗教修炼之后“成就了什么”的问题。答案是，成就了一个报身佛。不过报身佛和一切诸佛一样，其法身，也和所有的佛共是一个。因此，佛，仍然只是一个具有高度普遍性的精神体。

但是南派禅宗认为，只要认识到自己有个清净或者清静的本性，自己立刻就可以成佛。一个念头领悟了，您就是佛；另一个念头又不领悟了，迷惑了，您就又是凡夫。至于成就的佛身是不是报身，这个佛身和佛的法身什么关系？南派禅宗的经典《坛经》都没有说明。这样，依据梁武帝以来，“神明”即灵魂成佛的中国传统，则禅宗说的成佛，只能是个人的成佛。而且这个佛，和法身、报身都没有关系，至少是禅宗的经典中没有说明这种关系。这样，禅宗所允诺成就的佛，就在实际上否定了法身佛或者报身佛的存在，也就是否定了那个以精神体形态存在的佛。否定了这个精灵化的佛，禅宗成就的，是什么样的佛呢？

这样成就的佛，当然不是金刚不坏的肉身佛，因为这样的佛已经被否定很久。南派禅宗更是强调“识心见性”，认为被有人比喻成菩提树的肉体没有价值，甚至根本是个幻相，不存在：“菩提本无树”（《坛经》）。一切物质现象都没有真实的存在，所以他们要成的佛，不是肉身的佛。

禅宗所成就的佛也不是灵魂成佛。灵魂成佛是在死后，灵魂不死，成就佛果。但禅宗说的成佛，是在当下：“不悟，即佛是众生。一念悟时，众生是佛。”“凡夫即佛。烦恼即菩提。前念迷，即凡夫；后念悟，即佛。”“一念悟时，众生是佛。”“自性若悟，众生是佛；自性若迷，佛是众生。”各种版本的《坛经》，以略微不同的表述，阐述着上述的意思。

这样成就的佛，也不是一个可以独立存在的精神体，因为佛与众生、凡夫的差别，仅在一念之间。不是说您悟了之后，就永远是佛。而是说，假如您前念悟，后念又迷，佛，也可以立即变为众生、凡夫。这样，就否定了佛独立存在的性质。实际上，也就否定了精灵佛的存在，不论这个精灵佛是法身还是报身。然而《坛经》又没有否定佛的存在，它只是否定了那个成就以后就不再退转的、独立存在的法身佛或报身佛，也就是否定了呈精灵状态存在的佛，因而禅宗所说的佛，也可以称为“超精灵佛”。

禅宗以前的那个以法身为根据的诸佛，其实际内容，就是佛说的法。禅宗把佛与凡夫的差别只限定在一念悟与不悟之间，不仅否定了佛的精灵性质，也否定了以前的佛法。只要一念领悟到本性清静，所有的佛经都不读也没有关系；不仅没有关系，而且照样可以成佛。否定了佛法，也就否定了法身，否定了精灵佛。

然而禅宗只是否定了精灵佛，他们对佛又作了新的解说，或者说，又创造了新的佛。这样的佛，完全符合以前佛法的成佛标准。以前所谓涅槃成佛，最重要的条件是没有烦恼。通过领会四谛、八正道等佛教真理，认识到人生的苦，世界的空，不值得留恋，因而摆脱由于欲望导致的烦恼，是成佛；通过禅定，使一念不起，从而摆脱欲望没有烦恼，也是成佛。最后的归结，不过是无烦恼而已。现在我认识到，那没有烦恼的清静本性我自身就有，我只要认识到这一点，就立刻没有烦恼，当然是立刻就成了佛。这样，禅宗虽然可以说是否定了一切佛法，却用最简便的方法达到了以前佛法所要达到的目的。从这一点说，又可以说他得到了佛法的精髓，所以他们敢于说自己是得到了佛的“教外别传”。

然而他们又确实是否定了以前全部的佛法，同时也否定了以前所有的佛的存在。他们的后继者“诃祖骂佛”。因为在他们看来，以前的佛祖，实际上不是佛祖。而他们自己，倒是真正的佛祖。在他们以前的佛经中，不要说骂佛，就是谤僧，也被认为是极大的罪恶。而那被认为是坏到极点的“一阐提人”，其主要罪过就是诽谤佛法。而现在，禅宗僧人诽谤佛和佛法，不仅不被认为是罪恶，反倒被认为是真正地懂得了佛法，是得到了佛法的精华，因为他们又创造了新的佛：超精灵佛；又创造了新的佛法，即所谓识心见性即可成佛的新的成佛途径。

随着佛陀精灵化的法身被否定，菩萨、罗汉等等的精灵化存在也被否定了。天堂、地狱、西方净土，包括佛经上经常提到的毒龙、恶鬼等等，也都被认为不是真实存在，而仅仅是一念之间的事：

> 佛是自性作，莫向身求。自性迷，佛即是众生；自性悟，众生即是佛。慈悲即是观音，喜舍名为势至，能净是释迦，平直即是弥勒，人我即是须弥。邪心即是海水，烦恼即是波浪，毒心即是恶龙，尘劳即是鱼鳖，虚妄即是鬼神，三毒即是地狱，愚痴即是畜生，十善即是天堂。无我人，须弥自倒；除邪心，海水竭；烦恼无，波浪灭；毒害除，鱼龙绝。自心地上觉性如来，施大智慧光明，照耀六门清净，照破六欲诸天下，照三毒若除，地狱一时消灭，内外明彻，不异西方。不作此修，如何到彼！（《敦煌坛经》第35章）

过去被认为是真实存在的物质性的饿鬼、地狱，菩萨、天堂、净土、须弥山等等，不存在了。精灵化的佛陀、菩萨、鬼神等等，也被否定了。过去佛经中说的彼岸的一切，在禅宗看来，都不过是一念之差的产物。一念善，就是天堂、净土、菩萨；一念恶，就是地狱、恶龙。也就是说，完全是对这些所谓对象的认识问题，而对象本身，并不具有独立的存在。这样，传统佛经中彼岸的一切，也被彻底的超精灵化了。

当禅宗走到诃祖骂佛境地的时候，佛教的存在本身就发生了危机。后来的禅宗高僧们，曾经采用了许多办法，把禅宗僧人那些离经叛道的言行约束在一定的范围之内，并且最终和净土宗结合在一起，相信确实有个净土存在，希望通过自己的宗教修养，死后可以进入那个永远是欢乐的土地。因而禅宗并没有把自己对于佛教神祇的超精灵化进行到底。但是他们对于佛教神祇超精灵化所做的工作，却影响深远。他们的工作说明，佛以及相关的佛教神祇，也在历史的长河中发生着重大的、质的变化。

三、中国传统宗教神祇的超精灵化

唐代确定昊天上帝为浩大元气，但没有说明这浩大元气为什么可以做世界的主宰。或许，在当时的中国学者看来，这是无须说明的。因为王莽当时，就把诸位天神界定为一种“灵”。或者在唐代学者看来，元气和灵是兼容的。也许是他们接受了葛洪和宗炳等道教、佛教学者的意见，认为元气中是有灵的。至于元气中的灵从何而来？他们则没有说明。鉴于从王莽开始，就把天神界定为灵，而魏晋南北朝时期关于灵魂问题又进行了深入的讨论，所以我们把这一时期人们的神祇观念界定为精灵化的。

然而就在唐代，著名高僧宗密著《原人论》，又从佛教方面对气与灵的关系提出了疑义。其核心问题是，这无知的气如何能产生有知的灵魂：

> 天地之气本无知也，人禀无知之气，安得欻起而有知乎？草木亦皆禀气，何不知乎？

同样道理，可以说，天是无知之气，如何可以做主宰乎？

宋代学者接受了唐代天是浩大元气的主张，并对天为什么能做主宰进行了理论说明。

张载的回答是，气中固有“神与性”（张载《正蒙》）。所以当气凝聚成物的时候，该物就会有知。天地是气凝聚而成的物，而且是最大的物，所以它们也有“神与性”，这是天地可以成为世界主宰的理由。和张载同时的程颢、程颐兄弟的答案是，气中有个理。这个理，当气凝聚为人或物时，气中之理就构成人或物的本性。因此，天，就是一个具有物质形体的最高神：

天者，天之形体；乾者，天之性情。乾，健也；健而无息之谓乾。夫天，专言之则道也；“天且弗违”是也。分而言之，则以形体谓之天，以主宰谓之帝，以功用谓之鬼神，以妙用谓之神，以性情谓之乾。（程颐《程氏易传》卷一）

《程氏易传》是程颐的代表作。这里对天和上帝的说明，是程颐对《易经》第一卦第一个字“乾”的解释，也是程颐解说《易经》的纲领。

《程氏易传》之外，程颐还在不同场所，多次表达了他的上帝观念：

天者，理也；神者，妙万物而为言者也。帝者，以主宰事而名。（《程氏遗书》卷十一）

又问六天之说。曰：“此起于谶书，郑玄之徒从而广之，甚可笑也。帝者，气之主也。东则谓之青帝，南则谓之赤帝，西则谓之白帝，北则谓之黑帝，中则谓之黄帝。岂有上帝而别有五帝之理？此因《周礼》言祀昊天上帝，而后又言祀五帝亦如之，故诸儒附此说。”

又问：“郊天冬至当卜也？”曰：“冬至祭天，夏至祭地，此何待卜也？”又曰：“天与上帝之说如何？”曰：“以形体言之谓之天，以主宰言之谓之帝，以功用言之谓之鬼神，以妙用言之谓之神，以性情言之谓之乾。”（《程氏遗书》卷二十二上）

程颐的意思是，那广大的元气，是天的形体，如同人有肉体一样。因为它主宰着世界，所以称为帝，就像某人是国家主宰，因而称为皇帝一样。它的功能和作用，被称为鬼神，就像皇帝被称为君或者元首一样。它的妙用，被称为神，来自《周易》“阴阳不测之谓神”。因为不测，所以微妙。不过皇帝的功用，就不同了，有残暴的，有仁慈的，有英明的，有懦弱的，是人间君主行事的特点。天的行事特点，只是妙，没有别的，这是上帝和人帝的不同之处。性情，称之为乾。就像皇帝的性情，有的暴躁，有的温和。不过上帝的性情，就是乾，而没有别的。这也是上帝和人帝的不同处。程颐说，这都是“分而言之”，也就是把一个对象分开了说，就像我们从不同侧面去说明一个人一样。但他本来是一个人，天也只是一个天。说天具有“自然物”“主宰世界”等等含义或内容，是正确的；说天有自然的天、主宰的天等等，把天分为好几个，则是不正确的。

那么，这个元气广大的天，为什么是世界的主宰呢？依据上面所引程颐的回答是，因为“天者，理也”“帝者，气之主也。”这两句话合在一起，就是说，那由广大元气构成的天，像帝一样起主宰作用的，是理。所以说，天，就是那个理。

南宋朱熹继承了张载和二程的意见。张载所说的气中固有的神，朱熹称为“灵”。气中之灵，构成了人的心：

> 所觉者，心之理也。能觉者，气之灵也。
>
> 心者，气之精爽。
>
> 心，主宰之谓也。（《朱子语类》卷五）

心，这个使人能够知觉的东西，是由气中的灵，或称“精爽”所构成的。心在人，是人的主宰。气集聚为天，自然也有着主宰的作用。

程氏兄弟的意见，在朱熹这里得到了进一步的发挥。朱熹发挥的要点是：

一、万事万物都有个理，是因为那构成他们的气中，原本是有理的；

二、理和气是不相分离的；

三、气有生灭，理无生灭。气消灭了，要由理重新产生出来；

四、理是气的主宰。

在这个基础上，朱熹进一步强调，天，就是理：

> 天，即理也。其尊无对，非奥、灶之可比也。逆理，则获罪于天矣。岂媚于奥、灶所能祷而免乎？（《论语集注·八佾》）
>
> 天者，理而已矣。大之事小，小之事大，皆理之当然也。自然合理，故曰乐天。不敢违理，故曰畏天。（《孟子集注·梁惠王下》）

这个“即理”的天，不再是人形的上帝，而就是头顶上看着好像圆盘的由广大元气构成的天空。所以国家祭天的祭坛，是圆盘形的，因为那就是天的形状。但这个自然之天，也就是宗教之天、主宰之天，它和过去那人形的上帝，在功能上是完全一样的。它处高听卑，主宰着整个世界。它照样能根据人行事的对错而降下祥瑞或者灾异：“大抵《春秋》所书灾异，皆天人响应，有致之之道。”它照样能根据人的善恶而施以报应，并且立竿见影：“天之报应，皆如影响。”（《程氏遗书》卷十五）在南宋时期，因为天连阴不晴，或地震洪水，或阴霾不散，朱熹曾多次向皇帝上奏章，规劝皇帝要体察天意，改进政治。和董仲舒及汉代儒者不同的是，程朱他们不再把灾异说得那么具体，比如某个灾异就是因为某个事件而降，而是要求皇帝全面检查自己的言行，改进工作。

从南宋末年开始，由程氏兄弟和他们的后继者朱熹对于昊天上帝的解说成为由国家认定的标准解说，这个标准解说的焦点是：天即理。也就是说，那主宰着世界的昊天上帝，就是气中的那个理。

如果说天之所以能够起主宰作用，如张载所说，是由于气中的那个神；或者像朱熹对心的解释，是由于气中那个灵，都可以理解。这也是中国传统宗教神祇精灵化的理论归宿。但程氏兄弟说，是气中之理。朱熹虽然也认为气中有个灵，是构成人心的基础，但他并没有由此推广到对天的解说，并不认为天之所以起主宰作用，是因为气中之灵。而是接受了程氏兄弟的意见，多次反复地强调："天即理。"这样，至少是在对于至上神的观念方面，从程氏兄弟开始，就超出了神祇精灵化的范围，使传统的昊天上帝成为超精灵化的神祇。并且他们的意见问世以后，终于被当时的国家政权所接受，其统治地位一直延续了近千年。

把"天即理"认定为超精灵神，原因在于，理这个概念，从产生那一天开始，就不是个与灵魂或者精神有很多关系的概念。《庄子·养生主》篇"庖丁解牛"故事中的天理，指的是牛体的结构。这个用法可以推广到一般，凡事物的结构都可以用理来表示。比如地理，指的是大地的结构：山川河流的走向，道路的远近，关隘的位置等等。和地理对应的是天文，其实天文也是天理，指天上日月星的位置结构。其他事物，玉有纹理，木材也有纹理，一切事物，无不有自己的结构。还可以推广到社会，社会的结构也是理。伦理，就是社会的自然结构。人为形成的社会秩序，也是一种结构，也是理。后来韩非作《解老》，认为事物的外部结构，比如黑白、方圆、坚脆等等，也是理。然而无论如何，它们和精神现象几乎没有关系。程氏兄弟说，是他们"体贴"出了天理二字，还不仅是他们把理这个概念提升为哲学的最高范畴，还在于他们把这一个和精神现象原本无关的概念，用来替代顺理成章可以做世界主宰的神和灵。

究其原因，也并不复杂。神和灵构成人心，固然是人的主宰。然而这个主宰有好坏善恶之分，则是人人都明白的道理。而且自南北朝以来，中国哲学对心的讨论，几乎都把心看作是情欲的发源地，是干扰秩序和宁静的基本因素。所谓

“心猿意马”，就是古代宗教和哲学对心的基本解说和态度。如何降伏这个心，也是宋代以前几百年中，中国境内各个宗教都要解决的基本问题。所以张载虽然说“神与性乃气所固有”，可以推论出所说的神就是人的心，就是天起主宰作用的所在，但张载本人并没有这么说出来。而程朱之所以不把心认做天，而认定天即理，就是因为心有善有恶；而理，则是秩序，也是人伦，是使社会归于秩序的概念。他们的目的，也是要把至上神昊天上帝重塑为社会秩序、人伦的源泉和监护者。然而这样一来，他们就不得不抛弃那精灵化的昊天上帝，而代之以这个超精灵化的昊天上帝。

如同佛教原本没有把灵魂作为成佛的主体，而是把灵魂或者人的精神中所具有的一种性质作为成佛的主体一样；程朱学派，也不把精神或者灵魂类的观念作为至上神的本体。当禅宗进一步把认识到成佛主体原本清静提升为成佛的基本条件的时候，是谁成佛？成就的佛是什么？就更加成为虚无缥缈的东西。于是就有人讨论起禅宗还是不是宗教。同样，“天即理”的判定后来也引起了不少非议。直到现在，更成为许多人认定儒教不是宗教的理由。因为理这个概念，密切相关的是“理性”，而不是灵魂或者精神。而理性，在长时期中，被认为是和宗教信仰相反对的概念。

然而禅宗并没有否定成佛，天即理的判定也没有否认天的主宰作用。问题仅仅在于，禅宗的佛，天即理的天，都超出了人们观念中的精灵化神祇形态，是超精灵化的神祇。只要能够承认超精灵化的神祇存在，如同承认人类早期创造的神祇是物质的、肉体的神祇一样，那么，就会承认，禅宗、儒教，仍然是宗教。因为识心见性的佛，仍然是佛；天即理的天，仍然是昊天上帝。

四、基督教的超精灵神之一：泛神论和“上帝死了”

“三位一体”的上帝观一开始就是个强制执行的信仰，此后的争论也没有中断过。虽然如此，在一个比较长的时期里，基督教的主流信仰还是认为，上帝是个单纯的精神体。伴随着这个信仰，据说很早就有一种泛神论的观点，认为上帝不是个独立存在的精神体，而是内在于世界自身的一种本质。到 17 世纪，斯宾诺莎（Baruch Benedict Spinoza，1632—1677）的泛神论更是具有了严密的理论形式。他用物理、数学的方法证明：

1. 神，是世界上唯一的实体，具有无限多的属性，其中每一属性都具有永恒无限的本质；

2. 世界上一切存在的东西，都存在于神之内，不论是物质的，还是精神的；

3. 神是一切存在的原因，也是一切运动的原因；

4. 神没有形体，但有广延性。

5. 神既没有理智，也没有意志。

这几条加在一起，使我们能够做出这样的结论：斯宾诺莎的神，就是存在于世界上的一切的总和。过去所说的斯宾诺莎的神等于自然，或者说神就是自然，这个自然，不仅是指自然界，而是指自然存在的一切，包括人的思想。

这样的神，既不是三位一体，也不是单纯的精神体，因为它有广延。而广延性，则是物质存在的基本特征。为了防止把这样的神理解为既有形体又有心灵的人神，斯宾诺莎特意强调，他说的神，绝不是像人一样的、具有形体和心灵的存在物；并且又强调，他说的神，既没有理智，也没有意志。在这个意义上，可以说，斯宾诺莎的神，就是自然界。

这样的神以往被称为“泛神论”，意思是说，斯氏把神泛化了，把一切都当成了神。然而实际上，斯氏所说的神只有一个。他不是把神的观念泛化，而是创造了一个新的神。每一种物质现象或精神现象都是神的形体的一部分，每一种属性都是神的属性的一部分。神是一切存在和运动的原因，但却没有自己的意志。因此就实际情形而言，他不过是把人们说的“世界”“自然界”“天地万物”等等全称或总称的概念换了一个名词，把这个对象称为神罢了。所以人们说，斯宾诺莎的泛神论是走向无神论的重要一步。要说明的是，只是“走向”无神论的重要一步，并不是无神论。斯宾诺莎的神，同样是神，是一个超精灵神。这个超精灵神和伊斯兰教的安拉相同的是，他们都是一切存在和运动的原因；不同的是，安拉有自己的意志，斯宾诺莎的神没有；斯宾诺莎的神包罗着所有的形体和精神，而安拉则超越一切形体和精神。但他们都是在人神和精灵神之后，人类新的神祇：超精灵神。

斯宾诺莎之后，被认为具有泛神论倾向的思想家，也包括了康德、费希特、黑格尔等人。类似的思潮直到现在仍然存在，他们所创造的神，也都是具有超精灵化倾向的神。遗憾的是，这些人中很少有专门的神学家，他们的超精灵神观念真正为基督教所接受的，或者影响了基督教信仰实践的，非常之少。但是他们的思想，至少给了人们这样的印象：神，原来还可以是这个样子的。

斯宾诺莎之后，是17到18世纪科学无神论思潮的兴起。基督教及其所信仰的神，被无神论者彻底否定了。

此后德国的青年黑格尔派，费尔巴哈和马克思，一步深入一步地对宗教观念的产生进行了剖析。无神论的批判，逼迫着基督教神学要做出回应，上帝的存在问题成为基督教神学越来越严重的问题。20世纪末，尼采大声喊道："God（上帝）死了！God真的死了！"而且认为，"杀死God的"，正是我们自己："是我们杀害了他！我们将何以自解，最残忍的凶手？"[①] 或者是因为God对人类的怜悯杀死了自己："God死了！他的对于人类的怜悯杀死了他。"[②]

"God死了。"用这样简洁的语言所表达出来的对于God存在问题的否定，很快在基督教世界引起了强烈的震动甚至共鸣。这震动向人们说明，传统的、一直作为人们信仰对象的God，应该改换面目了，它不能再照原样成为人们信仰的对象。不论是那个人们只知其存在却看不到他的真实面目的God，还是那个道成肉身的God，还是那个三位一体的God，都不可以再相信了。这样的God已经成了过去，已经死了；或者说，已经完成了他的历史使命，到了该退居幕后的时候了。奥尔蒂泽（Thomas J. J. Altizer，1927—）说道：

> 约翰·考伯是一位新型的神学家，他曾说过现代神学的秘密在于它没有上帝的教义。我们或许可以进一步说，现代神学所具有的同时代性都派生于它对上帝之死的默默见证。近来，基督教神学家不得不承认，《圣经》不仅仅必须否认被当做偶像来崇拜的上帝的存在，而且，存在于基督教历史上的上帝，我们沉湎于过去时一直崇仰的上帝必须死去，只有上帝死了，与现实合拍的信仰才能成为可能。……我们必须正视上帝已从我们时代隐退这个实实在在的现实。[③]

---

① ［德］尼采《快乐的科学》第126节，黄明嘉译，北京：中国和平出版社，1986年，第139页。

② ［德］尼采《查拉图斯特拉如是说》卷二《慈善者》，尹溟译，北京：文化艺术出版社，1987年，第105页。

③ 奥尔蒂泽（Thomas J. J. Altizer，1927—）《神学中的创造性否定》。载：刘小枫主编《20世纪西方宗教哲学文选》，上海：三联书店，1992年，第1823页。

God之所以必死，并不是基督教的自觉，而是一系列外部力量作用的结果。其中，马克思主义的哲学批判，具有特殊重要的意义。在一些神学家看来，是马克思主义使他们抛弃了 God。不过，如夏尔单（德日进，Pierre Teilhard de Chardin，1881—1955）等人认为，马克思主义使他们抛弃的，仅仅是过去的、“机械的”God，是God的“外化”形式。这个God，不是真God，而只是一个“准God”，是基督教把它人格化了。这样的God对于今天，已经不再需要了。因为它的存在，“会给宇宙的尊严带来损害并且会涣散人类的努力劲头”[1]。

奥尔蒂泽和夏尔单都是基督教的神学家，他们的言论无异于承认，在过去一千多年里，基督教让人们信仰的God，是不存在的，并且损害了宇宙的尊严，涣散了人们努力的劲头。那么，今天，人们应该怎么办呢？

在无神论者看来，“God死了”的呼喊，表明了长期生活在God荣光之下的人们的觉醒，说明人们认识到God本来就是不存在的，本来就是人自己创造出来的一种虚拟的本质。现在，是人类应该抛弃这虚拟本质的时候了。人们不应该还是生活在虚拟之中，而应该面对现实，用现实的手段解决自己的问题。但是绝大多数基督教神学家则必须牢牢地抓住God，他们决不允许，或者更确切地说，是决不会承认God的死亡。他们说，死的只是过去的God，而过去的God不是真正的God，不是God本身。God本身是不应该死的，而是应该获得新生，如同使耶稣在死后复活一样。本来，God在历史上就不止一次地被人们加以重塑，现在，是基督教神学家们再次重塑God的时候了。

重塑God，或者说，再造God，是20世纪基督教神学家的重要任务之一。许多重要的神学家都参与了这个工作，并且各自提出了自己的主张。

影响深远的主张，是著名的新教神学家蒂里希提出的。

五、基督教的超精灵神之二：蒂里希的新上帝观

蒂里希认为：“有关上帝的概念乃是任何神学思想的基础和中心。”[2] 所以在他的代表性神学著作《系统神学》中，对于God观念也进行了着重的讨论。

① ［法］夏尔单（德日进，Pierre Teilhard de Chardin，1881—1955）《问题的中心》。载：刘小枫主编《20世纪西方宗教哲学文选》，上海：三联书店，1992年，第519－520页。

② ［美］保罗·田立克（Paul Tillich）《系统神学》第二卷（Systematic Theology vol. 2），郑华志译，台南：东南亚神学院协会台湾分会发行，1988年，第4页。

在蒂里希看来，God自然不能说是“非存在”。因为在基督教的教义中，只有恶以及类似的东西才被说成是“非存在”。但God也不能被说成是“存在”。把God说成是“存在”，就把God与其他存在等同起来，变成了其他存在物中的一物。这是对God的亵渎。过去神学家们关于God存在的证明，在蒂里希看来，都不过是在证明“God观念”的实在性、有效性和真实性，但是God观念本身不具有某物或者某人是存在还是不存在这样的内函。这样，蒂里希就彻底地否定了安瑟伦主教关于God存在的证明。蒂里希也不赞成托玛斯·阿奎那关于God的证明，因为这种证明使God成为从世界本身引申出来的东西。世界是给定者，而God是被寻求者。这样寻找出来的东西，不是无限超越于世界之上的东西，而变成了世界的一个环节。

蒂里希认为，必须破除把“God”和“存在”联结在一起的思维方式，只有破除了这样一种思维，把“God”与“存在”明确地分开，“该是基督教护教学上的一大胜利”。由此出发，他对God的说明是：不能说God存在，也不能说God不存在，因为God是存在的“基础”，是“超越本质与存在的存在本身(being-itself)”：①

> 若把上帝理解作“存有自体”或是“存在之根基”，那么上帝论中的诸多混乱与护教学上的许多弱点便可避免了。②

所谓避免，就是说，这样一来，这个作为“存在本身”的God，就超越了“本质存在”和“实存存在”的对立。那么，这个作为“存在基础”“存在本身”的God，究竟是一种什么样的“存在”呢？如果说，从三位一体到安瑟伦的本体论论证，还都可以说God是一个精神性的存在，那么，从世界的运动、动力和目的中引出的God，就很难说是个精神性的存在。至于“存在基础”“存在本身”就更是超脱了物质和精神的对立，成为存在一般。他不是物质的存在，但也难说是精神的存在，他失去了自己本身具有的种种具体规定性。虽然，从研究者的角度，我们可以认为无论如何，他都无法超出精神和物质的对立，只要不是物质的东西，都可以归结为精神存在。但在做出这种论证者的心目中，传统的、被认为

---

① ［美］田立克（Paul Tillich）《系统神学》第一卷（Systematic Theology vol. 1），郑华志译，台南：东南亚神学院协会台湾分会发行，1988年，第276页。

② 同上书，第318页。

是精神存在的God，已经死了，已经过时了。他们现在所说的God，已经不是那个如同人的灵魂一样的精神体，而是一个仅仅是善而非恶，知而非愚的存在，是一个仅仅能够说它是“存在”的存在，甚至连“存在”也不能说，而只能说是存在基础、存在本身的“存在”。我们也因此给这样的God定性为“超精灵化”神祇，超精灵神。

在《系统神学》第二卷，蒂里希对于自己的God观进行了辩护和重新论述。他首先指出，自己阐述的God观“曾经引起很多批评。”[①] 然后，为了超越“自然主义”和“超自然主义”，他分析了以前的三种God观。

“第一种将上帝视作一种存有——最高的存有，而与其他一切存有分开，它在他们之旁及其上而有它自己的存在。”他就在这个位置上创造了世界，并且支配着这个世界。蒂里希认为，这是“超自然主义的一种原始形式”。他认为，这样一种形式把God的无限性变成了有限性，使世界分成了人的世界和神的世界，为世界设置了一个开始和结束，并在其他所有原因之外又设置了一个原因。在他看来，“自然主义”对这种超自然主义的批判是有效的：“神学必须接受自然主义的反超自然主义的批评。”换成我们的话说，就是那个至高无上的、超自然存在的God，是不存在的，以前的无神论者对这种God的批判是正确的。

第二种是将God与自然视为一体的自然主义神学，也就是斯宾诺莎的自然神论。他认为这是荒谬的主张，而且“在现代的自然主义中，这些主张的宗教性质几乎都已消失了”。因为这种主张否定了人与神的距离，使“God”和“宇宙”等同。

第三种主张就是他的主张，认为God就是“存在本身”。在他看来，这样的观念，既承认God是一切具体存在的基础，但不把God归结于这些具体存在，也否认了God在这些存在之外的、之上的和这些存在并立的主张，因而超越了所谓“自然主义”和“超自然主义”。为此，他使用了“自我超越”和“恍惚”两个概念，认为“上帝超越了凡是以它为根基的事物”，在人们的宗教体验中，God乃是人们与“一种具有恍惚特质的遇合”[②]。

对于第三种主张来说，首先不能说God是物质的，但也不能说God是精神的。不能说God是存在于现实世界之上的，也不能说God就是现实世界本身。

---

① ［美］保罗·田立克（Paul Tillich）《系统神学》第二卷（Systematic Theology vol. 2），郑华志译，台南：东南亚神学院协会台湾分会发行，1988年，第4页。

② ［美］保罗·田立克（Paul Tillich）《系统神学》第二卷（Systematic Theology vol. 2），郑华志译，台南：东南亚神学院协会台湾分会发行，1988年，第4—7页。

不能说God不存在，但也不能说God存在。然而，所谓“存在本身”，“存在的基础”，不过是God不存在的另一种表述。这样一种表述的真正含义，不过是说，God乃是人们在精神恍惚时所体验到的东西。

神祇，从原型的动物神开始，一路走来，发展到超精灵化，那么，它们都有那些共同的特点呢？也就是说，被人们称为神祇的，都是些什么样的“存在”呢？

过去一提到神祇，大家心里立刻就会想到，这是一个精神性的存在。现在知道了，从最古老的神祇到现在仍然被称为神祇的对象，并不都是精神性的存在，那么，它们都是些什么样的存在呢？或者换句话说，什么样的对象才可以被称为神祇呢？

我们的答案是：神祇，是被认为具有超自然能力的存在。

第五节　神祇的超自然能力

一、自然力与超自然能力

自然力，就是生来就具有，或可能具有的能力。比如一个正常人，眼睛能看，耳朵能听，呼一口气可以吹灭一两米外的蜡烛，这都是自然具有的能力。自然的差别，使有的人眼睛看得比常人清晰一些、更远一些，耳朵比常人听得清楚些、远一点；经过训练，他呼出的气能够吹灭更远一些的蜡烛，也都在自然具有的能力之内。

假如说某人的眼睛可以看到千里以外的东西，可以像X光机一样具有透视功能，甚至比X光机有更强的透视功能，能够看清数百、数千米地层之下的油气储藏和各种矿藏，能够看清窖藏、壁藏的财宝，看清保密柜中的文件，这就是说他的眼睛具有超自然的能力。耳朵是听觉器官，假如说某人的耳朵可以代替眼睛，“听”到纸上所写的字。或者更强一些，不借助工具，直接听到数百数千里之外人们说话的声音，这也是超自然的能力。

或者说，某人呼出的气，就是一阵狂风，可以拔树拆屋，可以掀起滔天巨浪，也是超自然力。

人有力气可以举起物体。身体素质良好又经过特殊训练的人可以举起数百斤的物体，夸大一点，甚至说他力举千斤，也都在自然能力的范围之内。假如说他能举起一座大山，这就是超自然力。

人有手，可以打击物体。经过专业训练的拳击手一拳甚至可以打死一匹马，一般的人，更是经不起他的一顿暴打。但是这些自然功能都是在接触的情况下起作用的。假如说某人在不接触的情况下，仅仅通过手中发出的气，就能把人或物体击倒，就是超自然力。假如说某人仅仅通过自己肉体所发的气，就能把巨大的能量传递到千里万里之外，就是超自然力。

人能够行走，也能够跳跃。世界短跑冠军不到十秒可以跑完百米，跳高冠军可以跳过二三米的高度，以后可能会跳得更高些，也都是自然能力。假如说某人一跳可以窜到云层以上数百、数千，甚至数万米的高空，翻一个筋斗就越过了十万八千里，这就是超自然力。

人类在进化的过程中，也培养和提高了自己的认识能力，能够通过各种各样的技术手段，知晓许多方面的知识。根据这些知识，还可以对未来作出某种预测，这也都是自然能力。在这方面，手段较为先进的，方法比较正确的，往往能够获得较多的知识，具有较强的预测能力。人与生俱来的智力差别，在这个认知世界、预测未来的过程中，也会发挥作用。但是如果说某人不必借助技术手段，或者仅仅借用非常简陋的技术手段，比如几根竹片、几根草棒，就可以知晓敌手的秘密，可以预测事物的未来，这就是超自然力。

人类的自然能力，有的是与生俱来的本能，有的是在长期进化过程中逐步获得和提高的。无论是与生俱来的还是在进化过程中逐步获得的，通过训练，都可能得到提高。但是提高有一个大致的限度，这个限度也会随时代而发生变化。虽然这个限度没有固定的标准，但每个时代都有大体的范围，如同人的身高、体重没有固定标准，但每个时代都有大体的范围一样。超出这个范围，大大超越、甚至无限超越，就是超自然的能力。

人和人与生俱来的素质有差异，出生以后接受的教育和训练也有所不同，在接受教育和训练过程中个人的努力程度也有所不同。这些条件叠加起来，会使人与人在能力上出现很大差异。因而每一个时代，都有许多天才人物。天才人物和一般人能力的差别，有时会非常巨大。差别的大小，虽没有固定的标准，但也有大体的范围，如同人的身高、体重相差没有固定标准，但也会有大体的范围一样。在这个范围之内，就是自然能力，超出这个范围，大大超过、甚至无限超越这个范围，就是超自然力。

和人类活动能力最为接近的，是动物，特别是高级动物。和人类相比，同类动物之间自然能力的差别非常微小，甚至可以忽略不计。实际上，除了某些动物学家会关注某类动物个体之间的差别之外，一般人，甚至不太专业的动物学家，他们所注意的，也仅仅是某类动物普遍具有的能力，而不计较它们个体之间的差别。高级动物的能力有许多也不全是本能，而是需要通过后天的训练所获得。比如猛兽的捕食能力，就需要训练。长期生活在动物园中不加训练，捕食能力就会丧失。不过由于动物需要的训练和人类相比还是太少，一般也就把它们所有的能力合并计算，作为自然能力。

食肉的猛兽筋骨强健，爪牙锋利，不仅可以捕食小型动物，甚至可以捕食大型的食草动物，这是它们的自然能力。食草动物中，有的体型庞大，有的反应机灵，善于奔跑，是它们的自然能力。夸大它们的能力，甚至夸大到不适当的程度，就是赋予它们超自然的能力。

个别的，或者少数几只动物，尽管是体型庞大的动物，其能力也只能在一个小范围内发生作用。只有大量的繁殖，才可能影响一个地区的生态结构。比如引起另一种动物数量的减少甚至灭绝，破坏某地的植被以致水土流失、洪水泛滥。如果说一两只某类动物的出现是导致战争的原因或者前兆，某个动物的出现是洪水或者旱灾的原因，某个动物的出现会使天下太平，某个动物的出现会预示着将要出现改变时代命运的圣人等等，就是赋予了这类动物以超自然的能力。至于再赋予这些动物以人类经过长期进化才获得的能力，比如直立行走，使用人类也必须经过特殊训练才能掌握的工具，会人类的语言，能进行人类的思维等等，就是赋予了这些动物以超自然的能力。

和动物相关的是植物。植物和动物相比，可说是仅有生命而没有活动能力的事物。但是如果说某种植物会说话，有情感，这就是赋予了它们以超自然的能力。

和超自然能力相呼应的，是超自然的存在。

动物的超自然存在，一是夸大它们的体型。比如说一条蟒蛇长达千里，一只鹏鸟翅膀也长达数千里。“北冥有鱼，其名为鲲。鲲之大，不知其几千里也。化而为鸟，其名为鹏。鹏之背，不知其几千里也。怒而飞，其翼若垂天之云。”

（《庄子·逍遥游》）可以作为文艺作品，但不可作为科学事实。其次是夸大它们身体上最引人注意的部位，比如九条尾巴的狐狸，九头的蛇。再次是给它们加上它们本不具备的器官，比如给老虎添上翅膀。特别是加上人的器官，如狮身人面、鸟身人面等等，于是一只普通的动物就成为妖魔。

对于肉体的动物和人来说，一项重要的超自然存在就是长寿。比如乌龟和仙鹤被认为有上千年的寿命，人被认为有长生不死的，也是一种超自然的存在。

对于人来说，一项最普遍的超自然存在就是灵魂不死。灵魂不死，也就是人的精神可以脱离他的肉体而单独存在。由此推广，认为世界上还有一种不依赖人类的精神，可以脱离物质而单独存在，并且认为它们有认知，甚至赏罚的能力，这就是把它们尊为神祇：精灵神。这种虚构的，并不存在的精灵神，都是一种超自然的存在。

这种超越自然状况的存在，也是一种超越自然能力的能力。而人们之所以赋予某些对象以超自然的存在，目的也是要赋予它们以超自然的能力。比如给老虎安上翅膀，就是为了使该虎超越一般的老虎，具有更加强大的能力。说灵魂不死，就是为了使人在死亡以后能够继续以一定形式存在，从而扩大他的自然能力，成为一种超自然的能力。认为精神体可以独立存在，就是赋予精神以超自然的能力。所以超自然存在也是一种超自然力，所以本书不把超自然存在单列一项，而通称超自然力。

在有关宗教学著作中，常常会碰见这样一句话，即某某神祇是自然力的化身。这句话的不确切之处是，好像这尊神祇的出现，是人们人格化自然力的结果。然而若认真研究一下被称为自然力化身的神祇，首先都不是人们把自然力拟人，化为一尊神祇。而是人们赋予这种动物或这个人以某种超越他自身能力的能力。

比如古今中外都非常熟悉的雷神，几乎是所有古代民族中都非常耀眼的神祇。然而中国的雷公、电母，则是中国古人赋予某种动物或某人以超越他自身能力的产物。雷公电母的出现，在汉代以后。而在更早的神话中，雷电被认为是某种动物给弄出来的，也就是赋予这种动物以超自然的能力。只是随着动物神退出历史舞台，人们才把原本由动物神担任的许多角色都换成了人。若单截取一个片段，似乎是人们把自然力化身为人。若进行历史的考察，则不过是把原来赋予某种动物的超自然能力换成了人。因而不是自然力化身为人，而是赋予人以超自然的能力。

一个对象，如果被认为具有超自然的能力，就是被尊为神祇的开始。人类世界，那些能力超强的人物，虽然还不是超自然力，但因其能力出其类而拔其萃，也往往被冠以“神”字。如非常聪明的儿童被称为“神童”，优秀的射手被称为“神枪手”，高明的画家被称为“神笔”。如果被认为具有超自然的能力，比如画个动物就能变成真的动物，这就是被尊为神祇的开始。这样的事情越多，其神祇的成分也就越高，直到完全被认为是神祇。

由于条件不同，被认为是神祇的情况也各不相同。但被认为是神祇的对象一定具有超自然的能力；被认为具有超自然能力的对象就是被尊为神祇的开始，则是古今中外共同的历史事实。

毛泽东主席曾经指出：“宗教的本质是崇拜超自然力，认为超自然力支配个人、社会及世界。这完全是由于不理解自然力及社会力这个事实而发生的。”[①] 毛泽东主席的意见，对于理解宗教的本质，对于说明什么是神祇，都是非常正确的。

二、兽神和魔神的超自然能力

埃及的兽神有哪些超自然力量？希罗多德没有记载。在希罗多德时代，埃及人崇拜的这些兽神，在古希腊，早已不被当成神祇，希罗多德也不会相信它们有什么超自然的力量，所以他当做新鲜事给记载下来。但是在古希腊，远古传下来的神话中，还是讲到了许多原型兽类，或者基本上还保持兽类原型的神祇，具有超自然的能力。

比如涅墨亚森林的猛狮，有着一身刀剑不入的硬皮，坚如铁石。并且体型庞大，远超一般狮子。它被天后赫拉豢养日久，为的是专门用来对付赫剌克里斯。而被赫剌克里斯战胜的大野猪，长年生活在埃里曼托斯山上，其特点是体型硕大，奔跑迅速，超越一般野猪。斯廷法罗湖上的怪鸟，翅爪和喙都是青铜的。克里特岛上的公牛，能够喷火，并且曾和国王的妻子交配，生下了牛头怪物弥诺陶洛斯。而被古希腊另一位英雄伊阿宋制服的科尔喀斯国的两头神牛，则生有铜蹄，鼻孔可以喷火，凶猛无比。日夜守护金羊毛的巨龙，不仅体型庞大，而且能

① 毛泽东1938年读李达著《社会学大纲》有关宗教问题的批注。载《毛泽东哲学批注选集》，北京：中央文献出版社，1988年，第214页。

够永不睡眠，两只眼睛日夜不停地看守着金羊毛。

类似的怪兽，还有卡吕冬的野猪，它的特点也就是体型特别庞大，被卡吕冬王子召集的各路英雄杀死。

这些动物被称为神兽或者魔怪，原因就是它们具有超出同类的自然能力很多的超自然力量。或者说，正是因为它们具有超越同类很多的超自然力量，它们才被称为神兽或者魔怪。

这些尚未装配自身以外器官的兽神，其超自然力的来源，主要是靠体型的特别庞大，其次是某个器官的特殊性质或特殊功能。它们的超自然力量，已经足以使同类俯首称臣，但是和装配了自身以外其他动物器官、特别是装配了人体的某些器官的魔神来说，它们的超自然力量也就微不足道了。因此，基本上保持着原型的兽神，具有的超自然力量也最小，它们是人类创造的最早的神祇，也是处于最低层次的神祇。

那些装配了其他动物器官，特别是人类器官的魔怪，则具有更大的超自然力。斯芬克斯战胜敌人，不是凭借狮身的蛮力，而是凭借智慧。一头狮子，竟然具有过人的智慧，当然是超自然的能力，即超出了狮子所具有的自然能力。至于美杜莎，她不仅有一般妖魔的凶残和力量，而且还有一项特殊的魅力，凡是看到她丑陋面目的人，立刻就会变为石头。她还有两个姐妹，三姐妹共同的名字是戈耳工。那两个姐妹除了有她全部的能力之外，还可以长生不死。也就是说，具有更加强大的超自然力量。

据说美杜莎本是一个美丽的姑娘，因为和海神波塞冬恋爱开罪了战神雅典娜，才被变为丑陋的女妖。往上追溯，也有说美杜莎、斯芬克斯等，包括看守金羊毛、金苹果的巨龙，看守地狱的妖犬，都是堤丰的后代，而堤丰有许多类似的儿孙。据赫西俄德《神谱》，堤丰是大地女神该亚的儿子，因而是宙斯的叔辈或同辈。堤丰具有更奇异的体型，也具有更强大的超自然能力，因而也有比其他魔怪更大的野心。他要夺取宙斯的位置，还要夺走宙斯的夫人，所以和宙斯发生了大战。宙斯不仅使用了他最强大的武器霹雳闪电，还运用了各种巧妙的计谋，在许多神祇的帮助下，才最后战胜了堤丰。

古希腊神话所反映的情况，在古代民族的神话和宗教中，具有普遍的意义。

在中国，纳入国家祀典的兽神，有猫、虎和昆虫。儒者们的解释是，祭猫，是因为它吃田鼠；祭虎，是因为它吃野猪，对于农业生产，都有贡献。祭祀昆虫，是希望它们来年不要发作。赋予它们的超自然能力，是能够理解人意，并接受人的祭祀，满足人的要求。

中国古代最为著名的兽神，是麒麟、凤凰、乌龟和龙。虽然在古人眼里，它们的形象是自然生成的。但在后人看来，除乌龟外，它们多是诸种动物的器官拼凑起来的。他们的作用，就远超猫、虎。凤凰的出现，能使天下安宁。麒麟的出现，被认为是圣人出现的征兆。龙，则被赋予了更多的超自然能力，它能兴云致雨，而且是上帝处罚恶人的使者。只有乌龟，被认为仅有先知的能力，其腹甲被用做卜测前途的道具。

《山海经》中的兽和神，具有大体相同的形象，它们多是各种不同动物器官的组合，或者是半人半兽的形象。这不仅说明魔神是由兽神而来，还说明魔神即使成为神，也还常常被称为兽。因此，《山海经》中的那些怪兽，也就是魔神。赋予这些魔神的超自然能力，通常是说它们的出现，会引起社会生活的动荡和变化。

比如第一卷《南山经》，有狸"其状如豚，有距，其音如狗吠"。这是少见的较为单纯的动物"见则其县多土功"。有鸟名鴸："其状如鸱而人手，其音如痹，见则其县多放士。"有兽名长右："其状如禺而四耳，……其音如吟""见则郡县大水"。第二卷《西山经》，有蛇名肥遗："六足四翼"，"见则天下大旱"。有鸟名凫徯："其状如雄鸡而人面""见则有兵"。而那人面龙身的"钟山之子"鼓，曾在昆仑南麓杀死了葆江。后来被帝在钟山之东处死。化为鵕鸟，其状如鸱："赤足而直喙，黄文而白首，其音如鹄""见则其邑大旱"。其他各卷，都有类似的兽或神。从这些记载可以看出，这些神或兽都具有超出它们自然能力的能力。虽然有些尚未被称为神，但已经走上了成神之路。

至于钟山之神，名烛阴或烛龙，人面蛇身，身长千里。不仅体型特殊，而且能力超常："视为昼，瞑为夜，吹为冬，呼为夏。不饮不食不息，息为风。"（《山海经》卷八）类似的兽神、魔神有应龙，一只有翅会飞的龙，它能造成很大的风雨。显然，这些动物不可能有这样的能力，纯粹是人类赋予它们的超自然力量。而且，这里不是把自然力化为兽，而是赋予兽或魔以超自然的力量。

有些魔神，已经有能力把兽神作为自己的坐骑。它们是：

> 南方祝融，兽身人面，乘两龙。（《海外南经》）
> 西方蓐收，左耳有蛇，乘两龙。（《海外西经》）
> 北方禺强，人面鸟身，珥两青蛇，践两青蛇。（《海外北经》）

东方句芒，鸟身人面，乘两龙。(《海外东经》)

除禺强后来改为玄冥外，其余三神，都被后来的国家纳入祀典，作为五方神之一，甚至作为五方上帝。无论是《山海经》还是后来的文献，都没有描述它们具体的超自然能力，但从它们能以龙蛇为乘骑看来，显然具有更大的超自然能力。

古希腊和中国古代的兽神、魔神状况，具有典型性和代表性。其他民族的兽神魔神，其超自然能力或许千差万别，但都具有超自然能力，则完全一致。

检讨兽神、魔神的超自然能力，还是具体的，甚至是微小的。和它们的同类相比，它们的能力是足够大了；甚至和人类中的个体相比，其能力也非常惊人。但是和在它们之后出现的人神相比，其超自然力就相形见绌了。

三、人神的超自然能力

人神的超自然能力，在兽神、魔神一节就已经讲到了。那些著名的兽神、魔神，最终还是败给了人神，有些甚至是被神的儿子，如赫剌克里斯、珀尔修斯战胜的。至于战胜了神牛、巨龙，取得金羊毛的伊阿宋，不过是一个国王的子孙，一个凡人。也就是说，一个人间的英雄也可以战胜兽神甚至魔神；至于人神，在与兽神和魔神的搏斗中几乎从来就是胜利者。

古希腊的宙斯，不仅握有雷电这样威力最为强大的武器，他还是众神的首领、天空的主宰。兽神和魔神，从来没有达到这样地位的。

和宙斯三分天下之一的海神波塞冬，主管海洋。他的武器是三叉戟。只要他挥动三叉戟，就能引起地震和海啸。当他坐着战车在海上奔驰时，大海就会风平浪静。他还用三叉戟凿开岩石，流出清泉，灌溉土地，使农业丰收。这些超自然的能力，也是兽神和魔神都望尘莫及的。

宙斯的妻子赫拉，其权力仅仅次于丈夫宙斯。她的乳汁可以使人具有非凡的能力，在天上流出就成了天河。她的丈夫经常去找仙女甚至人间的女子寻欢作乐，她也常常迫害丈夫的情人和情人的儿子，把他们变为牲畜、妖魔，或者使他们受苦。

宙斯的女儿雅典娜，手持长矛，身披铠甲，是古希腊著名的战神，常常在战争中战胜敌人，也常和诸神作战、比武，并取得胜利。有一次和波塞冬比武，波塞冬用三叉戟打击岩石，岩石中蹦出一匹战马；雅典娜用长矛戳向地面，地上就长出一棵橄榄树。她能让看到她裸体的男子变成瞎子，还能偷来长生药让人不死。雅典娜也常常帮助人间英雄和诸神去战胜魔神。

其他诸神，也都有各自的超自然能力。

人神不仅比兽神、魔神有更加强大的超自然能力，还有一个最大的不同，就是人神一般都有一件自己的武器或工具。宙斯的武器是雷电，赫拉一般手握钢刀，雅典娜是长矛和盾，波塞冬是三叉戟，冥王哈德斯是双叉戟。哈德斯还有一辆四匹黑马拉的战车。太阳神阿波罗，日常的工作是驾驶太阳车在空中飞行。他的武器有弓箭和盾，还有竖琴，这使他也成为音乐之神。

人神发挥超自然能力，往往要通过工具。比如潘多拉盒子，就是神祇们制造灾难的工具。半神，或人间的英雄，他们斩妖除怪，往往要借助刀剑和盔甲。这些武器或工具本身也具有超自然的能力，比如伊阿宋从仙女那里得到的飞鞋，他的妻子美狄亚最后乘坐的飞车。至于赫剌克里斯的武器，有简单的大棒，也有长矛、弓箭和刀剑，没有这些武器和工具，英雄们和人神，都很难有所作为。这些武器和工具，是英雄和人神发挥能力的助手。

类似的情况也发生在其他民族中。在印度，主神湿婆的武器是三叉戟，坐骑是白公牛。毗湿奴的武器和赫剌克里斯相近，主要是神杵大棒，还有海螺、莲花和神弓、神剑等。他的坐骑是金翅的大鹏鸟。湿婆的妻子杜尔嘎，八只手各持一样武器。有刀，有弓，还有三叉戟。印度教的雷电之神是因陀罗，后来成为佛教的护法神。在汉译佛经中被译为“帝释天”，是天界的君主。他的武器和宙斯一样，是雷电，汉译为“金刚杵”，大约取其可以破坏一切，而一切都不能破坏它的意思，这也正是雷电的功能。甚至地狱的管理者阎罗王也有自己的武器：勾魂的锁链和致命的大棒。

相比古希腊诸人神，印度教诸人神具有更加强大的超自然力量。创造之神梵天是世界的创造者。他创造了世界万物，也创造了众神、人类，包括一切妖魔。他先用意念使一个卵破为两半，成为天地，再创造水、火、土等元素，创造众神、星辰和地上的江河，然后是生物、人类及其语言和情感。创造人类时，他先是创造了十一位“生主”，他们都是人类的祖先。又创造了七位圣贤，帮助他，共同创造了宇宙。世上的妖魔，也是他的创造。比起这样的能力，妖魔们的能力简直就微不足道。

人神不仅自身具有更加强大的超自然力，甚至他们的坐骑，也都有巨大的超自然力量。比如毗湿奴的坐骑大鹏鸟，就是神鸟，是鸟中之王。它善于吞吃各种毒蛇，包括已经成为妖魔的毒蛇。它也曾经战胜过天神们的进攻，最后败在毗湿奴手下，成为毗湿奴的坐骑。

和古希腊不同的是，印度教的诸神，包括主神，也都有死亡。诸神经常为防止死亡而煞费苦心，甚至发生战争。佛陀后来受到崇拜，主要原因就是他找到了避免死亡的办法。

中国古代人神的超自然能力见于《山海经》等各种文献。《山海经》的人神，最引人注意的，一个是帝俊，一个是黄帝。帝俊是十个太阳和十二个月亮的父亲，曾经给后羿“彤弓素矰”，使羿射杀了造成旱灾的九个太阳，还射落了十一个月亮，射杀了危害民众的封豨（大野猪）、长蛇。黄帝则是海神的父亲，曾经杀死了雷兽夔，用夔的皮做成战鼓，骨头做成鼓槌，声音能传五百里，以此来威震天下。《山海经》中还有一个共工，一说他是祝融的儿子。他有一个臣叫相柳或相繇，九头蛇身，到处贪吃，呕吐的东西成为苦水沼泽，野兽都不能生存。大禹杀死了相柳。《淮南子》说，共工曾与颛顼“争为帝”，发怒撞倒了不周山，导致天的柱子折断，维系大地的绳子断绝，于是天向西北倾斜，地向东南下沉。所以日月星辰都向西北移动，水涝都流向东南。后来又有文献说，天因此出现了破损。女神女娲把五色石头烧炼成汁，补上了天的缺损。

中国古代的人神一般没有配备的武器或工具，但他们是武器和工具的发明者。青帝伏羲和他的妻子，也有说是妹妹女娲，是数学和测量工具圆规和矩尺的发明者。他们俩在一起的画像，也几乎都是手握圆规或矩尺。据《易传》，伏羲还发明了八卦，以测度神祇的意思；发明了网罟等渔猎工具，使人们可以打猎和捕鱼。炎帝，或说就是神农，则发明了农业耕作的耜和耒，使人类得以耕田除草，发展农业。黄帝和尧舜等，则发明了舟车，使人们可以渡过江河，走向远方；发明了杵臼，使人们可以加工粮食；发明了弓箭，震服天下。和古希腊、古印度比较，中国的人神不仅是武器的使用者，更是发明者。但不论当时当地如何塑造自己的人神，人神和工具有着密切的关系，则是各个古代民族共同的认识。

相比之下，古代兽神、魔神，则很少有持握武器和工具的。它们的力量，主要来自自己的身体结构。当然，魔神和人神的区别，不等于人和动物的区别，有些还保留有某些兽类部件的神祇，也手握武器或工具。不过这些神祇，都已经基本上进入人神的行列。或者说，从兽神、魔神到人神，有一个过渡时期。在这个时期里，某些魔神也会手握武器或工具。再后来，人们为了彰显这位神祇的出身，也会在它基本是人体的形象上加上一两个兽类器官。但总体说来，是否持有工具或武器，是人神和兽神、魔神的重大区别，则是一个历史事实。这个事实所彰显的，是人神有着比兽神、魔神大得不可比拟的超自然力量。

中国古代，《山海经》把人神统称为帝。后来，人们说，这些帝中，最重要的有五个，称五帝。“五帝”是谁？说法也不一致。但古代所有的帝中间，少数几个最为重要，则是共同认识。后来，人们又在五帝之前，加上三皇，说三皇是更古的君主，也是更古的神祇。三皇是谁，也有分歧。说法之一是，三皇是天皇、地皇和人皇。在古代造像中，三皇还保留着一个兽类的头。帝们的造像，从黄帝开始，就是纯正的人类形象了。后来的神话小说中，不少兽神或魔神也都有武器或工具，那是后人的刻意编造，和人类思想自然进程中产生的事件，不能相提并论。而且这些小说中，兽神或者魔神也必须先变成人形。它们的武器，大多都是偷窃主人的。

人神的统治，应该有一个相当长的时期。后来就是精灵神的统治时期。在精灵神统治时期，神祇的超自然能力，有了进一步的提高。

四、精灵神的超自然能力

人神向精灵神的过渡，有一个漫长的时期。人神的许多功能，精灵神都有所继承，并且也都大大地发展了。

人神的一个重要特点，就是把魔神作为下属或者坐骑。比如黄帝命令应龙蓄水，在冀州原野上进攻蚩尤；命令天女魃下界，制止风伯、雨师的大风雨。而风伯雨师纵大风雨，也是接受了蚩尤的命令。蚩尤，则是秦汉时期崇拜的战神。人神的这些功能，都被后代的精灵神所继承。

在商代的甲骨文中，就有帝“令风”“令雷”“令雨”的记载。到了周代，雷电就被认为是上天发怒的表现，而人们则必须战战兢兢，敬畏上天的愤怒。由于帝被认为到了天上，所以一切天象，都被认为是上帝给人的指示：“天垂象，见吉凶。”（《易传》）从这样的认识出发，遂发展出了古代各个民族都有的一套学问或者巫术：占星术或说占星学。

不过天象所指示的，一般都是一些具体事件。上天所主宰的，绝不仅是一些具体事件的得失，而是人整个一生的命运。由此产生了“天命”这样的概念。主宰人一生的命运，是以往的人神也没有的功能。

普通人的一生，仅仅是生老病死的问题。如果是君主的一生，就是国家的命运。因此，中国古代的天命，最重要的，还是国家的命运。国家或者个人命运靠什么决定？靠德行。于是，神祇又被赋予了德行的源泉和维护德行的功能。德行优秀的，会受到上天的表彰，使他有福，长寿，国运长久。德行不好，就使他短命，受苦，甚至国家灭亡。而且人的德行好坏，无论在什么地方，上天或者鬼神都能知晓：

故鬼神之明，不可为幽间广泽，山林深谷，鬼神之明必知之。（《墨子·明鬼下》）

故天之诛伐，不可为广虚幽间，攸远无人，虽重袭石中而居，其必知之乎。（贾谊《新书·耳痹》）

这样的功能，无论是古希腊的宙斯，古印度的梵天、湿婆，《山海经》中的诸帝，都是没有的，他们常常受别人的欺骗或蒙蔽。

鬼神或者上天，不仅明知明察，而且能够根据人的表现及时做出反应：

天人相与之际，甚可畏也。国家将有失道之败，而天乃先出灾害以谴告之；不知自省，又出怪异以警惧之。尚不知变，而伤败乃至。以此见天心之仁爱人君而欲止其乱也。自非大亡道之世者，天尽欲扶持而全安之，事在强勉而已矣。（《汉书·董仲舒传》）

从此以后，臣子们都辛勤而认真地观测着天象，以弄清上天对于君主的行为，是被批评了呢，还是受表扬了，以便及时改良政治，取得上天的欢心，保持自己的地位。

从今天的观点看来，中国古人心目中那个分布着日月星的元气广大的天，是个根本不存在的对象。所谓蓝天，只是地球周围大气层在人类视觉中的色彩表现，日月星与大气层距离的遥远，是古人所想象不到的。然而就是这样一个所谓的天，被赋予了主宰人类和国家命运的功能。我们只能说，这样的天，连它的功能，都仅仅是古人想象的产物。

在佛教，大乘时期出现的法身说，可以视为精灵神定型的标志。这样的精灵神，完全保留着肉身佛的超自然力量。比如所谓天眼通，天耳通，他心通等等。法身佛，由于摆脱了肉身的限制，行动更加自由，所以能够因应天下所有人的要求，随时出现在需要出现的地方，这就是所谓化身和应身。

在人神阶段，佛曾多次战胜妖魔，能力巨大。《西游记》中，孙悟空一个筋斗十万八千里，翻不出如来佛的手掌心。如来佛一手化为五指山，把孙悟空压在山下五百年，是如来佛神通广大的表现之一。但是法身佛，一个毛孔中就可以容纳无量佛国，四大海水，三千大千世界。那么，六道众生的所作所为，在佛这样的法力神通面前，又算得了什么呢？而佛，又有什么解决不了的问题呢？像孙悟空那样能够大闹天宫的妖猴，就是再多多少个，又算得了什么呢？根本用不着五指山，一个毛孔就不知能装下多少。甚至许多问题，根本用不着佛亲自解决，菩萨就可以了，其中观音菩萨最受欢迎。她只要听到人们要求救援的声音，立刻就到面前，甚至没有听到时就到了。

佛的肉身已经消灭了，其灵魂也不知何去向；留下的，仅仅是佛的思想，即所谓法身。说思想长存，是符合实际的。说思想可以是法身，法身又可化为任何形象的化身或应身，并且具有不可限量的力量，这就不是思想所具有的能力，而是人们赋予这思想的超自然力量。

如同佛有一个从肉身转向法身的问题，基督教God保留着许多人神的痕迹，而耶稣干脆就是个自称God之子的人，或者说，就是个人神。后来他们先被说成是三位一体，再被认为是单纯的灵，而那原来的超自然能力，则都被全部继承下来。

《旧约》中，God的超自然能力，首先是创造了世界。他创造世界的方式，只是轻轻一说而已：

> 起初神创造天地。地是空虚混沌、渊面黑暗，神的灵运行在水面上。神说要有光，就有了光。(《创世记》1—3)
>
> 神说，地要生长青草和结种子的菜蔬，并结果子的树木各从其类，果子都包着核，事就这样成了。于是地生长了青草和结种子的菜蔬，各从其类；并结果子的树木各从其类，果子都包着核。(《创世记》11—12)

创造日月星、江河湖海、各种动物，都是轻轻一说。只有创造人，大约是动了手，并且向人鼻孔里吹气，还抽出人的一条肋骨造成女人。

不过God在造了世界和人以后，却管不住他们，于是亚当和夏娃违犯禁令，以致不得不被赶出伊甸园。亚当的儿女们，似乎也不都听God的话，所以God

常常惩罚他们，毁灭他们的城池，降下瘟疫，使他们死亡。后来就是以色列国的灭亡。人们则常常作恶，甚至欺瞒 God。这样，《旧约》中的 God 还不是个全知全能的神。

《新约》中的耶稣，也往往是仅凭一句话，就创造奇迹。据《马太福音》第八章，他带领门徒上船，海上忽起暴风，耶稣斥责风和海，于是风平浪静。在路上，他们碰见两个被鬼附身的人，极其凶猛。耶稣就应鬼的请求，把鬼赶进了正在吃食的猪群，而猪群也就全体跌下山崖，淹死在海中。

第九章，主要记载耶稣的医疗奇迹。他对一个长癣的人说，你的罪被赦免了，于是癣病就好了。一个患了十二年血漏的女人，摸了摸耶稣的衣裳，血漏就好了。一个人家的闺女死了，耶稣拉了拉那闺女的手，那闺女就活了。耶稣摸了摸瞎子的眼睛，瞎子的眼睛就能看见了。耶稣赶走了哑巴身上的鬼，哑巴就能说话了。这些被耶稣治好的人，把耶稣的名字传到四面八方。

从《旧约》到《新约》，无论是 God 还是耶稣，做什么事情都是一个一个进行的，并且好多事都是临时起意而并非事前先知的。也就是说，在《旧约》和《新约》中，无论是 God 还是耶稣，都还没有被描绘成全知全能的神。但是后来，随着神祇精灵化的进程，God 逐渐被塑造为全知、全能的神。

据《旧约·创世记》第十七章，God 曾对亚伯拉罕说，我是“全能”的神。《启示录》第四章第八条，各有六只翅膀的四个活物日夜不停地喊着：主神是永在的“全能者”。然而无论《旧约》还是《新约》，都没有专门论述 God 的全能性质，因为这和书中的事实并不完全相符。

《新约》之后，基督教制定了统一的“信经”，即凡入教者都必须信仰的教条。最初的信经被称为《使徒信经》，即最早的、使徒时代的信经；接着是公元 325 年基督教第一次大公会议通过的《尼西亚信经》；一百多年后，公元 451 年，第四次大公会议又通过《迦克墩信经》。基督教成立后四百多年间制定的三部统一的信仰教条，都没有说 God 是全知全能的。

就在《尼西亚信经》制定后不久，亚他那修根据奥古斯丁教父的三位一体理论，撰写了被称为《亚他那修信经》的新的信条。在这部信经中，首先提到“父全能，子全能，圣灵亦全能”的信条。并且强调，耶稣基督既有血肉之身，又有理性之灵；既是人，也是神；推动了基督教神祇的精灵化进程。这部信经一直到 9 世纪才最终定型。而随着这部信经的定型，基督教神祇精灵化的进程，也不断发展。

又过了七八百年，1646年，新教神学家们在英国西敏斯德制定了新的《西敏斯德信条》。该信经明确指出，God是“至纯之灵”。同时也指出，God无形、无体，全能、全智。同一时代的各种信经，差不多都有这样明确的表述。

对基督教信经的历史考察表明，基督教God的全知、全能性质，和它的精灵化进程是一致的。也就是说，只有精灵化的神祇，才可能被赋予全知全能的性质。也就是说，神祇的精灵化，同时也是神祇超自然能力的空前的、臻于顶点的提高。因为把神祇说成是可以独立存在的、至纯的灵，就是赋予精神至高的超自然能力。而这样的超自然存在又是全知、全能，到了这个地步，也就没有什么是办不成的事了。这样，随着神祇的精灵化，神祇的超自然能力也达到了顶点。

五、超精灵神的超自然能力

超精灵神以伊斯兰教的安拉为代表。和《旧约》中的God一样，《古兰经》中的安拉也是天地万物的创造者。经文宣布：

> 他已为你们创造了大地上的一切事物，复经营诸天，完成了七层天。他对于万物是全知的。(2：29)
>
> 他创造天和地，造化重重黑暗和光明。(6：1)

人，自然也是安拉创造的，包括精灵。他用土，黑色的黏土，和精液、血块，创造人；用水创造生物，用火创造精灵。和God一样，当他创造一件事物的时候，“只对它说声‘有’，它就有了”(16：40)。如果说《旧约》中只是《创世记》一章中的一部分讲述God创造天地和人，那么，《古兰经》的每一章，都三番五次地强调安拉的创造。安拉既然什么都能创造出来，还有什么不能战胜的呢？所以《古兰经》反复强调，安拉是全知、全能的、至善至美的。在塑造神祇的超自然属性方面，《古兰经》比《旧约》更加自觉，也更加突出。也就是说，伊斯兰教超自然的神祇，接续了之前精灵化神祇的一切超自然能力，并且更加自觉地加以集中和强调。

在基督教，以蒂里希为代表重塑的God，不仅继承了《旧约》《新约》中God的一切功能，而且也继承了《新约》以后历代神学家们赋予God的全知和全能的功能。蒂里希所强调的，是这尊神作为最高崇拜，也就是“终极关怀”的对象：

> 终极关切是这条伟大诫命的抽象翻译：主啊我们的上帝，主是唯一的，你要用你全部的心意、整个的灵魂，全副的头脑，所有的力量去爱主，你的上帝。①

也就是说，这个God仍然是被爱的最高对象。它能够接受信徒的爱，自然也能够向信徒施爱。它在精灵神时期的功能，一点也没有丧失。

类似的情况还有中国宋代开始的“天即理”的天。宋代程朱学派认为天就是理，但这个“即理”的天，同样是世界的主宰，同样具有赏善罚恶的功能。其赏罚的形式，也是天人感应：

> 又问汉儒谈《春秋》灾异，如何？
>
> 曰：自汉以来无人如此。董仲舒说天人相与之际，亦略见些模样。只被汉儒推得太过，亦何必说某事有某应。（《二程遗书》卷二十二下）

所谓“董仲舒说天人相与之际”，就是天与人之间的感应。人，主要是指君主，如果做了正确的事，上天就会降下祥瑞，如天出彩云、地出醴泉、禾苗双穗、凤凰麒麟出现等等。如果做了错事，上天就会降下灾异，比如狂风暴雨、旱涝灾害等等。董仲舒根据《春秋》，系统地阐述了在他以前的那些灾异祥瑞现象，并且具体地指出上天是为了什么事降下的灾异。根据董仲舒的说明，在出现了类似现象的时候，人们也往往会去寻找君主的某些言行，认为是造成灾异的原因。由于所谓灾异或祥瑞并不是上天对于人事的反应，加上解释事件原因的儒者属于不同的利益集团因而持不同的政治立场，其解说往往互不相同，甚至完全相反。更甚的是，那些异常的自然现象，有人认为是祥瑞，另一些人会认为是灾异。这种互相矛盾的解释，影响着人们对天人感应理论的信任。

---

① ［美］保罗·田立克（Paul Tillich）《系统神学》第一卷（Systematic Theology vol. 2），郑华志译，台南：东南亚神学院协会台湾分会发行，1988年，第11页。

从汉代开始，王充等人就认为，所谓天人感应，不过是事件的偶然巧合。魏晋南北朝时期，王充的理论影响广泛，对天人感应的不信任也日益加深。然而程颐说，董仲舒只是把天人感应说得太具体，即一定要说某种现象是为某事而发，是不正确的。但是天与人之间的感应还是存在的。这个“即理”的天，同样是世界的主宰，可以通过和人事的感应，进行赏善和罚恶。

程颐最重要的后继者朱熹，完全接受了程颐对天人感应的新解说。当发生灾异事件的时候，他不是指出这个灾异是为某件事情而发，而是要求君主全面检查一下自己的工作，改进政治，回应上天的批评。有一次，夜里忽然“黑烟四塞，草气袭人。咫尺之间不辨人物。著于面目，皆为沙土”。朱熹认为这是“阴聚包阳，不和而散之象”。对付这样的灾异，朱熹认为，皇帝应该“常若皇天上帝临之在上，宗社神灵守之在旁”。兢兢业业，不要懈怠。同时要召集臣子们商议，“以求天意之所在而交修焉”（朱熹《论灾异札子》，载《晦庵集》卷十四）。辛丑年，冬天响雷，朱熹认为这是灾异，他要求皇帝认真而全面地检查自己的工作：

> 意者德之崇者有未至于天欤？业之广者有未及于地欤？政之大者有未举而其小者无所系欤？刑之远者或不当而其近者或幸免欤？君子或有未用而小人或有未去欤？大臣或失其职而贱者或窃其柄欤？直谅之言罕闻而谄谀者众欤？德义之风未著而污贱者骋欤？货赂或上流而恩泽不下究欤？责人或已详而反躬有未至欤？（朱熹《辛丑延和奏札一》，载《晦庵集》卷十三）

在朱熹看来，以上所说假如有几项，就足以招致灾异。也就是说，这个“即理”的天，和以前的天或者上帝一样，同样具有赏善罚恶的功能，可以和人发生感应。

也有的超精灵神，难以继续精灵神的超自然力，给该宗教的存亡造成威胁。其代表者就是佛教禅宗。禅宗所说的识心见性，悟即是佛，完全不讲觉悟之后的神通。而从整个《坛经》的精神而言，似乎也没有神通，即超自然力存在的余地。惠能本人，虽然可以说已经是佛，却丝毫没有其他佛经中所说的佛的神通。他的弟子，弟子们的弟子，就更没有这样的事迹。

禅宗还保持的一点超自然力，通常是保存在僧人的“感通”事迹中。所谓感通事迹，类似儒教的天人感应。不过儒教的天人感应，主要是君主和上天的感应；禅宗所说的感通，主要是高僧和他们认为还存在的神祇，和野兽，有时也和上天的感应。比如《坛经》记载惠能去世时，“山崩地动，林木变白，日月无光，风云失色”（《敦煌坛经》）。这是上天对惠能去世表示的悲哀。他的师父弘忍去世时，也是“氛雾冥暗，山石崩圮”。在北宋平定江南之前，弘忍已死的肉身曾经垂泪，为南唐国的灭亡悲伤。以后每年弘忍的忌日，“必雨雾阴惨。不然霰雪交霏。至日则晴朗焉”（《宋高僧传·弘忍》）。

以后的禅宗高僧，也多有此类的感通事迹。龙兴寺的慧朗，讲说佛法不久：“熊伏于前”，且“闻钟而来，众散而去。”（《宋高僧传·法朗》）杭州径山的法钦和尚在山时，“猛兽鸷鸟驯狎”。“有白兔二跪于杖屦之间。又尝养一鸡，不食生类。随之若影，不游他所。及其入长安，长鸣三日而绝。”（《宋高僧传·法钦》）陕州回銮寺慧空，“恒得神人密送供施，随其众寡不闻有阙”。忽然有一天，神现形拜见慧空，说，自己“前身曾称知识。体悟匪全，妄受信施。坐此为神”。现在能够为法师供应，也是还了宿愿。

马祖道一传法之初所居住的西里、龚公二山，“先是此峰岫间魑魅丛居，人莫敢近，犯之者炎衅立生”。但是当道一居住时，“有神衣紫玄冠致礼言，舍此地为清净梵场。语终不见”。从此以后，“猛鸷毒螫变心驯扰，沓贪背憎即事廉让”。仅仅十年，就使“日临扶桑高山先照，云起肤寸大雨均沾”（《宋高僧传·道一》）。禅师们类似的事迹，还有很多。他们实际上取消了佛和佛法的存在，把佛所具有的超自然能力分散给那些较有成就的修行者。

《宋高僧传》还专设《感通》，记录那些以具有超自然能力见长的僧人事迹。赖以这些超自然能力的存在，佛教仍然维持着宗教的面貌。不过一个宗教，至上神的超自然能力毕竟才是引起人们信仰的核心因素，禅宗实际上否定佛祖存在的做法毕竟是佛教存在的危机，后来禅宗和净土宗的结合，是佛教维持其宗教存在的重要手段。这样，佛仍然存在着。人们尽可以根据自己的理解信其所信，但佛教整体，仍然保持着佛的存在。佛的超自然能力，仍然是佛教信仰存在的基础。

六、神祇是被认为具有超自然能力的存在

现在，我们可以对“什么是神”作一个小结。什么是神呢？神，就是被认为具有超自然力的存在。

从最早的动物兽神开始，到后来的超精灵神。神祇的发展，经过了以下几个阶段：

最先出现的是动物神，或称兽神，即把原型的动物崇拜为神。它们的体型或被放大，或者把它们的某些器官扩大、扩充，但基本都是在原来器官基础上的延伸，不掺杂其他动物的器官。

第二批神祇，是魔神。魔神的形象分为两类：一类是增加兽神的某些器官或者仅仅把禽兽的不同器官组合在一起，如九头的蛇，带翅的虎等等；另一类是在禽兽身上装配上人的器官，通常是人的头或者脸面，成为半人半兽形的魔神。

第三批神祇，是人神。早期的人神，有的还保留着某些兽类的特征，但总体来说，人神，就是人形的、有血有肉的神。

第四批是精灵神，即被认为是单纯精神体的神。这类神祇一般被认为无形、无相，但无处不在，无时不在。

第五批是超精灵神。这是目前所知道的最高形态的神祇。用图表形式表示，可以表示为：

兽神—魔神—人神—精灵神—超精灵神

从最初的神祇开始，到现在为止，神的形态可以变化。它们可以是被认为具有肉体或其他物质体的，也可以被认为是单纯精神的，甚至被认为说不上“是什么”精神或物质的；

神祇们的名称也可以不同。它们可以是单纯动物形象的，是魔鬼形象的，是人形的，或者是无形无相的，即形象和形态都可以是不同的。

神祇们的名称也可以是不同的。中国儒教的神祇，名称有天、帝、神、祇、鬼；道教有仙、真人；印度宗教有天、阿修罗、地狱、饿鬼。佛教有佛、菩萨、罗汉。基督教有 God（中国译为上帝、天主），天使、魔鬼。伊斯兰教有安拉（真主），也有天使、魔鬼。如此等等。

但有一点是共同的，那就是都具有超出它们自身自然能力的能力，即具有超自然力，区别仅仅在于超自然力的大小。

这样，我们就可以进一步讨论神祇的存在与否。

第二章　关于神祇不存在的证明

第一节　兽神、魔神不存在的历史证明

一、兽神、魔神被宣布为非神

兽神、魔神是人类最早创造的两批神祇，也是最早退出神祇舞台，被称为妖魔怪物的神祇。人间的失败者被称为强盗，但还可以算作人；兽神、魔神退出了神祇舞台，就不再被称为神，而被称为妖魔怪物。其原因，首先是因为他们在与人神斗争中的失败。

世界上各民族最早的神祇，都是存在于该民族的神话中。各古代民族神话中最精彩的章节，就是神祇们的斗争或者战争。而在神祇们的斗争或战争中，失败的最终都是兽神和魔神；最终胜利的，都是人神。

古希腊神话中的神祇，以荷马史诗和赫西俄德的《神谱》为代表，已经被认为都是人神。从第一代乌兰诺斯到第三代宙斯，分为两大集团。第一个集团是最早的天父乌兰诺斯的孩子们，他称自己的孩子们为“泰坦”（或译“提坦”）。第二个集团就是奥林匹斯山上以宙斯为首领的神祇。宙斯是乌兰诺斯之孙，克罗诺斯之子。这是一场子侄辈反对父叔辈的战争。战争双方的参加者，基本上都是人神。但在泰坦阵营里，则有如堤丰这样的半人半兽形的魔怪。还有塞勒涅这样的生有双翼的女神。宙斯不得已请来丑恶不堪的百臂巨人，按血缘谱系则是泰坦诸神的兄弟，只是做了宙斯的帮手。因此，泰坦诸神和奥林匹斯诸神的战争，是仍

然保有兽神或魔神残余的神祇集团和人神集团的战争。

宙斯集团和泰坦集团，都有一些兽神或魔神的奴仆。比如双方都有一个人头鸟使者：宙斯的使者是伊里斯，泰坦的使者是阿尔刻。宙斯集团中，经常有神役使兽神或魔神，比如赫拉让百眼巨人看管宙斯的情人伊俄。兽神或者魔神，完全失去了独立的地位。

在古希腊神话中，兽神或者魔神通常都是作恶者。卡吕冬的野猪怪，弥诺陶洛斯的牛怪等等，斯芬克斯、美杜莎之类更不必说，都是作恶者的形象。此外还有众多的"马人"，即人头马身的怪物。其中除了名为喀戎的一个马人品德和能力都非常优秀以外，其他多数都是作恶多端的怪物。而当有人或神触犯了大神的时候，大神们，往往会把该人或者小神变为兽的形象。比如雅典娜把美女美杜莎变为蛇发女妖，宙斯把阿尔卡迪亚国王吕卡翁变为嗜血成性的恶狼。把人或神变成野兽以示惩罚，也说明人们对待兽类的态度。这是一个兽神和魔神全面失败的时期。

以堤丰要夺取宙斯神位失败为标志，兽神和魔神最终失去了统治地位。堤丰失败以后，神和英雄们战胜各种魔怪的事迹，是对兽神和魔神的进一步清算。自此以后，兽神和魔神从根本上退出了神祇的行列，而被称为妖和魔。

类似的情况发生在中国古代。《山海经》中，虽然还称兽神或者魔神为神，但他们都只是偏处一山一水的小神。大神，被称为"帝"，是战胜兽神、魔神的胜利者。据《山海经》，是帝俊给了后羿彤弓素矰，让他去解救下民的苦难。据《淮南子·本经训》，则是帝尧统治时期，"十日并出，焦禾稼，杀草木，而民无所食。猰貐、凿齿、九婴、大风、封豨、修蛇，皆为民害"。猰貐，是龙首，似狸而善走的吃人的野兽。凿齿，是牙齿长有三尺的怪兽。九婴，是害人的水火之怪；大风，就是风神。封豨，就是大野猪。修蛇，就是长大的蛇，据说能够吞吃大象。要除掉这些怪物，其难度要远超古希腊英雄赫剌克里斯的十二项难题。但后羿都一一做到了。他在"畴华之野"杀死了凿齿，在凶水上杀死了九婴，在青丘之泽射杀了大风。射掉了天上的九个太阳，射死了地上的猰貐；在洞庭湖斩断了长蛇，在桑林捉住了大野猪。这也是一场标志性的人神和兽神、魔神的斗争。

中国古代神祇之间的战争，要属黄帝和蚩尤的战争最为著名。双方都请来了兽神和魔神。黄帝请的是应龙和魃，蚩尤请的是风伯、雨师。也有的神话说，蚩尤的兄弟有八十一人，他们都是"兽身人语，铜头铁额，食沙石子"（《古微书·龙鱼河图》）。因此，在一部分古人心目中，黄帝和蚩尤的战争，也是人神和动物神的战争。

在与蚩尤作战之前，黄帝先与炎帝在“阪泉”打了一仗。黄帝“教熊罴貔貅貙虎”组成军队，战胜了炎帝。兽做了黄帝的士兵，对兽神的崇拜自然也大大降低。到周代，据《周礼》，“服不氏，掌养猛兽而教扰之”。猛兽成为人们豢养的家畜，更难以引起崇拜的心情。兽神、魔神占据神祇统治地位的时代，自然也不复存在。

直到一两千年后产生的小说《西游记》和《封神演义》，其中的神话魔幻故事，还是以人神为主的集团战胜魔怪集团。这样的故事结局，大体上也反映了古代神祇观念演变的历史。

类似的情况，各个民族都存在着。印度不少民众虽然至今对于牛、猴等动物仍然保持着崇拜，但这些兽神也早在远古时期就已经败于人神。世界的守护神毗湿奴，也是降妖降魔的英雄。特别是降服大鹏神鸟，使之成为自己的坐骑。到佛经形成的时代，魔王已经是人形的波旬。当悉达多太子还在修行的时候，波旬曾率领魔众、怪兽，威胁太子放弃修行。太子不从，他就让魔众刀箭齐发。太子身发净光，刀箭全不能人。忽然天空一声巨响，天神来到，将众魔全部驱散。这时的魔神，不仅是人神的下属，而且在人神的攻击面前，简直就是不堪一击。

印度轮回说中，人神在天上，形象美好，道德高尚，寿命长久。对立的阿修罗，虽无动物器官，但相貌丑陋。甚至有数头、数手，体长身大，近乎魔神。地狱中的众生，就更加丑陋。至于饿鬼，就完全是魔神形象。这人神鬼之间往来循环的六道，如同人世间的四种姓。人神处于统治的地位，魔神则处于被统治的地位。这也是人神战胜魔神的一种形式。

古代巴比伦人也创造了最早的文明。在他们的神话故事中，最精彩的神祇战争发生在诸神之母提亚玛特和被众神推举为王的后辈马尔都克之间。在提亚玛特生育的诸神之中，不仅有人神，也有妖魔。据说她创造的妖魔有十一种动物的形象，但最主要的是龙蛇。她本人，则常常被描绘成毒龙的形状，而且有五个头。在战争中，马尔都克把恶风吹进提亚玛特的肚子，终于杀死了她。然后把她的尸体解剖，做成天地万物。从此以后，天地才结束了混沌状态。

在这个神话中，马尔都克是后辈，显然是产生在后。这也是神话的创造者对于人神产生在后的朦胧记忆。提亚玛特，则是兽神和魔神的首领和代表。提亚玛特的失败，就是兽神、魔神的失败。从此以后，巴比伦民族的神，也是人神的统治。

兽神和魔神的历史性失败，使它们再也无法恢复在神界的统治地位，而且到处被称为魔，成为和人类社会捣乱的恶者。在中国，还给它们以改恶从善的机会，那就是必须经过至少上千年的修炼，先变成人形，然后再设法取得神的资格。在西方世界，则连这一点机会也不给它们。

兽神、魔神的这种遭遇，就是历史性的被宣布，它们根本不是神。

二、子不语怪力乱神

“子不语怪力乱神”（《论语》），自古就有两种标点。一种是“子不语怪、力、乱、神”，一种是“子不语怪力、乱神”。不论哪一种标点，都包含着这样的意思，孔子不和别人谈论怪异（妖孽）、乱神（邪神）的事。原则上，都是把孔子当时所面对的神祇分为两类：正神和邪神、怪（妖孽）。据《左传》，这样的区分神祇，已经有了悠久的历史。

《左传·宣公三年》，楚庄王进攻陆浑，路过周地，周王派大夫王孙满劳军。楚庄王询问那象征着国家权力的鼎的轻重，遭到王孙满的严厉批评。王孙满同时也指出，大禹用各地进贡的金属，“铸鼎象物”，即鼎上铸出各种神物的图像，“使民知神奸”，以便民众能顺利进入山林，不要碰见“螭魅罔两”。这样，神祇，就被分为两个部分：神和奸。奸的代表者，就是螭魅罔两。据晋代杜预注：“螭，山神，兽形。魅，怪物。罔两，水神。”这里还把兽形的螭称为神，至于魅、罔两之类，应当更是兽形。和古希腊把兽神、魔神不再称神一样，中国古代，也在很早的时候，就把《山海经》中的那些兽神、魔神统称为“奸”。神中的“奸”，如同人间的强盗、贼人一样，就是妖、魔的意思。

据《国语·鲁语》，季桓子穿井，得到一个土缶。他告诉孔子说，土缶中发现一条狗。孔子回答说，不对。据我所知，应该是一只羊：

> 丘之所闻，羊也。丘闻之，木石之怪曰夔，蝄蜽。水之怪曰龙，罔象。土之怪曰羵羊。

据三国时代韦昭的注，木石之怪，就是山怪。夔，一只脚，南方人称为“山魈”。“人面猴身”，会说人话。蝄蜽，是“山精”，即山中的精灵。喜欢学人的声音来迷惑人。龙，韦昭注说是“神兽”，但在孔子的语言里，龙也是怪。很可能，中国人对龙的普遍崇拜，是孔子以后的事。罔象，韦昭说另一个名字是“沐肿”，吃人的野兽。就是说，这些奸、怪之类的东西，还是对人危害较大的东西，难怪大禹要鼎上铸象让人们来辨别它们。至于“羵羊”，韦昭说是“雌雄不成者”。总之，这是一些兽形的、居住于山林之中，危害人类的怪物。而怪，也就是妖，就是魔，只是名称不同而已。孔子不和人们谈论这些东西，但是孔子是当时最为博物的学者，他非常清楚地知道它们。正因为知道得清楚，所以不谈论。不谈论，是因为这些不值得谈论，因为它们是不常见的、害人的妖怪。

孔子前后，否认这些兽形的，甚至能够做人言的怪物，成为许多先进学者的风气。孔子批评当时鲁国执政的大夫臧文仲有三件愚蠢的事，其中两件都与兽神相关。一件是他“居蔡，山节藻棁”（《论语·公冶长》），即造了一个华丽的屋子给一只名字叫“蔡”的乌龟居住。据说这只乌龟有一尺二寸长，而且大，所以被臧文仲当做特别重要的神祇。另一件，是“祀爰居”（《左传·文公二年》），即让鲁国民众祭祀一只名叫“爰居”的大海鸟。据说这只海鸟抬起头高约八尺，形似凤凰。而据《庄子》记载，这是鲁国君主的命令。他为这只海鸟献上最隆重的“太牢”级的酒肉祭品，还奏起祭祀祖宗的最神圣的“九韶”乐舞。把这只鸟弄得头晕目眩，不想吃也不想喝，三天以后就死掉了。

当时祭祀海鸟，就受到鲁国贤明大夫展禽的批评。展禽说，圣王制定祭祀，即把什么对象尊奉为神，是有规则的。在人间，那些为国家、为民众建立了巨大功勋的人物，才可以被祭祀为神。这些人物，比如黄帝、尧、舜，文王、武王等等。自然界，社稷和山川，还有日月星等，都是对人有功有用的，才可以作为神祇。这只海鸟，不过是因为海上起了大风，逃避灾难到了我们鲁国，怎么可以当做神祇加以祭祀呢！

先是展禽，后是孔子的批评，再后是庄周的嘲笑，说明鲁国祭祀海鸟这件事，在春秋战国时期，是一件大事，也是一件影响深远的事。虽然把兽当神在中国古代始终没有断绝，但在春秋到战国这个时期，社会的先进思想已经对以兽类为神做了根本的否定。

据《庄子》记载，齐桓公打猎时碰见了鬼。问同行的国相管仲，管仲说没看见。桓公从此失魂落魄，有了心病。他问一个名叫皇子告敖的士人，有没有鬼？皇子告敖说，有的，并且具体描述了鬼的姓名和形象：

> 沈有履，灶有髻。户内之烦壤，雷霆处之。东北方之下者，倍阿鲑蠪跃之。西北方之下者，则泆阳处之。水有罔象，丘有峷，山有夔，野有彷徨，泽有委蛇。

公曰：请问委蛇之状何如？

皇子曰：委蛇其大如毂，其长如辕。紫衣而朱冠。其为物也，恶闻雷车之声，则捧其首而立。见之者，殆乎霸。

桓公辴然而笑曰：此寡人之所见者也。

郭象注说，履，神名。髻是灶神，"著赤衣，状如美女"。倍阿，也是神名。鲑蠪，"状如小儿，长一尺四寸，黑衣赤帻大冠，带剑持戟"。泆阳，"豹头马尾"。罔象，"状如小儿，赤黑色。赤爪大耳长臂"。峷，"状如狗，有角。文身，五采"。夔，"状如鼓而一足"。这些鬼或神，用我们的话说，都是兽神或魔神。在当时，有的已经被当做鬼，而且对他们的有无，已经产生了怀疑。虽然有些人仍然相信他们的存在，但显然，它们已经不是进入大雅之堂的鬼神，否则齐桓公也不会因为碰见它们而得病。

战国末年，楚国大夫屈原忠而获咎，被国王放逐的时候，在楚国的宗庙里看到类似《山海经》中的故事，发生了疑问。他问道，日月每天从汤谷行到蒙汜，有多少里？羿怎么射落了太阳？应龙怎样划出了江河？鲧怎么变成了黄熊？谁造成了女娲人身蛇尾的身体？这就是说，屈原和孔子一样，对于历代相传的这些兽神、魔神故事，已经产生了全面怀疑。

据《禹本纪》说，黄河的源头，是一座昆仑山，上面有醴泉，有瑶池。到汉代，张骞通西城，到了黄河源头，却根本没有见到什么有着醴泉、瑶池的昆仑山。因此，司马迁作为一个严谨的历史学家，他对该书和《山海经》中所记载的"怪物"，就不敢相信了：

《史记·大宛列传》太史公曰：《禹本纪》言河出昆仑，昆仑其高二千五百余里，日月所相避隐为光明也。其上有醴泉、瑶池。今自张骞使大夏之后也，穷河源，恶睹《本纪》所谓昆仑者乎？故言九州山川，《尚书》近之矣。至《禹本纪》《山海经》所有怪物，余不敢言之也。

所谓"不敢言"，就是完全的不相信。如果说孔子当时的"不语"，只是不再把这些怪物作为神祇。孔子以后，经过数百年的重新认识，司马迁则是根本不相信它们的存在。

《史记》问世以后，并不是所有人都赞成司马迁的意见。如不承认人死可以为鬼的王充，却相信《山海经》所载怪物的存在。并且认为，所说的鬼，应该就是这些怪物：

> 一曰鬼者，物也，与人无异。天地之间，有鬼之物，常在四边之外，时往来中国，与人杂，则凶恶之类也。故人病且死者乃见之。
>
> 天地生物也，有人如鸟兽。及其生凶物，亦有似人像鸟兽者。故凶祸之家，或见蜚尸，或见走凶，或见人形，三者皆鬼也。或谓之鬼，或谓之凶，或谓之魅，或谓之魑。皆生存实有，非虚无象类之也。……
>
> 《左氏春秋》曰："投之四裔，以御魑魅。"《山海经》曰："北方有鬼国。"说，魑者谓之龙，物也。而魅与龙相连，魅则龙之类矣。又言，国人，物之党也。《山海经》又曰，沧海之中有度朔之山，上有大桃木，其屈蟠三千里，其枝间，东北曰鬼门，万鬼所出入也。上有二神人，一曰神荼，一曰郁垒，主阅领万鬼。恶害之鬼，执以苇索而以食虎。（《论衡·订鬼》）

此外王充还相信有一种鬼。这种鬼是妖气所成："天地之间，妖怪非一。言有妖，声有妖，文有妖。或妖气象人之形，或人含气为妖。"（《论衡·订鬼》）由此可知，王充说的这种鬼，就是《山海经》中的兽神、魔神。而在王充时代，它们获得了新的名称："妖怪。"由此上溯，可知《庄子》所载、齐桓公所见之鬼，也就是妖怪。

王充以后，虽然不断有人为《山海经》中的兽神、魔神的存在和神格辩护，但是承认它们存在的，也多把它们和正神分开，认为它们是妖怪。否认它们存在的声音，则越来越强。所谓否认，一是不承认原型的兽有超自然的能力，比如体型特别长而大，爪牙是金属，有超越常兽很多很多倍的力气。二是不承认世界上存在由不同动物器官拼凑而成，或者由人和野兽的器官拼凑而成的妖魔。不承认它们的存在，当然也不承认它们的超自然能力。延至近代，宗教学家几乎一致认为，像古希腊神话中的兽神和魔神，完全是诗人们的虚构。

三、它们被宗教学家认为是虚构的

历史上，当人们注意到兽神和魔神的时候，也就引起了人们对它们的讨论。古希腊的色诺芬，可说是最早认为兽神和魔神都是人们虚构的思想家。他说：

> 不要歌颂泰坦诸神、巨人或半人半兽的怪物们的斗争，这些都是古代人的虚构。①

从那时开始，在西方世界，虚构说仍然是解释这类神祇何以出现于历史的主流说法。

色诺芬曾经说过，如果动物会造神，那么它们造出的神祇一定是动物的模样。但是，这些魔神，显然不是动物创造出来的，而是人类创造出来的。所以，他只能把这类神祇的出现归因于人类的虚构②。

继色诺芬之后，基督教神学家普遍认为，这些神话都不过是“对一个神圣启示的以讹传讹或误解的碎片而已”③。这个启示，神曾经给了整个人类。然而所谓“误解”，和虚构一样，都不承认历史上曾经存在过这样的神祇。

宗教学正式产生之后，学者们开始认真对待这些怪物，然而大多也是把它们当成原始民族或者人类早期的虚构和幻想。比如缪勒就认为，希腊人由于人种的关系，在艺术上总是独占鳌头的。“人们的主要娱乐就在于发明创造一种荒谬可笑的神话。这些神话涉及各位神祇和其他难以形容的生物——它们都属于人的血统。”由古希腊推广到其他民族，神话中的内容都是荒谬可笑的：“大多数古代神话，无论就其自身内在的，还是文字的意义而言，都是荒谬可笑的、非理性的，而且经常是和思维、宗教、道德的原则背道而驰的。”缪勒还指出，这些神话，在许多民族中都有类似的故事：“我们有必要指出，这些故事无论是在印度、波斯、希腊、意大利、斯拉夫的土地上，还是在条顿（日耳曼）的土地上，我们都可以找到，而且，它们无论在形式上，还是在特性上，都是一致的。”④ 那么，为什么这些古代民族都会一致地用这样的形式虚构这样的内容呢？

显然，在这里仅仅说神话是“虚构”，不是一种解释。

---

① 《克塞诺芬尼著作残》D1，载《古希腊罗马哲学》，北京：商务印书馆，1982 年，第 45 页。

② 著名宗教学家涂尔干曾经批评过这种“神祇拟人论”，认为最早的神祇并不是拟人的：“在澳洲，只有动物和植物才是最早的神圣存在。甚至在北美印第安人那里，最早作为膜拜对象的宇宙巨神，也往往是用动物的形式表现出来的。”他指出，在古希腊、罗马，诸神往往留有动物的痕迹。比如狄俄倪索斯经常以牛的形象出现，得墨忒耳长着马鬃。于是他得出结论：“所以说，人类倾向于将自己的形象强加给各种事物的说法是完全不符合事实的。……人类最先并没有把各种存在看成是如同自己的样子，他们起初反而相信自己具有某些与人迥然相异的生物的形象。”见：［法］涂尔干（杜尔凯姆 Emile Durkheim，1858—1917）《宗教生活的基本形式》（Les Formes Elementaires de la Vie Religieuse），上海：上海人民出版社，1999 年，第 83 页，然而他未能说明当时的人类为什么如此相信？神的形象问题也不是仅仅用“相信”二字可以解释得了的。

③ ［英］缪勒《比较神话学》，金泽译，上海：上海文艺出版社，1989 年，第 13 页。

④ 同上书，第 11 页。

缪勒给出了一种解释。他认为，这是一个神话时代。在神话时代，人类思维都有一个“不得不经过的短暂的精神紊乱时期”①。

那么，人们为什么会产生这种精神紊乱呢？缪勒归因于语言：

> 自从人们是语言思维以来，人们在说早、晚、春、冬时，不使这些概念带有个体性、主动性、性别及人格这些特性是不可能的。②

缪勒说，尽管在我们看来这种思维毫无意义，但在当时，人们只能把这些本来没有生命的东西看作是有能力的实在事物。于是就产生了神，其中有些是荒唐的怪物。

但是，人类是先有了关于无生命事物的人格性观念然后才有与他们有关的语言呢，还是先有了有关的语言才有关于无生命事物的人格性观念呢？缪勒认为是前者，而我们认为是后者。直到今天，我们仍然在使用许多带有人格性的概念去描述那些无生命的事物，但是却完全没有关于它们人格化的观念。“树叶落了”“沙子迷住眼了”，都是带有主动性的、人格化的语言，但是谁也没有把树叶、沙子作为人格化的存在。不仅我们现代人没有，原始人那里也没有发现把枯草败叶之类的东西人格化的，尽管对它们也往往使用着主动性的、人格化的语言。语言，在这里不是绝对的，也不是重要的因素。要寻找人类为什么要创造神话，特别是创造出那些怪物魔神，还需要更深入的思考。

缪勒有时也清楚，虚构说并没有回答应该回答的问题。他在谈论巴比伦神话时说：

> 巴比伦人的想象力在创造动物方面极为夸张。据说那些生物的形象可以在贝勒神庙见到。对那些生物的描述与现在可在大英博物馆中见到的诸神的和英雄的形象十分吻合。由此可见，有关创造那些怪物的巴比伦故事，很可能起源于对巴比伦神庙中古代偶像的冥想。但这还不能说明那些怪物最初是怎样出现的。③

---

① ［英］缪勒《比较神话学》，金泽译，上海：上海文艺出版社，1989年，第11页。
② 同上书，第60页。
③ ［英］缪勒《宗教学导论》，陈观胜、李培茱译，上海：上海人民出版社，2010年，第28页。

然而，缪勒未能给予我们以合理的说明。

苏联学者托卡列夫认为，这些怪物仅仅是当时人类为了给神祇和英雄们设置一个对手：

> （墨杜萨等怪物）与宗教崇拜并无任何关联。它们之编织入神话“布帛”，大多无非是作为神祇和英雄的对手罢了。①

克雷维列夫则把动物形象以及半人半兽神的出现归结为人的“类人情欲观”，以便把人的思想感情转嫁于神②。

然而问题仍然没有解决：当时的人类为什么普遍地会把这样的东西作为英雄、神祇的对手？而类人情欲观又是如何产生的？因为神话是在所谓“神话时期”发生的。因此，类人情欲观并不是人固有并且不变的本性。这仍然是一种虚构说。

如果说虚构的话，则任何神祇都是虚构。问题在于人们为什么如此虚构而不如彼虚构？

仅仅把古代几乎各个民族都曾经存在过的兽神、魔神称为怪物，并认为它们是虚构，并不是一种科学的解释和说明。不过这种由来已久的虚构说倒说明一个问题：那就是，这些早期的兽神和魔神，早已被人类的思想发展所否认，认为它们不是神祇，甚至根本没有存在过。

说它们没有存在过，的确是历史事实。历史上，绝没有什么看守金羊毛的巨龙，开眼就是白天、闭眼就是黑夜的烛龙；也没有什么蛇发女美杜莎，生育了众神的提亚玛特。但是，它们在古人的观念中，曾经被认为是确实存在过，而且是神。不过，还没有等到，或者说，不需要今天的无神论者去说明它们的不存在。在历史的长河中，人类社会的主流意识，首先不再把它们当成神，而把它们当成危害人类的妖魔怪物，继而就否认它们曾经被当成神加以崇拜，甚至完全否认它们的存在。

也就是说，兽神、魔神是不存在的。这个结论，不必由今天的无神论者来做

---

① ［苏］谢·亚·托卡列夫《世界各民族历史上的宗教》，魏庆征译，北京：中国社会科学出版社，1985年，第458页。

② ［苏］克雷维列夫（Иосиф Аронович Крывелев）等《宗教史》（История Религий），王先睿等译，北京：中国社会科学出版社，1984年，第69页。

出。历史上的无神论者和有神论者，都已经做出了这个结论。那么，这个并不存在的、虚构的对象，为什么曾经被当成真实存在的神呢？这是需要我们解释的问题。

四、兽神和魔神的产生

兽神、魔神是不存在的。一切神祇，从兽神、魔神到人神，到精灵神到超精灵神，都是不存在的，都是虚构出来的。然而宗教学的任务，就在于要说明，或者说要解释明白，这些并不存在的神祇，为什么曾经被人们当成真实的存在并且加以崇拜？

人类为什么会造出一系列神祇？从古以来就有许多假说。其中最为流行的一种，就是"恐惧生神说"，即认为人类是由于恐惧，才创造了神祇。比如地震山崩，电闪雷鸣，都足以引起人们的恐惧，于是人们认为，能弄出这个东西的，一定是高于他们的神祇。然而，第一，恐惧情绪不是生来就有的，它需要培养。"初生之犊不怕虎"，不是胆大，而是无知。在初生婴儿的眼里，只有好奇，也没有恐惧。第二，并不是所有的神祇都令人恐惧。于是又有所谓"感恩生神说"，认为人们把某些对象作为神祇加以祭祀，是为了感谢他们给人类带来了利益。这样的情况确实是存在的，但不是所有的神祇都是对人有益的，也是事实。和"恐惧生神说"相伴的，是"苦难生神说"。人类由于生活苦难，希望得到帮助，于是造出了神。然而"苦难"是个相对的概念，在某些人看来是苦难的，另一部分人未必认为是苦难。苦难而不以为苦，也就谈不上苦难生神。还有，苦难几乎是共同的，但产生的神祇却各不相同。如何创造出各种各样的神祇，不是苦难能够解释的。

关于神祇如何被创造出来的说法还有很多，都各自反映了神祇产生的一部分原因，但是几乎都未能说明神祇产生的全部原因或者根本原因。

考察与神祇观念相关的语言，经常能够碰到的，是"崇拜"这个词汇。图腾崇拜、偶像崇拜、太阳崇拜、英雄崇拜等等。被人类崇拜的对象，就是神祇。有了神祇，就有崇拜。然而却不是先有神祇而后才有崇拜，而是先有对某些对象的崇拜，然后才把这个对象作为神祇。而崇拜这个动词自觉和不自觉透露出来的信息，就在述说着人类创造神祇的真正原因，那就是"崇拜"。

"恐惧生神说"中那能够引起恐惧的东西，一定是比人强大而值得崇拜的东西。"苦难生神说"，不过是说出了人类摆脱苦难处境的希望。然而希望摆脱苦难，必须得有比自己能力更加强大的对象，才有可能帮助自己。“感恩生神说”产生的神祇，也一定具有比自己强大的能力，否则给自己带来的那点益处也不值得崇拜。枯草败叶也对人类有益，至少在古代那是人类社会所需要的能量的一项来源，但世界上从未有人把枯草败叶当做神祇加以崇拜。

考察从古以来所有的神祇，我们曾经得出结论说，神祇们共同的、也是本质的特征，就是都具有超自然能力，即超出自身自然能力的能力。而人类所需要的，也就是所崇拜的，就是对象的超自然能力。这种超自然能力不仅超出对象本身的自然能力，也超出人类本身所具有的自然能力。没有这种能力，就不能引起人类的崇拜。在这里，恐惧、希望摆脱苦难、感谢某些对象的恩惠，可以作为人类创造神祇的内在动力。而幻想对象有超自然的能力，则是把该对象崇拜为神的外部原因。幻想对象有超自然的能力，是对对象本身的无知，但也不是完全的无知。对之完全无知的事物，无法作为幻想的基础。因此，对于对象处于知其一不知其二，知其偏不知其全的状态，是把对象幻想为具有超自然能力神祇的一般状态。这样，外部认识上处于一知半解的原因，加上内在心理上摆脱苦难、克服恐惧、感谢恩德等等原因，就需要造出一个对象来满足这种需求。那么，到底选择什么样的对象呢？这与人类的生存条件密切相关。

有一则神话故事说，神祇当初创造世界的时候，把爪牙给了猛兽，把翅膀给了飞鸟，把游泳的本领给了鱼儿，到创造人类的时候，什么也没有了。这样一则故事，曲折地说明了人类为什么首先把兽神当成神祇，创造出兽神。

人类脱离动物界以后，在他们生活的范围内，和他们一样有活力、能运动、最值得崇拜的事物，就是动物，特别是动物中的禽兽类。考察各个民族崇拜的兽神，都是当地的动物。他们对这些动物的生活习性，有一定了解，但不是完全了解。这些动物具有他们所不具备的优点，则也是他们能够掌握的事实。这些优点是什么？在不完全了解，也无法完全了解的情况下，用想象来填补这未知的空间，是人类经过长期进化所具备的特别能力。在依靠幻想来说出他们所不了解，而且也无法了解的动物的能力的情况下，夸大这些动物的能力，是常有的事情。迄今为止，生活中还常常有这样的情况，发现者讲述他发现的新鲜事物，会自觉不自觉地加以夸大；而听众中，也总会有一些人，希望这种夸大为真实因而相信讲述者的讲述。当某种夸大适应了大多数人的期望的时候，这种创造就会变成想象中的真实，于是，一个具有超自然能力的神祇就被创造出来。

兽神中有些能力，往往是一种错误认识的后果。比如某种动物出现会引起水旱灾害，引起战争或者疾病等等，往往是一种偶然的巧合关系，被当成了必然的因果联系。汉代王充批评天人感应说，一个重要观点就是，天人感应往往是把巧合当成因果关系。而这种将巧合做因果的思维方式，迄今为止，仍然是不少人相信超自然能力，相信神祇的基本思维方式。

把兽神当成神祇创造出来，可能还有很多心理上和认识上的原因，但是最初人类是把动物，特别是动物中的鸟兽作为创造神祇的素材，则是历史事实。

在神祇起源问题上，宗教学界还有其他一些说法，比如认为最初人们是把太阳或者月亮、星辰作为崇拜的对象，对太阳或者月亮、星辰的崇拜是其他神祇产生的基础。这种理论，称为太阳神话说、月亮神话说或者星辰神话说。然而历史的事实是，无论是太阳还是月亮、星辰，在各个民族的神话中，都首先是被当成鸟兽或者是神的儿孙。中国古代是如此，古希腊也是如此。所以人类最初崇拜太阳，实际上还是崇拜鸟兽。而在古希腊神话中，天上星座的形成，也是某位兽神或者人神的化身。

与此类似的还有植物。许多植物也曾被原始人类当成神祇。然而和日月星辰的情形一样，这些被当成神祇的植物，首先被“动物”化了。先认为它们具有某些动物的功能，后来甚至认为它们具有人类的某些功能。因此，所谓对植物的崇拜，其实质，也是对动物的崇拜。

人们崇拜这些兽神，起初当如大禹铸鼎象物，为的是让人们辨别神奸，以便使“民入川泽山林，不逢不若”（《左传·宣公三年》）。使那些魑魅魍魉，危害不到他们。后来可能也有希望这些神祇帮助自己狩猎或者采集成功，甚至丰收。当时的人类社会，没有很复杂的结构，也没有很复杂的社会问题。人类对于神祇的要求，也简单而具体。不过直到今天，信仰神祇，无非还是两条要求：一是希望神祇降福；二是希望神祇不要降祸。虽然祸福的内容有天壤之别，但是祈求免祸得福的事神原则，则没有改变。

崇拜一经开始，人类特有的想象能力就发挥作用。这中间，有无意的夸张，也有故意的夸大。这也是人类在儿童时期常见的比高低的心理。大人们也比高低，不过是用了更加隐晦、更加复杂的方式罢了。儿童则比较直接，也比较简单罢了。你说蛇长一丈，我就会说十丈、百丈。你说狮虎的爪牙锋利，我就会说因为它是金属的。再后来，就是把老虎安上翅膀，让蛇类有九个脑袋。如此等等。

考察古代那些奇形怪状的魔神，一个重要特点是：它们那些多出的器官，或者用以拼凑的零件，都是该鸟兽最为有用的，或者最引人注意的器官。有九头鸟和九头蛇或者头更多的龙蛇，但没有九头的狐狸，虽然狐狸的聪明与头部相关。同样，狐狸被塑造为九条尾巴，但没有发现有九尾的神蛇。当然，例外的情形总会有的，但魔神的器官都是动物最有用或者最显眼的，原则上不会有错。原始兽神、魔神以后产生的妖怪，之所以保留兽的器官，不过是为了说明身份，与原初兽神的创作原则不可同日而语。

魔神由于具备不同动物最有用的器官，超自然能力也大大增强，所以逐渐取代了单纯兽神的地位。在各古代民族的神话中，与人神对立的主角，都是魔神。关于兽神的情况，一半只能依靠极少的，因而极可宝贵的文献记载。比如中国的《山海经》，古希腊希罗多德的《历史》；另一半只能靠出土或者残存的兽神资料以及现代学者辛苦的研究。第三就是根据这些文献所作的逻辑推论，就像摩尔根根据印第安人当时还存在的称呼去推测他们，包括所有人类的原始婚姻状况一样。依据这三方面的资料和研究成果，我们得出结论，在人类创造出魔神之前，人类首先创造的神祇，是单纯的兽神。而在神话时代，兽神已经被魔神所取代，成了历史。虽然有些兽迄今仍然被某些人群当做神祇，但作为一个时代，兽被当做神祇崇拜永远成了历史。

后来，魔神的身体结构，开始出现了人的器官。这没有别的解释，只能说明，当时的人类已经逐渐认识到，真正强而有力的，是人类自身。当然，这也不单是认识问题，也说明，把人的器官加于魔神的时代，人类所具有的能力，确实有了很大提高，特别是人类智慧的发展。而半人半兽形魔神的特点，或者说更强的超自然能力，也往往是在智慧方面。而当魔神身上人类器官的成分逐渐增大的时候，或者是越来越多的魔神被安上人类器官的时候，魔神的时代也将结束了。代之而起的，是人神的时代。所谓人神的时代，就是把一个活人尊崇为神的时代。而当人神取代魔神的时代来临的时候，以前的兽神、魔神先被逐出神祇的殿堂，然后就被宣布，这样的神根本就不存在，纯粹是那些讲述者的虚构。也就是说，兽神和魔神以及它们的超自然能力，都是不存在的。

如果说，历史上，根本就没有一个人类崇拜兽神、魔神的时代，只是讲述者虚构出来的，当然是不正确的，因为不是历史事实。但是如果说兽神和魔神本身是当时的人们虚构出来的，讲述者只是描述了曾经存在的史实，但兽神和魔神本身并不存在，兽神也没有人们所说的超自然的存在和超自然的能力，魔神则根本不存在，则是非常正确的结论。也就是说，这一类神祇，兽神和魔神，已经被历史宣布为不存在。那么，人神的命运又如何呢？

第二节　人神不存在的历史证明

一、人神的普遍性

人神在历史上曾经普遍存在过，不仅是我们所说的《山海经》中的帝，还有奥林匹斯山上的诸神，印度宗教的三大主神。其丰富的人神资料，首先当推弗雷泽的《金枝》一书。除了我们在第一章第四节指出的内容以外，弗雷泽还披露了许多有关人神的资料。

据《金枝》第二章《祭司兼国王》，在古希腊和古意大利，把王位称号和祭司职务合在一起，是非常普遍的。许多古希腊城邦，都有名义上的王，他们的职务，似乎只是主持祭祀。并且一个国家内，甚至有好几个这样的名义上的王。根据传说，古罗马在废除君主政权以后，指定了一个祭祀王，由他来负责过去由国王所主持的祭祀。

在小亚细亚，大祭司就像中世纪的罗马教皇，同时掌握着世俗政权和神权。条顿民族在他们尚未接受基督教的时代，国王的权力也如同祭司长。中国的皇帝，主持祭祀的职能是由儒经规定的。在马达加斯加，在东非盖拉人那里，在中美洲，都有类似的情况。

《金枝》继续指出，国王不仅被当做祭司，而且还被当做神祇。国王被当做神祇，也不是一个空洞的言辞，而是一种坚定的信仰。人们相信，国王能够降福给他的人民，而这里的所谓“降福”，乃是那种人力所不及，只能向神祇祈求才能得来的福祉。国王们还经常被期望能够赐予国家风调雨顺、五谷丰登。

《金枝》第六章《巫师兼国王》中，弗雷泽指出，巫师们常常发展为酋长或国王。在非洲，国王就常常由巫师，特别是祈雨的巫师发展而来。但是这样的情况对于巫师并不仅仅是一种荣幸。当气候干旱或者发生重大自然灾害的时候，人们也往往会归咎于他的失职，并且加以惩罚。假如祈雨失败，巫师就可能会被流放或被处死。在东非的津巴人，不崇拜任何神祇和偶像，但崇拜他们的国王。国王也自称为神：“如果老天爷不按他的意思下雨，或天气闷热，他便以箭射天，惩治老天违反了他的意志。”①

在古埃及，历代的国王在世时就被尊崇为神。人们向国王敬献祭品，并有专门的祭司在供奉着国王神位的寺庙里主持祭祀和礼拜，而对国王礼拜的隆重使得对神祇的礼拜往往相形见绌。

古代巴比伦王国的国王，从萨岗一世时期直到乌尔第四王朝或更晚些时候，在世之日都自称为神。

弗雷泽得出结论，认为这是原始时代的普遍现象：

> 据我们对原始社会国王在宗教中地位的研究，我们可以推想，古代老大帝国如埃及、墨西哥、秘鲁等国的君主都声称自己具有神或超自然的权力。这一事实并非简单地虚荣或卑躬谀谄的结果，而纯粹是上古原始人神化其帝王那种做法的遗痕和延续。②

弗氏还指出，大凡被认为是神的化身的人，并不总是国王或国王的后裔，甚至从微贱阶层出身的人也可以被认为是神的化身。

在古埃及，在古印度，人神的大量存在，都是确凿的历史事实。

在古希腊，哲学家恩佩多克勒自称不仅是男巫，而且是神。关于恩佩多克勒自称为神的事，罗素《西方哲学史》第六章《恩培多克勒》也说道：

> 哲学家、预言者、科学家和江湖术士的混合体，在恩培多克勒的身上得到了异常完备的表现……他是西西里南岸的阿克拉加斯的公民，是一位民主派的政治家，同时他又自命为神。……
>
> 关于恩培多克勒的传说非常之多。人们认为他曾经行过神迹或是类似的事情，有时候是用魔术，有时候是用他的科学知识。据说他能够控制风；他曾使一个似乎已经死了三十日之久的女人复活；据说最后他是跳进爱特拿的火山口而死的，为的要证明自己是神。……
>
> 有一次，他很铺张扬厉地把自己说成是个神：
>
> 朋友们……我在你们中间漫游，我是一位不朽的神明而非凡人……无数

---

① [英] 詹·乔·弗雷泽（J. G. Frazer）《金枝》（The Golden Bough），刘魁立译，北京：大众文艺出版社，1998 年，第 148 页。

② 同上书，第 157 页。

的人群追随着我，问我什么是求福之道；有些人想求神谕，又有些人在许多漫长而愁苦的日子里遭受各种疾病的痛苦和摧折，祈求能从我这里听到医病的话。……但是我为什么要把超过必死的、必朽的凡人当作好像是一件了不起的事情而喋喋不休呢？[①]

恩培多克勒自称为神，并且能够得到社会的认可，说明把活人当做神，对当时的人们来说，不是一件奇怪的，而是一件平常的事。

在英国，类似的事情一直保留到17世纪：

对于我们英国国王们经久不衰的迷信之最后的遗迹，可能就是认为他们的接触可以治疗腺病，故而这种疾病又被称为“国王的病魔”（即瘰疬）。伊丽莎白女王常常进行这种治疗作为对人们的馈赠。1633年的施洗约翰节那天，查理一世在荷利路德的皇家小教堂里一举就治疗了一百名患者。[②]

17世纪以后，这样的事情仍然在继续。

弗雷泽总结说，原始人之所以把活人当做神，是因为在原始人看来，这些人具有超自然的力量：

（在原始人看来）人—神，或神—人，只不过是较高程度的同一超自然力量而已。他们完全相信自己也具有这样的力量。[③]

这是个非常重要的判断，虽然弗雷泽本人未必把它作为重要判断。这个判断指出，所谓神，就是被认为具有超自然力量的存在。而弗雷泽虽然作出了这个判断，但他本人似乎仍然坚持，神，乃是精神性的存在。因为他在叙述人神问题时，经常使用“神的化身”一词。似乎那些被称为人神的人，是作为精灵的神的物化、外化，而不是作为神祇发展历史上的一个独立的阶段。

关于古代国王或者巫师被尊为神的情况，许多著作中都曾提到。在西方，其

---

① ［英］罗素（Bertrand Russell）《西方哲学史》（History of Western Philosophy）（上卷），何兆武译，北京：商务印书馆，1988年，第83—87页。

② ［英］詹·乔·弗雷泽（J. G. Frazer）《金枝》（The Golden Bough），刘魁立译，北京：大众文艺出版社，1998年，第137页。

③ 同上书，第140页。

代表人物是恺撒。恩格斯《布鲁诺·鲍威尔和早期基督教》一文指出，恺撒的继任者屋大维，“他不仅要求对恺撒和自己敬奉如神，而且还要求宣扬，他奥古斯都·恺撒神人（Divus）不是他父亲这个凡人的儿子，而是他母亲从阿波罗神那里受孕生下来的。”①

恺撒在世时，也已经被尊为神明。每当他取得重大胜利的时候，人们敬奉他就如同神祇。所有的神庙和公共场所，都有为他树立的雕像。“许多神庙被宣布贡献给他，好像贡献给神一样。有一个神庙是贡献给他和仁慈女神的；仁慈女神的像被塑成拍手的样子。”② 恺撒死后，人们要把他的尸体安葬在朱比特神庙中，祭司们不允许，于是人们就为他单独建了一个庙。屋大维死后，也继续被尊为罗马国家的保护神，直到罗马皇帝宣布基督教为国教。

二、历史上对人神的否定

历史上否定人神存在的材料，还是先从古希腊谈起。

在古希腊，苏格拉底是一位被视作圣人的思想家。和中国古代的孔子一样，当时历尽磨难，后来受到广泛的尊敬。和孔子不一样的是，孔子寿终正寝，死时还受到君主的高度崇拜；苏格拉底则被古希腊的民主制度判令有罪而被处死。

指控苏格拉底的主要人物是美勒托（或译美利图斯），指控的罪名是，苏格拉底教唆青年不信仰当时国家认可的诸神，即宙斯、阿波罗神等，却要他们相信另外一种神。这种神，是“精神介质”，而不是国家认可的“精灵”和“半神人”。半神人，就是一半是神一半是人，即我们所说的人神。至于“精灵”，和“精神介质”相对，依照其他文献所记载的苏格拉底的思想，乃是神与人的中介。未必有如人那样的肉体，但也不是完全无形的精神存在，所以称为精神介质。如果说苏格拉底所主张的精灵的出现，是否定“半神人”的开始，那么，法庭上又指控苏格拉底教唆青年信仰精神介质，显然是对古希腊原有诸神的根本否定。

苏格拉底的辩护没有否认自己相信精神性的存在物，他只是说，如果自己相信精神的存在物，就一定会相信半神和精灵的存在。相信精神性的存在物是否就一定会相信半神人和精灵？我们不去讨论。我们要确定的是，苏格拉底确实相信

① 《马克思恩格斯全集》第25卷，北京：人民出版社，2001年第2版，第551页。
② ［古罗马］阿庇安《罗马史》，谢德风译，北京：商务印书馆，1995年，第190页。

精神性存在的神。从这个意义上说，美勒托的指控是正确的。而这个指控的性质，则是新的神祇观念和旧的神祇观念的斗争。在维护旧的神祇观念的美勒托看来，苏格拉底是一个无神论者。而在苏格拉底看来，他只是相信了一种新的神祇，而不是无神论者。苏格拉底还极力辩护，他终生从事哲学而不退缩，就是为了实行一条与他相关的神谕。

苏格拉底被判死刑，他未能把自己的神祇观念贯彻下去。但苏格拉底的被控和慷慨赴死，则是对旧的神祇观念的第一次重大冲击。

古希腊的神祇后来传到古罗马，和古罗马原有的神祇相结合，形成了古罗马的神祇。古罗马许多的神祇名字和古希腊不同，但这些神祇都是半神半人性质，也就是说，都被认为是具有人的肉体。而这样的神祇，首先遭到了基督教的否定，认为它们是魔鬼，根本不是神祇。

世界上所有崇拜人神的民族，几乎都给人神，甚至包括以前的某些兽神、魔神造有身像。造像的形式各种各样，有画像，也有塑像或雕像。所谓“图腾”，就是早期人类所造的神像。这些造像表明，被崇拜的神祇，在人们的观念中，不仅是有形象的，而且是物质的肉身。在基督教的《旧约》中，这些造像被统称为“偶像”，而反对偶像崇拜，是基督教的重要教义。基督教所到之处，只要条件允许，他们都会破坏、摧毁这些偶像，以贯彻他们神祇的意志。古希腊、古罗马的许多雕像，就是被基督教徒在这样的思想指导下毁掉的。后来，随着资本主义的殖民运动，基督教获得了更加广泛的传播，所到之处，原来的神祇造像，都被尽可能地加以清除。许多民族的人神崇拜，包括以前的兽神、魔神崇拜，被基督教扫荡得比较彻底。

类似基督教做法的，就是伊斯兰教。他们反对偶像崇拜更加彻底。直到不久以前，阿富汗塔利班政权还用现代的火炮摧毁了境内的巴米扬大佛像。而这尊佛陀雕像之所以能够存在到晚近，就是因为它太庞大，以往的武器和工具较难摧毁的缘故。

随着这些偶像的被破坏，以往的人神观念，也逐渐淡化、直到被遗忘。

人神在印度、中国等地被否定，是一个较为和平的过程。其中最重要的方式，是对神祇的重新解释。

就在苏格拉底被控不信当时希腊国家神祇的时候，印度较晚的吠陀经典奥义书中，诸神从最初的物质肉体开始被描写为仅仅是个影子。例如风神伐育，被描述为：“其声可闻，而其形永不可见。”[①] 而梵天，则被理解为“世界灵魂”。公元前后形成的《摩奴法论》，则说出了“神我”就是所有的天神，万物都依存于神我的观念。在这里，印度宗教从来不谈论的灵魂问题，日益成为人们关注的对象。这是把天神，也包括一切神祇从人神转向精灵神所做的思想准备。

从印度宗教的土壤中产生的佛教，否定人神的关节点，是对佛陀涅槃即死亡的讨论。金刚不坏之身不存在了，但对佛陀的崇拜则一如既往。崇拜的对象，必须另作解释。然而新的解释被信仰者接受，则经过了数百上千年的时间。而随着佛陀的精灵化，原来轮回链条中的天神和地狱中的众生等，也都随之成为精灵化的存在。在中国人的心目中，地狱、天堂，从一开始就是人死后灵魂的归宿场所。

佛教神祇否定人神，使神祇精灵化，主要是在中国境内完成的。佛教否定人神的过程，也是中国宗教否定人神的过程。

中国宗教所信的上帝，直到汉代，还被说成是成仙上天的人，而汉武帝及其臣子们甚至深信不疑，这是汉武帝倾全国的财力、人力去求仙药的基本动力。不过就在同时，神祇精灵化的过程也在进行。为了使天上的最高神和人间的君主分开，汉代儒者首先给当时国家所祭祀的五位上帝各起了一套新的名称。其中一套是：东方青帝灵威仰，南方赤帝赤熛怒，西方白帝白招矩，北方黑帝汁（或作叶，读 xié ）光纪，中央黄帝含枢纽。这套名称首先被晋代政权采用，作为天上五位上帝的名称。由于从汉武帝时期开始，五帝，即黄帝等五位古代君主，虽然仍然称为上帝，已经降为最高神太一的辅佐，晋代又将最高神依据《周礼》定名为“昊天上帝”，黄帝等五帝的地位就进一步降低了。到了唐朝，进一步明确，灵威仰等五帝，是东西南北中五位“天帝”，黄帝、青帝等五帝，是“人帝”，因而不得和天帝并列。所谓“人帝”，也就是普通的人间君主，死后可以享受相应规格的祭祀，但不是上帝，从而彻底否定了以前的人神上帝。

就在人神上帝被否定的过程中，其他人神也不断遭到否定的命运。其中具有代表性的，是社稷神。

依照儒经，社神是共工氏的儿子勾龙，稷神是周人的祖先弃。然而东汉末年，郑玄注经，认为勾龙和弃，仅仅是社神和稷神的配食者，而不是社神、稷神

---

① ［英］麦克唐纳（A. A. Macdonnell）《印度文化史》（Indias Past），龙章译，北京：中华书局，1948年，第 21 页。

本身。为此，儒者们进行了往复的争论，而以邓义和仲长统的意见为典型代表。邓义坚持认为，社神、稷神乃是勾龙和弃，是所谓有功于国家人民的古代贤圣。但仲长统坚持认为，社神和稷神，就是大地和谷物本身，勾龙和弃仅是社神和谷神的配食者，即陪同神祇享受祭祀的人。争论的结果，仲长统的意见获得了大多数儒者的支持。从此以后，社稷神就成为土和谷的精灵。继上帝摆脱人间君主之后，社稷神也摆脱了古代贤臣的影子。人神，就在这样的解释中，被逐步消解和否定。

三、人神的死亡

古希腊奥林匹斯山诸神被认为是没有死亡的，但印度教的诸天是有死亡的。中国《山海经》中的诸帝，经文中已经记载了他们的死亡，但直到汉代，还有人认为他们是不死亡的，至少是其中的黄帝，被认为没有死亡，而是成仙到了天上。那修成佛道的悉达多太子本来被认为有金刚不坏之身，后来也要涅槃了。至于埃及的法老，弗雷泽所列举的古代的国王和巫师，要想掩盖住他们死亡的真相，是件很难的事情。那些被认为不会死亡的诸神，因为看不见而逐渐否定他们的真实存在。这些被尊为神的人的死亡，也是人神被否定、被精灵神取代的重要因素。

死亡作为否定人神的重要因素，在基督教中也有所体现。耶稣复活后从天上下来。他让一个信徒摸摸他的肋骨，证明他确实是复活了。这个情节说明，《新约》的作者相信，耶稣仍然是肉身的神。

由耶稣这个圣子，自然会想到那个圣父。圣子既是肉身，那么，圣父呢？圣父不是纯粹的灵，否则他就和圣灵没有区别。如同柏拉图所说，对于无法见到的神，只能把他们想象为兼具肉体和灵魂的存在。说到圣父，自然更是如此。因为《旧约》中讲到，圣父在最后审判的日子，会让墓中的枯骨都重新长出筋肉。这就是说，接受审判的一定得是活人，那么，圣父是什么呢？从种种迹象可以推出，《旧约》中的这个所谓圣父，应当是个肉身的人神。而且在以后的神学争论中，只有奥利金认为，这个圣父是单纯的精神体。更多的人则认为，圣父，即God，也是个肉身的存在。

由耶稣这个圣子的死亡，很容易联想到圣父。圣子死亡了，那么圣父是否仍然活着呢？在关于耶稣是神非神的争论中，一些神父坚持，耶稣不应该是神。或者说，耶稣死后，存在的只能是灵魂。由此联想到那个圣父，也就更不可能仍然以肉身方式存在，而只能是单纯的精神体。

如果耶稣没有死亡，而且确实能实现他做以色列国王的梦想，如同洪秀全那样，在地上建立起他的天国，并且一直存在下去，也就不会引起耶稣是神非神的讨论，也不会有此后的三位一体说以及最后的单纯精神体。但是耶稣死亡了，这是大家都看到的事实。尽管灵魂观念在许多民族中早就被广泛接受，但这只是对普通人讲的，而不是对耶稣这样的神人。尽管耶稣的死亡是大家都看到的，就像佛陀的死亡是大家都看到的一样。但就人们信仰的心理和期望说，他们宁可相信，神的死亡也不是一般的死亡。所以也有不少佛经把佛陀的涅槃说成是佛陀为了教化世人而故意显示的假象，而实际上佛陀并没有涅槃。然而这样的谎言毕竟不能长存，所以佛教最后还是广泛接受了佛已涅槃和佛身即是法身的说法。在基督教世界，耶稣死亡数百年之后，教义也终于承认了耶稣肉身的不复存在，三位一体也好，几位一体也好，人们逐渐完全相信，存在的，仅仅是单纯的精神体。

那些不能像佛陀、耶稣这样广有影响的国王巫师，他们的死亡更是难以隐藏。法老可以把尸体制成木乃伊，并且在坟墓的铭文中写上，他并没有死，他将回到他的天神父亲那里去。为了他的回归，所有的神祇都必须尽其所能为他回归天上铺路。他的木乃伊，就是为他的复活而做的先期准备。假如这木乃伊真的能够复活，那么，法老作为人神的存在就无可怀疑。假如一代一代木乃伊无法复活，人们早晚要提出类似阿含经中外道向阿难所提出的问题：法老死后是有是无。如果是有，那么，这“有”是什么？对于这个问题的讨论，迟早会使人们得出结论，法老死后能够留下的，只有他的灵魂。那肉身的人神，必然要遭到否定。

然而埃及的法老未能等到由他们自己来否定自己的一天，就不断地遭受亡国之痛。当它的最后一位女王自杀，埃及归并于罗马之后，就不得不接受了罗马的宗教。而灭亡埃及的，正是那位被罗马帝国尊为保护神的屋大维，奥古斯都。恺撒、奥古斯都被作为神尊崇了数百年。罗马帝国的祭司们尚未彻底弄清他们的神性，帝国的宗教就被基督教取代了。如果认真讨论，罗马人迟早也会明白，他们所尊崇的恺撒、奥古斯都，不过都只是灵魂而已。

埃及人和罗马人未及弄清的问题，中国人自己弄清楚了。

《山海经》中的人神被称为“帝”，现存夏、商两代的文献中，国王也被称为帝。商代国王称帝的事实，因甲骨文的出土得到了证实。可以相信，夏代，甚至更早的尧、舜时代，甚至再早的所谓三皇五帝时代，那时的国王，或者更准确地说是君主，自称或被称为帝，当是一个历史事实。《山海经》并没有掩盖这些帝已经死亡的事实。现存的《尚书·盘庚》，称自己的祖先是“先神后”，即已经去世成神的君主。而《汤诰》则称最高神为“上天神后”，即已经升到天上成神的君主。无论上天的神后是谁，和盘庚的先神后一样，都没有企图掩盖这些君主已经死亡的事实。很可能，正是从这时开始，中国古代就开始了神祇精灵化的进程。但是直到汉代，汉武帝及其臣子们还都相信方士的话，认为黄帝，很可能也包括其他几位上帝，都是肉体成仙上天的人。这也像古埃及人对待法老，古罗马人对待恺撒和奥古斯都，像佛教僧尼对待已经涅槃的释迦牟尼，早期的基督教徒对待耶稣，虽然明知他们已经死亡，但崇拜的心理，使他们期望，甚至真的相信，法老、恺撒和奥古斯都，佛祖，还有耶稣，都没有死亡，都还是肉身的存在。

中国古人，也有这样的心理，并且表现在对于经典的注释中。

和商代人一样，甚至更进一步，周朝人明确认为，自己那些功勋卓著的先祖，特别是周文王，是已经到了天上。他们歌颂道：

> 文王在上，於（wū）昭于天。……文王陟降，在帝左右。（《诗经·大雅·文王》）

据说是孔子弟子子夏经过荀况传承下来，由大小毛公写成的传注道：“於（音乌），叹辞；昭，见也。”“於昭于天”，就是在天上放射着光明。“陟降”，是说文王“升接天，下接人”。能够接人的，可以是人。能够“接天”的，就可能是神，甚至是所谓半神。而所谓半神，就是一半是人、一半是神的神人。然而这里接人、接天的文王处于什么状态？则讲得含含糊糊。“在帝左右”，应该是像耶稣死后坐在上帝旁边一样，但毛诗并没有这样明确的说明。

涉及鬼神或者人死以后的状况，在今天的人们看来，古人往往讲得含含糊糊。谈到死者的时候，仅仅指明是哪位死者，就算交代明白，并不区分是死者的身体，还是死者的灵魂。在柏拉图时代，谈到宙斯，人们一般会想象那是一个兼具肉体和灵魂的存在物；在现代，如果仅仅谈到宙斯，则绝大多数人会想象成一个单纯的精神体。而在每一个时代，几乎都认为在这些问题上，不必另作交代。然而古今的误会，也往往从这里产生。要弄明白，需要加以专门的研究和说明。对于周文王“在天”和“陟降”，为《诗经》作传的大毛公毛亨也并不说出是文王的灵魂还是连同肉体。稍后于《文王》的《下武》中，有“三后在天，王配于京”，毛传也仅仅指出，“三后”是太王、王季和文王。

东汉末年，儒者郑玄作《毛诗笺》，其中明确指出，三后在天，说的是“三后既没登假，精气在天矣”。这就很明确地指出，三后已经死亡，在天为神的，仅仅是他们的“精气”，也就是灵魂。三后，包括文王，在天的仅仅是他们的精气；那么，陟降的，当然也只能是文王死后的精气。三后，包括文王，在天成神的仅仅是他们的灵魂，那么，其他已故的君主帝王，在天成神的，在地成神的，当然也只能仅仅是他们的灵魂。

经过郑玄的说明，这一类人神，应该说，在这时候已经被否定了。但是直到宋代，不少注释者仍然不愿意指明，那“在天”的，“陟降”的，都只是死者的灵魂。直到朱熹作《诗经集传》，才着意明确指出，“在天”的意思是：“既没，而精神上与天合。”“陟降”的意思是：“文王之神在天，一升一降，无时不在上帝之左右。”文王“在天”的，“陟降”的，都是他的“神”。然而，神，也就是灵魂，是没有形状的。如何能像耶稣一样，坐在“在天的父”，也就是上帝的左右呢？能够“在帝左右”的，就一定得是如耶稣那样，连同肉体，一起复活升天的人神。“在帝左右”的应该有肉体，那么，帝呢？如果帝仅仅是个精神存在，又如何能有“左右”呢？

无论如何，那被尊为神的人的死亡，是否定人神，把人们的神祇观念转向精灵神的重要因素。而所谓否定人神，就是说，人神，是不存在的。

所谓人神不存在，有两种情况。一种是该神本来就是古人的虚构。如古希腊的宙斯及其祖、父、儿、孙等神，古印度的湿婆、毗湿奴等。中国《山海经》中的有些帝，也可能并不存在，比如帝俊。一种是人确实存在，比如释迦牟尼，还有许许多多被尊为神的国王、巫师，包括中国的皇帝，活佛，古埃及的法老等等，但他们并不具备人们赋予的超自然能力，也不是什么神的子孙。

除了不能被人看见和不能不死之外，人神被否定，还有两个重要原因，那就是他们的能力和德行。

四、人神的德行和能力

美勒托指控苏格拉底教唆青年不信国家的神，苏格拉底为自己辩护，说自己相信那单纯的精神体是神，可以推论，他也是相信国家所认可的神。而根据柏拉图的记述，苏格拉底对当时国家认可的神祇，确实有很多批评。或者更准确地说，是对荷马和赫西俄德为代表的、诗人们对神祇的描述，提出了很多批评。这些批评，集中表现在神祇的德行方面。

从整个柏拉图文集看来，当时的人们，包括苏格拉底，都相信，神祇是主持正义的，神祇本身的所作所为，也都是正义的。但是，诗人荷马和赫西俄德关于神祇的记述，却并不都是正义的，甚至还有许多劣迹。

比如《柏拉图全集》的《欧绪弗洛》，苏格拉底和欧绪弗洛讨论神祇的正义和对神祇的虔敬问题。欧绪弗洛相信，神祇之间的仇杀、殴斗和战争，还有其他可怕的事情，都是真实的，但仍然相信神祇是主持正义的。苏格拉底指出，诸神之间，相互反叛，相互仇视。一些神认为是高尚的，另一些会认为是卑鄙的；同样，一些神认为是正义，另一些会认为是非正义的。欧绪弗洛控告自己的父亲杀人，宙斯会感到高兴，但乌兰诺斯和克罗诺斯则会痛恨。天后赫拉也会对此事表示厌恶。因而诉诸神祇，不可能得到正义。

接着他们讨论对神祇的虔敬和侍奉问题。欧绪弗洛认为，向神祇奉献祭品，是虔敬的表现。苏格拉底说，把东西送给神，然后向神祈祷，祈求神的恩赐，乃是一种向诸神乞讨和给予的知识，是诸神和凡人之间的交易。

在《国家》篇中，苏格拉底和格老孔等人继续讨论神祇与正义的问题。他们认可，荷马和赫西俄德都曾经说过，神祇曾为正义者祝福。但是格老孔也指出，那些非正义者侍奉神祇，往往会比正义者做得更好。他们会奉献更好的祭品，也更能遵守献祭的时间。这样，神祇往往会把好运降给那些非正义者。格老孔的弟弟插话说，许多人都说神祇喜欢正义。马上有人反驳说，诗人们还说过，正义者往往吃亏，诸神往往把不幸降给好人，让他们一生多灾多难。而且神祇是可以收买，也可以欺骗的。有罪者往往会拿出自己少部分的犯罪所得收买神祇，祭司和巫师们往往利用他们的通神能力，驱使神祇为自己效力。

在讨论中，苏格拉底不相信神祇间的争斗是真实的，主张禁止那些使类似故事得以流传的文艺作品。特别是克罗诺斯阉割自己的父亲，宙斯又和自己的父亲战斗的故事，苏格拉底都主张删除。他甚至主张制定相应的法律，规定只能宣传神祇的正义，而不能宣传神祇的非正义。在其他篇章中，也常常出现苏格拉底要求删除地狱的恐怖和诸神不良行为的情节，比如残忍的和粗暴的行为。

苏格拉底的主张，在中国孔子这里曾经得到实施。比如《尚书》中武王伐纣，曾亲自向已经自焚和自缢的纣王和嬖妾的尸体各射三箭，又用轻剑击刺，然后又用斧钺砍下他们的头，挂在旗杆上示众。攻入商朝首都以后，武王又继续进攻四方的其他诸侯国，杀死的敌人，至少在十万以上：

> 武王遂征四方。凡憝国九十有九国，馘魔亿有十万七千七百七十有九，俘人三亿万有二百三十。凡服国六百五十有二。（《逸周书·世俘解》）

憝，恶也。馘，敌军士兵的左耳。古代战争胜利，要向祖宗报告战果。一只左耳代表杀死一个敌人。“亿有十万”，意思不明。然而十万七千余，则明明白白。就是说，武王在征讨四方的战争中，至少杀死了十多万敌兵。这些内容，都被孔子删除了。但苏格拉底未能做到。

苏格拉底要求删除这些内容，在苏格拉底看来，他是否定了诗人的记述，而不是否认神祇。但在指控者看来，这就是否定国家认可的神祇，认为这些神祇是不道德的，残忍的，贪财的，非正义的。因为神祇们的不道德行为，古来相传，又有文献作证，很难否认。不少神祇的名称，就表明了他们的不道德性，比如不和女神、欺骗女神、谋杀之神、屠戮之神、争吵之神、谎言之神、争端之神、违约之神等等。这些神祇的作为，和当时的国家需要自身高尚、能够主持正义的神祇，有巨大的差距。当然，这些神祇和人间的官吏一样，官吏作恶，君主清明也行。但是这些神祇的首领宙斯，其残忍、荒淫反而因为他的能力而变本加厉。所以必须对这些神祇重新塑造，然而苏格拉底没有完成这样的任务。

古希腊的神祇传到古罗马，名称略有改变，但神祇们的德行，则没有多少变化。数百年以后，熟知古希腊哲学和宗教的护教士游斯丁在他的《第一护教词》中指斥从古以来的所有神祇为恶魔，其理由，首先是他们道德败坏，侮辱妇女，腐蚀青年。两百年以后，克洛维的皇后指斥以前的神祇，首先也是德行问题。她指责萨腾，也就是克罗诺斯，是一个人，而不是神，为了避免被儿子们赶走，而不得不自己逃跑；朱辟特，即宙斯，也是一个人，而不是神，还“是个干出一切淫乱和越轨丑行的最下流的人。说朱辟特污辱自己家族的妇女，甚至连自己的姊妹也不能免”，[①] 如此等等。

从苏格拉底开始，到克洛维皇后为止，他们对古代人神的指斥，具有普遍的意义。也就是说，这些人神，普遍不具有后来的人们所需要的德行。只是有的文

---

① 吴于廑主编《外国史学名著选》（上册），北京：商务印书馆，1988 年，第 417 页。

献不足，未能记录下来，有的记载比较简略，有的记载比较详细罢了。古希腊由于荷马的史诗，对神祇们的记录比较详细。中国古代，对上古神祇们的记载则比较简略。但从这些简略的回忆性的记录中，也能窥到一点当时神祇们并无德行的情况。据《尚书·吕刑》说是蚩尤作乱，残害百姓，引起“绝地天通”即断绝天和地之间，也就是神和人之间的交通。据《国语·楚语》，则引起绝地天通事件的，是所谓“九黎乱德”，使“民神杂糅”。民众“家为巫史”“烝享无度”，并且“渎斋盟”；神祇们则“狎民”，“不蠲其为”。至于“神狎民”的具体情节，则没有描述。这些神，也都是没有德行的神。《尚书》把这件事归于蚩尤，说明这些狎民的神基本上是人神。至于神祇之间的战争，则有黄帝和炎帝、和蚩尤的战争；颛顼帝和共工氏的战争等等。如果黄帝代表正义，那么炎帝则代表非正义。至于颛顼和共工的战争，就完全是争夺帝位的无所谓正义的战争。这次战争的结果，则非常惨痛：天塌地陷，以致女娲不得不炼石补天。

这些神祇，基本上属于看不见的神祇。至于以国王巫师为神，他们的道德状况，则明明白白地呈现于世人，至少会呈现于他的臣子们面前。他们的德行，有了文字以后，记录也大都比较清楚。善行固然不少，恶行也史不绝书。而这时候的人们期待于神祇的，则是希望他们本身完全是正义的，并且能够主持正义，如同柏拉图《国家》篇中许多人都认为神祇是正义的那样。许多人的这种认为，并不是事实，因为神祇的故事已经广泛流传，但这种“认为”是一种期望。为了满足这样的期望，神祇必须被重新塑造。在这重新塑造的过程中，许多旧的神祇被抛弃了，能够留下来的，也要改头换面。人神，就这样地退出了历史舞台。

人神被抛弃的另一条理由，就是能力问题。

苏格拉底指出神祇可以被欺骗，就是神祇的能力不能明察。克洛维王后抨击古罗马神祇，能力问题是一半内容。他指责这些神祇是用木头、石头或者金属雕成的，既不能帮助自己，也不能帮助别人，没有神力。不像God，一说话，就从虚无中创造了天地、大海和其中的一切。和基督教的God相比，罗马国教神祇的能力，确实算不了什么。

古希腊和古罗马的传统，他们的神祇，都是个人、家族或者国家的保护神。当他们取得成功的时候，会举行盛大的祭祀，感谢神祇的帮助。当他们失败的时候，也常常把怒火发向神祇：烧毁神庙，毁掉神像，抢劫神庙里的财物。在古罗马和迦太基的“布匿战争”中，迦太基人将要战败，到处是愤怒的情绪和悲惨的哭声。而祭司们则诅咒他们的神祇：

> 祭司们也呼唤他们的神庙和神庙中的神祇，好像神祇们也在那里的样子，诅咒这些神祇，说这些神祇是他们毁灭的原因。①

后来，谈判彻底失败，愤怒的群众不仅杀死了元老院的元老，痛打派往罗马的使节，同时也“唾骂他们的神祇，因为神祇连自己也保不住”②。

迦太基人战败了，罗马军队有四千生力军在小西庇阿的率领下进了城。这些士兵首先抢劫神庙：

> 他们进入阿波罗神庙，黄金包装的阿波罗神像还在那里的金箔神龛里，重一千他连特。他们把神像抢劫到手，不顾军官们的命令，用剑把神像砍碎，彼此分掉了之后，才回去执行任务。③

这样的事情发生多了，当事人还能够相信这些连自己都保护不了的神祇真的存在吗？

这样的情况，在中国古代同样存在。《诗经》中许多怨天恨天的诗歌，是人们怒火的轻微发泄。严重的，会要求取消该神祇的资格。直到战国时代，孟轲还说，社稷神的责任，是保证丰收，如果人们按时进行了祭祀，但仍然不能风调雨顺，就要“变置社稷”：

> 牺牲既成，粢盛既洁，祭祀以时。然而旱干水溢，则变置社稷。（《孟子·尽心下》）

“变置社稷”的事可能古代真的发生过。有的文献记载，最早的稷神是烈山氏（或称厉山氏）之子，名柱（或名农），后来换成周人的祖先弃。社神是共工氏之子句龙。据说后来禹也曾被祭为社神。至于后来，每逢旱涝灾害，人们会向龙王祈雨或者祈晴，如果达不到目的，往往会把龙王的神像抬到太阳底下曝晒，以示惩罚。如同今天看到水质污染，人们会要求环保局局长下河游泳一样。

---

① ［古罗马］阿庇安《罗马史》（上），谢德风译，北京：商务印书馆，1995年，第255页。
② 同上书，第264页。
③ 同上书，第295页。

所有这些惩罚神祇的原因，还都是小问题。如果整个国家遭受了灾难，国家的保护神就应该负责。当那些国王、巫师被视为神祇，而国家遭受灭亡或者重大失败的时候，人们抛弃甚至换掉这些神祇或者半神，都是可以理解的。而随着文明的发展，人们对国事了解的增多，那些被视为上帝之子的国王们应负的责任也愈发清楚。在这种情况下，抛弃这些人神，重新塑造神祇，就成为必然的事情。最近因为国家失败而被抛弃的神祇，就是日本天皇的神性。

所谓人神的被否定，有两个意义。一是该神并不存在。一是该人是存在的，但并没有人们想象中或者赋予它的超自然能力。

人神被否定了，代替人神的，是精灵神，那么，精灵神是存在的吗？

五、看不见的人神

人神被认为是肉体的存在物，应该是可以诉诸感觉的对象。然而实际上，这样的神却往往是人们所不能看见的。

柏拉图在《克拉底鲁》篇中说道："我们从来不曾窥见神，也不能充分察觉神，只能把神想象为一个不朽的生灵，永远兼具灵魂和肉体。"然而就是这个"不曾窥见"，成了人神被否定的重要原因。

的确，在古希腊的神话中，虽说处处离不开神，但在神和人的交往中，几乎都是以不被人看见的方式进行的。或是被动地降下神谕，即在某人来寻求指示时以某种方式降下神谕；或是主动地以托梦的方式进行启示。紧急的时候，他们也会亲自去发指示，但往往是在某人耳边发出声音，却并不现出自己的真形。像雅典娜在紧急情况下向奥德修斯现出真形的情况，是很少见的。

由于神祇都不曾被人看见，所以人们只能把神祇想象为自己的模样。这是柏拉图的论断。这个论断在人神统治的时代，是十分合理和正确的。然而，如果人们总是看不见神，是否还会这样想？或者是否所有的人都还会这样想？就不一定了。

古希腊灭亡了，它们的神有许多被古罗马国家接收。古罗马的神后来被基督教的神所取代。在基督教中，实际上也经历了人神被否定的过程。

《旧约》中 God，名耶和华。据《创世记》，他按自己的形象造人，那么，如果能够见到他，他也应该是人的形象。

据《旧约·出埃及记》，摩西率领着以色列百姓到达西奈山下，耶和华说，他要在以色列众百姓眼前降临到西奈山上。但是不许百姓们上山，也不许百姓们摸山的边界，否则要被处死。

第三天早晨，山上乌云密布，电闪雷鸣，以色列的百姓们都战战兢兢。忽然，山上冒起浓烟，耶和华在火中降临。山上烟雾弥漫，“如烧窑一般，遍山大大地震动”。（《出埃及记》19：18）耶和华又吩咐摩西，要他和亚伦一起上山。但是“祭司和百姓不可闯上来到我面前，恐怕我忽然出来击杀他们。”（同上，19：24）耶和华在山上对摩西宣布了一系列教义，包括著名的“十诫”和遵守安息日等，接着接见了摩西和他的哥哥亚伦，还有七十位长老。据说他们“看见以色列的神。他脚下仿佛有平铺的蓝宝石，如同天色明净”（同上，24：10）。至于神的模样，则没有任何描写。那么，摩西、亚伦等人是否真的看到了耶和华呢？

亚伦从山上下来，摩西仍旧留在山上数十天。以色列百姓们把金首饰都交给亚伦，亚伦就铸造了一个金牛犊，并且说：“以色列啊，这是领你出埃及地的神。”（同上，32：4）这件事，惹得耶和华大怒，甚至要灭绝以色列人。只是接受了摩西的规劝，才停止了发怒。

这件事可以说明，亚伦实际上并没有见到耶和华。耶和华也并没有向摩西等人显现自己的形象。如果显现，就不会在降临以前先降电闪雷鸣，浓烟乌云。而亚伦，包括摩西，也并没有见到耶和华，否则就不会把金牛犊当做领他们出埃及地的神。

从此以后，耶和华降临，或是在云柱中，或是在其他什么东西的遮掩下。人们要想见到耶和华的形象，是不可能的。

这样的情况，不仅存在于《旧约》中，事实上，这是一种各宗教通有的现象。或者说，是各个人神通用的手段。

在中国古典文献中，只有秦穆公、赵简子在病重时到天上见过上帝。上帝自然是人形，不过也没有更多的描写。其他人，则都没有见过。不仅上帝，其他人神，也是难得一见。所以春秋时代有神降于虢国，才被当做一件大事加以记载。不过根据杜预的注释，仅仅是“有神声以接人”（《左传·庄公三十二年》杜预注），并不是现形。除此以外，春秋战国时代的文献中，再没有见神的记载。

到了秦朝，秦文公得到一块奇怪的石头，于是造了一个庙。神祇来的时候，“常以夜，光辉若流星。……若雄雉，其声殷”（《史记·封禅书》）。也是只闻其声，不见其形。

汉代，只有汉文帝自己“若见五人于道北”（《史记·封禅书》），于是在京城近郊建了五帝庙。论实际，不过是嫌过去的五帝祭坛离京城太远，为在近郊进行祭祀制造借口罢了。武帝时，一位因难产而死的女子被尊为“神君”，曾被召入宫中，也是只闻其声，不见其形。其声音，则由巫代传。后来，汉武帝接受亳人缪忌的建议，在远郊甘泉宫建太一祭坛。祭祀时，火把满坛。有关部门报告，祭坛上方“有光”，被认为是太一神歆享降福的实证。

西汉祭祀上帝的歌曲，传下来的有十九首。其中一首歌中唱到，天门全都打开了，上帝驾着飞龙，降临到祭坛之上。然而实际的祭祀过程，仅发现祭坛上方有白光而已。

正是由于人神的这种性质，汉代儒者扬雄才指出：“神怪茫茫，若存若亡。”（扬雄《法言·重黎》）王充在论证龙不是神的时候，进一步认为，神，都是恍惚无形的存在：

> 神，恍惚无形，出入无间。……天地之间，恍惚无形，寒暑风雨之气乃为神。（《论衡·龙虚》）

而龙，被认为是有形体的东西，而且能吃食物，所以王充认为，龙，不是神。（《龙虚》）在《论衡·知实》，王充又重复了自己给神的定义：“神者，眇茫恍惚无形之实。”

从《礼记》记载人死后的灵魂是一股气，到王充认为神也是一种气，可说是全面地否认了传统的有血有肉的神祇的存在，自然也否定了人神的存在。从而为神祇的精灵化做了充分的铺垫。

中国历史上最多的人神事件，就是所谓神仙。依照早期那些自称能够找到使人不死的仙药，或者拥有使人不死的方法，或者自己能够炼出使人不死的仙药的方士们的说法，神仙，就是肉体长生不死的人。这样的人，最好的归宿，是做天仙，即到上帝面前做一个官吏。次一等的，不能上天，可以做地仙。如此等等。服药的，修炼的，成千上万。其结果之一是：“故谚有之曰：太华之下，白骨狼藉。”（葛洪《抱朴子内篇·登涉》）太华就是华山，古代被认为是最好的修仙场所。那些狼藉的白骨，都是修仙者的尸体。这还仅是华山一地。而道教自称有三十六洞天，七十二福地，都是修仙的好去处。可以相信，其他地方，也和华山的情况差不多少。都是白骨狼藉，却没有一个人修成的。虽然早期的方士和后世的神仙家们都不断列举已经成为神仙的人的名字，然而却没有一个让人们看见过。神仙家们辩护说，没看见不等于不存在。然而假如能够让人看见，存在与不存在的问题不就一下子解决了吗？然而从鼓吹人可以成为神仙开始到现在，仍然没有一个神仙以肉体现身于人们面前。所以从唐代后期开始，道教的理论家们也仿效儒、佛二教，把自己追求的目标，神仙，说成是有气无形的存在物。以致后来的文艺作品中，无论是正神还是妖魔、神仙，都是可以瞬间化为烟雾光气的存在物。

基督教正式立教，其经典是《新约》。《新约》中的耶稣，实际上就是人神。早期基督教中关于耶稣是不是神的争论说明，有相当一部分信徒，对人神的观念是否定的。然而人神的传统是如此的强大和悠久，以致在基督教兴起以后的数百年中出现的四部"信经"，都一致承认耶稣既是人又是神的人神身份。而《亚他那修信经》更是明确地指出，耶稣，"全神，亦全人，具有理性之灵，血肉之身"。然而数百年后，基督教还是通过较为和平的方式，在自己内部完成了否定人神的过程。God 成为单纯的灵，不再含有肉体的成分。

在否定人神的问题上，基督教可说是完成了双重的任务。它用激烈的对外斗争的方式否定了古罗马国家的人神，包括兽神和魔神。又通过内部教义的改革，否定了自己内部悠久的人神传统。当这两个过程完成以后，随着基督教的广泛传播，在全世界的范围内，人神也遭到了根本的否定。

如同人体总有返祖现象一样，人类思想上的返祖现象，就更为常见。在一些地方，人类的少部分仍旧保留着人神的信仰。而就在基督教内部，人而自称为神的现象也不时地出现。然而就历史发展的总体进程而言，人神被否定，是在很多年以前人类思想的发展就已经完成了的任务。

人神这种应该可以看见，但实际上却不能被人看见的神祇，很容易被认为他们并不存在。而人神在不能被人看见，也确实是他们被否定的重要原因。为了保住神的存在性，神学家们不得不煞费苦心，先是把神祇说成是恍惚无形的存在物，继而又把神祇说成是单纯精神性的存在。这是一个漫长的过程，但它是历史上真实发生的过程。经过这个过程以后，人类就迎来了精灵神的时代。

第三节　精灵神不存在的历史证明

一、精灵神的优越性

人神被否定，代之以精灵神，因为精灵神比人神具有较大的优越性，首先是解决了神祇在此不在彼的问题。

在人神或者疑似人神统治的时期，如果佛祖上天说法，地上的弟子就无法随时见到佛祖。佛祖如果到了舍卫国，其他国家的人就也见不到佛祖。基督教God也面临同样的问题。假如当初他就被说成是单纯精神体，就没有必要非在西奈山向摩西等少数人显灵，而是可以随时随地出现在更多人的面前，甚至向所有的人发出指令。中国古代的鬼神，如果能像墨子说的那样，“不可为幽间广泽，山林深谷，鬼神之明必知之”（《墨子·明鬼下》）。这样的明察，就必须是精灵形的鬼神才可以做到。因为早在春秋时期，季札就说过，“魂气”是“无不之”的。后来苏轼也说过，韩愈的“神”在天下，就像水在地中，无处不在。如果是人神，就不可能做到无处不在，无时不在。

在人神阶段，人们就曾经设法给神祇增加更多的眼睛和更多的手，使他们能够看得更多，具有更大的能耐。然而无论增加多少眼睛和手臂，只要神祇还是一个具体的人形，其能力范围就只能是有限的。阿含经中就讲到的佛陀有六大神通，但是和大乘时期佛陀的一毛孔容三千大千世界，其超自然能力就不可同日而语。对佛的神通描述得愈具体，就愈不能脱出有限的框架。假如佛陀仍然被认为是具有金刚不坏之身，就无法不把神通说得具体而明确。只有把佛陀说成是单纯的精神存在，有一个法身和无数的应身，才可以把佛陀的能力说成是无限的。所以，那种随时随地出现在信徒或者需要帮助者面前的神祇，必须具有分身的能力。神祇的分身能力，也是随着神祇的精灵化进程而逐步完善起来的。

精灵化的神祇，是无形的。佛的法身是无形的，God也是无形无象的。正因为无形，才可以化为各种人们能够想象得出的各种形象。这样，当信徒和处于困境中的人们需要神祇的时候，就能够随其所想，认为神祇就在自己面前，对自己进行了指导或者帮助。因为他们可以把幻境中的任何形象，都认定为神祇的现身。这样的神祇观念，在人神时期，是不易办到，甚至根本办不到的。

由于神祇能够随时随地出现在需要它出现的地方，神祇才可以做到全知和全能。在人神阶段，人们也曾经希望神祇是全知全能的，也曾有这样的赞颂或者描述，但那只是零星的愿望，还不能构成多数人认可的神祇的本质属性。全知全能型的神祇，也只有在精灵神时期才可以真正塑造出来。阿含经时代的佛陀可以天眼通、天耳通，甚至能够通晓别人的所思所想，前世今生，但总有说不全的地方。然而“全知全能”一个词，就说尽了一切。

由于全知全能，也就不会有错误。在精灵神时期，神灵的作为往往被认为都是正确的，甚至神祇在人间的代理人，比如罗马教皇，也被认为是不会有错的。如果人们祈求的事情得不到实现，失败的原因只能由人来承担，而不能再像过去那样归罪于神。假如神祇的指示发生了错误，也只能归罪于您理解得不正确。神祇，是不会错的。神祇不错，错误的只能是人。即使家庭遭到毁灭，国家遭受灭亡，也不是神没有尽到保护的责任，而是人没有按照神的指示去做，甚至违背了神的指示。

一个结果的产生，往往就不止一种原因。究竟是哪种原因在起作用或者起了主要的作用，本来就是比较复杂而不易弄清的问题。如果事情比较复杂，其间又有各种利益的冲突，就更不易弄清。大到一个国家的灭亡，涉及的因素，利益关系的复杂，甚至使高明的历史学家们多少世纪都讨论不清。然而过去逐渐积累的思维传统，很容易把责任归于某位神祇，现在由于神祇被塑造为全知全能，也很容易把责任归于当事人。过去许多人神，比如国王和巫师等等，人们往往是可以看得见的，他们的错误是不易掩饰的，向他们、甚至其他神祇去问责，也是由事实出发而形成的传统。作为精灵的神祇，无形无象，根本看不见，无从问责，这也便利了塑造者把它们塑造为绝对正确和一贯正确的。

和全知全能、一贯正确的神祇形象伴随的，是神祇的至善、至慈，不会出现道德上的问题。中国和古希腊、古罗马人神的无德或者从后人看来是失德，有历史文献为证。那些被尊为神的国王和巫师的无德或失德，多数也逃不过臣民们的眼睛。把这样的神祇塑造为仁爱、慈祥，至善的，非常困难。古希腊的宙斯、古罗马的朱辟特，包括中国古代的黄帝、炎帝，都非常困难。他们都可以被塑造为英雄，但难以被塑造为至善。所以董仲舒讲“天人感应”，而不讲黄帝、炎帝在天上监视。即使向摩西传授了“十诫”的耶和华，当后来被塑造为至善完美的时候，就不断有人指出，他往往因为一点小错就大量屠杀民众。这样的指责，今天仍然是基督教在塑造自己神祇形象时常常碰到的难堪。

无形无象的精灵神，就较好地避免了这样的问题。人们看不见他，而且原则上他也是不可能被看见的，因为他是个单纯的精神体。不像人神，虽然人们一般也看不见，但原则上被认为是可以看见的。这个原则上看不见的精神体的所作所为，就可以凭神学家们任意塑造。当社会需要一个道德楷模和道德监督者的时候，它就比较容易地被塑造为人们所期望的形象。

因此，像《旧约》中约伯敢于指责God不公，佛经中弟子迦叶敢于质问佛陀是不是造了什么恶业。《诗经》中那些怨天，甚至恨天的诗句，只能出现在人神时期，或者面对人神发出。在佛陀的法身问题确立以后，当天被说成就是头顶上那个圆形的、分布着日月星的天，当God被说成是无形无象的单纯精神体的时候，这样的事情就不会再发生了。

在中国，孔子首先提出“不怨天”，作为自己做人的原则。孔子以后，司马迁还曾经指责过上天对于伯夷、颜回的不公。司马迁以后，就无人再提出这样的问题。中国的天是这样，基督教的God，佛教的佛陀，也是这样。随着它们精灵化的加深，它们与人的距离也愈来愈远。神，日益崇高、圆满；人，日益卑贱、渺小。在神面前，人只能匍匐在地。这样的心态，甚至被扩展到对待神在人间的代理人，而不管这个代理人是圣贤还是孬种。

战国时代的孟轲，在谈到古代君主的时候曾经说过，像商纣王这样的君主，根本不能算是君主，就像游斯丁等指责过去的神祇是恶魔一样，孟轲也说纣王是个“独夫”，推翻甚至杀死他是正确的。商纣王重大罪恶之一，就是囚禁了非常贤明的周文王。这件事，曾遭到历代儒者的指责。但到了唐朝，韩愈虽然对孟轲推崇备至，却不能接受孟轲对纣王的指责。韩愈想象着周文王当时的心情，作了一首诗，名《羑里操》。诗中说道：“臣罪当诛兮，天王圣明。”意思是说，周文王在被纣王囚禁的时候，心里想到的是自己有罪，而不是怨恨纣王。

韩愈的《羑里操》得到宋代儒者程颐、朱熹的高度称赞，认为只有韩愈，才真正懂得周文王的心情。周文王是儒者们倍加推崇的圣人，自然也是他们做人的榜样。程颐、朱熹的学说，从宋代末年开始，成为官方的学说。他们的主张，自然影响着一代又一代儒者，成为儒者们对待上天、包括对待上天的代理人的原则。

《羑里操》中臣子对待君主的心态，扩大到对待自己的命运，就是张载的《西铭》，也就是座右铭。该铭文写道，上天的刚健是我们的父亲，大地的温顺是我们的母亲。君主是父母正宗的儿子，大臣们都是这儿子的奴仆。我们在自家卧室的言行，也应当问心无愧。我们应当生活简朴，孝敬父母。不论父母如何折磨我们，我们都应该接受；父母如果要杀死我们，我们也要完全地顺从。假如我富贵有福，那是上天对我的厚爱；贫贱忧愁，是上天对我的磨炼。

程颐、朱熹都认为，张载的《西铭》，应当广泛推广，作为人们处世的原则。

类似的心态，在基督教中表现得更加深刻。《旧约》中讲到亚当、夏娃偷吃禁果的事，直到《新约》，并不认为这是人人都有的所谓“原罪”。但生活于公元4至5世纪的神父奥古斯丁，则根据亚当、夏娃偷吃禁果的故事，认为所有人，一生下来就带着由他们的始祖父母世代相传的罪过：“原罪。”也就是说，在上帝面前，人人生来就都是罪人，所以必须听从神的教导，才可以得到拯救。而神，则是至善至美，没有任何过错和恶行的。随着原罪说的日益深入人心，人在神面前也日益渺小和卑劣，而神则日益完美和高大，直到人与神的差距大到无限，人的事业，只有终日悔罪和改过。这是神祇精灵化以后，神祇所取得的伟大成就。

然而世界上总是苦乐各半，穷富各半，善恶各半。为什么他乐我苦，他富我贫？为什么善行不得善报，恶人可以横行？还有此外的种种不应该发生但还是发生了的恶事，都会使人们对于神祇的全知全能产生疑问。虽然面对神祇，人们只能责备自己，然而长期的积累，终有一天会给神祇的存在，包括精灵神的存在问题造成危机。而否定精灵神的声音也从各个方面、借助各种契机发展起来。

二、对精灵神的改进

精灵神把神祇说成单纯的精神体。在中国古代，这个精神体还保持着它的物质基础，即蕴含于物质的“气”之中，如同人的精神蕴含于肉体之中一样。但关于精神的作用、性质，和其他民族的认识，没有差别。即精神具有主动、主宰的作用，是物质运动的指导者。

人的精神对于人体运动的指导，有正确的，也有错误的，这是人人都可以发现的事实。那么，作为单纯精神体存在的神祇，所发出的指令是否都一定正确呢？

比如说吧，在基督教God被精灵化的过程中，对于God为什么未能控制住人世的恶，奥古斯丁给予了权威性的解释：那是God给了人一个自由意志。给人自由意志，为的是让人能够谦卑温顺地服从God的意志，但人们却滥用了这种自由，去选择作恶。那么，God当初给人以自由意志的时候，为什么不设置一个控制系统，让这个自由意志只能行善而不能作恶呢？

比如我们中国有个几乎家喻户晓的故事叫“崂山道士”。那位心怀不良的王七要学穿墙术。在古代，穿墙术就是做贼的技术，即在墙上挖洞然后入户偷盗。他在山上实验时，非常成功。到了山下，就撞肿了额头。这就是说，那位崂山道士能够让他这门技术在不作恶时管用，想作恶时就失灵。中国一个未必是神仙的普通道士能够做到的事，被誉为全知全能的God为什么做不到呢？奥古斯丁解释说，God是万物的创造者，却不是一切意志的支配者。这样，God就不是一个全能者。

为了避免这样的局面，伊斯兰教宣称，创造了世界上一切的安拉，就不和世界上任何事物相似。这样，人们就不能用任何他们所知所见的事物来想象那位创造了世界万物的神祇。如果人们把神祇想象得类似任何事物，神祇就不可避免地会被想象为具有那个事物所不可避免的缺点。因为任何具体物都是有缺点的。要塑造一个至善至美、全知全能的形象，把神祇说成是单纯精神体，还是不够的。因此，伊斯兰教的安拉观，就是从一个侧面对于精灵神的否定。

佛教在禅宗以前，已经把追求的目标定为成佛。成佛的途径，除定和慧以外，还有戒，即遵守戒律。目的或是使自己本来具有的所谓佛性和佛的法身合而为一，也就是精通佛教教义使自己消灭；或者是如梁武帝所说，使自己的灵魂成佛，和佛的法身合而为一。概括说来，就是两条，一条是相信有个单纯的精神体存在者；第二条就是自己努力去追求它。

然而禅宗的祖师们日益清晰地发现，这个办法达不到，甚至违背佛祖释迦牟尼设置的初衷。那个初衷是使人排除烦恼，归入涅槃寂静，从而不再造业，永远脱出轮回。然而那追求的办法，本身就是使人烦恼的办法。本来是诸法皆空，却又要求战战兢兢地遵守戒律，这就否定了皆空。戒律众多，数百甚至数以千计。如果天天小心翼翼地惦记着不要违犯戒律，如何能够不烦恼！

再说禅定。坐禅的原则之一，就是一念不起。实际上，一念不起是做不到的。不能一念不起，就要努力排除杂念。排除杂念的办法，是用正念，即佛教所认可的思想。佛教所认可的思想，总体说来，就是告诉您，这个世界，包括人生人体，如何虚幻，或者如何肮脏、丑陋。这样的认识方法，称为“观”。为了使信众不至于在排除杂念的时候又生杂念，中国以天台宗为代表，主张“止观并重”，即坐禅的时候，要注意认识这个世界，包括人生人体如何肮脏、丑陋等等，这样就不会贪恋这个世界。这样一种认识，被称为“不净观”。比如念想人体内充满脓血便溺，人死后如何腐烂最后成为白骨，如此等等。一个人如果整天想的都是这些东西，轻则思想偏执，重则就是精神疾病。为了防治这种精神疾病，佛教高僧们也想了种种办法。然而所有的办法，都不过是用一种杂念去替代另一种杂念，就像企图腾空屋子，却塞进了更加破烂的家具一样。而其目的，就是要追求那个将要成就的佛道，那个以法身形式存在的佛陀。

慧，即培养佛教的智慧，略同于坐禅的“观”。观，也是用佛教的智慧代替俗人的智慧。区别在于，观的内容略为简单；慧，即佛教智慧的培养，内容更加丰富。这丰富的内容，从佛祖悟得“四谛、八正道”开始，加上历代高僧菩萨的讲解、注释，要学的东西，可说是汗牛充栋。其中有些道理，所谓“钝根”者，即较为愚钝的人，几乎是根本理解不了的。直到今天，许多高人达士，要理解佛教的那一套教义思想，也并非易事。本来是要追求清静，却要增添这么多东西，如同要腾空屋子，却又来了更多的家具。尽管这些家具有的可能非常精美，但是如果太多，根本装不进屋子，还是会让人烦恼。

禅宗的祖师们深刻感受到了追求的目标和所用的方法之间难以调和的矛盾，他们对修行的方法重新做了解释。或者认为“诸恶莫作名为戒，诸善奉行名为慧，自净其意名为定”（禅宗北宗）。或者认为“心地无非自性戒，心地无痴自性慧，心地无乱自性定”（禅宗南宗）。最后归结为一条，即“识心见性”，即只要明白自己的心是清静的，就立即可以成佛。然而这样的成佛方式不仅是简化了成佛的道路，同时也否定了佛的存在，即否定了那个独立存在的精神体。禅宗的文献里，不乏明确表示“无佛”的思想。早期的禅宗史文献《历代法宝记》中，禅宗的重要传人无住和尚不只一次地讲到，“无念即无佛”，即没有念头，也就没有佛的存在：

> 和上云：有法是俗谛，无性第一义。言解即是系，聪明是魔施设。无念即无系，无念即无缚；无念是涅槃，有念是生死。无念即聪明，有念是暗钝；无念即无彼，无念即无此。无念即无佛，无念无众生。般若大悲智，无佛无众生，无有涅槃佛，亦无佛涅槃。若明此解者，是真解者。……
>
> 见性成佛道，无念即见性。无念无烦恼，无念即无自，无念即无他，无念即无佛，无念无众生。（《历代法宝记》）

既然“心生种种法生，心灭种种法灭”，那么，作为法身的佛法，也就是佛，当然也要随着心的生灭而生灭。所谓“无念”，没有念头，也就是无心。无心，即不思念、不想的意思。不念不想，也就无佛。佛的存在与否，也就随着心的思念与否而起灭。既然“见性”自己就是佛，而无念就是见性，那么，佛的不存在也就成了禅宗的最后结论。而以前的念佛、禅定、持戒、学习佛法以求佛智所带来的各种烦恼，也就随着心的一念之转而烟消云散，自己也就成就了佛道，同时，也取消了那个单纯精神体的法身佛的存在。

禅宗的成佛道路，把心的领悟与否作为佛的存在与否的转折点、枢纽。它可以使您成佛，也可以使您成为凡夫，都全在一念之间。这极大地推崇了心的作用，同时也增加了其他追求清静或者清净的修行者对于心念的警惕。

就在禅宗诞生前后，道教对于人的心性问题也进行了深入研究。道教《西升经》指出，“生我者神，杀我者心。夫心意者，我之所患也”（《西升经·生置章》）。堪与佛教《心经》比美的《太上老君说常清静经》说道：“人能常清静，天地悉皆归。”所谓“天地悉皆归”，就是成就仙道，支配一切。然而，“人神好清，而心扰之；人心好静，而欲牵之。常能遣其欲，而心自静；澄其心，而神自清；自然六欲不生，三毒消灭”。和《常清静经》相伴但篇幅更短的《太上老君说内观经》把修道归结为“修心”：“（太上老君）所以教人修道则修心，修心则修道也。”原因是：“心者禁也，一身之主，心能禁制，使形神不邪也。”然而难以制服的，也是人的心：“人之难伏，唯在于心；心若清净，则万祸不生。”

在这些道教著作的观念中，把人的精神分为两个部分。神，是精神的本体。心，是精神的应用。心者禁也，就是说，心的作用是主宰。主宰可以“使形神不邪”，也可以扰乱形神的安宁。修道的关键，是制服人的心。至于如何制服？道教未能提供更好的方式。

“心者禁也”的命题，来自儒教。董仲舒《春秋繁露·深察名号》：

> 心之为名，栣也。

栣，依董仲舒自己的解释，就是禁，禁止邪恶的发生。而要心能够禁止邪恶，必须首先使心端正。然而如何使心端正？董仲舒也没有提供一套有效的办法。

到了唐代，在佛教、道教对于人的心性进行深入研究的时候，儒者们也试图加入进来。李翱作《复性书》，认为要能做到孔子教导的“闲邪存诚”，就要“斋戒”自己的心。斋戒的办法，则是如《大学》所说，首先在做到“意诚”：“意诚故心正，心正故身修，身修而家齐，家齐而国治，国治而天下平。”但如何做到“意诚”，李翱也没有很好的办法。

不过这些研究都指出一点，那就是人心的作用是双重的。它可以制止邪恶，也可以助长邪恶。这样的心，就相当于奥古斯丁的“自由意志”。因此，如果仍然把上帝说成是气中之灵，就无法使上帝成为只有公正而无邪恶的神祇。所以从程颐开始，就把儒教的昊天上帝解释为“理”：“天即理。”就是说，那最高神，昊天上帝，它的形体，是头顶上的一团元气。起主宰作用的，是元气中不可分离的“理”。理，本来的意思就是秩序、条理。因而，上帝就是世界秩序的化身，它纯善而无恶。

首先系统地抨击“天即理”的，不是中国学者，而是天主教耶稣会神父利玛窦。利氏在《天主实义》中反驳说，理是依赖载体而存在的，不能作为世界的本原。理没有灵觉，所以不能作为主宰世界的上帝。后来也有儒者批评“天即理说”，认为要祭祀天地，难道可以说祭祀理吗？然而这些批评都不足以动摇“天即理”的地位。直到清朝灭亡，儒教仍然是把世界的主宰解释为气中之理。

“天即理”说只是把最高神昊天上帝解释为理，而其他的鬼神，仍然被认为是气中之灵。这些鬼神，有善有恶，可善可恶。因此，天即理说虽然否定了儒教最高神昊天上帝的精灵性质，却未能彻底否定所有儒教神祇的精灵性质，就像禅宗仅仅否认佛的精灵性质，而没有否定其他鬼神的精灵性质一样。“见性即佛”（或“悟即是佛”）和“天即理”说，虽然都只是向彻底否定精灵神仅仅迈出了一步，但它是彻底否定精灵神的重要一步。较为彻底地否定精灵神理论，出现于近现代的基督教中。

三、对基督教精灵神的肯定与否定（1）

——安瑟伦和托玛斯关于上帝存在的论证及其解读

伊斯兰教由于一开始就把自己的至上神定位在超精灵神的基础之上，所以后来的神祇观念总体上没有重大变化。佛教自唐代以后，理论上也没有重大的创新之处。鉴于它那“无佛”倾向给佛教带来的危机，最终又和净土宗结合，回到认佛为精灵神的传统。儒教随着 1911 年中国的民主革命运动而归于解体，其“天即理”说也成了仅仅是历史的回忆。而且由于西方学术和宗教观念的传入，神祇是单纯精神体的观念深入人心，“天即理”还仅仅被作为理性的、无神论的命题而加以传播。只有基督教，由于欧洲特殊的历史条件，不仅让它获得了迅速扩张的机会，而且其神祇观念也经历了复杂而多变的历程。

早在公元四五世纪交接的当口，由于外教对基督教的抨击，著名教父奥古斯丁就曾经用推理的方式来证明God的存在。奥古斯丁之所以要做这样的证明，说明基督教God是否存在的问题，已经受到了严重质疑。

奥古斯丁是三位一体说的最重要论证者，而三位一体说是基督教神祇精灵化的重要一步。它的核心是把God塑造为一个单纯的精神体，但不排除，甚至还特别重视所谓“圣子”的地位。其基本理由是，圣子是God的道成了肉身，而不是作为人的耶稣做了神。God虽然按照自己的形象造人，但God并不具有人的形象；或者说是人的模样比较像神，但神并不具有人的模样。神，也就是God，是无形无象的，因为它是一个精神体。谁认为这样的论证不合逻辑，他也只能保留自己的意见而已。

奥古斯丁去世几个世纪以后，伊斯兰教诞生了。随着基督教神祇精灵化的加深，God是单纯精神体的观念也日益深入人心。然而单纯精神体不过是人的精神的类似物，当基督教和伊斯兰教接触日多，伊斯兰教的安拉观念也日益影响着基督教对God的认识，伊斯兰教对基督教三位一体说的抨击，也促使基督教世界加深对于上帝存在问题的思考。生活于11到12世纪初的安瑟伦大主教，再次作出了关于上帝存在问题的论证。

安瑟伦的论证是，God在人们的观念中，是一个最伟大、最完美的存在者。而这最伟大、最完美的东西不可能仅仅存在于人的心中。如果仅仅存在于心中，人们就可能设想出另外一个更加伟大、更加完美的存在者。因此，God必定存在于现实中。正因为它存在于现实中，所以才不能想象出比God更加伟大、更加完美的存在者。所以，God不仅在观念中，而且在现实中也真实地存在着。

安瑟伦主教论证的出发点，是有一个被认为最伟大、最完美的“God观念”。然而这个最伟大、最完美的观念是从哪里来的呢？或者说，这样的观念是如何造成的呢？它是人们的头脑里固有的吗？不论以后安氏的论证是否合乎逻辑，也不论他如何从观念一下子就过渡到现实，仅就他论证的起点或者说前提，就是个需要论证的问题。

安氏的论证提出以后，立即遭到法国修道院修士高尼罗的反驳。高氏反驳的要点是：存在于观念中的东西，未必存在于现实中。比如许多人都有神仙岛的观念，但神仙岛未必存在于现实中。高尼罗未必，甚至根本不会否认God在现实中的存在，但是同样正确的是，God在现实中是否存在的问题，的确已经引起基督教内不少人的疑虑，成为基督教内一个重大的神学问题。不然，高尼罗就不会迅速地做出反应。

高尼罗的反驳也遭到了安氏的回应。安氏认为，可用于无限者的逻辑，不适合有限者。God是无始无终的存在者，它无时不在，无处不在。神仙岛只是一个具体的事物，不具有无限性，所以不可与God相提并论。因此，神仙岛的不存在，证明不了上帝的不存在。

问题又回到了安氏的出发点，即God观念问题。那么，这个观念是从哪里来的呢？或者说，那个无形无象、无始无终、无时不在、无处不在的观念是谁塑造的呢？它是人的头脑里固有的吗？历史地考察，包括基督教自身的历史，甚至在奥古斯丁以前，尚无人说God的观念是这样的。因此，这样的观念是人为地逐渐塑造出来的。那么，这样的塑造正确吗？或者说，合乎事实吗？在这本来需要论证的地方，安氏反而不去论证，而认为这是个不证自明的问题。而安氏所用的逻辑，又是用于具体事物的逻辑。在合乎自己需要的时候，就向一般人展示说，看哪，我的论证是合乎逻辑的呀！在不合自己需要的时候，就说，我的对象和你的不是同类，你用的逻辑不能用于我的对象。这是宗教家们至今仍然惯用的手法。这样的手法，可以说，是很不光明正大的。

更进一步，当哲学家们运用逻辑的方式去证明一些宗教问题时，如果结论不合宗教家的胃口，宗教家们就会把这种论证排除在外，说那是哲学家的God。而当结论合乎他们胃口的时候，他们就会默不作声，甚至自己也常常弄一些逻辑推理，来证明自己的信仰是理性的，正确的。

安瑟伦的证明被称为“本体论”证明。安瑟伦以后，辩护者不断，反驳者也不断。直到今天，围绕安瑟伦证明的驳论和反驳论仍在不断进行。其中有一则反驳说，人们头脑中还有一个最大，但最邪恶的观念，这就是魔鬼。God存在时，他就存在；God在哪里，它也在哪里。这也是个无始无终、无时不在无处不在的概念，可以满足安氏论证的一切条件，因此，安氏论证出的God，也可以称为魔鬼。

围绕安氏论证的驳论与反驳论今后可能还会继续下去。我们对于这个论证所关心的是，围绕这个论证的驳论和反驳论说明，即使基督教内部，也不断有质疑甚至否定God现实存在的声音。

在安瑟伦进行理论论证的时候，罗马教廷发动了“十字军东征”。他们带回了欧洲散失已久的许多古希腊文献，其中最引人注目的，是亚里士多德的哲学。在此以前，欧洲基督教会信奉的，主要是柏拉图的哲学体系。这个体系最大的特点，就是认为理念世界是完美的，而现实世界是不完美的。安瑟伦从概念出发，论证上帝的存在，带有明显的柏拉图特征。

柏拉图哲学伴随基督教一千多年。当亚里士多德等人的书籍被带回欧洲的时候，不少人感到特别的新鲜，使学习、研究，甚至教授亚里士多德哲学成为流行风气。这风气与教会的主张是相抵触的，曾经遭到严厉禁止。由于柏拉图哲学已经失去了它的生命力，13、14 世纪，教会终于认可了亚里士多德的学说，并且把亚里士多德的学说作为解释基督教义的官方学说。在这种情况下，托玛斯·阿奎那不满意安瑟伦的论证，自己运用亚里士多德的方法，重新论证 God 的存在问题。

阿奎那的论证有五个方面，或者说有五个理由，论证 God 是存在的。

第一，许多事物在运动着，任何运动都必须有推动者，追根溯源，找到最后，必有一个最初的推动者，这个推动者就是 God；

第二，还有一些事物是主动运动的，他们运动的原因，是因为有个动力。这个动力之所以存在，是因为还有高一级的动力。推论到最后，必定有一个最高、也是最后的动力。这个动力就是 God；

第三，每一个事物的存在，必依赖于另一个事物。推论最后，必有一件事物，它不依赖任何事物，却是一切事物存在的基础和开端，这件事物，就是 God；

第四，世界上任何事物都有美好的地方，其美好程度决定于它接近那个最美好事物的程度。而那个最美好的事物，就是 God；

第五，世界上一切事物的存在和运动，都处于一种完美的秩序之中。秩序是这样的美好，一定有一个智慧者进行了设计和安排。这个智慧者就是 God。

托玛斯关于 God 存在的论证，最初并不被罗马教廷看好，反而受到迫害。后来，罗马教廷采纳了托玛斯的论证，并且迄今为止影响深远。那么托玛斯的论证真的就有效地解决了 God 存在的问题吗？

从运动需要推动推论出有个第一推动者，那么，为什么不能同时有许多个推动者呢？动力、存在的推论也是如此，为什么最后的动力和开端不能同时有许多个呢？还有，这个最后者为什么不能是魔鬼或者别的东西，为什么一定是 God 呢？任何事物有美好的地方，也有恶劣的地方，从恶劣处进行推论，其结果会如何呢？至于事物的秩序，为什么不能是无人安排而自然形成的呢？难道没有看到，所谓的秩序常常因为灾难性事件而发生变化，所以并不是很美好的吗？

事物的运动和秩序，不仅是托玛斯论证 God 存在所关注的对象，也几乎是所有古代思想家所关注的对象。在中国古代，虽然有人认为世界秩序是最高神上天的着意安排，但也有人认为，这不过是自然形成的而已。最高神上天，不去做这种安排。上天的任务，仅仅是降生万物，包括人类。降生以后，就让它们各自按照自己的本性运动。是兽就往山野跑，是鱼就到水中游，是鸟就到天上飞。它们是运动还是静止，是幸运还是灭亡，是美好还是丑恶，都决定于它们自己的本性。上天所给予它们的，仅仅是让它们具有一个自己的本性而已。这种理论，被称为“天道自然”。天道自然虽然没有否定最高神的存在，但它也没有托玛斯所说的那些中间环节和许多必然。天道自然观念的出现至少说明，对于事物的运动、动力、秩序等等，是完全可以做另一种解释的。亚里士多德－托玛斯的解释，仅仅是诸多解释中的一种，而且未必是最好的一种。

托玛斯的推论至今仍在吸引着不少智慧的头脑，并令他们不断地加以讨论。这个论证，和安瑟伦的论证一样，对于巩固基督教的 God 信仰，都发挥了重要的作用。至于这个论证在理论上能否成立？则是另一回事。在许多情况下，一种理论，并不是因为正确才被采纳，而是被相信和被认可才被认为正确。而人们愿意相信什么和能够相信什么，则是由一定的历史和现实条件造成的。这也是许多为真理而斗争的英雄们的悲剧所在。也唯其如此，才显得为真理而斗争的悲壮和高尚。

安瑟伦和托玛斯的理论建树，使我们看到了他们为巩固基督教的 God 信仰所做出的艰苦的理论努力，同时也使我们看到基督教中不断质疑甚至否定 God 存在所带来的理论压力。因为假如内部没有人怀疑 God 的存在，也就用不着做这样的论证。其他宗教中，未曾见到类似的论证。对于世俗的国王，也未见有这样的论证。从来没有思想家去向民众论证他们国王的存在，虽然绝大部分臣民也都没有见过国王，但是国家政权的有效运转，足以保证国王的存在是真实的，虽然国王尚未被说成是全知全能的。那么，人们为什么会质疑 God 的存在呢？首先当是 God 统治下的秩序在运转中不止一次地出了重大问题。在中世纪，十字军征伐所造成的死亡和破坏足以使人们怀疑 God 的仁慈是否真实；造成了数千万人死亡的黑死病，也足以使人怀疑 God 的所谓全知和全能；教会的腐败，那些神的代理人的恶劣行径，则足以使人怀疑 God 的德行。当这些怀疑积累到一定程度，否定的声音就不可避免地要出现。

基督教的思想统治和人们需要一个全知全能的至上神的现实使安瑟伦和托玛斯获得了暂时的成功，同时，另外一部分现实也在日益消解着安瑟伦和托玛斯的理论建树，消解着基督教徒对这个全知全能的至上神的信仰。从另一面说，安氏等的论证，只能说明基督教对于 God 确实存在的信仰底气不足。在人类的世界上，要把无说成有，那非有过人的天才不可，安瑟伦和托玛斯都是过人的天才。但无毕竟不是有，所以归根到底，天才也只能欺人于一时，而不能欺人到永远。

四、对基督教精灵神的肯定与否定（2）
——从文艺复兴到启蒙运动及其余波

十字军东征时，不仅从阿拉伯人那里，也从东罗马帝国掠回了大量古希腊罗马的艺术品。东罗马帝国灭亡，流亡者也把许多古希腊、古罗马的艺术品带到了佛罗伦萨等意大利商业发达的城市；教皇的荒淫腐败，推动了一些上层人物的享乐观念，使这些过去被视为魔鬼诱惑的艺术受到了人们的注意。

十字军东征和一系列连续不断的战争，给人们带来了极大的苦难。让欧洲死亡了三分之一人口的黑死病瘟疫，更是极大地改变了一部分人传统的、带有禁欲色彩的价值观念。当瘟疫蔓延的时候，人们的第一反应，认为这是 God 对人类罪过的惩罚。为了平息 God 的怒火，许多人主动地鞭打自己，以求 God 的宽恕，遂形成规模宏大的所谓“鞭笞运动”。然而灾难并未放过这些虔诚的人。死难者中有坏人，或者被认为是对 God 不敬的坏人，但是也有大量的确实敬畏 God 的好人。既然好人、坏人都要死亡受难，又何必那么刻苦自己呢！活一天算一天，抓紧时间享乐的生活态度逐渐蔓延开来，被压抑了上千年的欲望也逐渐被释放出来。大约从 14 世纪末年开始，即托玛斯做出著名的 God 存在的论证以后，到 16 世纪为止，在欧洲悄然兴起了一场被称为“文艺复兴”的运动。

这个运动首先且特别吸引人眼球的，是艺术作品所展现出来的人体美。十字军从阿拉伯人那里带回的，不仅有亚里士多德等人的著作，还有古希腊、罗马时代的艺术品。这些艺术品中的神，也是人的形象。所以神体的美，也是人体的美。虽然在基督教的统治下，人体这么美只能归结于上帝创造的成功，但是毕竟人不再仅仅是原罪的承担者，他还是个值得欣赏的存在物。

与人体相关的，是人的世俗生活。这么美的人，他们的日常生活当然也不该乏味。于是，那些描述，甚至欣赏、赞颂世俗生活的文艺作品也源源不断地涌现出来。这些作品，不仅令那些在生意场上发了财的商人们欣赏，即使那作为God代理人的教皇，由于人身的本能需要，也禁不住魔鬼的诱惑。而造成这一切的总体结果，就是让人们，至少是一部分先进的人们觉得，人在上帝面前并不是那么卑微。

这一运动的内容还远不止此。它发现的，不仅是人体和世俗生活的美，还是人类的创造能力。那个时代，能工巧匠们发明了各种各样的工具和机械，从航海到农耕，都有新的工具出现，包括望远镜和印刷机这些带有革命意义的工具的出现。其中对后来人们改变观念影响最大的，当是对于计时工具的改进，即钟表的出现。一根发条，拧紧了，让它的能量均匀地释放，就可以带动其他零件连续运动。这些发现的总体效果，使人们觉得，不只是God，人，也可以创造出和God的创造物比美的产品，甚至还更好一些，而God创造的东西也并不是十全十美的，否则这些工具应该早就存在了。

对人的俊美和智慧的欣赏只是提高了人在God面前的地位，尚未必会伤害God的尊严。但是战争的失败，国家的灭亡以及由此带来的苦难，特别是黑死病所造成的死亡，就不可能不伤到God的尊严。因为遭受苦难的，并不都是不敬God的人们，更多的，还是自认和被认为是属于“God之国”中的人们。他们为什么也要受如此的灾难呢？是God不爱他的人民，还是God无力拯救他的人民？无论哪一种，都会伤害God的全知全能、至善至美的形象。

当God的尊严受到损害的时候，God的代理人，也就是历代的教皇，却未能给God的知能增光添彩。他们的荒唐行为，严重损害了God的形象。在但丁《神曲》的地狱里，就有好几位教皇和主教、教士。因为他们假借基督教的名义，实际上却在经营自己的买卖。他们买卖圣职，借赎罪敛钱。生活上荒淫无耻，又贪婪权力，破坏社会安定。他们背弃了God的教导，把圣殿变成了“兽窟”，把法衣变为“装满罪恶面粉的口袋”。此后法国启蒙运动的思想家们，首先也是把抨击的怒火撒向这些God最忠实的仆人们。启蒙运动公认的领袖和导师，被称为“法兰西思想之父”的伏尔泰，把教皇比作两只脚的禽兽，称教士是文明的恶棍，认为天主教会是狡猾的人布置的骗人的罗网，社会上的一切罪恶都源于教会散布的蒙昧主义。他反对三位一体说，认为耶稣不过是一个凡人，《旧约》《新约》不过是一些荒谬透顶的神话故事，一部教会史就是一部充满迫害、抢劫和谋杀的历史。他认为教会里都是一些“丑类”，所以提出了“打倒丑类”的口号。霍尔巴赫则指出，教会里的人为了自己得救，就去掠夺人民；他们使人民贫困，以便人民厌弃尘世、向往来世而皈依他们。

依罗马教会认可的教义，不仅God是全知全能、至善至美的，教皇也是没有错误的。然而在但丁、伏尔泰、霍尔巴赫等思想家的眼里，教皇和主教、教士等等，他们的行为不仅是一般的错误，而且是严重到应该下地狱的罪行。他们是“丑类”，是人民的掠夺者。面对这些事实，人们会作何感想呢？

当一个国家陷入混乱的时候，恶人横行，善良受苦。作为国家官吏，不仅不能制止恶行，自己也助纣为虐，沆瀣一气，甚至公然为豺狼，人们会怎么想他们呢？不是国王不仁，就是国王无能，甚至国王是有名无实，或者真的就不存在了。现在，处于“God之国”中的居民，也面临着这样的局面，难道他们真的就只能责备自己的原罪，责备自己对God不敬？一年可以，十年可以，百年可以，数百年，上千年，灾难不仅没有减轻，甚至还在加重，难道真的能够始终如此？

质疑的声音到底还是出来了。我们今天尚能看到的，前有但丁的《神曲》，后有伏尔泰和霍尔巴赫等人对教皇、教士的责备。教皇、教士自称是God的仆人。仆人如此作恶，责备者会不想到他们的主人？如此这样的责备不及主人，要么是责备者的思想不够彻底，要么是思想明白但现实过于险恶。

不幸的是，责备教会的声音不仅是诗人和哲学家，真正严厉的责备出自教会内部，一些下级的教士。其代表人物是马丁·路德，起因是所谓“赎罪券”。

奥古斯丁不是说人人都有个与生俱来的“原罪”吗？如果不消除，到最后审判时，就得下地狱。消除的办法，依照《新约》，就是要信耶稣是神，听耶稣教导。但是教会发明了一种新的办法，就是买“赎罪券”。这是一种个别书写的文书或称契约，写清赎罪者要求赎免的罪行名称、数量，交纳费用的数量。要求赎免的罪行愈多，交费自然愈贵。赎罪券收费所得，少部分归当事的教士，大部分逐级上交，最后交给罗马教廷。这笔收入，是当时罗马教廷最重要的经济来源。但路德指责说，教皇根本没有赎免人类罪过的权力。如果有，也应当是免费的。用金钱赎罪，只会给坏人以投机取巧的机会。因此，所谓赎罪券，不过是教会敛钱的手段。他抨击教皇和教廷的腐败和堕落：

在那里誓言已不再信守，僧侣容许擅离职守，教士可用钱买到婚姻生活，私生子可成为合法，卑鄙无耻可以上光荣册。一切名声恶劣和丧尽脸面之徒可以加封晋爵。（那里到处是）买与卖、物物交换、吆喝和成交，欺诈和谎言、抢劫和偷盗、淫乱和堕落以及种种亵渎上帝的行为，恐怕反基督的人也不会做出比这更坏的事。（路德《致德意志民族的基督教贵族信》）①

路德的信说明，从但丁经伏尔泰到霍尔巴赫，对教皇和教会的指责是属实的。

自己的仆人是如此的胡作非为，让自己怜爱的民众遭受如此的苦难，而God或者是默不作声，或者是听之任之，无论哪一条，都严重损害着God至善或全能的形象。

事情的发展并不到此为止。

五、对基督教精灵神的肯定与否定（3）
——从科学到无神论

如果说人的地位的提高，战争和黑死病带来的苦难，加上教皇、教士的腐败，都只是损害了God的形象，那么，科学的发展，则直接导致了对God现实存在的否定。

我们这里说的“科学”，简单地说，就是指人类获得的正确的知识。人类最初的正确知识，是在生活和生产实践中偶然获得和点滴积累的。当人类意识到知识的重要，并且把追求正确知识作为一项独立活动的时候，就是科学的开始。

这些正确的知识，简单到哪些东西能吃、哪些东西不能吃；复杂到宇宙的创生，分子原子的结构，历史发展的动因，都是知识。这样，不仅人类需要确切可靠的知识；就是禽兽，也需要确切可靠的知识，区别仅仅在于知识的多少和复杂程度的高低。有神论者虽然创造或者信仰一个并不存在的神祇，但在日常生活中，甚至在有关有神论的事务中，同样一刻也离不了知识。从这个意义上说，宗教和科学，并不是死敌。

人类是地球上最为年轻的高级动物，它之所以能在短时间内成为地球的主

① 以上引文均出自［英］托马斯·马丁·林赛（Thomas Martin Lindsay，1843—1914）《宗教改革史》，孔祥民等译，北京：商务印书馆，1992年，第18页。

人，就是因为它能不断积累和扩大自己的知识。正常情况下，知识的发展也会缓慢进行。如有历史机遇，其发展就会加速。

简单的知识可以通过经验事实进行验证，复杂的知识就需要通过人类在长期动脑的过程中所形成的想象或推测能力。简单的知识可以化为日常的生活习惯，就像动物把知识化为本能一样。复杂的知识有的甚至无法验证，比如宇宙的起源。各种神祇创世说，在产生的时候，不过是人类对于宇宙和人类起源的推测，后来某些说法就成了某些宗教的教条。知识一旦成了宗教教条，即被认为是神的意志，也就成了不可怀疑的绝对真理，知识的发展也会因此受到阻碍。

然而即使宗教教条，要完全阻止知识，也就是科学的发展，也是不可能的。11、12世纪，欧洲人知识的自然发展，加上自然来往或者由十字军所带回的文献，以亚里士多德为代表的古希腊知识体系逐步受到了广泛欢迎。托玛斯利用亚里士多德的知识体系论证God的存在，又极大地提高了亚里士多德知识体系的信誉。于是亚里士多德的知识体系被教会采纳，成为教会对于世界秩序的正式解说。也就是说，如果要问God创造的世界是什么样的，那就是亚里士多德说的那个样子。

在这个体系上首先打开了一个缺口的，是哥白尼的《天体运行论》。

依亚氏体系，大地是宇宙的中心，太阳、月亮和其他行星都围绕大地旋转。这个体系一旦作为教会认可的信条，就意味着，在教会看来，God当初创造的世界就是这个样子。但是哥白尼说，宇宙的中心不是大地，而是太阳。那么，当初God创造的世界到底是什么样的呢？是教会在说谎，还是哥白尼有意反对教会？

尽管哥白尼的著作出版时，仅仅声称是一种假说，但还是很快流行开来。稍后的伽利略（Galileo Galilei，1564—1642）通过落体实验，证实了物体下落的速度与重量无关。这与亚里士多德说的物体愈重下落速度愈快的结论刚好相反。伽利略还发明了望远镜，看到了月球表面也是凹凸不平。有高峻的山脉，也有低陷的洼地，并不像亚里士多德体系说的那样光滑圆满。伽利略还通过绳摆等一系列实验，论证哥白尼的太阳中心说是正确的，为此曾经被教会判罪。然而教会可以判处伽利略有罪，迫使他放弃大地运动的理论，却无法阻止人类认识的深化和有关自然界知识的更新。

和伽利略同时，开普勒（Johanns Ke-pler，1571—1630）发现，每个行星都在一个椭圆轨道上运动，太阳则处于这个椭圆的一个焦点上；离太阳愈近，其运动速度也愈快，但它与太阳的连线在相等时间内所扫过的面积是相等的；距离太阳愈远，运转的周期就愈长，其运转周期的平方与到太阳距离之间的立方成正比。假如开普勒不是把太阳放在宇宙的中心位置，那么，他的天文学发现就是对God创造的世界的一曲颂歌。这个世界不仅如此有秩序，而且还可以如此精确地计算出来。

开普勒以后不久，一个更加伟大的科学人物出现了，他就是牛顿（Isaac Newton，1643—1727）。牛顿对于知识最重要的贡献，无疑是他的三定律，尤其是“物体在不受外力作用的情况下保持匀速直线运动状态”，与亚里士多德的运动必须由外物推动的结论又是完全相反。不仅如此，牛顿还发现了“万有引力”。所谓“万有引力”，指的是一切有质量的物体相互之间所发生的吸引作用。所有的天体，一面因其自身的原因而运动，一面也因相互的引力而形成一个有规则的运转系统。这样，整个宇宙就像一个钟表。不同的是，钟表的发条是由人来拧紧的，天体间的运动动力，却是由于自身的原因自然形成的。

不论牛顿本人是否相信第一推动力，或者是否找到第一推动力，或者直到今天，人们对牛顿与第一推动力的关系仍然在争论，但有一点是明确的，牛顿的万有引力可以不要什么第一推动，而使世界上的各种事物、首先是各种天体，联系为一个有秩序的自然体系，也就是说，可以不需要第一推动力。

这样，牛顿的结论不仅再一次否定了亚里士多德物体必须有外力相推才能运动的结论，而且也直接否定了托玛斯关于God存在的论证。因为天体的运动，完全不需要外力的推动，而是完全自然的自我运动。即使钟表，虽然需要人来上紧发条，但发条上紧以后，齿轮的运动就完全在发条的作用下进行，而发条本身则不需要推动，它是自我的运动。其运动规则，也和教会认可的亚氏体系不同。

当物理学凯歌行进的时候，关于人体的研究也有了根本的突破。

根据《旧约・创世记》，God造了男人以后，又取下男人的一根肋骨造成了女人。因此，男人的肋骨是比女人少一根的。但是新的人体解剖发现，男人的肋骨和女人的一样多。那么，是谁在撒谎？God吗？

被教会认可的人体构造说，源自古罗马的医生盖伦。盖伦说，肝脏产生血液，先存于静脉，经过心脏，进入动脉。流遍全身，消耗干净。1543年，和哥白尼《天体运行论》出版同时，比利时医生维萨里（Andreas Vesaliua，1514—1564）出版了《人体结构》一书。该书公布了他在解剖学上的新发现，纠正了盖伦的两百多处错误。该书指出，人体的脏器、骨骼、肌肉、血管、神经都是密切相互联系的。由于违背教义，被解除教授职务。维萨利之后，他的学生、西班牙医生塞尔维特（Michael Servetus，1511—1553）发现，血液从右心室经过肺部进行“加工”后，然后进入左心室。也就是说，心肺之间的血液，是循环流动的。由于他的说法更加违背教义，被处以火刑。接着又有英国医生哈维（William Harvey，1578—1657）发现，血液在人体中是循环流动的。而流动的动力，就是人的心脏。心脏是一块拳头大小的空心的肌肉，它像一个水泵，在收缩时把血液压进动脉血管，然后放松、扩张，接着再收缩，如此不断反复，血液就不断地被送进动脉血管，然后经静脉再流回心脏。

哈维的发现不仅根本否定了盖伦关于血液由肝脏产生、遍布全身后就消耗干净的理论，他关于心脏作用的描述，使人很容易地就联想到钟表的发条。一个正常人，只要他不缺食物供应，他的心脏就会源源不断地把血液输送到全身，而全身的各个器官也都会正常地运转。由于这些解剖专家们首先和主要地是从解剖动物开始，所以人们首先想到的是，动物，和钟表一样，就是一部机器。

“动物是一部机器”的话，首先是由思想家笛卡儿（RenéDescartes，1596—1650）说出的。机器的运动虽说需要动力，但是这个动力是物质的。而且一旦给定以后，自己就可以使机器运转，而不需要上一级推动，更没有必要上推到第一推动或者最初的动力因。这个给定的动力，比如钟表上紧了的发条，本身就是最后的动力因。因而“动物是机器”这句判语，具有明显地否定 God、至少是否定托玛斯论证的 God 的真实存在的因素。

笛卡儿之后，到 18 世纪，法国医生拉美特利进一步指出，人也是一部机器。因为人和动物一样，只要正常供应食物作为“动力因”，心脏就能让血液在全身循环，人的各部器官就能正常运转，和一架钟表类似。

和钟表不同的是，人有思想，可以对外界刺激作出不同的反应。不像机器，对外界刺激的反应是固定的。然而拉美特利发现，假如人体受了伤，血液大量损失，或者因为患病，都可能导致人的思维能力下降，甚至丧失。他因此得出结论：思维能力，是建立在物质的基础上的。思维，不过是人脑这个器官的功能而已，就像人体其他器官各有自己的功能一样。

把对人体的研究和对天体等等的研究综合起来，哲学家们发现，世界上所有物体的运动，都可以从它自身的物质条件找到原因，而无须借助他物的推动。运动能力，就存在于物质自身之中。于是，托玛斯的第一推动者和最初的动力因，都是不必要的。英国的霍布斯（Thomas Hobbes，1588—1679）甚至指出，人们要从物质世界中去寻找一个 God，本身乃是无知所造成的。由于不知道事件发生的真正原因，于是就去推论它的原因，再推论原因的原因，最终导致一个 God 的概念。霍布斯抨击的矛头，直接指向了托玛斯关于 God 存在的论证。

科学事实不仅使思想家们把运动的性质和能力归于物质自身，同时也使他们把自然界的秩序归于物质自身。比如天体运行的秩序，完全是物质自身的原因所形成的，用不着其他外力的推动和帮忙。

最后一个问题是人的灵魂问题。既然人的思维能力奠基于物质的基础之上，当人的身体受到损害、血液供应不足时，人的思维能力就会下降，甚至昏迷，丧失思维能力。那么进一步推论，人死以后，这种认知和思维的能力也就完全消失，不存在什么离开肉体仍能思维和认知的灵魂。

由灵魂推论 God，把 God 说成是三位一体，圣父、圣灵、圣子；或者把 God 说成是单纯的精神存在，原本就是由人的灵魂观念推论出来的。人死既然不可能存在离开肉体的灵魂，那个单纯精神体的 God 也就不可能存在。

从新的知识立场上观看《旧约》《新约》中的知识，观看教会所认可的那些知识，自然感到十分的荒唐可笑。维萨里纠正了盖伦的两百余处错误，从他和哥白尼开始，到牛顿等人为止，总共纠正的错误共有多少？难以统计。在这种情况下，要人们不觉得 God 和教会的荒唐可笑是不可能的。可是上千年来，教会就是用这套荒唐可笑的知识教导人们的，并且严厉禁止新知识的发表，甚至严厉镇压那些发现和传播新知识的人们，这就不能不让人们觉得，他们都是些骗子，而那些信仰他们所说的知识的人们简直就是傻子。相当一段时间里，在法国上流社会中，否定 God 存在的无神论思潮成为一种时尚。谁信仰 God，谁就会受到嘲笑。直到现在，法国和其他欧洲国家相比，信仰 God 的人口比例不是最小的，也是最小的之一。

一个人偶然说一次谎话，并不会被人说成是说谎者。一个人偶然说句傻话，也不会被人认为是傻子。但是如果经常说谎，或者说了许多谎，人们就会把他那些并非谎话的话也当成谎话，就是合情合理的。同样，一个经常说傻话的人，也一定会被认为是傻子，虽然，傻子的话也不会都是傻话。当科学的发展使人们发现，被教会所认可的经典以及对经典的说明有数百上千甚至更多的谎话、傻话时，由此出发，进一步否认这经典以及经典解说的真实性，甚至否认 God 的存在，就是合理的推论。迄今为止，归纳法能够做到完全归纳的很少，但是依据这不完全的归纳，人们找到的真理还是很多很多，其中就包括 God 不存在。然而迄今为止，仍然有不少护教者，从有神论的经典或者解说中找到一两句话或者一两个例子，说，你们无神论者并没有完全驳倒我呀！对于类似的辩解，我们也只能学着他们的样子，耸耸肩膀，两手一摊：和这样的人，还有什么可说的呢！

六、对基督教精灵神的肯定与否定（4）
——启蒙运动续曲

启蒙运动作为一个社会运动，随着法国大革命的爆发而告一段落。但是自然科学的发展没有停止，否定God存在的思想进程也没有停止。那些在启蒙运动思想基础上发展起来的社会思潮，把否定God存在的进程扩大到对God在社会历史领域里的研究。深入进行这一工作的人物，从法国转移到了德国。其代表人物，是德国青年黑格尔派的领袖鲍威尔和施特劳斯。

首先是施特劳斯在他著名的《耶稣传》中指出，《新约》中的奇迹，也就是那些超自然的现象和事件，都是不真实的，是人为地编造出来的。这样，不仅像God用男人的肋骨造女人以及亚里士多德体系中的那些话是不真实的，就连基督教最重要的经典《新约》中，也基本上都是谎言。斯特劳斯还进一步指出，这些谎言是如何编造出来、如何取得人们的信任的。他说：

> 如果问，在我们所谈到的福音书著作时代，为什么人们会编造出关于耶稣的这类传奇来。我曾指明，这首先是由于当时流行着一种期待弥赛亚降世的思想。① 我曾说，当首先少数人，接着越来越多的人，认为耶稣就是弥赛亚的时候，他们会认为，凡是根据《旧约》的预言、预表和他们流行的解释，可能期望于弥赛亚的事情，在耶稣身上一定都与之符合一致。……就这样，在最古教会的记载中，神迹就产生了；其实，它们不可能不被编造出来，而且那些编造它们的人，很可能并未意识到自己是在编造。②

这就是说，骗子们并不是存心行骗，而是在讲述他们认真相信的事情。傻子们也无所谓受骗，因为他们愿望和期待的就是这样的事情。这普遍的社会心理所造成的后果，就是这样的故事一定要被编造出来。它不以这样的形式被编造出来，就

---

① 原注：“《耶稣生平批判的研究》第1版，72页起；第4版，91页起。”
② ［德］施特劳斯《耶稣传》第一卷，吴永泉译，北京：商务印书馆，1981年，第210－211页。

以别样的形式上被编造出来。

那么，人们是用什么样的材料编造了耶稣的神话呢？鲍威尔认真研究了基督教之所以成为基督教的最重要的经典《新约》的来源，他指出，早期基督教继承最多的，不是犹太教，而是古希腊哲学。古希腊哲学家斐洛是基督教的真正父亲，而罗马的塞涅卡则是基督教的“叔父”。在斐洛名下的许多著作，已经包含着本质上是基督教的全部观念，包括原罪和忏悔观念，对于富贵和权势者的仇恨，蔑视尘世享乐和情欲等等。这样，那位自称是 God 之子的耶稣的形象，其思想构成，就主要不是《旧约》中的 God 所派遣的圣灵，而是根据古希腊哲学，由古希腊、罗马当时的历史条件所塑就的偶像。

施特劳斯和鲍威尔的研究揭示，福音书的内容几乎没有一件是真实的，甚至连耶稣是否确有其人都是个疑问。鲍威尔还指出，耶稣这个形象的诞生，是人的自我意识的分裂。自我意识把自己一分为二，一个是自我意识自身，另一个就是与自我意识相对立的、并且外在于自我意识的存在，这就是神。也就是说，神是人自己造出来的，并且是按照自己的愿望和想象创造出来的。鲍威尔把这个过程叫做自我的“异化”。恩格斯认为，布鲁诺·鲍威尔在解决基督教的起源和发展问题上的贡献，比任何人都大得多。

在青年黑格尔派的基础上，费尔巴哈进一步指出，宗教的本质，就是人的本质。被人异化出来的上帝，不仅包含着哲学思维意义上的意识，还有人的情感，人的愿望。不仅是人的自我意识，而且是人的全面分裂。上帝，就是一个理想化了的人。

到费尔巴哈为止，距离单纯否定 God 存在的无神论已经很远了。这就好像破获一个案件，不仅真相大白，而且弄清了作案动机和作案过程。马克思在宗教问题上的贡献，就是进一步弄清有神论产生的土壤以及如何消除这个土壤。

就在哲学家们从社会历史的研究中否定 God 真实存在的时候，自然科学又有了新的发展，特别是生物学领域。

1801 年，法国生物学家拉马克发表《无脊椎动物系统》，1809 年，发表《动物学哲学》，在这两本巨著中，拉马克提出了有机界发生和系统的进化学说。

拉马克发现，由于环境的影响，生物物种会发生变异。为适应环境，那些使用频繁的器官会发达增大，不常用的器官会发生退化。这些后天获得的性状，会遗传给后代，使生物逐渐演变，变异巨大者，就成为新的品种。大约与拉马克同时，也是法国的生物学家居维叶深入研究了各种不同地层的古生物化石，发现地层愈新，其中的古生物类型也越进步。最古老的地层中没有生物化石，后来才出现了较为低等的植物和海洋无脊椎动物化石，然后是脊椎动物，最后是哺乳类和人类的化石。他不认为这是如拉马克所说的生物进化的结果，而认为这是由于某种灾难造成了生物的大灭绝，残存的生物在下一阶段中又形成了新的种类。

拉马克和居维叶的观点不同，但都指向一个目标：地球上的生物，是不断变化着的。至于变化的原因，当有更加合理地解释。做出这个解释的，是著名的生物学家达尔文，还有和他一起发现进化原因的华莱士。

达尔文在环球旅行时就发现，某种现存的动物和这类动物在很久以前的性状是不一样的。他怀疑，现在的这些动物可能是先前同类动物进化的结果，而不是God的创造。他还发现，地区不同，生物的种类也不同。即使环境大体相似的地区，生物的种类也未必相同。他认为，God不会专门为不同地区创造不同的生物。那么，这些生物的差异是如何造成的呢?

达尔文观察到，家养的生物，变异很大，这都是人工培育的，和God无关。那么，野生条件下生物的变异又是什么原因呢?

达尔文发现，所有的生物，繁殖的数量都很惊人，但一个生物群的规模却大体稳定。这说明，一定有大量的个体未能存活下来。他推论，生物所生育的后代数量虽大，但相互之间的性状一定是各不相同。不同的性状，会导致各自的生存能力也不相同。由于生存资源有限，个体之间存在着争取生存资源的、激烈的“生存竞争”。在生存竞争中，只有那些适应环境能力强的个体存活下来，而它们那适应环境的性状也会逐渐积累、发展，形成新的物种。生物因适应环境所引起的变异，达尔文称之为“自然选择”。

至于人类的诞生，也遵循着生存竞争和自然选择的过程。达尔文认为，人，是从一种古猿进化来的。他用自然选择过程，解释了古猿如何从直立开始，逐渐发展出双手，最后到发达的智慧等等人类特有的功能。

如果说从哥白尼开始，自然科学家们所反对的，主要还是教会认可的知识，除了用男人的肋骨造女人等少数事例，绝大多数还不是直接与《旧约》和《新约》这两部经典对抗。但达尔文的进化论，却是直接否定了《创世记》中God创造动物、创造人类的教条，从而也使得进化论让基督教会感到特别难以忍受。

和一切新的科学学说一样，进化论在一些细节方面还有待完善，后世关于进化论的一些具体说法也有这样那样的争论。然而自从进化论问世以来，它在细节方面的许多空白正在逐步填补，一些具体的说法也日渐被补充和修改，因而越来越趋于完善。基督教方面的一些护教者，常常抓住进化论一些不完善的地方，甚至捏造达尔文临终时后悔发现进化论以致信了基督教的谎言，来抨击进化论。基督教护教者对于进化论的态度，正说明进化论在破除 God 观念方面的特殊作用。

达尔文在发表进化论的时候，老老实实地说明，进化论在理论上还有哪些不完善的地方，这正是科学和 God 创世的神学教条的根本区别。神学教条总是把自己说得非常圆满，是绝对真理。然而如果把不完善的科学知识和完美的神学教条相比，在说明世界，也就是在关于自然界和人类历史的知识方面，就像一块美玉和一块塑料的关系一样，美玉虽然会有瑕疵，但终究是块美玉。塑料虽然可以以假乱真，做得非常好看，但那是毕竟仅仅是塑料。进化论可能还有一些需要搜集、需要补充的证据。但是 God 创世和变相的 God 创世说，却是一点根据也没有的梦话似的塑料制品。

就在达尔文进化论发表以后不久，德国哲学家尼采大声地喊出了一声震惊世界的高音：God 死了！

七、基督教教士对精灵神 God 的否定和重塑 God 的工程

尼采不止一次地说过，God 死了（德文 Gott ist todt）。其第一次出现，是在《快乐的科学》一书。该书出版于 1882 年，其第三卷中，尼采写道，God 死了。是一个疯子白天打着灯笼在市场上喊出来的，那里聚集着许多不信 God 的人。那个疯子向那些不信 God 的人们喊道，God 死了，God 殉难了，是我们大家杀死了他！我们都是谋杀犯。在该书中，有时他又说，God 是自然死亡的，不是“我们”杀死的，而是由于 God 对人类的怜悯杀死了自己。由于 God 的死亡，他说，对基督教 God 的信仰变得不可信了。

尼采认为，人类杀死 God，是因为 God 见证了人类的丑陋。用我们中国人的俗话讲，就是被人类的丑恶气死的。

这是在欧洲经历了文艺复兴、启蒙运动以后，又出现了德国青年黑格尔派直到马克思主义，是在哥白尼所代表的天体科学到以达尔文为代表的生物科学兴起之后，德国哲学家用最简洁的语言对这段否定 God 存在的历史进程所给予的总结。

尼采是 19 世纪末德国重要的哲学家，他的所谓“超人”哲学或者“唯意志论”曾经造成了广泛的世界性的影响。同样，他的“God 死了”的呼喊，对于世

界思想进程的影响，完全可以和他的“唯意志论”相比美。许许多多哲学家，也有许许多多神学家，都以自己不同的方式对于尼采“God 死了”的判断做出了反应。热烈赞成者有之，激烈反对者有之。在我们看来，不论对“God 死了”这个判断持什么态度，尼采的判断至少说出了以下几个历史事实：

第一，欧洲已经有许多人不再信仰基督教 God 了。因为在疯子喊出这句话之前，市场上就已经聚集了不少不信 God 的人。疯子正是对这批人呼喊的。

第二，至少对于这些人来说，God 是不存在的。

第三，“杀死”God 的，不是某一个人，而是“我们”，是许多人共同做出的行为。他们成功了，God 死了。也就是说，他们成功地证明了，God 是不存在的。

第四，或者 God 是自我死亡的。自我死亡的原因，是因为人类的丑陋。人类是 God 造的，而 God 竟因为人类的丑陋而被气死，要么是悔恨自己的作品质量太差，要么是对人类恶行的无奈忧愤而死。不论哪一条，都否定了 God 全知全能的性质，而 God 也就不得不因此而死。

被称为“激进神学”代表的奥尔蒂泽教授认为“我们必须正视上帝已从我们时代隐退这个实实在在的现实”。持类似主张的，还有所谓生存神学、希望神学、世俗神学等。

生存神学的主要代表人物有马塞尔（1889—1973）和麦奎利（1919—2007）等。马塞尔认为，God 从根本上说，不是在人之外的东西，而是存在于人之中的，依靠人的生存体验而存在，和人不可须臾分离的东西。马塞尔的说法，使我们很容易想起禅宗的“悟即是佛”。如果承认儒教是教，则更像儒教的“天人合一”。因为依照天人合一观念，天，也就存在于人自身之中。所以是天人一体，密不可分。麦奎利则认为，追问 God 是否存在是个无意义的问题。神学的出发点不应该是中世纪经院哲学的神，而应该是而且只能是人，并且呼吁神学研究要转向人。

希望神学的代表人物有德国图宾根大学教授布洛赫（1885—1977）等。他们同生存神学家一样，根本否认上帝作为在人之外存在的客体，还进一步宣扬 God 不过是人的理想或者希望，他们把对神的信仰转换成了“对人本身的信仰”，或者是“人的自我信仰”。在《希望原则》一书中，布洛赫提出，人是人的 God。这样，对 God 的信仰，实际上就是对人的信仰。

世俗神学的神学家从“God 已死”出发，认为这个时代是把神变成人的时代。其主要代表人物有德国神学家朋霍费尔（1906—1945）、英国剑桥神学教授罗宾逊（1920—）等。朋霍费尔认为，我们这个时代是神学世俗化的时代，是一个没有God的、人的时代。罗宾逊则认为，现在要做一个基督教徒，不是去做一个忏悔者或者圣徒，过着一种特殊的宗教生活，而是要做一个在“无神世界”生活的世俗的人①。

不同的研究者对当代神学的划分会有不同，但几乎都承认他们是从“God已死”出发，并且以各自不同的形式阐述了God并不存在，至少是以前那个被塑造成无形无象、全知全能单纯精神体的God已经不能再存在。也就是说，当代神学家们，至少是相当多的神学家们都承认，从17、18世纪开始的、唯物主义哲学关于God并不存在的判断，是正确的。如果这还不算证明了God的不存在，那么，什么样的证明才能算是证明了God的不存在呢！

当代神学家们承认God已死，承认我们生活在一个无神的，或者更准确地说，是God已经不再存在的世界，并不是这些基督教神学家们的自觉，而是一系列外部力量作用的结果。“God死了”的呼喊以及对这个判断的承认，表明了长期生活在God荣光之下的人们的觉醒，说明人们认识到God本来就是不存在的，本来就是人自己创造出来的一种虚拟的本质。现在，是人类应该抛弃这虚拟本质的时候了。人们不应该还是生活在虚拟之中，而应该面对现实，用现实的手段解决自己的问题。

在否定God存在的进程中，马克思主义的哲学批判，具有特殊重要的意义。在一些神学家看来，是马克思主义使他们抛弃了God。不过，他们说，死去的，或者马克思主义使他们抛弃的，不是真正的God，不是God本身。而仅仅是过去的、“机械的”God，是God“外化”的形式。这个God，不是真God，而只是一个“准God”，是基督教把它人格化了。这样的God对于今天，已经不再需要了。因为它的存在，反而“会给宇宙的尊严带来损害并且会涣散人类的努力劲头”②。

基督教使之人格化的God“会给宇宙的尊严带来损害并且会涣散人类的努力劲头”。可以说是当代神学家对于宗教，或者更准确地说，就是对于基督教、对

① 对当代神学派别的介绍参考：段德智《试论当代西方宗教哲学的人学化趋势及其历史定命》，载《哲学研究》1999年第8期。

② ［法］夏尔单（德日进 Pierre Teilhard de Chardin SJ，1881—1955）《问题的中心》。载：刘小枫主编《20世纪西方宗教哲学文选》，上海：三联书店，1992年，第519—520页。

于信仰God效果和作用的历史总结。这个总结，与17、18世纪以来唯物主义无神论者的见解，完全一致。毋宁说，那些以前曾经被基督教神学家们视为洪水猛兽、动辄被处以极刑的无神论思想家们对于宗教作用的评价，在当代神学家们这里得到了回应，得到了承认。如果说这还不算是证明了God的不存在，那么，什么样的证明才能算是证明了God的不存在呢！

但是基督教神学家决不会彻底放弃God，他们必须牢牢地抓住God，否则他们的教也就没有必要存在。他们一面不得不承认传统的、旧的God的死亡或者不存在，一面又要重塑一个新的、他们认为是真正的God。而在这种弃旧图新的进程中，被誉为“基督教存在主义高峰”的神学家蒂里希（田立克）是典型代表。然而，蒂里希的神学新见解虽然得到了高度赞扬，但也遭到了众多的批评。

第四节　对超精灵神的批判

一、对蒂里希上帝观的批评

蒂里希说God是“存在的基础”或者“存在本身”，大约自认为这是他对God存在问题的完满解决，并且超越了God存在与不存在的争论。他的这个结论，既保住了God的“存在”（按：到目前为止，我们还只能用这个词来表述God的真实性），又避开了关于God存在与非存在的苦恼。不过问题在于，“存在的基础”，或者说“存在本身”是什么？它和存在的区别在哪里？或者说，“存在本身”是否存在？因为我们知道，根据《旧约》，God是从虚无中创造了整个世界和人类的，它创造的东西，既包括存在的，也包括不存在的，也就是说，包括天使，也包括魔鬼。God与世界的这种关系，可以理解为God就是存在的基础，虽然天使和魔鬼并不存在。在后来的基督教中，God作为本体，也是一切存在的基础；一切存在，包括物质的和精神的，都是这个本体的外化或者流出物。God与世界的这种关系，也只能理解为God是世界的基础。而人们所说的“存在”，就是这个世界的存在，在基督教的信徒当中，还包括天使和魔鬼的存在。那么，这种传统的God观念和蒂里希的God观念又相差几何呢？然而传统观念中的God，遭到了存在还是不存在的质疑。那么蒂里希的“存在的基础”，或者说“存在本身”，是否就真的超脱了质疑，超脱了存在和不存在的争论呢？回答只能是否定的。我们还是要问："存在的基础"或者"存在本身"是什么？这个"基础"或者"本身"是不是存在？因为对于我们身处其中的世界，对于这世界上一切与我们有关的东西，无论是精神的还是物质的，如果要从整体上去描述他们，还只能用"存在"还是"不存在"这样的概念，并且清楚地知道，那现实中并"不存在"的东西，可以仅仅存在于人的观念中。God，天使、魔鬼，就是这样一些现实中并不存在而仅仅存在于一部分人的观念中的东西。

对蒂里希的赞扬和批判，首先都是在基督教世界内部进行的。

在有关蒂里希 God 观的评论中，詹姆斯·C·利文斯顿（James C. Livngston）的评论具有典型代表的意义。他认为，蒂里希的神学思想是 20 世纪"一项纪念碑式的思想成就"。但是，他认为这种神学有许多问题：

> 作为一种字面陈述，它是异常含糊的……他未曾仔细地区分"存在""存在本身""存在的基础"和"存在的力量"，所有这些词语在本体论上意指的东西是大相径庭的。这只是人们开始分析蒂里希著作时，脑子里会马上出现的几种问题。①

我们在阅读蒂里希著作时，脑子里马上出现的，也是这样的问题。

利文斯顿在他的著作中还介绍了亨利·纳尔逊·韦曼的神学。韦曼曾担任过牧师，但他认为，一切认识，最终必然依赖于科学。God，应该是一个能够通过感觉、经验来认知的对象。韦曼和蒂里希一样，否认超验的 God：

> 韦曼相信，在现今阻碍人类生活的创造性进步的所有因素当中，以信仰超验的、超自然的 God 为基础的种种神学理论属于对人类未来最有危险的一类。②

但是他反对蒂里希的神学：

> 蒂里希把 God 说成超越一切认识性的象征和结构的"存在本身"或"存在的力量"。因此 God 并不"存在"（生存着），因为"生存"的前提是过程确

---

① ［英］詹姆斯·C·利文斯顿（James C. Livngston）《现代基督教思想》（Modern Christian Thought）下卷，何光沪译，成都：四川人民出版社，1992 年，第 726 页。
② 同上书，第 845 页。

> 定的、有限的结构或形式。韦曼断言，这样谈论God的神秘和非“存在”（非生存），会导致种种有害的幻觉，为种种情感的无助的表演打开通路。①

也就是说，蒂里希把God说成“存在本身”或“存在基础”，事实上就是说，God并不存在。利文斯顿还评论说：

> 虽然巴特、蒂里希和布尔特曼之类的神学家做了大量工作，大大复兴了个人信仰的生存方面，但在理解God事实上在自然界和历史中如何行动方面，他们给我们的帮助甚少。如果人们一直不知道God如何在历史经验的事件中并通过这些事件起作用，那么，关于God的客观实在性的意识能否长期维持，就是十分可疑的了。②

其中提到的卡尔·巴特，被利文斯顿称为20世纪最伟大的神学家。巴特否认God是一个放大了的人，认为God与人的距离是无限的，人们不可能通过God创造的有限物来认识God。鲁道夫·布尔特曼也是20世纪重要的神学家，他的God，是一个“隐蔽的、佯谬的God”。③ 在利文斯顿看来，他们和蒂里希一起，实际上取消了God的存在。至少在我们看来，是取消了精灵性God的存在。

从尼采的“God死了”，到蒂里希、巴特等当代神学家取消God的存在，我们不知道这算不算是证明了God的不存在！

或许有人会说，这些神学家只是“实际上”取消了God的存在，他们口头上并没有明确说出God不存在呀！那么，让我们来看一看当代神学家们的God吧。

二、所谓“存在本身”或“存在的基础”

而那作为存在基础的东西，也是存在。不过不是某种具体的存在，而是“一般的”存在，或者称之为“存在一般”。这个“存在一般”，也不是现实中的存

---

① ［英］詹姆斯·C·利文斯顿（James C. Livngston）《现代基督教思想》（Modern Christian Thought）下卷，何光沪译，成都：四川人民出版社，1992年，第847页。
② 同上书，第869页。
③ 同上书，第748页。

在，而是人类的思维从各种各样的具体存在中抽象出来的东西。因此，蒂里希所说的“存在的基础”或者“存在本身”，不过是这种“存在一般”；而本来就具有“一般”意义的“存在”，则被蒂里希理解为“个别”或者“具体”的存在。所以他才会说，假如说God存在，就是把God等同于某人或者某物。或许，在存在主义哲学中，“存在”一词所指称的就是某种具体的存在，所以他们才有“存在先于本质”的命题，但是，某个哲学派别对于存在的理解，改变不了一般和个别的普遍关系。

区别在于，God以及类似的神祇观念之外，人类思维所抽象出来的“存在一般”，虽然自身并不是具体的存在，但它赖以抽象出来的基础，本身是存在的，是具体的存在，是可以通过感觉加以认知的。而它，即存在一般，是人类的思维从这些可以感知的具体存在中通过逻辑程序得出的结果。然而“神祇”观念，自始就不是从具体存在抽象出来的。起初的神祇，不过也是一个具体的存在，是一个被人类赋予了超自然能力的存在。当人类认识到这些对象并没有超自然的能力的时候，经过一系列的演变，才仿照哲学的抽象，把那最高的神祇塑造成事物一般的本质。然而这个一般的本质，乃是宗教家强加给那些具体存在的，而不是从具体存在抽象出来的；或者是一种错误推论的结果，而不是逻辑的必然。所以，如果说God也是存在一般，则仅仅是形式上和存在一般相似。

因此，蒂里希所说的“存在基础”或者“存在本身”，说的只是“存在一般”，而且仅仅是形式上的存在一般，不是真实反映具体存在普遍本质的存在一般：

> 作为“存有自体”的God，是超凌“本质存有与实存存有之对立”的God。前曾述及，存有向那含有与自己矛盾、并会丧失自己之可能性的实存之转移。但存有自体没有这种逆转。因为存有自体不参与非存有。在这点上，存有自体与一切存有对立。[1]

这不过是用曲折、或者说，一种麻烦的形式说出了“God是存在”这个最普通的信念罢了。而这里的“存在”不是某个具体存在，而是存在一般。存在一般本身

---

① ［英］詹姆斯·C·利文斯顿（James C. Livngston）《现代基督教思想》（Modern Christian Thought）下卷，何光沪译，成都：四川人民出版社，1992年，第319页。

是不存在的，把God说成存在一般，也就是否认了God本身的存在。如同黑格尔所说，假如仅仅说某个对象是存在的，此外再说不出任何具体规定性，那么，存在，就立刻转化为非存在；有，就立刻转化为无。因此，蒂里希的God观念，并没有超脱存在和非存在的对立。

蒂里希反对就God的存在问题作论证，认为这种论证是亵渎，甚至是否定God，然而他对于God存在与否的讨论，God是“存在基础”，是“存在本身”的结论的得出，就是一个关于God存在与否的论证。因为对于God的每一次重塑，都必须经过论证，才能为大家所接受。虽然论证本身确是对God存在表示怀疑的事件，是对God的亵渎和不敬，但是如果不作论证，事情将更加糟糕。

蒂里希的论证或者说是说明，使我们看到，从奥古斯丁的三位一体说到蒂里希的God是“存在基础”“存在本身”，基督教在说明和论证God存在的过程中，God观念究竟发生了什么变化？如果说，从三位一体到安瑟伦的本体论论证，还都可以说God是一个精神性的存在，那么，托玛斯从世界的运动、动力和目的中引出的God，就很难说是个精神性的存在。我们把它定性为精灵神，只是因为这一时期的基督教信经中说God是单纯精神体。学者们理论上的结论和实际信仰存在差距，并不是个别现象。

至于“存在基础”“存在本身”，就更是超脱了物质和精神的对立，成为存在一般。它不是物质的存在，但也难说它是精神的存在，它失去了自己本身具有的种种具体规定性。虽然，从研究者的角度，我们可以认为无论如何，它都无法超出精神和物质的对立，只要不是物质的东西，都可以归结为精神存在。但在作出这种论证者的心目中，传统的、被认为是精神存在的God，已经死了，已经过时了。他们现在所说的God，已经不是那个如同人的灵魂一样的存在，而是一个仅仅能够说它是“存在”的存在。我们也因此给这样的God定性为“超精灵化”神祇。

在精灵化神祇和超精灵化神祇之间，我们很难有一条鲜明的界限，如同我们在物质的神祇和精灵化的神祇之间，也很难有一条清晰的界限一样。我们只能选取那些比较典型的事例，来作为一类神祇的代表。蒂里希的God，就是超精灵化神祇的典型代表。但不是唯一的情况。在佛教中，在伊斯兰教中，都有某种类似的、神祇超精灵化的倾向。

那么，这种超精灵化的神祇果然是存在的吗？它真的是一切存在的基础吗？

超精灵化神祇的根本特点，就是无任何具体规定性。什么叫无具体规定性呢？就是除了说它“存在”，或者更准确地说是“存在基础”以外，就不能再说什么别的。前面我们已经指出，黑格尔在他的《逻辑学》中，一开头就指出，仅仅说某个对象“存在”，此外再无任何规定性，也就是除了说它存在以外再也说不出它是什么，那么，它就立刻转变成“不存在”，也就是“没有”。

说得再明白一点，不妨举个例子。中国有部《三国演义》，大约每一个稍通汉语或者稍识汉字的人，都读过或听说过其中的一些故事。其中有一回，叫做《难张温秦宓逞天辩》，也就是吴国的张温出差到蜀国，和蜀国的秦宓讨论起上帝观问题。张温问：“天有头乎?”秦宓答：“有。《诗经》说‘乃眷西顾’，说明头在西方。”又问：“天有耳乎?”答：“有耳。天处高而听卑。《诗经》说：‘鹤鸣九皋，声闻于天。’没有耳朵，如何能听?”三问：“天有足乎?”答：“有。《诗经》上说：‘天步艰难’。没有足，如何能走?”

《三国演义》上这段话，见于正史《三国志·秦宓传》，当是确有其事。他反映的，是当时一部分人的上帝观念。

类似的观念也存在于基督教的《旧约》和伊斯兰教的《古兰经》中。《旧约·创世记》记载，God说，要有光，就有了光；说，要有水，就有了水。会说话，就应该有口。God先用泥土造男人，再抽出男人肋骨造女人。制造物品，需要用手。这个God还应该是有手的。如此等等，这个God应该是有着人一样的面貌和身体。在伊斯兰教，也正是因为《古兰经》中多有“真主说”之类的话，有人主张，安拉应该是有着和人类似的身体的存在。

但是在基督教和伊斯兰教中，这样的解释统统被后来的神学否定了。God虽然是按自己的形象造人，但God并不具有人的形象。God也不是柏拉图说的那样有肉体和灵魂的存在，而是一个单纯的精神体。单纯的精神体，就是仅仅有一个灵魂而没有肉体。没有肉体，自然就没有口耳手等器官。没有口，如何说话呢？如何能够发出声音呢？没有手，如何能够制造物品呢？单纯的精神体，又如何能够推动和控制这个世界呢？

把God说成单纯的精神体，就已经使人难以理解，如果你愿意深入探讨的话；然而超精灵神的创造者们又说了，这个God，它连单纯的精神体都不是。它仅仅是个“存在”。这个连单纯精神体都不是的存在，又如何创造世界，如何推动和控制这个世界呢？当初亚里士多德追溯第一推动力的时候，他心目中的第一推动者也应该是物质的。因为他说物体只有被推动才会运动，所指的推动者，都是物质的。比如一块石头，你不推，它是不会动的。要它运动，或者是人把它搬走，或者是水把它冲走，风把它吹走等等。总之推动者都是物质的。由物质的推动者开始，推论到最后的第一推动者，也当是物质的。亚里士多德是柏拉图的学生，他们的神祇观念，不会相差太远。也就是说，即使亚里士多德认为第一推动者是神，那神也是宙斯一类的超人，而不是什么单纯的精神体。托玛斯当年援引亚里士多德，就有混淆视听的嫌疑。至于超精灵神，更是很难被说成是世界的创造者，主宰者，而把这个“存在”换算成“不存在”，一切都不会改变。因此，说蒂里希等实际上否认God的存在，是完全正确的。而所谓“超精灵神”，在某种意义上，就是神不存在的另一称呼。

至于“存在基础”，也就是说，世界上存在的一切，都依赖于它。没有它，这世界就不存在。那么，这存在的基础是什么呢?

说到存在，我们首先想到的，是一个个具体的存在，它们或是能够摸得着，或是看得见，或是听得到，或是闻得出，总之都是可以作用于感觉器官并且引起感觉的东西。这千差万别的存在，我们知道有一个共同的基础，那就是物质。物质，就是它们存在的基础。如果没有物质，它们就失去了存在的基础，也就不会存在。难道在物质之下还有一个基础使之存在，没有它，物质就不存在了吗！人类已经发展到了今天，难道连这点辨别能力也没有了吗?

原来说是一个和人类面貌相似的、会说话、能手工的God从虚无中创造了世界，可以理解。后来又说God是单纯的精神体，并且借助哲学推理去论证它的存在。这个精神体可以冲破有形的局限，被说成是无形无象但无处不在无时不在。但它如何创造世界，如何主宰世界，就不好理解。于是又借助自然科学，论证出有第一推动者，第一动力因等等，然而却抛弃了这些原因本来的物质性质。现在干脆什么也不说，甚至连存在与不存在都不能说，却说它是存在的基础，谁离了它谁就不能存在，不能活！真有这么个东西吗?

因此，所谓“存在基础”或者“存在本身”，不过是明知它不存在却又不能说它不存在，所以要用一种曲折委婉的方式说它存在罢了，所以评论说蒂里希实际上否认了God的存在。而“存在本身”和“存在基础”的作用也就是一条，就是以一种委婉的方式承认，God死了，甚至本来就是并不存在的虚构。

神祇的精灵化，使物质的兽神、魔神和人神都退出了神祇的世界，都被宣布为不是神，或者不存在。超精灵神的出现，则进一步宣布，那种纯粹精神性存在的神，也不是神，也不存在。然而超精灵神的创立，本来是要挽救神的不存在，但是这样一种神祇，除了能够提供给人们一个空洞的“存在”概念以外，其他什么也提供不了，因而是对神祇存在的一种最新形式的否定。

三、“存在的基础”或“存在本身”的内在矛盾

所谓全知全能、至善至美、无时不在无处不在等赞词，早就被用于最高的精灵神。超精灵神完全接过这些赞词。不同的是，精灵神观念认为存在着一个神，它是单纯的精神体。全知全能等等仅仅是对这个精神体的赞词，指称的是这个精神体的功能。但是超精灵神则仅仅有这个赞词，这个赞词所指向的，乃是一个空：“本来无一物。”因此，这些赞词也可以看作是悼词，是向已经不存在的神祇的衣冠冢所奉献的悼词。在这个悼词中，集中了世界上或说宇宙中全部的知能真善美，然而使所有超精灵神，也包括精灵神为难甚至难堪的是，在人类的世界里，存在着假恶丑。或者就以基督教为例，以神学家们常常提起的善与恶说起。

如果说God是存在本身或者存在基础，那么，由于人类的世界里同时存在着善，也存在着恶，那么，God作为善本身或者善的基础，是神学家所乐以称道、一般人也容易理解的。那么，谁是恶的基础或者本身呢？如果God不是恶的基础或者恶本身，God就不能是存在的本身和基础，或者说，只能是一半存在的基础和本身。如果说也是恶的基础和本身，那么God就不是至善的，就是如同古希腊的宙斯、古罗马的朱辟特一样，他们善恶兼备。而像宙斯或朱辟特之类的神祇，早已遭到基督教神学家们的唾弃。

因此，说God是存在本身或者存在基础，自身有着无法克服的矛盾。

人类社会恶的存在，早在精灵神时期，就是神学家们一道最难解答的习题。为了回答这个问题，基督教教父奥古斯丁设置了一个“自由意志”。给人自由意志的目的，是为了让人类自由的行善，自由地信奉God。然而人类中有些人却滥用了自由意志，用它去作恶。

在这个回答中，存在一系列的悖论。

如果说God是全知的，那么，他知不知道人类会用他所赋予的自由意志去作恶？如果说不知道，那就不能说是全知的；如果说知道，那就不能说是至善的。如果说知道而不去制止，就更不能说是至善的；如果说想去制止但是制止不了，那就不是全能的。如果说God出于对人类的爱而未取消人类的自由意志，那就更不可理解。因为当他怜悯一部分人给他们自由意志的时候，就是给了他们作恶的工具。他们利用这样的工具去作恶，伤害的，是另一部分人类。对于那些被伤害的一部分人类，God给予的就不是爱，而是仇恨。

人类自从创造出神祇以后，在神祇的名义下，一部分人伤害另一部分人的事件，大到战争，小到二人互殴，可以说是层出不穷，至今也没有停止。那些美丽神话中的神祇们的战争，其实就是人与人的战争。在遥远的古代，当人们只能凭记忆去描述古代事情的时候，只能把这些战争说成是神祇的战争。后来，有了文字，有了历史记载，神祇们的战争就转变成在神祇名义下进行的战争，影响较大而记忆犹新的且与God有关的，诸如十字军战争、三十年战争、百年战争等等。在这人类相互厮杀的战争中，全知全能的God都做了些什么呢？不仅不是全知全能，而且是一无所知、一无所能。

著名历史学家汤因比《一个历史学家的宗教观》曾经摘引了J. 格兰维尔的《虚无的宣教》和培尔的《辞典》等书，说明“17世纪同时代人对西方反叛基督教传统的表述”。其第一条就是“道德愤慨”，包括：1. 宗教战争的破坏性后果；2. 宗教领袖内心必是暴戾无常的；3. 宗教辩论的嗜好者势必心地不公；4. 权力滋长褊狭。其“权力滋长褊狭”一条中，汤因比援引洛克的话指出，当世俗的长官尚未站在基督徒一边时，这些基督徒几乎很少把他们对于God的热情表露出来。一旦他们得到当地统治者的支持，有了一定的权力，“和平和博爱立刻抛到了九霄云外”。而“在其他情况下，他们通常给人以虔诚的印象。在那些尚未攫取到迫害他人的权力并成为人主的地方，他们总是愿意平等相处并鼓吹互相宽容”①。

汤因比从历史的考察中得出结论说：

> 基督教虽然将恶从神性中剔除出去，但不能将其从宇宙中剔除出去，不能推诿神对于魔鬼的行为，实际上对于魔鬼存在所负有的责任。②

也就是说，魔鬼或者说不道德现象的存在，正是那被认为是全能的上帝要负有责任。不论基督教神学家们对于恶的来源如何解释，都无法抹杀这样一个事实：在全知全能、至善至美的上帝的统治之下，甚至就在上帝之城中，恶依然存在着。而且不仅仅是一般的存在，而是严重的腐败和堕落。

汤因比虽然援引了17世纪中那些批评基督教道德的文字，但汤因比却并不

① ［英］汤因比（Arnold Toynbee）《一个历史学家的宗教观》（An Historians Approach to Religion），晏可佳、张龙华译，成都：四川人民出版社，1990年，第194页。

② 同上书，第301页。

想抨击基督教的道德。在他看来，这些道德腐败的造成，全是那些教皇或者教士们的过错，是他们背叛了基督教的教义。所以他主张恢复基督教固有的道德优良的传统，以拯救当前人心空虚、道德滑坡的现实。

但是如果 God 听任教皇、教士的行为，就是不善；如果是管不住教皇、教士的行为就是无能。超精灵化 God 不能不延续 God 全知全能、至善至美的性质。然而这种延续给 God 带来的，则是更加的尴尬。

至于所谓 God 无时不在、无处不在也是如此。善行发生时 God 在场，固然是 God 的荣耀；若是恶行发生时 God 也在场，那就是 God 的羞辱。而这些不可克服的矛盾也仅仅说明了一个问题：所谓 God，还有所有的神祇，都是不存在的。

我们说过，要把一个并不存在的东西说成是存在的，或者是把存在的说成是不存在的，那是非有过人的才能不可。从古到今，许多神学家，都是当时最优秀的人才。起初他们塑造神祇的时候，可能很少，甚至完全没有有意的谎言。但是后来，有意的谎言就不得不掺杂进来，而且越来越多。因为正如一句俗话所说，要掩盖一个谎言，就必须制造更多的谎言。谎言的增多是为了掩盖最初的谎言，然而谎言增多破绽也就越多，因而也会被多方揭穿。当代神祇所面临的，就是这样一种局面，所以即使不少神学家，也不得不相继承认以前被他们的前辈所极力否认的东西。

但是作为神学家，无论怎样明智，只要他还企图保留神学家的头衔，他就不会彻底否认神的存在。他们仍要竭尽自己的智慧，去维护神祇的存在。手段之一，就是“重塑金身”。存在本身和存在基础，就是重塑的努力之一。另一个重塑的典型案例，就是声称神祇的不可认识。我们仍以 God 为例，来分析这种重塑能否成功。

四、所谓“God 不能被理解”

当代认为 God 不能被理解的说法，可以汉斯·昆的表述为代表：

> 因而，还有最后的一点说明：甚至基督徒也不能声称理解了上帝；上帝是不能理解的；不能声称领会了上帝的用意，那是无法表述、莫测高深的。即使是在基督教信仰当中，我们和保罗一起看到的真理本身即上帝，也仅仅

是似在镜中，其轮廓既隐又现，松散不整，呈单一方面。[①]

持这种主张的神学家强调，God是不可思议的，或者是不可理解的。如果你认为自己理解了God，懂得了God是什么，那就是对God的亵渎，或者是你仅仅理解了God的某些个别部分，个别表现，而并没有理解那个完整的God。这样的God，只能用否定的语言描述，只能说他不是什么，而不能说他是什么。因此，这样的God观，和《旧约》中的God观相比，是把一般人不能看见的，变成了所有人都不能理解的。God，遁向了更加神秘的深处，这是God观向神秘化方向的发展。

God不能被人理解，或者人不能理解God的观点，向前追溯，可以上溯到巴特。这位被利文斯顿称为当代最伟大的神学家认为，God与人的距离是无限的，人们不可能通过God创造的有限物来认识God。

传统的神学家们，总是企图在God和人之间建立一种直接的联系，以为通过人的历史的经验或者精神的经验就可以认识God，就像安瑟伦从人心中的God观念出发一样。但是巴特认为，这种方法是错误的。因为God不是一个放大了的人，人永远也无法通过有限去认识无限，而永恒的God乃是一个无限。在巴特看来，神学的首要任务，就是强调God和人之间距离的无限，也就是强调God的不可认识性。

巴特说，God所创造的那些有限物，不是显现自己的中介，而是隐藏自己的帷幕。人不可能通过这些有限物认识God，就像不能通过帷幕看清一个人一样。要看清一个人，必须直接面对他本人；要认识God，也只有通过God。人与God的关系，只能是信仰，而不能是认识、看见等等。因为God是不能被看见的，因而是不能被认识的。巴特说，这是一条无可争辩的真理。

那么，我们是不是可以通过基督教的圣经《旧约》《新约》来认识God呢？巴特说，也是不可以的。因为构成基督教圣经内容的，不是“人类关于God在思想，而是God关于人类的思想”。圣经并不告诉我们怎样找到God，或者如何和God对话，而只是告诉我们God对我们说了什么。因此，人，只能信仰圣经，而不要企图通过圣经认识God，也不要企图通过圣经认识宇宙。

---

① ［瑞士］汉斯·昆（Hans Kung）《什么是真正的宗教》。载：刘小枫主编《20世纪西方宗教哲学文选》，上海：三联书店，1992年，第31—32页。

巴特进一步解说道，圣经里描述的，是 God 的世界，God 的历史，而不是人类的世界、人类的历史。圣经中的美德只是 God 的美德，而不是人的美德。如此等等。

那么，由这样的神学出发能够得出什么样的结论呢？

圣经既然描述的是 God 的世界、God 的历史，那就是与人无关的东西。因此，巴特认为，基督教圣经在人类的生活中几乎没有什么实践的价值。巴特甚至认为基督教圣经是一个“麻烦”的东西。比如说，我们在耶稣的事迹和教导中，能够找到今天可以实践的东西吗？能够找到我们必须天天都要面对的商业竞争、国家事务、文明发展、婚姻生活等等方面的道德指导吗？在基督教的圣经中，战争是那样的频繁，又那样的随便，怎么能够指导我们今天的生活。其中的许多人物，比如大卫、彼得等等，都很令人尊敬，但却不是今天做人的“好榜样”。因此，巴特认为，基督教圣经对于今天学校的道德课程，几乎毫无用处。

巴特虽然认为圣经中的内容今天大部分不管用了，但是 God 给人的恩典却仍然是存在的。因此，人应该感谢 God 的恩典，充满喜悦的生活。由于强调恩典，人类的原罪以及最后审判在教义中的比重，也大大地降低了。因此，批评者把巴特的神学称为“恩典的凯旋”，把巴特本人称为“快乐的 God 党徒”。

逐条分析巴特的神学已经没有必要了。前面的叙述已经使我们看到了基督教的 God 被创造和被否定的历程。从巴特的神学中，首先是曲折地看到了以往无神论者批判的效果：安瑟伦、托玛斯等从 God 创造和启示的有限事物去认识 God，即证明 God 存在的方式遭到了否定，这就为后来蒂里希等人明确否定这些论证做了先期准备。God 的著名证明被否定了，God 成了距离遥远的不可认识的存在，这也不过是否定 God 存在的羞羞答答的方式罢了。God 离人遥远，他的话对人有什么用呢？于是基督教的圣经被否定了。因为那里面的事，距离现在的社会太遥远了，是另一个世界的事，它没有解决现在社会问题的药方，因此不具有实践价值，甚至也没有道德榜样的作用。特别是其中那十分随意而频繁的战争，实际上就是 God 所降下的、或允许的杀戮，太血腥了，它不适宜让今天的人们知道，就像当年苏格拉底要删除荷马史诗中神祇那些不良行为一样。

但是巴特是神学家，而且是被认为当代最伟大者之一的神学家。所以他不能没有 God。但是这个 God 是不能认识的，因而就不能说它是什么，但是又不能说它不是什么。它是不确定的。巴特把这样的上帝观称为“辩证”的上帝观。就像佛教的“不一不异”一样。当宗教理论问题碰到困难的时候，真是人同此心！

他们找到了共同的摆脱困境的方法：那就是模棱两可。

这种模棱两可的God自然不能说是单纯精神的，更不能说是物质的，它是不能认识的，自然也是不能言说的。这样的God，是在精灵性的God之后的新God。我们也只能把它归入超精灵神之列。

巴特的新God观使我们看到的，还有基督教神学的惯用方法，那就是频繁地下判断而没有论证。比如说，你怎么知道God与人的距离是无限遥远的，为什么不是十分接近的。因为同样有人认为，God就在人的心中；为什么《旧约》《新约》不是人的历史？为什么《旧约》《新约》不是人类关于God的思想，而是God关于人的思想？还有前面蒂里希的什么“存在本身”“存在的基础”等等，都只能说是武断而已。因为在他们之前之旁和之后，不少思想家都说过与他们完全相反的意见。而这些意见，和他们的说法，具有同等的价值，因为都是主观臆断。

巴特如果说在基督教神学上有重大贡献的话，那就是他把God放逐到离人无限遥远的地方。从反对无神论思想的角度看来，他保护了God的存在：他藏起了God。从否定传统基督教的角度看来，他又是以变形的哈哈镜的形式接受了传统无神论的批判，否定了基督教传统的God。

那么，这新God与人的关系怎么样呢：巴特说，它给了人恩典？因此，人们应该爱God，就像后来蒂里希把爱God作为“终极关怀”一样。但是，你怎么知道God给了人类以恩典？为什么不是仇恨？都给了什么恩典？类似的问题，只有巴特自己知道。

于是我们也明白了，从古以来所谓神的意志，其实都不过是当时神学家们的意志。“孔子、墨子俱道尧舜，而取舍不同，皆自谓真尧舜。尧舜不复生，将谁使定儒墨之诚乎？”（《韩非子·显学》）然而尧舜是存在的，只是未必像孔子、墨子说的那样。而God，也包括一切神祇，则是不存在的。一切关于神祇的描述，都不过是神学家们的虚构，一切被认为是神祇的意志或指示，都不过是神学家们的“神道设教”。如果说神道设教在古代社会还是必要的，或者是无法避免的，那么，在现代社会，如同巴特所说，这些说教，大部分都失去了实践的意义，也不适宜作为学校的教材。其基本的用处，就是放在博物馆里，供人们研究和欣赏，就像欣赏古代的神话一样。

从巴特再往前追溯，God无法被认识的思想，还可以追溯到更早的休谟。

生活于18世纪的哲学家休谟，创立了世界近代史上第一个不可知论思想体系。他曾经提出，God是不可知的，是不能被人类的理性所认识的。这也许是当代那种“我们不能证明神的存在，你们也不能证明神的不存在”的先驱。不过，时代不同了。在基督教尚处于思想垄断地位的时候，否认神能被人认识，是无神论者的同盟军。所以休谟曾经被英国教会以无神论的罪名起诉。但是在三百年后，以稍微变幻的形式出现的同一命题，却是为神学所做的哲学辩护。休谟曾经认为，宗教对于个人是不必要的，宗教在历史上的作用，主要是有害的。他曾经说过，基督教的圣经都是胡说八道，世界上那些流行的宗教原则，都是病人的梦幻。休谟只是未必料到，他那些不可知原则，后来会成为保护God存在的辩护词。

从休谟还可以再向前追溯，不过已经不必要了。这种追溯使我们明白的是，在不同的历史时期，都有神祇不可认识的言论，然而其作用和意义却未必相同。在超精灵神时代，基督教神学家们又拣起了这个理论，以维护God的存在，虽然可以抵挡一些来自无神论者的批评，但同时也给无神论者制造着新的抨击对象：这个不可认识的God，对于我们有什么用呢？我们人类要跟着谁走，要听谁的教导，总要弄清领导我们的是什么人，那些教导我们的话是谁说的？可是这一点，却是我们所不知道的，甚至是根本不可能知道的，那么，对于一个现代人来说，谁愿意就这样跟着一个不明不白的人走呢，听一个不明不白的人的话呢！

五、超精灵神时代的灵魂问题

在神祇精灵化的时代，人的死亡被认为仅仅是肉体的各种活动的终止和最终的腐败和分解。因为这是客观的事实，是任何人也无法曲解的。但是那曾经作为肉体主宰、支配肉体活动的东西，则被认为是不死的。这不死的灵魂一般被分为两大类：善的灵魂将进入天堂，坏的灵魂将入地狱。天堂和地狱，由于被说成是人死以后灵魂的归宿处，是灵魂的国度，而那统治着地狱的God或者冥王，也都是一些精神的存在。

现在，God成了超脱于精神和物质之上的“存在本身”，成了某种逻辑推理的前提或结论，因而也不再是天堂或者地狱的管理者，灵魂也就失去了他的归宿。这种无所归宿的灵魂也不再被认为是在天地之间自由往来的“游魂”，而被认为是根本不存在，也就是说，灵魂，也不再被认为是不死的东西。

德国著名神学家奥托，一面认为 God 是不可理解的，可以理解的不是 God，因而具有强烈的 God 超精灵化倾向，一面明确宣布，灵魂是一种“完全不存在的东西”：

> 我们已经把被鬼魂所激起的独特的“恐怖”感情因素说成发抖、吓人和战栗。这种“发抖”明显对关于鬼魂的故事所产生诱惑力起了某种作用。……鬼魂的真正诱惑力不在于它本身，并且在非同寻常的程度上，它诱发妄想，唤醒强烈的兴趣和好奇心，它本身是诱使人想入非非的怪诞的东西。但是，它这样做，不是因为它是“某种长而白的东西（有人曾经这样来解释鬼魂)”，也不是通过任何肯定的和概念的属性（关于鬼魂的想入非非已经虚构过这样的属性)，而是因为，它是一种实际上完全不存在的东西，“无所不在的他者”，某种在我们的现实领域中找不到的东西……①

灵魂是“实际上完全不存在的东西”，是“在我们的现实领域中找不到的东西”。它是我们对于恶魔体验的一种。这种体验使我们对它产生了神圣感，并且把它变成了“超自然的”事物。

英国著名神学家麦奎利也谈到了灵魂问题。他认为，过去关于灵魂实体的整个理论，在现代哲学中遭到了毁灭性的批判。人，只有通过“有形化”，才能同其他的“自我”一起处于一个世界之中。这样，就不可能有一个离开世界和其他自我的“自我”。一个脱离形体的灵魂或者自我的概念，是很难想象的。从经验的层次上，我们也从未体验到独立于肉体的灵魂。我们所看到的，是精神和肉体两方面联系的紧密。“人”这个概念所表示的，并不是一种看不见摸不着的非物质的精神实体，而总是一个世界中有形的自我。所以，想象一种像鬼魂一样的东西“居住”在肉体之中，不仅毫无用处，而且灵魂观念本身，就是多余的，不必要的。

麦奎利还从基督教圣经中找到根据。他认为，基督教圣经同与肉体可合可离的实体灵魂的观念并无多大关系。在基督教圣经中，倒是把人看作一个身心结合

---

① ［德］鲁道夫·奥托（Rudolf Otto，1869—1937）《神圣的观念》。载：刘小枫主编《20 世纪西方宗教哲学文选》，上海：三联书店，1992 年，第 803－804 页。

的统一体，比如耶稣复活，就是肉体的复活。

在如何界定“自我”的问题上，麦奎利赞成亚里士多德的“形式因”，而不赞成柏拉图的理念说。他认为，God赋予人的，是这种形式因。不过这种形式因不是一下子完成的，当初只是一种潜在的可能性，后来才逐渐形成为自我①。

认为神祇是个精灵，本来就是以人的精神现象为参照的。神祇的产生，不是由于灵魂观念。但把神祇精灵化，则是灵魂不死观念的产物。现在灵魂不再被认为是不死的了，人的精神被认为是不可能离开肉体而独立存在的，这正是唯物主义和无神论者长期坚持的主张。现在，基督教著名的神学家接受了这样的主张，在这样的思想基础上，就无法再把God说成是独立存在的精神本体。神祇的超精灵化，虽然未必能为多数宗教信仰者所接受，但是这种理论已经出现，则是确凿无疑的事实。这样的理论是神祇在精灵化之后的又一发展阶段，也是确定无疑的事实。

第五节　关于神祇存在不存在的总结

一、所谓“我们证明不了神的存在，你们也证明不了神的不存在”

无神论观念发展到今天，理论上遇到的重要挑战之一，就是所谓“我们证明不了神的存在，你们也证明不了神的不存在”。发出这种挑战的，有神学家，也有亲教、媚教的宗教学家和哲学家。所谓“我们”，就是这样一批人的共称。所谓“你们”，就是无神论者。

这句话的前半句是正确的，也是一个历史事实。历史上，曾经有多少神学家或者哲学家企图证明神的存在，在当时，可能算是成功了。但随着历史的演进，他们的证明就被推翻了。在这些证明中间，最典型、最著名的，当然是安瑟伦和托玛斯的证明。但是过了不久，不仅是无神论者否认这些证明，在当代，有神论者，他们的后继者，相当多的基督教著名的神学家们，不仅否定他们的结论，而且否定了他们的证明本身。认为他们的证明本身，就是对神的亵渎，甚至是否

① 参见：[英] 麦奎利（John Macquarrie，1919—2007）《人的生存》。载：刘小枫主编《20世纪西方宗教哲学文选》，上海：三联书店，1992年，第69－71页。

定。因为证明本身，就是从一个对于有神论是一个负面的前提出发的，即从怀疑，甚至否定神的存在这个前提出发的。在虔诚的神学家看来，这就是亵渎。因为如果虔诚的话，根本就不会理会那些否定神真实存在的言论。理会这种言论，就说明你也受了这言论的影响，对神也不虔诚。试想，假如现在有人说，美国总统×××并不存在。某个人为了对付这种言论，就费心地收集材料，然后一件一件地告诉那个怀疑者，前天总统到了欧洲，昨天到了亚洲，今天就在国会做证。如此这般，这个证明者不是自己犯傻吗！从这个意义上说，对神的存在作理论论证本身，确实就是对神的亵渎甚至否定。

至于今天的神学家或者亲教、媚教的宗教学家、哲学家，既缺少安瑟伦、托玛斯的勇气和权威，更缺乏安、托二人的聪明和智慧，他们确实证明不了神的存在。因为连巴特、蒂里希这些被誉为当代最伟大神学家、什么什么主义的高峰的人物，“实际上”都否认了神的存在，至于那些二三流的神学家们又能做些什么呢？更等而下之的，像我们国内某些又是从人家三四流神学家粪里刨食的所谓宗教学家们，又能做些什么呢！从这个意义上说，前半句“我们证明不了神的存在”确实是正确的，它不仅是历史实际的总结，也是当前现实的真实反映。

至于“你们也证明不了神的不存在”，则没有说对。因为他们证明不了神的存在，就证明了神的不存在。假如神祇真的存在，还用得着证明吗？历史上，凡是要去证明国王存在的时候，几乎都是在国王遭遇了重大阴谋，甚至已经不存在的时候。正是由于这个原因，蒂里希才反对安瑟伦、托玛斯等人关于God的证明。因为这种证明无异于告诉人们，God实际上是不存在的。能证明其存在的证明本身，反而是证明了神祇的不存在；难道明确宣布自己根本证明不了神祇存在，不是进一步证明了神祇的不存在吗！

这是其一。

其二，现代的法律制度有一项原则，所谓“谁主张谁举证”。这个原则不仅具有法律的意义，而且具有普遍的理论意义。

假如某甲陈述一个事实要他人相信，某甲就必须能够证明他的陈述为真，才有可能被人相信。如果某甲无法证明其陈述为真，别人就有理由认为，某甲的陈述是假的，至少是难以置信的。如果某甲说，我无法证明自己的陈述为真，你们也无法证明其为假，因此，你们就应该相信我的陈述，那么，某甲的说法应该被如何对待呢？

比如说，某甲声称，天上会掉下馅饼，但是无法证明这是真的。于是某甲说，我证明不了天上会掉馅饼，你们也证明不了天上不会掉馅饼，即使过去从来没有掉过，说不了明天、后天大后天，总有一天会掉馅饼。所以你们应该相信天上会掉馅饼。对于这种言论，人们会如何对待呢？正确的方式，就是把它当做不值得理会的谎言。

我们无意和挑战者进行空洞的口舌之争，但无法不回应挑战者的挑战。其实，想依靠列举事实和进行逻辑推理企图证明神的存在或不存在，都是不可能的，或者更准确地说，是无效的。道理很简单，这些证明，都是企图依据个别、特殊推论一般，依据有限推论无限。虽然这是现实生活中常用的推理方法，但在推论神祇是否存在的问题上，却是不管用的。比如寻找原因的推论，现实生活中无论是推论者还是接受者，双方都约定俗成地把结论聚集在一个焦点上，所以能够得出结论，而结论双方也都可以接受。比如患病的原因，在现代医学中，通常都会集中在哪种病菌或者病毒，所以找到了致病的细菌或者病毒，就是找到了原因。到此为止，医学家和病人都会满意，并且可以开始治疗。

然而如果细加推敲，单是病菌或病毒并不一定就导致疾病。因为即使在黑死病肆虐的时候，仍有人同样接触病源却并不染病。鉴于这种情况，就可以把病因归结为缺乏某种抗体，而寻找抗体以预防疾病，也是当代医学的重要一环。如果由此扩展开去，寻找病因的工作，在理论上，就可能被引导到所谓漫无边际的地步。

寻找病因是如此，其他寻找原因的工作无不如此。佛教的因明学喜欢用火和烟的事例，因为有烟就可以判断有火。而实际上，生活中仅烟而无火的情况决不仅是个别的。现实生活中，水结冰的原因都会被认为是天冷，温度降到了摄氏零度以下。其实，摄氏零度以下不结冰的情况也多的是，零度以下的水的存在，也是事实。北方一些河流，即使在零下数十度的严寒中，也有不结冰或者冰层很薄的区域。没有相应的知识，在这些河流上行走是非常危险的。

为了防止这种漫无边际的寻找原因，通常会给寻找原因的工作设置一些“边际”，使原因停留在这个边际以内。这种设置有的是约定俗成，有的则要有专门的工作。即使如此，现实中因为寻因分歧不得不寻求法律解决的案件，也多如牛毛。而法院的工作，就是依据法律，把原因聚焦，然后判断是非。

在论证神祇是否存在的问题上，那些约定俗成的边际只在信仰者中间才是有效的，而论证者和接受者双方则很难有专门的约定，更没有判断这种是非的法院可以把结论聚焦于某一个点上。在这种情况下，企图依据某些事例进行逻辑推论得出有神论和无神论双方都能接受的结论，就是犯傻。

论证神祇是否存在的工作还不仅是寻找原因，更加困难的是，理论工作都是要从个别推向一般或说普遍。而从具体或者特殊推向一般，不仅每一个环节都可能分岔，而且最后的结论，也不是水到渠成顺理成章的结果，不像根据全面体检所有指标都正常就可以判断这个人身体健康一样。从个别、特殊推论一般，最后的结论是个“飞跃”，是有限向无限的飞跃。这个飞跃的结论，不具有肯定的必然性，因而也不具有到处适用的普遍性。而神祇的产生和演变，也不是这种论证的结果，而是一个长期的历史过程。要用提纯了的逻辑去推论由复杂历史过程所产生的事物，本质上也不具有可能性，或者说，只具有辅助的意义或作用。

那么，神祇产生和发展是一个怎样的历史过程呢？

二、神祇形状的产生和发展

兽神是人类创造的第一批神祇，也是在人类历史上最先被否定的神祇。取而代之的，是魔神。魔神之中，能力最强的，是半人半兽形的魔神。

人类之所以给禽兽配备上自身的器官创造出半人半兽形的魔神，唯一合理的解释就是人类掌控自然和社会能力的提高，使人类发现，真正值得崇拜的，还是自己。他们改进了工具，可以战胜猛兽的爪牙，弥补不如其他动物的那些缺点。其认识和掌握自然力的能力，已经大大提高。其中特别优秀者，也就是人中的那些英雄，被作为崇拜对象，于是有了人神。当人神出现的时候，兽神被回归为兽，魔神则被称为妖、魔、怪、奸等等。这些称呼表明，人类已经不再承认它们是神。也就是说，它们被证明为不是神。所谓不是神，或是它们没有原来有意无意赋予它们的超自然能力，比如某些禽兽；或者发现世界上根本没有这类生物，比如人面狮身的斯芬克斯或者每根头发都是一条蛇的美杜莎。它们的命运，或者是被人神杀死，或者是成为人神的坐骑，为新神服务，如同当时的人如果在战争中被俘虏成为奴隶一样。

人类最早把部分禽兽作为神祇，最基本的原因是崇拜该兽比自己优越的地方，或是强大的体力，或是锋利的爪牙，或是在空中和水中自由行动的能力，或是在陆地上奔跑的快速，并且把这些能力夸大，成为超越该兽实际能力的超自然力。崇拜的目的，或是企图获得该兽的能力，或是希望该兽不要用这些能力伤害自己。

这些被崇拜为神的禽兽，在各个民族或各个地区是各不相同或不尽相同的。当地没有的动物，不会被崇拜为神。原因只有一个，就是当地人对这种动物完全不了解。被崇拜的动物，都是他们经常接触甚至密切接触的，他们对这些动物有所了解，但不完全了解。在这似知而非全知的情况下，正是想象力发挥作用的地方。最初兽神那过分庞大的体型以及过分强壮的体力，就是人类特有的想象力的产品。

然而想象力一经发挥出来，就会不断发展。九头的鸟、带翅的虎、人面狮身或者鸟身人面等等，就是想象力进一步发挥的结果。人们常说，画魔鬼容易，画美女难。一丝败笔，美女就可能变成丑女；无论怎么涂抹，妖魔还是妖魔。其实也不尽然。那些把动物与动物、人与动物的器官相互组合而形成的妖魔，其组合也是有某种规则的。比如迄今为止，似乎尚未发现有虎头蛇尾的妖魔。因为蛇尾不会增加老虎的功能，而虎头也不会增加蛇的功能，再说蛇身太细也不好装配。也没有发现虎头狮身的，虽然现实中确有狮虎兽。因为这些器官装配起来意义不大，不增加功能。也就是说，人类在创造这些神祇的时候，有意无意地也遵守着某些规则。

兽神、魔神被否定，被认为并不存在的基本原因，是人类认识能力的发展。认识能力发展的重要原因之一，是人类实践范围的扩大。比如中国古代否定魔神存在的重要原因之一，就是汉代张骞出使西域，到了黄河的源头，不仅没有发现《禹本纪》中的昆仑山，也没有见到《山海经》和《禹本纪》中那些怪物，所以司马迁认为，其中所记载的那些魔神都是不可信的。其他古代文化先进的民族，未必都是这样一种途径，但发现原来的兽神并没有超自然的能力，发现魔神并不存在，则都是已经发生过的历史进程。

从文献的记载和一些人类学野外调查的材料来看，神祇，包括兽神、魔神和人神，被抛弃或被认为不是神的另一重要原因，是人类社会发展过程中对于神祇的自然淘汰。

神祇初创时期，就有许多神祇被抛弃，被认为不是神祇。据西方历史学之父希罗多德的《历史》，古埃及几乎人人都有崇拜的动物，而几乎所有的动物都有可能被崇拜为神。类似的情况，在西方人向外殖民的时代，在澳洲和美洲的原住民中，也多有发现。而我们历史上，也有“夫人作享、家为巫史”的时代，也就是说，人人都可以通神作巫师，人人都可以祭拜自己的神祇的时代。然而能够成为一个氏族、一个部落共同承认的神祇，则只是其中的一部分，很可能还是一小部分。其中的大部分，都被抛弃了，就像生物在自然选择中大部分未能存活一样。抛弃的原因，也只能是一个，即不认为它们是神，或者被证明为不是神。

氏族联合为部落，部落联合为部落联盟，后来又成为国家。神祇的命运也随着它的载体：人类社会群体的改变，或发展成为更大范围承认的神，或者在这种联合中被抛弃。古埃及的神祇传到古希腊，“存活”的仅是其中一部分。同样，古希腊的神祇传到古罗马，存活的也只是其中的一部分。据赫西俄德的《神谱》，其中的许多神都没有出现在荷马的神话著作中。其他的历史文献中，此有彼无的神祇也不在少数。至于古罗马的神祇和古希腊文献相比，又缺少了许多。那些缺少的神祇，不论是人神还是魔神，都不再被认为是神。这些原来是神后来不再被认为是神的神，也不会因为人们不再理睬它们而发怒，而兴风作浪，说明了什么呢？说明了它们原来并不是神祇。

中国由战国时代进入秦汉时代的时候，原来各国祭祀的神祇，在新的政权中，一部分被取消，一部分被保留下来。据《史记》，战国保留到汉代的神祇，有魏国的天和地、天社、天水等；晋国的五帝、东君、云中、司命、巫社、先炊等；秦国的社主、巫保等，楚国的巫先、司命、施糜等。在保留的神祇中，还有秦二世，称秦中。至于战国时代其他国家的神祇，则未见保留。而保留下来的这些神祇，只有五帝、司命等少数神祇和后来国家的神祇相融合，其他则消失于历史的长河之中。

中国古代国家所祭祀的神祇，兴兴废废，就像皇帝不断更换、官吏不断任免一样。任免的权力，事实上操纵在协助皇帝“制礼作乐”的儒者官吏之手。这些作为国家官吏的儒者们，或引经据典，或据实考察，然后向皇帝建言，哪些神祇应该祭祀，哪些应该废除。西汉中期，儒者匡衡等一次废除的神祇，就有数百位。此后类似的事情，也屡屡发生。最后一次总的废除，则是中华民国的成立。中国古代的最高神昊天上帝和皇地祇，还有他们下属的数百上千位神祇，都被废除了祭祀，即不再把它们当做神祇。

依据有神论的传统，昊天上帝以及其他神祇，之所以要祭祀他们，就是祈求它们消灾降福。如果违背它们意志，他们就可能给人降下灾祸。它们依赖赏善罚恶的功能，维持着人世的秩序。然而当把它们废除的时候，甚至把它们全体都废除的时候，这些神祇竟然默不作声。不仅没有给废除者降下灾祸，甚至连些微的抗议和反抗都没有。当一个政权被推翻，或者一个国家面临亡国的时候，总会有些抵抗或者企图复国或复辟的行为，然而号称能力比这些复辟或复国者强大得多的神祇竟然默不作声，说明了什么呢？只能说明它们并不存在。

类似的情形，在历史的进程中不知上演过多少次。古希腊国家灭亡了，宙斯等一点表示都没有。古罗马国家亡了，朱辟特等也一点表示没有。当基督教在欧洲迅速传播的时候，欧洲原来的神祇也随着原来信奉它们的人改信基督教而销声匿迹。当伊斯兰教在亚欧大地上凯歌行进的时候，进行抵抗的，只是当地的人。抵抗者失败，他们的神祇也归于消失。殖民运动开始，非洲、美洲当地的神，和当地的人一样遭受了空前的失败。人，或被斩杀，或沦为奴隶，神祇也归于消失。在这些历史事件中，神祇的表现，比人更加无力。所以基督教和伊斯兰教敢于自信地宣布，只有God、安拉是神，其他所谓神祇，都是魔鬼、偶像，都不是神。

中国历史上，不仅国家级别享受祭祀的神祇常常更换，作为地方官的儒者，也常常去清除那些所谓“淫祀”，即超越国家规定、私自祭祀的神祇。据说唐代著名的宰相狄仁杰在地方官任上，曾经清除了几百位淫祀神祇，只留下了吴国太伯和伍子胥两座神庙。类似狄仁杰这样的官吏，常常被现代人认为是无神论者。

近代史上，辛亥革命以前，最大一次大规模清除传统神祇的运动，是太平天国。太平天国自称信仰基督教，认为除“皇上帝”外，其余的、别的所谓神祇都是魔鬼。所到之处，相关的神庙全被拆毁。以致曾国藩在《讨粤匪檄》中宣布，他之所以兴兵，不仅是要为活人报仇，而且也是为神祇雪恨：

> 自古生有功德，没则为神。王道治明，神道治幽。虽乱臣贼子穷凶极丑，亦往往敬畏神祇。李自成至曲阜，不犯圣庙；张献忠至梓潼，亦祭文昌。粤匪焚郴州之学官，毁宣圣之木主。十哲两庑，狼藉满地。嗣是所过郡县，先毁庙宇。即忠臣义士，如关帝、岳王之凛凛，亦皆污其宫室，残其身首。以至佛寺、道观、城隍、社坛，无庙不焚，无像不灭。斯又鬼神所共愤怒，欲一雪此憾于冥冥之中者也。
>
> 本部堂奉天子命，统师二万，水陆并进，誓将卧薪尝胆，殄此凶逆，救我被掳之船只，拔出被胁之民人。不特纾君父宵旰之勤劳，而且慰孔孟人伦之隐痛。不特为百万生灵报枉杀之仇，而且为上下神祇雪被辱之憾。

“生有功德，没则为神”，这是对中国传统神祇来源简明扼要的说明。中国古代三类神祇：神、祇、鬼三部分，其中“人鬼”，就是由古代圣贤充任的。其中最有影响的，一是孔子，二是老子。姜尚、关羽先后被作为国家的武神，如同古希腊、罗马的战神。至今香火甚盛的妈祖，还有不久前遍及全国的城隍神，都是由先贤充任的典型事例。“王道治明，神道治幽”，则是对中国古代政治的简要概括。即由君主及其官吏们管理阳间的事，由天神、地祇加上人鬼等管理阴界的事。二者互相配合，共成一体。这一套统治秩序，从未有人敢于破坏，包括所谓的“乱臣贼子”李自成、张献忠。但是洪秀全给破坏了。太平军所到之处，不仅人间的秩序被他们破坏，神祇庙宇也被他们扫荡干净。在曾国藩看来，这是坏到极点不能再坏的家伙了。所以他的兴兵，不仅是要为人报仇，也是要为神雪恨。

然而神祇的耻辱，要由人来雪清，这些神祇无知无能到了什么地步，可想而知。这样的事情积累多了，只能使人得出这样的结论：神，是不存在的。

曾国藩镇压太平天国的行动，在思想上，被一些哲学史家描绘为理性主义战胜宗教神学的斗争。实际上，不过是儒教神学和拜上帝教的神学两种神学的斗争。

魔神代替兽神，人神又代替魔神；精灵神出来，人神也成了历史；超精灵神被塑造出来，精灵神也被宣布为不存在。这是个漫长的历史过程。在这个过程中，理论的批判起到了重要作用，但更重要的是，人类社会生活的长期实践。虽然神学家们可以不断地从社会生活中拣取对他们有用的事例，证明神的存在。这样的事情，今天的神学家们仍然不遗余力地在做，这也是神祇仍然被不少人信奉的重要原因。然而事实毕竟是事实，要把一个并不存在的东西说成是存在，可以奏效于一时；由于社会生活的复杂性，也可以奏效于一个长时期。但要永远奏效，也是不可能的。与神学家们的宣传完全相反的事例，一件件地发生；人们对神祇的怀疑，也在一点一点地积累，并且不断地促使人们去思考：这到底怎么回事？所以在历史上，就不断发出对神祇存在的疑问，甚至否定神祇的声音。这些声音虽然当时不大，甚至遭受严厉的迫害和镇压，但是由于它符合事实，终究会被人们一再提起，逐渐加强，成为否定神祇的强大力量。这样的过程，在基督教和佛教的发展史上，也同样存在着。

三、神祇功能的产生和发展

一个原始人在狩猎时被猛兽抓伤了，或者在路上遇到了大蛇当道而不敢行进，为掩饰自己的力薄和胆怯，他会极力夸大猛兽、大蛇的形象和力量。其他人听了，或信或疑。信者有述说在先，疑者却难以亲自考察，但总以不触碰危险为上。于是疑者默不作声，信者则会把这个消息传播。传播者为使人相信，又会添枝加叶。于是一个具有超自然能力的神祇就逐渐被塑造出来。在这里，传播者喜欢夸大事实以求至少获得众人的赞赏，相信者因为符合自己的心理期待而甘愿捧场，古今中外都有一样的心理。

自然，传播中流失的故事会更多，只有那些符合众人期待的故事才会流传下来，只有大家愿意相信的故事，才会在传播中被逐渐加强，形成所谓“层垒的历史”。那些不能令更多的人感兴趣的，或者当时当地使人感兴趣，时过境迁，就不能再吸引人的故事，就逐渐流失、湮灭。原始时代的信息传播不可和今日相比，但是趋利避害的心理则是共同的；喜听新闻的心理，在一部分人中间也是一样的。而信息必须经过加强才能传播长远；能够被加强的信息，在难以亲自核实的情况下，都是那些符合大家心理期待的信息，也是一样的。所谓“谣言止于智者”，相信谣言的未必都愚蠢，但都有共同的心理期待，则是一样的。

我们之所以做出这样的推测，因为相似的过程在后世、在当代，仍然在不断地重新上演。那些相信神医而上当受骗的，往往是强烈期待健康的人群；在电信诈骗中损失了钱财的，往往是强烈期待发财或者担心破财、遭灾的人群。古今中外，那些重大的骗局之所以能够成功，都与人们强烈期待的心理相关。

据《论衡》记载，汉代时，山西有个叫项曼都的，离家去学神仙。三年后还家，诡称曾被仙人接到天上。拜见上帝时，忽然想家，以致失礼，被遣返。还说他曾在天上见到淮南王刘安。刘安到了天上仍不安分，所以被罚打扫厕所。后来《抱朴子》转载此事，也认为是荒诞之言，但项曼都还是被后世称为“谪仙”，以为他真是被贬斥的天仙。还有一个叫蔡诞的，入山学道，不耐艰苦，回到了家。为掩饰自己的失败，谎说自己成了地仙，为太上老君牧龙。因丢了一头龙，所以被遣返。他说自己曾到过昆仑山。山上看天，只有十几丈高，上有五城十二楼[①]。有高达数丈的嘉禾，羽毛也飘不起的弱水。有玉树琅玕，辟邪神兽。《论衡》和《抱朴子》都把此事作为谎言，然而神仙的存在和神仙世界的美好，大多都是这类人的创造。

在神祇的创造和传播过程中，由于合乎心理期待或愿意相信从而把谎言当成真实，可说是一种必然。类似这样的故事，在当时的情况下，又有谁能够证明昆

---

① 《史记·封禅书》：“方士有言，黄帝时为五城十二楼。”

仑山上没有什么五城十二楼，玉树琅玕之类呢！如项曼都、蔡诞之流对怀疑者说，我不能证明自己所说为真，你也不能证明我所说为假，怀疑者又能如何应对？由于《论衡》《抱朴子》这样的书在，我们还能找到这些神迹的源头。而那些找不到源头的类似故事又有多少？从这个意义上说，施特劳斯的《耶稣传》和鲍威尔对耶稣的研究，他们一一寻找那些神迹的起源，真是一项伟大的理论工程。

无论我们在本节开始时的推测在多大程度上是合理的，神祇被人类创造出来，则是一个确凿的事实。而且神祇的发展，遵循着一个原则：那就是愈到后来，其能力也就愈大，而其形象，也就愈加虚无缥缈。后来者否定着先来者，同时也把自身推向自我否定的境地。

第一批兽神，其超自然功能，多数还是在该动物原有功能基础上的延伸。那些巨龙、恶犬、狮怪、猪怪，其功能，不过是现实中蛇、犬、狮、猪功能的延伸。也有超出现实功能范围的，不过不多，比如牛怪可以吃人。它们作用的范围，一般仅在于守护一处一物。

到了魔神，其功能就开始超越身体所具有的部件。比如美杜莎，看她一眼就会变成石头。在这里，似乎哲学上"总体大于部分总和"的原理起了作用。魔神的功能，不仅是各个部件功能的总和。然而魔神的功能，还是非常具体。最大的功能，也仅止于或是兴风，或是作雨，和巨兽相比，不过是危害人类的范围稍有增大而已。它们守护的范围，往往仅止于一山一水。中国《山海经》中的魔神，基本上都是守护某山、某水的神。

到了人神，其作用范围虽仍然有限，但比起魔神的有限，就大得不可同日而语。宙斯虽然管不着海洋和冥界，但整个天界都归它管，而且掌握着世界上最有力量的武器：雷电。人神甚至可以创造和毁灭世界。比如印度教的主神梵天、湿婆等。

中国《山海经》中的诸帝，是一个放大了的人间君主。那里把自然界的事情也当做人间的事情，以致认为日月的运行也由这些帝们在管辖。这样的思维，和古希腊奥林匹斯山上诸神中有太阳神阿波罗等，是一样的。其他诸神，也司管着自然界事物的一个方面，比如疾病、灾荒、死亡等等，也有专神司管。

和兽神、魔神相比，人神的重要功能之一，就是介入人间事务。从原始社会到古代国家出现不久，人类最重要的事情，一是战争；二是祭神。所以古希腊、罗马，还有中国古代，都有自己的战神。中国古代的战神，汉代祭蚩尤，后来是姜尚，再后来是关羽。战神作战勇猛，然而却不能保证必然胜利。其他也大抵如此。比如婚姻之神，中国称为高禖；农神、火神等等，在他们司管的范围内，他们握有最高的权力，但是不能保证实现目的。比如农神，并不能保证丰收。

和魔神相比，人神有了一个或数个最高神。原则上，他们掌握着宇宙的一切权力。实际上，他们又必须有众多的神祇协助，就像人间的君主有许多官吏一样。人类的想象力，本质上是无限的。但落实到每一个想象出来的事物，却往往难以超出他们所处时代、地区的限制。

人类的想象力，在精灵神中表现得更加突出。人神转化或者被精灵神所替代，神祇的功能也不断被集中、强化。强化到极点，就是所谓全知全能。

全知全能的神有理由嘲笑传统的神祇，就像克洛维夫人嘲笑古罗马的神祇，嘲笑他们道德品质的恶劣，嘲笑他们能力的低下。全不像God，一说话，就从虚无中创造了世界。至于保证战争胜利、国家富强，更是不在话下。据说君士坦丁皇帝信奉基督教，就是他在战争中得到God的佑护取得胜利的结果。

传统神祇统治下的古罗马帝国，能够给人的奖赏是非常有限的，不过是一般国家政权所给予的金钱美女之类。然而God可以给予信仰者的，是将来的永生和永福。为了这一万分美好都不足形容其美好的前景，在世的几十年中所受的苦又算得了什么呢?

从具体的司管一事一物的兽神，经过魔神、人神到精灵神，精灵神中又塑造出全知全能的神，人类的创造能力和想象能力，也在不断地发展。神祇的功能在不断地增大，以至增大到无限。如果说在佛教、基督教和伊斯兰教这三大世界宗教出现以前，神祇功能的增大还带有某种自然形成的性质，就像在战争中小国被并成大国，君主的权利因而自然扩大一样。但是这三大世界宗教主神的能力，则完全是依靠人类的想象力和创造力的结果。这就像在市场上推销商品，只有具备更优越的功能，才能畅销。当这三大世界宗教出现的时候，当时的国家已经有了占据统治地位的宗教。如果不能把自己的神祇说得更加有力、更加美善，就无法吸引已经在传统宗教笼罩下生活的民众。然而当神祇的功能被夸张到无限的时候，神祇自身的矛盾也就更加尖锐。

在神祇并不全知全能的情况下，恶事是人做的，不是神做的，用不着解释，就明明白白。神祇的功能，就是赏善罚恶。因而美和善，就自然地归于神祇。所谓“聪明正直而壹”的赞美，用于这样的神祇是恰当的。但是当神祇被塑造为全知全能的时候，人世的恶该归于谁?就不能不引起争议。当神学家把神祇功能的塑造臻于顶点的时候，也就把神祇观念自身存在的内在深刻矛盾暴露到顶点。

和恶行同样使神祇难堪的，是灾难。《旧约》中，有大量的God降下灾难杀死成千上万甚至数十万民众的记载，原因是他们不信God或者做了什么使God不高兴的事。在其他民族中，巨大的灾难，也都被认为是神的惩罚。比如中国古代有天人感应说，水旱灾害，包括日食月食等等，都被认为是上天发怒所造成的。当神祇未被塑造成全知全能神的时候，或者未被塑造为至善至慈的时候，这些灾难，神的惩罚，都是可以理解的，那是神祇对恶者的惩罚。但是当神祇被塑造为全知全能而且至慈至善的时候，巨大灾难的发生就不能不使人对神祇功能，进而对神祇本身发生怀疑。

神祇的发展，从多神到一神，似乎今天的神学家和无神论者绝大多数都能够承认。那些多神现在都到哪里去了呢？这些消失的神祇不像历史上不断消失的人。那些不断消失的人不论以什么方式消失，今天似乎无人否认他们曾经是人，不论是好人是坏人，是圣人还是恶棍，总之都还是人。但是消失的神就不一样了。今天健在的神学家和他们的信众，往往认为那些已经消失的神不是神，而是魔鬼，是偶像。所谓偶像，就是没有灵魂的土木泥石偶人。也就是说，证明这些神祇不存在的，正是今天许多健在的神学家和他们的前辈们。他们证明或者说是否定了那成千上万地消失了的神是神，从这一方面讲，他们也是无神论者。他们的证明有根有据，道理充分，然而问题也随之产生：他们说别人的神不是神，难道他们自己的神就真的是神吗!？而现在仅存的少数几尊神，事实上也都在互相否定。因为宇宙只有一个，创造者也不可能是两个。世界只有一个，主宰者也不能是两个。都说自己的神才是真神，才是世界的创造者，人类和自然界的主宰者，谁说的才是真的呢？

明智者，最好哪个也不信!

人世间有许多事情，本来是明明白白的，道理也并不复杂，然而要把有关的道理弄清楚，弄清楚了又能够明明白白地讲出来，讲出来了又能取信于人，却是每一步都非常困难。就像《皇帝新衣》的故事一样。大人们未必就没有人发现皇帝其实并没有穿衣。可是只有当小孩说出实情的时候，大人们才如梦初醒。那里的大人们之所以沉默，只是不愿被人说成是蠢人。而在有神无神的问题上，敢于说实话的，就不仅是被人轻视而已。历史上，多少人为此丢了性命。然而，尽管如此，神祇并不存在的话，还是不断有人把它说出来。赖有这些声音的不断发出，才有人类思想的不断进步，直到今天，连负有维护和证明God存在的神学家也说出了“不能说God存在”的话。

从第一批兽神开始，经过魔神、人神、精灵神、神祇的发展，一代比一代具有更大的超自然力，同时，以不存在为存在的内在的深刻矛盾，也日益尖锐。到超精灵神，完全接续了精灵神臻于顶点的超自然力，同时也发展着全知全能、至善至美的内在矛盾。由于它的全知全能、至善至美，作为一切存在的本身和基础的无处不在、无时不在的性质，使超精灵神进一步成为恶行本身或恶行的基础，成为灾难的基础或灾难的制造者。这一点，或迟或早会被越来越多的人所认识。

从兽神到超精灵神，神的能力不断地被增大，神的形象则越来越趋于虚无，兽神和人神，包括魔神，原则上都是可以看到的，至少在想象中是可以看到的，甚至可以摸到的。但是精灵神在原则上就是不可以被看到的。这虽然避免了人们习惯上以“眼见为实”去判断是非有无的尴尬，却带来了如何发挥作用的疑问。因为一个虚灵的精神体如何去运动那粗笨厚重的物质体？不要说创造世界，推动日月行星，或者创造出自己也搬不动的石块，恐怕连婴儿都能拿起的石子也拿不起来。至于连精神体都不是的超精灵神，它如何创造世界和主宰世界就更难以想象，甚至连它是如何存在也难以想象。

于是，当代的神学家中间，不少人就特别强调人的认识能力的有限性。他们说，以人这渺小的认识能力，要认识God根本是不可能的，更不要说议论God的是非和存在不存在了。在如今中国人熟悉的、健在的基督教神学家汉斯·昆（孔汉思）看来，即使一个基督徒，要认识和理解God也是不可能的。一个非基督徒要来谈论，那就好比是盲人谈色，有什么资格议论God的是非短长呢！然而基督徒在历史上曾经否定过别人多少神祇啊，你们对那些被你们否定的神祇都理解了吗！在这些语言里，我们看到了一个虔诚基督徒迫切的护教、护神心情，同时也看到了God存在基础的极度虚弱。而以外人不懂、不理解为由拒绝批评，正是许多护教者，不仅是基督教护教者，惯用的护教手段。然而这样的手段使我们看到的，还不仅是神祇存在基础的虚弱，它还使我们看到，要把一个并不存在的东西说成存在，并且不被揭穿，确实是超出了人的智力之外。而且既然是一个理解不了的东西，您还跟着他干什么！难道人类走到今天，还能容忍稀里糊涂听人摆布的生活吗！

四、有神论的衰落

从兽神产生以来，神祇的发展经过了兽神、魔神、人神、精灵神、超精灵神等几个时期。与神祇观念的发展相伴随，信仰神祇的人们也因其信仰的性质和结成的团体，被称为原始宗教、国家宗教、世界宗教以及当前不断产生的新兴宗教等几个发展时期。有神论的衰落，首先表现在这些宗教形式的更替以及现存宗教处境的艰难。

如果说在一百多年以前，文化人类学家们尚能找到一些现存的原始宗教，对他们进行实地考察，那么，随着整个人类现代化进程的加速发展，再找到这样的活化石，就越来越困难了。某些原始宗教的仪式，仅仅作为一种民俗，服务于商业的需要，吸引着好奇游客的目光。

国家宗教也基本上成了历史的陈迹。古埃及、希腊、罗马的宗教消灭了，儒教也基本上成了历史的陈迹。中国有不少现代学者自我感觉是个儒者，其实他们只是儒教的研究者。在中国，只有香港的孔教学院，还在延续着儒教的一脉。而在世界上华人的聚集区，还能找到以崇拜孔子、关羽等形式存在的儒教残余。在中国周边的国家中，还有一部分儒教的变形。

今天比较完整存在的国家宗教，尚有印度教、犹太教和日本的神道教。然而他们的情况，也大不如前了。在印度，作为印度教标志的种姓制度，已经根本上取消了，虽然其影响至今仍然存在。和其他现代国家一样，印度独立以后实行的，也是如今通行的代议制政体。那个被认为是由神的最高尚部分化成的国王，也不存在了。印度教失去了直接干预国家政治生活的权力，也失去了干预其他重要社会生活领域的权力。印度教要参与世俗的政治生活，也必须依照现代的规矩，组成政党。而一些在印度教派基础上诞生的政党，也往往要努力摆脱教派的色彩。虽然近年来有某些变化，印度人民党依靠强化自身的印度教色彩，得到广大印度教徒的支持，取得了政治上的胜利。然而在一个信仰已经多元化的印度，仅仅依靠强调自身的宗教色彩，要保持自身的胜利恐怕是困难的。而从历史发展的角度看问题，印度教的衰落，不仅是已经存在的事实，也将是今后的历史趋势。

犹太教如今仍然是以色列国最主要的宗教，可以说处于国教的地位。但以色列则是一个世俗的现代国家。其建国原则在它的独立宣言里已经明确宣布，[①] 并且体现于以色列的各种法律制度中。以色列政党繁多，但执政的主要是世俗的政党。宗教团体，也必须以政党的形式参与国家政治。宗教和宗教政党虽然力图以各种各样的方式影响政治，影响社会生活。比如要求所有人必须严格遵守安息日制度，必须依照他们的经典《塔木德》食用洁净的食物，而洁净与否必须由宗教认定等等，然而这些努力又常常和不信教的犹太人发生冲突。因此，虽然犹太教通过它的政党越来越多地企图干涉国家的政治，但要想使以色列重新成为一个真正以犹太教为国教的国家，使社会生活完全按照犹太教教义安排，使所有的犹太人都必须信犹太教，则没有了可能。

在以色列以外，美国和欧洲以及散居各地的犹太人，都有大量的因为各种各样的原因，改信其他宗教或者完全不信仰宗教的甚至是彻底无神论者的人物。由于犹太人长期遭受迫害，不少犹太人把信犹太教看做一种不幸，把做犹太人看做一个悲剧。18 世纪后期，犹太教著名思想家门德尔松受启蒙运动中无神论思潮的影响，认为犹太教是理性的，主张政教分离。从那时开始，犹太教中的现代因素就不断成长。在那些仍然信仰犹太教的犹太人中，其要求改革的倾向也日益发展。他们宣称犹太社区首先是一个世俗的组织，认为要让现代的犹太人仍然按照经典《塔木德》规定的样式生活，是完全不可能的。

犹太教，无论在它的本土还是世界各地，都无可奈何地衰落下去了。

世界宗教无疑仍然是今天世界上势力最为强大的宗教。在中国，无论是一般民众还是学术界，一提起宗教，首先想到的也是基督教、佛教和伊斯兰教。然而，它们也衰落下去了。佛教诞生于古印度，后来曾经有过一度的辉煌，争得和婆罗门教同等重要，甚至更加重要的政治地位。但是后来就衰落下去，在印度本土，达到几乎不存在的地步。

佛教在印度衰落的时候，在中国却得到了发展。从东晋到隋唐，即公元 4 世纪到公元 10 世纪前后，数百年间，中国佛教逐渐达到了一个全盛时期。在教义上，创立了具有中国特色的新佛教，特别是禅宗的诞生，彻底完成了佛教中国化的进程。人数上，多时数百万，少时也数十万。宋元明清时期，全国僧尼人数在

---

① 由以色列国创始人本·古里安起草并获得通过的《以色列独立宣言》称：“它将如以色列历史上的先知所预见的那样，以自由、正义、和平作为自己的基础。它不会因信仰、种族和性别而对公民加以区分，将在全体公民中实现彻底的社会和政治权利的平等。它将保证宗教和信仰自由，以及语言、教育和文化的自由。它将保卫所有宗教的圣地。它将忠实于联合国宪章所规定的各项原则。”

50万至100万之间振荡。清朝末年，据佛教界估计，仍有80万左右。如果仅看绝对数字，似乎变化不大。然而如果考虑到从明末清初开始，总人口不断迅速增长的情况，则僧尼的人数占总人口的比例，可以说是日渐衰落了。

最重要的，还不仅仅是僧尼人数在人口比重中的降低，还有佛教教义的停滞。隋唐之后，佛教教义就再没有大的创新之处。而在政治上和社会上的地位，则日趋低落。元代一度复兴，明朝即遭受严格限制。随着理学思想统治的日益深化，佛教在社会政治上的地位则日益降低。僧人的形象也日益不佳，不再是社会所尊重的对象。利玛窦来华传教时，正是看到了佛教社会地位的卑下，才决定儒服传教。

也就是说，至少从明清时代开始，中国内地佛教就开始了它的衰落过程。中国的藏传佛教，由于1949年以后实行民主改革，也失去了长期由它掌握的行政权力。至于中国周边国家的佛教，能够保住传统地位的也不多见。佛教，也处于一个衰落的进程之中。

佛教衰落进程的重要表现之一，是当代的佛教提出了“人间佛教”的口号。其目标，不是要世俗社会向佛教靠拢，而是佛教要向世俗社会靠拢。佛教企图通过积极干预社会生活改善自己的生存状态。然而向世俗社会靠拢的结果，也必然要淡化佛教的宗教性质。

基督教和伊斯兰教的衰落，首先表现在失去了对于政治权力的控制。自从美国独立战争和法国革命以后，政教分离的政策首先在欧美，然后逐渐推广到全世界，成为现代国家的基本方针。虽然在原来基督教所控制的地区，仍然有国家宣布基督教为国教；在原来伊斯兰教控制的地区，政教分离的原则还有更加漫长的路程，但是这一原则不仅已经在大多数国家内付诸实行，成为目前国际政治生活的主流，就在那些仍然保持国教，或者宣称按照宗教原则施政的国家中，实际上也把现代的议会政治、民主选举等等作为政治生活的基本原则。宗教，在这些国家里，也失去了或部分失去了以往具有的对于国家政治权力的控制。

基督教和伊斯兰教衰落的第二个表现，是逐渐失去了对社会生活的控制。随着科学技术的发展，今天的人类生活在几乎完全不同于《旧约》《新约》和《古兰经》所诞生的社会环境。摩西、耶稣、穆罕默德，他们所给予世人的教诲，在当时及其以后一个漫长的时期里，都可以说不仅是伟大的，而且可以说是先进的。但是，自从哥白尼革命发生以后，甚至在这个革命发生之前，更为先进的人们就开始以不同的方式对这些原则提出了质疑。时至今日，要信教的人们在固定的时间里必须都到教堂或清真寺进行礼拜，是越来越困难了，越来越多的人把自己的意愿作为安排假日生活的依据和准则；要人们仅仅为了生育而进行性生活则几乎是不可能了，性满足出于人类本性的合理要求的观念已经深入人心，有关的道德规范主要是依据维护社会秩序的需要和青少年的健康成长，而不是宗教的原则。“十一税”早已废除，“天课”也逐渐过渡为一般的国家捐税。虽然由于信仰不同而引起的冲突全世界几乎每天都在发生，但是社会生活中对于异教的排斥已经被视为过错而不再是美德。人类平等，和谐相处，不分种族和宗教信仰，已经是现代社会通行的人际关系原则。

基督教和伊斯兰教衰落的第三个表现，是失去了对人们思想的控制。自从近代科学诞生以来，要人们再相信这个世界是神创造的，相信经典上的话都是真理，一天比一天困难。教会和神职人员的腐败，严重地败坏了神的形象和威信。接着，人们终于认识到，神，是不存在的。从那个时候起，彻底建立在近代科学发展基础上的科学无神论思潮，就像闷热天气里的清风一样，不断地使越来越多的人的头脑变得清醒。在过去几乎是全民信仰基督教的欧洲，出现了大量的不信仰宗教的人们，甚至出现了大量的、彻底的无神论者。随着俄国社会主义革命的成功和中国等亚洲国家革命的成功，无神论者的队伍就更加壮大。据有关材料统计，英、法等主要欧洲国家现在仍然自称信教的人数，尚不到总人口的一半。基督教在它的本土欧洲已经无可奈何地衰落下去了。致使由信徒捐献支持的教堂，常常入不敷出，不得不靠经营一些商业、娱乐性的活动来维持开支，甚至干脆拍卖。

相对于欧洲，美国信教的人数较多，有人甚至据说在95%左右，也有人说最多70%左右，其中绝大多数是基督教徒。然而这些数字的可靠性也有人质疑。即使属实，也改变不了美国政治和社会的世俗性质。在美国，无神论思潮，或者在人文主义旗帜下的无神论思潮，也非常活跃。

相对于基督教，伊斯兰教的情况要好一些。其衰退的程度要弱一些。反过来，伊斯兰教在保持自己的信仰方面，效果要比基督教好一些。然而，在我们看来，这正是伊斯兰教分布的广大地区相对落后的重要原因之一。在欧美这些原来是基督教控制的广大地区，其所以比较先进和发达，一个重要的原因，是该地区对于他们原来相信的基督教的批判和脱离。这种自我批判，向来都是一个民族，一个国家进步的契机。一些基督教神学家或者亲基督教的学者，常常拿基督教本土在近代的先进为例，来论证基督教的优越，这实在是把自己宗教的耻辱当成了光荣。

20世纪末到21世纪初，宗教在某些地区重新活跃，特别是苏联的解体，对于宗教的活跃起到了很大的鼓舞作用。然而，人类已经过去的历史就像一条不断奔腾向前的河水，其曲折是不可避免的。九曲十弯，暂时南辕北辙的情况都会发生。但是，迄今为止，有中途干涸的河流，却没有回头倒流的河流。至于人类的历史，它不会干涸，更不会倒流。

在宗教问题上，宗教衰落的一切表现，其根源都在于科学无神论的诞生。当人类的先进思想已经认识到无论以何种形式出现的神祇都是不存在的，要想让人类重新回到传统的信仰，比让河水倒流，还要困难得多。

五、国外近现代学者对宗教有神论衰落的评论

宗教有神论，特别是基督教有神论的衰落，已经是个不争的事实和发展趋势，在历史学和宗教学界，只要不是有意的护教，而能稍微客观地尊重历史和现实中的事实，都把宗教有神论，特别是基督教有神论的衰落，作为一个不争的事实加以论述。

由众多西方著名宗教学家集体编写的《牛津基督教史》说，早先的历史学家们普遍认为，通过基督教管理世界，似乎是不可避免的事。因为在教会看来，基督教是God神赐予人类的绝对真理，那里有真理之光。但是到了我们这个时代，情况变化了：

> 只有到了我们这个时代，当神权的基督教世界显然已经崩溃时，我们才有可能领悟到，许多问题并不那么简单。尽管他们本来是可以通过其他途径加以解决的；同时，基督教作为遗产接受下来的那一部分也未必真是福音的体现。当代一些基督徒和怀疑论者毫不犹豫地摒弃了基督教世界的全部理想。对此，彼得·莱维（Peter Levi）写道："曾一度宛若一座金碧辉煌的宫殿，如今其华丽的外表业已脱落殆尽。在中世纪，昔日强盛而文明的罗马帝国仍旧残留在人们的脑际，而基督教世界则是对这一帝国的保守、褊狭及西欧式的拙劣模仿。"①

① ［英］约翰·麦克曼勒斯（John Mcmanners）主编《牛津基督教史》（The Oxford Illustrated History Of Christianity），张景龙等译，贵阳：贵州人民出版社，1995年，第170页。

既然基督教的理想被抛弃，而它用以解决问题的方式又未必是恰当的，人们在把基督教和罗马帝国作比较时，甚至认为基督教，也就是以罗马教廷为代表的基督教会，不过是前者，即罗马帝国的“拙劣模仿”，那么，人们还要基督教干什么呢?

该书接着谈到了殖民问题。说随着基督教徒移居海外，欧洲也失去了基督教载体的地位。很显然，作者在这里是有意回避了“殖民”“侵略”和“帝国主义”这类字眼。作者们都是欧美世界中人，这一点是可以理解的。但是对于基督教和当代欧洲的难以相容，因而趋向衰落，则说得简练而精辟：

> 首先是基督教的教义受到攻击，因为这些教义不够真实，而后其道德观也受到非议，因为它们不是缺乏说服力，就是不够权威性。在欧洲一些国家，基督徒还受到迫害。(基督教在海外传播很成功）但在欧洲，基督徒却逐渐失去了信心。他们担心有朝一日基督教将失去自己的故土，并感到现时世界与他们越来越格格不入。①

作者指出，1914 年，许多欧洲人就已经拒绝信仰基督教。他分析，其原因有四项。第一是医学的进步，死亡率降低，削弱了对宗教的需求；第二是城市的发展，使许多农村人口进入城市，那种与农村或农业社会相联系的宗教感情被淡化，即使那些表明自己仍然信仰基督教的人们，上教堂的也越来越少；第三是宗教宽容政策，也就是信仰自由或宗教自由政策的实行，使人们有了更多的选择；第四，是因为基督教经典中许多事情是不可信的。其实更重要的，则是作者在这段话中所说的，基督教的“教义不够真实”，并且“其道德观也受到非议”，从而使基督教徒丧失了对于本宗教的信心。

是的，要让一个现代人相信神创造世界，相信什么道成肉身，相信童贞女生子，相信与生俱来的原罪，实在是太困难了。据有关调查，这些内容，甚至那些神职人员中，声称相信的也寥寥无几。而基督教一直教导人们说，经典中的话都是绝对的真理；记载的每一事件，都是真实的历史。然而实际上却并非如此。要人们相信这些，无疑要人们相信已被证实了的谎言。所以基督教信仰的衰落，也

---

① [英] 约翰·麦克曼勒斯 (John Mcmanners) 主编《牛津基督教史》(The Oxford Illustrated History Of Christianity)，张景龙等译，贵阳：贵州人民出版社，1995 年，第 283 页。

就不可避免了。作者认为，导致基督教信仰衰落的那些因素，几乎都与科学技术的进步有关。虽然虔诚的基督徒仍然企图运用基督教赋予他们的良知来解决当代人类面临的种种问题，但实际上是不可能的。

著名哲学家和数学家怀特海，曾经和罗素合著《数学原理》，在他的《科学与近代世界》中，也对基督教在欧洲的衰落发表了自己的意见。他说：

> 观念总在变，谁也挡不住。欧洲各民族现在的宗教情况，证明了我所提出的说法。这里的现象是相当混乱的。有些时候有宗教的反作用和复兴，但许多世代的总趋势是欧洲文化中的宗教势力已经日见衰退了。每一次复兴都只能达到比前人低一筹的高峰，而每一个松懈时期则陷入一个比前人更低的深渊。①

怀特海的观察和论断，对于我们认识近几十年的所谓宗教复兴，有着重要的参照和借鉴的意义。怀特海分析宗教衰落的原因，其第一是人类知识的进步：

> 首先，近两个世纪来，宗教一直处在防守地位，并且大有招架不迭之势。这个时期是空前的知识进步时期。在这种情形下，思想方面便产生了一系列的新情况。宗教界思想家在任何形势下都是被动的。有许多在宗教中被认为是至关重要的东西经过一阵挣扎、烦恼和咒骂之后，还是作了修改和另作解释。于是第二代为宗教辩护的人便祝贺宗教界所获得的更深的领悟。在许多世代中，像这样的不光荣的撤退一再重复出现之后，宗教界思想家在知识界的威信便几乎是一蹶不振了。我们不妨对照一下，达尔文或爱因斯坦所宣布的理论，修正了我们的思想，这便是科学的胜利。我们不会说由于旧的观念被推翻了，便是科学的失败。须知这是科学的领悟又进了一步。
>
> ……应当记住的重点是，一般说来，科学每前进一步，便证明各种宗教信念的表现方式需要作某种修正。②

---

① ［英］怀特海《科学与近代世界》，何钦译，北京：商务印书馆，1959年，第178页。
② 同上。

第二个原因，就是现代人类对于暴君和暴政的反感，而宗教长期以来给予人们的形象，就是一个暴君和暴政的形象：

> 宗教所指靠的东西一部分是激起人们对暴君愤怒的本能恐惧（这是古代专制王国的苦难臣民心中最深刻的印象），特别是引起人们害怕激起不可知的自然力量后面的全能暴君发怒。像这样指靠兽性恐惧的固有本能的方式已经逐渐地失势了。因为现代科学和现代生活条件告诉我们，遇到恐惧的情况时便要用分析的方法来分析它的原因和条件，所以这一方法便得不到直接的反应。宗教是人性寻求上帝的反应。把上帝描述成为一种强力，就会激起现代人产生各种各样的带批判性的本能反应。这是一个具有决定意义的问题……这种心理的变化多半是由科学产生的。①

是的，那个全能的God，的确是个暴君的形象，是人间暴君的升华和在天上的投影。在那产生暴君和容忍暴君，甚至把暴君作为英雄来崇拜的时代，这样的宗教是适合人心，并且受到欢迎的。但是近代的欧洲已经不能容忍这样的暴君，自然也对基督教经典中的God形象发生恐惧和疏离。因此，作为基督教道德首要原则的“爱God胜过爱自己”，也就难以贯彻。假如这一条不能得到贯彻，对于基督教来说，就是个致命的问题：

> 爱的律令的第一句话“爱上帝胜过一切”遭到冷遇，并不是无关宏旨的小事。相反，它意味着欧洲人心中核心的、引导的、确定目标的精神力量已病入膏肓。这里指的就是欧洲的博爱主义；它把基督教的爱的律令逐出可见的公众生活，基督教的道德力量在公众生活中受阻，不能发挥其宗教——教会的作用。②

舍勒是天主教思想家。他十分正确地区分了在基督教本土产生的两种爱；一种是基督教的作为律令的爱，那就是爱上帝胜过爱自己；另一种是博爱主义，这是反对基督教爱的律令的世俗的爱。舍勒的这种区分，对于今天那些奢谈基督教是爱

---

① ［英］怀特海《科学与近代世界》，何钦译，北京：商务印书馆，1959年，第182页。
② ［德］马克斯·舍勒（M. Scheler）《基督教的爱理念与当今世界》，载：刘小枫主编《二十世纪西方宗教哲学文选》，第1078页。

的宗教的人们，是最好的一副对症之药。依据这些人的说法，似乎基督教是主张大家互相亲爱的。其实，这种人人应该相亲相爱的主张，正是反对基督教爱的律令的博爱主义。今天的基督教思想家们，那些亲基督教的学者们，把反对基督教的那种爱说成是基督教主张的爱，使我们看到的，不仅仅是基督教道德原则的衰落，还是那些持这种主张的基督教思想家和亲基督教的学者们学术和人格的堕落。

近年来译进的利文斯顿的《现代基督教思想》，在介绍了现代基督教各个派别的思想以后，在最后一章即第 16 章《当代的某些趋势》中，对基督教在当代的状况做出了总的评论。该评论说，第二次世界大战以后的头十年，基督教呈现出一派复兴的趋势。神学家克尔凯郭尔、蒂里希、马里坦、尼布尔和卡尔·巴特的影响，都达到了顶峰。但是 20 世纪 50 年代末，情况发生了突然的转折。一种被称之为“激进的世俗神学”出现了，导致基督教信仰向着世俗的方向发展。传统的、神圣的东西被否定了，年轻的基督教徒认为自己经历着和俗人同样的苦与乐。被视为新兴基督教先驱的迪特里希·朋霍费尔（1906—1945）开始相信，“宗教的时代已经完结了”。他说：“我们正走向一个根本没有宗教的时代，像现在这样的人干脆就不再可能成为信教的人了。”随着知识的发展，传统的上帝失去了越来越多的地盘。“上帝已经死了”的判断被越来越多的人所响应，所接受。一些基督教思想家主张，“我们必须学会没有这样一个上帝作为人类难题的解决者也能生活”。在新思潮的冲击下，最保守的罗马天主教会也实行了改革。第二次梵蒂冈大公会议除了清算一些历史旧账，提出新的改革措施以外，“平信徒或俗人的作用被赋予了核心的地位”①。而当俗人的作用占据核心地位的时候，基督教信仰将发生什么样的变化，也就可想而知了。

我们前面提到的池田和威尔逊的对话中，有一章是“基督教衰退的原因”，专门讨论基督教的衰退问题。池田认为，“基督教衰退的原因，必须在它的教义上和特性上去寻找”②，他希望威尔逊谈谈自己的看法。

威尔逊认为，基督教为人们提供了一种精神远景。现世的贫困可以在来世得到补偿，所以容易吸引贫穷的人们。而“西方近几个世纪的大多数人的物质生活

---

① 参见：[英] 詹姆斯·C·利文斯顿（James C. Livngston）《现代基督教思想》（Modern Christian Thought）下卷，何光沪译，成都：四川人民出版社，1992 年，第 933—974 页。

② 以下引文及述评参见：[日] 池田大作、[英] 威尔逊（Bryan Wilson）《社会与宗教》，梁鸿飞、王健译，成都：四川人民出版社，1991 年，第 229—244 页。

的富足，社会财富的增加，确实大大妨碍了宗教价值观的普及”。因此，“在西方各国的国民中间，近年来，相信来世的人急速而大量地减少了；而且，以自己是基督教徒而自豪或是相信基督教信仰中的其他所有教义的人也在急剧减少”。而“在对待基督教的态度上，很多信徒比那些为他们服务的神职人员更加坚持自己的信仰”。

威尔逊的这个观察值得特别注意，而且不仅限于基督教。这说明，在对“宗教是什么”这个问题上，神职人员比普通信众更加清楚和明白。普通信众把他们的教导当成神的意志，而神职人员则清楚地知道，那不过是他们前人或他们自己的意志。宗教中这种吊诡现象，是对宗教本质的有力的解说。威尔逊从自己的观察和分析中，对于基督教衰退的原因作出了肯定的回答：

> 据我看来，基督教全面衰退的原因在于，它的信仰内容和仪式已不能适应科学技术时代的要求了。从根本上说，现代社会的组织结构日趋合理化，这种合理化，在科学技术与权力制度的发展中表现得最为明显。

现代社会在权力制度结构方面日趋合理化，那就是说，基督教统治下的社会权力结构是不合理的，至少现在是不再合理了，所以，它衰落了。威尔逊对于基督教衰落原因的解释，在笔者看来，是正确的，是抓住本质的，而且可以适用于解释其他宗教的衰落。

同时，威尔逊还较为详细地补充了自己的意见：

> ……由于现代化的冲击，宗教的影响力大幅度地缩小了。……在当今的人类文明发展中，不仅宗教的作用衰退了，而且宗教领袖中的一些人也全面放弃自己能够给予文化以影响的明确主张。比如，最典型的是罗马天主教会和英国国教会的领袖，这种放弃实际上等于否定了他们自己的过去。……现在，很多宗教指导者甘愿接受科学、大众传播媒介以及政界的思想观点，自动放弃了宗教必须给予日常生活以独特的严肃的指导并净化人们心灵的主张。[①]

---

① ［日］池田大作、［英］威尔逊（Bryan Wilson）《社会与宗教》，梁鸿飞、王健译，成都：四川人民出版社，1991年，第244页。

在威尔逊教授看来，这或许是一件令人遗憾的事情。但在我们看来，这正是人类进步的表现。威尔逊的观察表明，现在的状况，不是宗教在指导世俗社会，而是世俗社会在指导宗教。孔汉思教授等起草的《走向全球的伦理宣言》写入男女平等的要求，就是一个证明，这明显是吸纳了世俗社会伦理的进步。

威尔逊教授大概对此感到不好理解。在我们看来，其实事情就应该是这样的。在传统宗教兴起和兴盛的时期，是一批当时社会的精英分子，在为它制订教义，为教义作出解说。其教义和解说因而都是当时高级甚至最高的文化成果。但是近代，宗教衰退了，那些头脑最为明智的精英人物都在社会最为需要的各个部门服务，宗教中的智力水平，也随着宗教本身的衰退而衰退了，要这些人能为现代社会提出什么指导性的意见，实在是难为他们。这种智力的较量和体育比赛一样，也遵守着优胜劣汰的原则，虽然对于失败者有些残酷，但却是整个人类进步的契机。

最后我们谈一谈历史学家汤因比。在汤因比看来，从 17 世纪开始，欧洲人开始背叛基督教。其原因，第一是道德上的，第二是理智上的。这两点，我们在前面已经谈过。接着，在《17 世纪西方生活的世俗化》一章中，汤因比说："17 世纪初叶，西方基督教宗教战争此起彼伏，西方基督教狂热主义甚嚣尘上。"科学技术的进步及其在社会生活中的实际应用，使得在这一世纪末，"世俗化因素和技术热情，从西方社会一个阶层传播到另一个阶层，竟至弥散于整个社会"。在下一章《世界对世俗化的晚近西方文明的接受》里，汤因比又谈到，随着科学技术的进步，"西方疏远了它自己的传统宗教，去除了西方传统宗教的不宽容性"①。

在传统宗教衰落的时候，新兴宗教发展起来了。据有关消息的综合判断，新兴宗教的总人数当在一亿以上。其中那些吸收较多现代世俗内容，如科学和民主等等观念的，存在着融入社会本身的可能。那些固执于巫术性质的低级超自然力迷信的，又是危害社会的不安定因素。要想发展壮大，也不可能。新兴宗教数量众多，其间往往有此长彼消的事情。而他们要想发展到传统宗教的规模和地位，已经没有可能和条件了，就像人类出现并且发展壮大以后，猴子再也不可能进化成人一样。虽然，这个新兴的过程仍然会不断地进行下去，现在也难以估计他们

---

① ［英］汤因比（Arnold Toynbee）《一个历史学家的宗教观》（An Historians Approach to Religion），晏可佳、张龙华译，成都：四川人民出版社，1990 年，第 204、218 页。

何时有一个终止，但是其只能影响社会的一些角落，而不能影响社会的主流，则是没有疑义的。

人类意识的发展，只能是向着排除对任何形式超自然力信仰的方向前进。

神祇的不存在，不是一两道数学习题或者物理实验可以证明的问题，也不是一两个哲学思辨和逻辑分析可以证明的问题，而是人类在长期的社会生活实践中证据不断积累、认识不断深化而终于发现的问题。

当古代以色列的拉比们宣称，God 按照自己样子造人的时候，这时候的 God 实际上就是个具有人形的人神。当奥古斯丁宣布，God 虽然按自己的形象造人，但他并不具有人的形象的时候，人神的 God 就被否定了，被宣布为不是神。为证明精灵神的存在，以安瑟伦、托玛斯等为代表的神学家曾经竭尽了全部的智慧和精力。但是，当如今的基督教神学家宣称 God 不能说是“存在”，并且否定安瑟伦、托玛斯的著名证明，甚至宣布他们的证明本身就是对 God 的亵渎的时候，也就是宣布，那个被认为是单纯精神体的 God 也不存在了。

God 本身是如此，God 的事迹，也被一件件的认为不可信了。什么七天创世、照自己形象造人、最后审判、道成肉身、童贞女生子、与生俱来的原罪等等，等等，即使那些仍然相信 God 的人中，也有许多不再相信了。那么，在某些人心中还存在的 God 还剩下了什么呢？就像蝉儿已经飞走，只留下一个空壳，甚至连这个空壳也没有。因为是神学家，不是别人，已经有人把 God 比作暴君，而且还倡导要我们习惯于没有 God 也能活的生活。如果在这样的情况下，还有人在那儿叫号说“我们不能证明神的存在，你们也不能证明神的不存在”，那就让他对着这个连空壳也没有的 God 礼拜，去寻求自己的安宁和幸福吧！至于现如今仍然被认为存在着的神祇，都可以 God 的榜样以此类推，就像当代的国家大都会按议会、总统这样的制度以此类推一样。

关于神祇的不存在，我们的话基本就说到这里。下面要讲一讲历史上人们如何去侍奉这些神祇，侍奉的效果如何以及神祇观念的历史作用。而事神的效果和神祇观念的历史作用，又会使人进一步明白神祇到底是存在还是不存在。

第三章　事神及其效果

第一节　物质献祭

一、神祇与宗教

依历史顺序，神祇的发展经过为兽神、魔神、人神、精灵神和超精灵神五个阶段。信仰神祇的人们构成群体，依历史顺序，也经过了原始宗教、国家宗教、世界宗教和新兴宗教四个阶段。原始社会中人类对神祇的信仰，我们称之为原始宗教。国家建立，由当政者确定的、从君主开始到全国臣民都信仰的宗教，我们称之为国家宗教。国家宗教确立以后新出现的、不以一国一地为目标，而以一切人为目标且一切人都可以信仰的宗教，我们称之为世界宗教。近代国家实行宗教信仰自由政策以后新出现的以信仰某种神祇为核心的宗教，我们称之为新兴宗教。

原始宗教信仰的神祇，是兽神和魔神，有的在后期出现了人神。原始人类信神的目的，是祈求一件件具体事务的成功，在一件件具体事件中不受伤害。这些事件，包括渔猎、采集、种植、手工、斗殴、求偶、战争等等。相应于信仰的目的，神祇们也是一件件具体事务或事件的主宰者。

原始宗教的神祇们，从兽神到人神，都有超自然的力量，特别是后期的人神，更是被赋予了巨大的超自然力，但是没有道德观念。他们是掌握或者战胜某种自然力的英雄，但不是道德模范，也不是道德观念的制定者。从古希腊的宙斯等神，到中国《山海经》中的诸帝，都是如此。他们甚至常常利用自己强大的力量，去做那些在后世看来是非常不道德的事情。他们的行为，反映着原始社会的生活状况。因为在原始社会中，是无所谓道德的。

原始宗教中，每个群体会有一个共同信仰的神祇，同时也不妨害每个个人有自己信仰的神祇。在共同信仰的神祇和个人信仰的神祇之间，一般也仅有松散的隶属关系，而没有稳定的等级制度。就像这时的社会也只有首领和成员松散的隶属关系而没有稳定的隶属关系一样。

国家成立，原来小规模的人类群体合为更大的群体，小群体的首领中，有的成了国王。国王底下，有一批官阶不同的官吏。隶属关系稳定，有些国家还层次分明。与人世相应，神祇中也出现了数个或一个主神，底下是大大小小的神祇。各个古代国家，以中国的社会组织最为细密，中国国家宗教的神祇，也层次分明："五岳视三公，四渎视诸侯。"（《礼记·王制》）"王者父天母地，兄日姊月。"（《春秋·感精符》）即"五岳"的级别相当于人间的"三公"，"四渎"的级别相当于人间的诸侯。天是王者的父亲，大地是王者的母亲。日，太阳，是王者的哥哥；月，是王者的姐姐。其他小神，以此类推。级别明确，层次分明。

国家宗教信仰的，是人神和精灵神。中国宋代开始的"天即理"，可列为超精灵神。国家宗教信仰神祇的目的，是国家的安宁和富足。或者说，国家宗教的神祇，就是国家的保护神。主神，负责全面的保护，如同君主作为国家元首一样。其他神祇，就像国家官吏，各司其职，负责国家事务的某一方面。

原始社会后期，社会组织日益复杂，道德观念也日益强烈。私有财产的出现，使随便拿别人的东西被称为偷盗；夫妻关系的确定，使婚外的性关系被视为非法和奸淫。神祇被认为是道德原则的制定者和监护者，神祇自己，则成为履行道德的典范。

国家宗教原则上不排斥外来的神祇，如同古代国家大多不排斥异邦人在本国居住甚至做官一样。异邦臣子只要忠诚，就是为本国的建设增添了一分力量；异邦神的意义只要不违背国家利益，就使国家多了一层保护。

和原始神祇相比，国家神祇管辖的范围更大了，其功能也更加强大。

国家宗教注重的是国家利益，个人利益往往受到忽视。为争取个人的利益，国家宗教内部逐渐出现了以个人幸福为目的的宗教，信仰能使个人得到幸福的神祇。为了在国家宗教内部能够争取到信众，新创造的神祇必须被塑造得具有更强的超自然力，其主要内容，就是使个人永生和永福，或者使个人永远没有死亡和痛苦。在与国家宗教的竞争和斗争中，佛教、基督教和伊斯兰教逐渐站稳脚跟，并逐步发展，成为现存的世界宗教。

世界宗教有的延续了国家宗教的神祇和教义，如基督教把《旧约》以及犹太教所信奉的神祇作为自己的神祇。有的是在传统宗教包括原始宗教和国家宗教的基础上发展起来，如佛教和伊斯兰教。传统的神祇，或被全部清除，如伊斯兰教清除所到之处的神祇，据说只有“安拉”这个名称是当地原有的神祇名称。有的把传统宗教的神祇纳入自己的系统，如佛教把印度教的神祇作为自己的仆从或护法者。因此，世界宗教往往从信仰人神开始，通过对神祇形象的不断改塑，最后改塑成为超精灵型的神祇。

世界宗教神祇的共同特点，就是它的神祇更加集中化，而且全知全能，至善至美。原则上，它不需其他小神的协助，就可以解决一切问题。因为它创立的时候，国家机构掌握在国家宗教手里，它本就没有可以借助的官吏。佛教中有菩萨、有罗汉等等，那并不是说，佛必须由他们协助，才可以普度众生。他们渡化众生，乃是出于他们的志愿。他们的前途，就是成佛。而成佛以后，虽说佛身无数，但无数佛身也只是一个法身。从这个意义上说，佛教也是一个主神就能解决所有问题的世界宗教。

世界宗教最重要的特点，是保证个人的永生和永福，而不是整个国家的安全和富足。比如基督教允诺信仰者在最后审判的日子到来的时候，枯骨也将复活，接受审判。义人将进入天国，享受永远的幸福。佛教允诺信仰者脱离轮回，涅槃寂静。永不再生，自然也永不再死，从而进入永恒快乐安静的状态。伊斯兰教允诺信仰者永远居住在“下临诸河的乐园。”

世界宗教对人类思想发展一个重要的贡献，就是提出了“平等”的观念。佛教提出，在教义面前，“平等正觉”，即人人都可以理解和信仰。原来的四个“种姓”，在信仰上也“悉皆平等”。后来，连坏到极点的“一阐提人”被认为也有佛性，也可成佛，这就做到了宗教信仰方面彻底的人人平等。基督教所由以产生的犹太教，认为唯有以色列人或犹太人才是耶和华神选中的良民。基督教认为，只要信奉它的教义，就是God选中的良民。伊斯兰教继承了基督教的教义，也仅仅以“信道者”和不信道者区别自己人和非自己人，只要是自己人，就都是兄弟。

世界宗教提出的平等观念，仅仅是信仰上的平等。然而这也是人类在进步过程中所争取到的第一个平等权利：信仰上的平等权利。

新兴宗教数量众多，仅国家承认且登记在册的，据说每个现代国家都有成百上千、甚至数万个。日本最多，据说合法登记的就有 18 万个以上[①]。而其中有些是纯粹的商业团体。登记为宗教，目的是为了免税。日本政府常常为查清这些组织的真实面貌而大费周折。

新兴宗教信仰的神祇，兽神、魔神尚未发现，但把教主本人作为神祇加以信仰的"人神"，则比较多见。也有的从超精灵神出发，并且更加虚化。世界宗教的超精灵神仍然具有原来的功能。某件事成功，认为这是神祇的奖励。遭遇了某种灾难，认为这是神祇的惩罚。但新兴宗教中，有的连这一点也不说，仅仅说他们信仰某种神祇，在集会开始时唱歌加以歌颂而已。他们容纳现代的科学民主精神，使宗教组织向着世俗的民众团体靠拢。也有的信奉原始巫术，并且用现代科学加以伪装，这样的宗教组织往往成为危害社会的黑恶势力集团。

某些新兴宗教团体信仰人神，把巫术作为宗教活动的基本内容，是宗教发展进程中的返祖现象。

宗教史所描述的神祇发展历程，和本书所描述的神祇发展历程，其对象，都是该宗教当时最为先进的神祇观念。该宗教基层群众的实际信仰，往往有很大不同。虽然神祇的名称一样，但在各人心目中的形象，会相差甚远。大卫·弗里德里希·施特劳斯（David Friedrich Strauss）《耶稣传》（Das Leben Jusu）第 233 页："当犹太教徒意识到一位精神的、无形无象的耶和华的时候，他们就以为自己已经找到了上帝。"然而"对于这位唯一真上帝的这种认识，并不是整个民族都有，只是他们之中少数有崇高思想的人才有，而群众却在继续不断地像他们的邻居一样，眷恋着向走兽和偶像献祭的多神教式的崇拜"[②]。中国徐怀启教授也指出："对人神的信仰不仅存在于下层民众之中。当时犹太民族的重要派别撒都该人，他们对神的看法就是拟人式的，对神和国王同样崇敬。而被耶稣常常批评

---

① 参见：钟科文《法轮功何以成势》，北京：当代中国出版社，1999 年，第 307 页引日本材料。

② ［德］大卫·弗里德里希·施特劳斯（David Friedrich Strauss）《耶稣传》（Das Leben Jusu）第一卷，吴永泉译，北京：商务印书馆，1981 年，第 233 页。

的法利赛人，认为神是精神性的。”① 这样的现象，今天仍然存在。在不少国家的民众中，甚至还保留着对于兽神和魔神的信仰。这是传统的延续，不是神祇的返祖。古老但落后的传统会延续到今天，如同许多古老动植物能够生存到今天一样。生存到今天的古老动植物是宝贵的经济资源，延续到今天的古老神祇，除了作为研究对象之外，就是我们应该帮助信众摆脱的愚昧现象。

中国是大熊猫的故乡，银杏树、云杉之类的远古植物，也仍然在为今天的中国人奉献着自己的绿色，并且颇得民众的喜爱。同时，上古低级的神祇崇拜，包括兽神和魔神的崇拜，也没有绝迹。一些远古的巫术被当成最新的科学，曾在数十年间被许多国人发疯似的追捧。曾国藩说的“生有功德，没则为神”的现象，也随处可见。甚至无产阶级革命政党的领袖，也被某些群众奉为新的神祇。人民群众自发地把革命领袖奉为神明，说明革命领袖得到人民群众的拥戴之深。然而这样的现象，也和一切有神论现象一样，也是我们应该帮助群众摆脱的愚昧现象。

下面我们将依据历史顺序，介绍不同宗教，或者民众对于不同神祇的事奉方式。

二、献祭事神

献祭事神是事神的最初方式，也是事神的基本方式。

献祭，就是把一些物品献给神祇享用，其中最基本的物品是食品。食品中，最重要的是肉食。其他物品，主要由衣料、玉，还有歌舞。中国古代献祭还特别注重生肉，也可佐证最初的神祇就是兽神。如果神祇一开始就是不必吃东西的精灵，就不会向神祇献祭，特别是贡献生肉。

《旧约》中，God 在西奈山上向摩西等讲述了十条最重要的道德戒律之后，又提出要人们向他献祭。祭品除了牛羊之类的食品之外，还有金、银、铜，各种颜色的线，细麻、羊毛、羊皮、海狗皮、皂荚木、点灯的油，做膏油和香的香料，红玛瑙和其他宝石等等。没谈到玉，大约以色列那个地方古代不出产玉的缘故。

God 还指示说，献祭的牛羊，必须是无残疾的。每天还要两只羊羔，早晚各

---

① 徐怀启《古代基督教史》第一章第二节《犹太教和犹民族》，上海：华东师范大学出版社，1988 年。

一只。其中脂油和羊尾要在靠近脊骨处取下，并把盖脏的和脏上的脂油取下，在坛上焚烧。如果用鸟献祭，要用斑鸠和雏鸽。祭司要在祭坛前揪下鸟头，但不要让血流在坛上。要把鸟的嗉子和脏物丢在坛东边倒灰的地方。然后拿着两只翅膀，把鸟撕开。但不要撕断，然后焚烧，称为“燔祭”或“火祭”。这样细致的指示，颇像一个絮叨的管家婆在要求仆人如何为自己安排饭食。这样的神，绝不会是一个纯粹的精灵。

中国古代献祭，《山海经》中就已经祭品众多。肉食有牛羊猪，也有狗、雄鸡等。谷类有稻米、高粱米等。奢侈品则有玉等。商代甲骨文记载，当时献祭的牛羊，一次有数十上百头的。春秋战国时代，对于献祭的牛羊有了限制。比如最高规格的献祭，是“太牢”。牢，即畜圈。太牢，最大的畜圈。因为牛的圈最大，所以太牢指的就是牛。有人认为也包括一猪一羊，共三牲。所用的牛，毛色要纯而不杂，牛角要像蚕茧或板栗大小，即小牛。其他祭品，规格也有了限制。到了汉代，大体上遵循着这样的规矩。然而由于神祇众多，皇家祭祀神祇和祖宗时，堆在祭案的肉食也常常有数千斤之多，称“堆俎”。王莽当政祭天时，陪祭的神祇一千七百余位。王莽要严格按照古礼行事，不同的神祇用不同的肉食，其中许多是野味。由于置办不够，就用家畜代替，以致遭后人耻笑。

中国古代国家最大的祭祀，一是皇帝祭天，二是皇家祭祖，耗费都非常巨大。汉武帝时，曾有人建议减少祭天次数，遭到董仲舒的激烈反驳。董仲舒认为，皇帝是上天之子，不认真祭祀上天，等于儿子不给父亲饭吃。对于这样不孝的儿子，上天如何还会保佑他！由于祭天费用太大，常常造成国家财政困难，原来每年一祭也改为三年一祭。即使如此，君臣们也常常为财政困难犯愁。元代儒者袁桷说：

> 自汉而下，牲犊尊罍之数，不胜其烦，其郊礼之费，竭九州之贡赋不足以供，由是虽三年之祭亦不能举。（袁桷《郊不当立从祀议》）

袁桷的话，真实地反映了祭祀神祇给国家财政所造成的困难：“竭九州之贡赋不足以供”，国家的财政收入不够用于祭神的，还如何发展其他事业！不足的部分，只能拼命盘剥民众。中国是如此，其他国家，也不会例外。

祭天的礼器，依儒经，应当都是陶匏之类，即陶器或者葫芦瓢之类。但是明代皇帝朱元璋说，帝王在世时用的都是金银玉器，死后反而要陶匏之类，不合情理，于是改用金银等贵金属。

中国古代一般的祭天活动，费用还不是最大的。费用最大的祭祀是封禅。封禅一般是到泰山祭天，在泰山下一个小山上祭地。这是一种向上天报告成功的“告礼”，只有建立了丰功伟绩的君主，才有资格封禅。从秦朝开始，曾经进行封禅活动的，有秦始皇、汉武帝、东汉光武帝刘秀、唐高宗、武则天、宋真宗等屈指可数的几位。其中以汉武帝封禅次数最多，共五次。武则天封禅是到中岳嵩山。

封的意思是封土，即用土堆起一个祭坛。有人说是为了增加山的高度，所以要在山上筑坛。为了表示隆重和虔诚，土坛旁要用数百吨石条垒砌，工程非常浩大。皇帝的告天文书，要用金粉写在白玉板上，工程也非常浩大。由于是比每年祭天都要隆重得多的祭祀大典，文武百官都希望参加。著名史学家司马迁的父亲司马谈，作为史官，祭祀时的职责是安排神位。这样隆重的活动，他是最重要的执事之一。然而汉武帝封禅的队伍从长安（西安）行到洛阳，却拒绝司马谈参与，司马谈也因此气病而死。宫中后妃依礼虽不能参加祭祀，但也往往要求随行。这样一支庞大的队伍，加上护卫的士兵至少十万之众。从咸阳、长安或洛阳、开封出发，浩浩荡荡，要多少人力物力沿途供给，其耗费之大，难以想象。以致宋真宗封禅之后，儒者们谈封禅而色变，从此以后，再没有皇帝谈封禅之事。

在古印度，婆罗门是专管献祭的阶层，他们宣扬献祭万能，因此献祭的牺牲数量多，规模也大。其中最大的献祭活动是“马祭”，由王室举行。用作献祭的马，在献祭之前的一年或数年间，任其自由奔跑。后面由数百名武士护卫。所到之处，如果不被追捕，则当地就应向纵马之国称臣。如果追捕，则护卫武士就要与追捕者战斗。回国以后，该马将与数百头牛一起，作为牺牲，献给神祇①。

据希罗多德的《历史》，埃及人献祭的基本内容是公牛或公牛犊，也用干净的猪和鹅，不用母牛。献祭以前，祭司要检查祭品是否干净。首先检查毛色，不

---

① 参阅：徐梵澄译《五十奥义书》，北京：中国社会科学出版社，1984 年，第 2 页，第 518—520 页。又见：朱明忠《印度教改革史》（稿本）第二节《婆罗门教的发展与奥义书思想改革运动》。

能有一根黑毛。然后检查身体其他部位，从舌头到尾毛。祭祀时，首先割断咽喉，然后切下牛头，剥下牛皮。祭祀完毕，可以卖掉。当要把牛献给最大的女神的时候，剥皮之后，则进行祈祷。祈祷完毕，切开牛腹，取出牛腹内的其他器官，留下五脏和脂肪。再切下牛腿、臀部、肩部和颈部，在牛腹内填充面包、蜂蜜、葡萄干、无花果、乳香、没药和其他香料等祭品。然后进行烧烤，举行宴会，把牛吃掉①。

据希罗多德介绍，波斯人向天，向太阳和月亮、向地、向火，向水、向风奉献牺牲，但不献麦饼。献祭时，他们把牲畜牵到一个洁净的场所，呼喊神的名字，为大家祈祷，然后把牺牲切成碎块，煮熟后放到最新鲜柔软的草上。然后由神职人员唱赞美诗。唱完之后，祭品可以随便处理②。

在希罗多德的《历史》中，在古希腊的神话里，向神祇奉献牺牲往往是一件顺便提到的、被认为是十分自然的事情。这表明，在古希腊，献祭已经发展到相当高的水平，或者已经有了相当悠久的历史。古希腊神话中关于赫剌克里斯的故事说，他的重要功绩之一，就是曾经驯服了一头发疯的公牛。而这头公牛之所以发疯，是因为克瑞忒的弥诺斯王曾经向海神波塞冬许愿，要将深海里最初出现的任何物品献祭。从深海里出来的，是一头美丽的公牛。弥诺斯王喜欢美丽的动物，于是把这头公牛带回自己的牛群，而用另一头公牛献祭。海神发怒了，作为惩罚，海神让这头公牛发了疯，在克瑞特岛上到处捣乱，直到赫剌克里斯到来，把这头公牛驯服③。

在古罗马境内，献祭也是一件习以为常的事情。并且他们已经开始用泥土做的牺牲来替代真的牺牲。据阿庇安的《罗马史》，塞西卡斯人向生殖女神奉献的祭品，通常是黑色小母牛。但是有一次，献祭的节日就要到了，他们还没有黑色小母牛，于是就做了一头粘土小母牛。正在这时，一条黑色小母牛从海里向他们游来。并且自己跑到了神庙里，站在神坛旁边，做了塞西卡斯人献祭的牺牲。

献祭的起源，和神祇的起源一样，我们只能根据现有的资料进行推测。但有一点可以确定的是，献祭绝不是如《旧约》所说的神祇的指示。献祭的改进与发

---

① ［古希腊］希罗多德《历史》，王以铸译，北京：商务印书馆，1985 年，第 126—131 页。
② 同上书，68—69 页。
③ ［德］斯威布《希腊的神话和传说（上）》，楚图南译，北京：人民文学出版社，1984 年，第 160—161 页。

展，后来会有神学家们传达的神谕，但最初的献祭则不可能有什么神谕。

人类创造的第一批神祇是兽神，献祭也只能从人类与野兽打交道的经验中取得。

原始人类“献”给野兽的食物，通常有两种。一种是狩猎的诱饵，另一种是当遭遇猛兽时为逃避伤害而丢弃的肉食。中国一个民间故事说，一位卖肉者晚上回家，有狼尾随。他一块块丢弃尚存的余肉，暂时躲过了狼的袭击。如果幸运，会最终避免遭受伤害。不幸运，也有可能争取到摆脱恶运的时间和机会。在不久前的农村中，有的人家在收获以后，会在盛粮的箱柜麻袋之外留下少许粮食给老鼠享用，可以避免它们损害存粮的箱柜等。当把某些禽兽奉为神祇时，这种临时或不得已采取的措施，就会成为经常和固定的行为。所以不论那个民族，向神祇献祭，肉食和粮食都是最基本的祭品。后来兽神、魔神变成人神，献祭又增加了人世间人与人打交道的经验。在人世间，贱者向贵者送礼以谋求某种利益，或者避免遭受伤害，也如同送给野兽的诱饵和被迫丢弃的食物一样，于是传统的献祭习惯就被延续下来。而且由于人的需求方面众多，于是，以金玉宝石为代表的奢侈品，还有歌舞、戏剧，都逐渐成了献给神祇的祭品。

人神变成了精灵神，按说精灵神是不吃东西的，但是宗教是最适宜保持旧物的储蓄所，献祭的传统还是保留了下来。《旧约》中说，世界是God创造的，它什么也不缺乏，当然不需要什么祭品。但是也就在《旧约》中，God不只一次的要求以色列人献祭，祭品有时多得像小山一样。中国在南北朝时期，南朝梁代的开国君主梁武帝曾经把祭品中的肉食改为素食，不仅当时遭到反对，后来还成为儒者们不时抨击的重大事件，认为这是让祖宗“不血食”，即不吃生肉，是重大的不敬、不孝行为。

到国家宗教时期，神祇原则上不再以祭品的丰盛和洁净与否来评判人们的行为，而主要是依据人的德行。儒经上说，只有德行才是最好的祭品。但是实际上，由于国家的富强和庞大，财力人力都更加雄厚，其献祭的规模反而更加扩大。

献祭的时间和场所，起初往往是随时随地，因为遭遇动物的机会也是随时随地。后来加上和人打交道，时间会逐渐固定下来，场所也会逐渐固定下来。据《旧约》，God要求建立祭坛，时间很早，但建立神殿，却是在所罗门王时期，即较后的时期。中国发现最早的祭坛，是大约五千年前的红山文化时期。三千多年前商代祭祖的场所，还是茅草屋顶。但是后来，经济和技术的发展，使事神的场所日益豪华。古埃及的金字塔，古希腊的神殿，中国现存的天坛、地坛等等，都非常豪华壮丽。

苏格拉底说过，献祭不过是人和神进行交易的技术。在这个交易中，人以为自己是用少的祭品换来了多而大的利益。然而交易的另一方，神祇，是不存在的。所以人自认为非常划算的交易，却纯粹是一场赔本的买卖。

神是不存在的，也不会享用祭品，那么，所谓献给神的祭品，都到哪里去了呢？

依中国古代的规矩，祭祀天神的祭品，一部分放在柴上焚烧，称为“燔”或“柴”；祭祀地祇的祭品，一部分掩埋，称为“瘞”。如果是祭祀河神，一部分会投入河里。大部分祭品，还是由人自己享用。

依中国古代的礼制，君主祭祀时的一部分祭肉要分给一定级别的臣子。有一次，鲁国的君主不再把祭肉分给大夫们，孔子认为这是君主无道的重要迹象，于是离开了鲁国。在这分配祭品的过程中，神职人员，无疑是最有可能得到最大利益的集团。后代国家，每当重要祭祀时，都要赏赐有关人员，包括担任保卫工作的士兵。神职人员，无疑也是最方便的受益者。至于那雄伟的神殿，华丽的装饰，以及藏于神殿的金银财宝，能够享用和支配的，当然首先也是神职人员。这也是印度婆罗门之所以要宣传祭祀万能、神职人员要维护祭祀规模的重要原因。

献祭本来是讨好神祇使人受益的行为，然而献祭制度的发展，使人本身也成了祭品。

三、人祭

目前集中披露远古时代人祭情况较多的著作，还是弗雷泽（J. G. Frazer）的《金枝》（The Golden Bough）。

据弗雷泽的研究，以活人献祭，乃是古代各个民族普遍具有的习俗。他的《金枝》，就是要破解内米湖畔以决斗方式争夺森林之王的习俗。这个森林之王，乃是林神狄安娜的祭司。据弗雷泽的研究，则“与祭司的决斗乃是关于人们曾经向托里克的狄安娜奉献活人祭品的一段往事的回忆”[①]。而用活人祭祀林神狄安

---

① ［英］詹·乔·弗雷泽（J. G. Frazer）《金枝》（The Golden Bough），刘魁立译，北京：大众文艺出版社，1998年，第4—5页。

娜，更是当地长期以来习以为常的风俗："据说每一个登岸的外乡人都被宰杀在她的祭坛之上献祭了。"① 这样的风俗，又是世界各地都曾有过的习俗。《金枝》第四十七章《里提尔西斯》共有四节，都是描写如何以活人献祭的情况。如此之类的习俗，遍及美洲印第安人，非洲人，亚洲菲律宾人、孟加拉人，欧洲普鲁士人、波兰人、立陶宛人、俄罗斯人等等，在古代都曾经有过把过客抓住向神祇献祭以祈求丰收的习俗。也有的是奴隶，是流浪的儿童，是普通人甚至是权威人士。这些用做牺牲的人牺，会以各种方式被杀死。或者用斧头砍死，或者用锄头砸死，或者用箭射死，甚至进行活剥。或者用烧红的烙铁逼人牺在一个斜坡上翻滚，并且时间愈长愈好，因为他们认为，人牺流的眼泪愈多，雨水就愈充足。

人牺在被献祭之前，往往会得到很好的养护。吃着精美的食物，养得胖胖的。到献祭的时候，则被穿上新衣，戴上花冠。然后被处死，而处死有的是一个很长的过程。因为人牺常常被当做神祇，人人都希望得到人牺身体的一部分。所以有的人牺在被献祭之前要游行各村，村民们挨家挨户拔去人牺的头发。人牺先被砍伤，然后人群立即冲上前去，把人牺活活地割成碎块，直到割死。这些碎块往往被埋在各家的地里，因为人们相信人牺的血肉和骨灰具有肥沃土壤的魔力或物质力量②。

弗雷泽的材料中可能有许多夸张的成分，但是以活人献祭习俗普遍存在于原始宗教时期，保存于不久前还处于发展程度较低的民族之中，则是一个不争的事实。不少古代文献常有类似的记载。据古罗马史学家塔西佗的记述，在日耳曼人中，"麦叩利（Mercurius）是他们最尊崇的神，甚至在某些特定的日子里，杀人来祭他也不为非法"。其中一支为塞姆诺内斯人，他们自称为斯维比人中最古老和声望最高的一支，他们将一座丛林献给了神祇。每到一定的时期，他们就在这里"当众杀一个人作为牺牲，这就是举行他们野蛮宗教仪式的恐怖开端"③。

为什么用活人献祭？弗雷泽没有说明，其他的宗教学著作也没有说明。如果要做一个说明，也当是人类在与禽兽打交道过程中偶然遭遇或者不得已的行为。当遭遇猛兽袭击时，群体中牺牲一个喂饱猛兽，其他人就可以脱险。这样的事情在原始人类中当不是十分罕见的事。在不得已的情况下，群体献出一个以保全大

---

① ［英］詹·乔·弗雷泽（J. G. Frazer）《金枝》（The Golden Bough），刘魁立译，北京：大众文艺出版社，1998年，第4页。

② 同上书，第610—640页。

③ ［古罗马］塔西佗《日耳曼尼亚志》，马雍、傅正元译，北京：商务印书馆，1962年，第59、75页。

家，也就像丢弃一些猎获保存更多猎获和人的生命一样，是同样的道理。当这些猛兽被尊为神祇，在不得已的时候向神祇奉献人祭，或者形成一种人祭制度，都是合理的推测。到了后来，原来不得已或者临时的措施，就成为经常性的固定行为，就是人祭制度的由来。

当然，也可以追溯到远古的吃人习俗。由动物进化而来的人类，饥饿时会吃掉自己的同类，或是自己族群中的老人，或是其他族群的人。这样的情况，甚至在资本主义殖民时代还能见到。当然，吃人不像吃野兽，机会很少，不易得到，所以献给神祇的人牺也被认为是最贵重的祭品。

古希腊神话中关于克瑞忒迷宫的故事，同时也是一个关于人祭的故事。克瑞忒的弥诺斯王的儿子，在雅典境内遭人杀害。雅典人遵照太阳神阿波罗的神谕，和弥诺斯王和解，其条件是，每年向弥诺斯王进献七对童男女。这些童男女被关在迷宫里，让半人半牛的怪物弥诺陶洛斯杀害。这些童男女，实际上就是献给那个怪物的人祭。

大约在希罗多德的时代，古希腊已经少有甚至没有了人祭现象，所以他也不相信古埃及会有人祭的事。据希腊人传说，当海拉克利斯到达埃及的时候，当地的居民硬是给他头上戴了一个花环，准备作为牺牲献给宙斯。当献祭开始的时候，海拉克利斯施展自己的力量，杀死了所有在场的人。于是海拉克利斯被当做了神，并且给他建造了神殿。但是希罗多德不相信这个传说。他认为：

> 埃及人除去限于干净的豚、牡牛和牡牛犊以及鹅之外，甚至连家畜都不用做牺牲的，怎么还能相信他们用人来做牺牲呢？[①]

然而希罗多德的推论却并不合乎逻辑。埃及人不用其他牲畜，是因为其他牲畜不如献祭牲畜的美好。人，应当是比牲畜更加美好的祭品。

由唐代慧立、彦宗撰写的《大慈恩寺三藏法师传》，描写了高僧玄奘到印度取经的经历。其卷三写道，玄奘法师在阿踰陀国遇贼，“彼群贼素事突伽天神，每于秋中觅一人质状端美，杀取血肉用以祠之”。而弗雷泽的《金枝》中，也谈到了印度，说印度人是把人牺的骨灰和尸体的残余部分都撒在田里。

以活人献祭的事，自然也存在于古埃及和古希腊上古的习俗之中。据斯威布

① ［古希腊］希罗多德《历史》，王以铸译，北京：商务印书馆，1985年，第131页。

《希腊的神话和传说》，利比亚和埃及一带，在长期饥荒和大旱之后，曾经有一个预言家宣布过一条神谕："如果每年杀戮一个外乡人献祭宙斯，可使大地变得肥沃。"残暴的国王听信了这条神谕，"以致所有到埃及来的外乡人都被杀害"[1]。

以活人献祭的顶点，是以王子或公主献祭。弗雷泽的《金枝》中，专有一章《以王子献祭》，其中讲到瑞典国王把他的九个儿子献祭，是为了自己长寿。古希腊一个上古的王室，总是把他的长子向神祇献祭。原因是神谕让国王本人作为人牺献祭，但国王被救了，经过许多曲折，献祭的人牺最终落到了他的长子身上。据说这样的风俗到了普鲁塔克时代仍然保留着。还有亚洲西部的闪米特人，在国家危难的时候，国王有时会让自己的儿子为全体人民的福祉去做献祭的牺牲。弗雷泽援引菲罗关于犹太人的著作说道，犹太人有一个古老的风俗，人难临头时，一个城池或一个国家的统治者得把他心爱的儿子交出来献给复仇的魔鬼，为人民赎身。这个献出的孩子在神秘的仪式中被杀死。有个国王叫穆阿布，当他们被以色列人包围，情势紧急时，他只好把本应继承王位的长子在城墙上火祭。

在基督教世界，曾经流传着一则谣言，说犹太人曾经把一名男童当做了逾越节的祭品，因为他们需要用基督徒的血制造节日的无酵饼，从而导致了一场大规模的迫害犹太人运动[2]。谣言本身当然不足凭信，但这如同至今还流传的一些习俗和传说一样，乃是人们对于曾经存在过的人祭的朦胧回忆。

在《旧约》中，有一种赎罪祭。依耶和华上帝的吩咐，是用牛犊或者绵羊献祭，以赎免自己的罪过。如果罪小，该处的罚金低于牛犊或绵羊的价值，也可以仅用斑鸠或者鸽子。后来，大约用羊比较普遍易行，赎罪的义务就仅仅由羊来承担，并由此产生了"替罪羊"的概念。如果罪过很大，牛和羊都不足以赎免，事情就轮到了人。耶稣的死，被基督教认为是上帝献出了自己的儿子，为全人类赎免罪过。这样的观念，也应该视为古代国王在不得已之时要献出自己儿女的习俗的遗存。而至今仍然作为基督教基本礼仪的圣餐，不过是上古时代人们分食牺牲，包括分食人牺习俗的替代物。

在人类对宗教陋习的觉悟历程中，对于人牺的觉悟即使不是最早的，也是较早被觉悟到的习俗之一。人类在很早的时期就觉悟到，以人献祭，不仅无益于他们的福祉，反而是残忍的行为。所以不仅希罗多德当时就不相信埃及人会用活人

---

① ［德］斯威布《希腊的神话和传说（上）》，楚图南译，北京：人民文学出版社，1984年，第166页。
② ［美］大卫·鲁达夫斯基《近现代犹太宗教运动》（M0dern Jewish Religious Movements），傅有德译，济南：山东大学出版社，1996年，第4页。

献祭，在《旧约》中也已经没有了人祭的记载。只有God耶和华为考验亚伯拉罕的忠诚，让他用独生的儿子以扫献祭。这就把人对神的忠诚与否，完全置于物质的献祭关系之上。摩尔根的《古代社会》中关于印第安人习俗的记述，也没有人祭的记载。

中国历史上关于人祭的记载，当是甲骨文中就出现的焚巫事件：

> 壬辰人烄长，雨。(《甲骨文合集》32290)
> 烄夫有大雨。(《甲骨文合集》30168)

烄，被认为就是焚巫[①]。焚巫，是为了祈求雨水。这和弗雷泽描述的把人当谷精献祭以祈求丰收和雨水，是一个意思。但是春秋时代，焚巫的行为遭到了质疑。《左传·僖公二十一年》载：

> 夏大旱，公欲焚巫尫。臧文仲曰，非旱备也。修城郭，贬食、省用、务穑、劝分。此其务也。巫尫何为？天欲杀之，则如勿生。若能为旱，焚之滋甚。公从之。是岁也，饥而不害。

这次焚巫的原因，一般认为是巫祈雨没有成功。然而臧文仲所说“若能为旱”，则可能是认为巫尫本身可以为旱。王充《论衡·订鬼》在谈到这件事的时候也说，巫是鬼类，“巫之审者，能处吉凶”，所以是“吉凶之徒”。也就是说，巫本身就是能够导致吉凶的东西，这和《金枝》中所说的把人牺当做神祇也是一致的。然而无论如何，以活人做牺牲以祈求丰收，也是中国上古的习俗之一。

战国时代，以活人献祭愈来愈受到抵制。其中最典型的案例，就是《史记·滑稽列传》中西门豹治邺制止为河伯娶妇的记载。其中的情节，也和其他民族中的人牺相仿。先是由巫者物色好一个女子，然后“聘取，洗沐之，为治新缯绮縠衣，闲居斋戒。为治斋宫河上，张缇绛帷，女居其中。为具牛酒饭食。行十余日，共粉饰之，如嫁女”。到献祭时，让该女子坐在新婚的床席之上，放入河中使其逐渐沉没。于是认为她做了河神的新娘，河水就不会泛滥成灾。西门豹制止这样的事件，表明了社会意识的进步。

---

① 裘锡圭《说卜辞的焚巫尪与作土龙》，载《甲骨文与殷商史》，上海：上海古籍出版社，1983年。

战国以后，这样的陋习就仅仅存在于边远地区。汉朝的贰师将军李广利投降匈奴，甚得宠信。早于李广利投降匈奴的卫律心怀嫉妒，于是就设计加害李广利：

> 卫律害其宠。会母阏氏病，律饬胡巫，言先单于怒曰：胡故时祠兵，常言得贰师以社。今何故不用。于是收贰师。贰师骂曰：我死，必灭匈奴。遂屠贰师以祠。会连雨雪数月，畜产死，人民疫病，谷稼不熟。单于恐，为贰师立祠室。（《汉书·匈奴传》）

“社”，就是社祭。也就是说，匈奴把李广利当作人牺，向他们的社神献祭。

据干宝《搜神记》载，江浙一带，当时还是偏远地区。山中有一条大蛇。巫觋说，每年要用女童给蛇献祭，据说已经吞吃了九人。这一年，一个叫李寄的女孩自愿献祭。她带了一把剑，斩杀了大蛇。

类似用活人向大蛇献祭的事，可能直到晚近仍然存在于某些偏远地区，某些发展程度较低的人群当中，但是作为人类宗教意识的主流，则是早已度过的童年宗教意识。这种意识，是宗教发展史上最不堪回首的一幕，也是童年的早期人类所犯下的至今想来最可引为耻辱的错误。

向神祇献祭的另一种形式，就是所谓殉葬。

四、殉葬

古希腊神话中，特洛伊战争结束以后，在战争中献出了生命的希腊最伟大的英雄阿喀琉斯给他的儿子托梦，要求人们用最好的战利品给他献祭。人们都自动地把缴获的珍宝和奴隶陈列出来，经过检视，认为所有的金银珍宝，都比不上普里阿摩斯国王的女儿波吕克塞娜，于是决定把波吕克塞娜献祭。当战争正在进行的时候，阿喀琉斯曾经向站在城头的波吕克塞娜求爱，而波吕克塞娜也早就爱慕阿喀琉斯的英俊和强健，于是她镇静地面对祭坛，并且突然夺过一把短刀，刺向自己的心脏，倒在了为阿喀琉斯献祭的祭坛之上。

对于波吕克塞娜来说，她可以说是自愿地献祭。然而，大多数作为牺牲的人祭，却并不情愿，而是一种最为悲惨的命运。这种献祭行为，也是殉葬行为。因为有人殉葬的死者，往往被尊为神祇。

阿喀琉斯之前，他的好友帕特洛克罗斯战死，阿喀琉斯曾经发誓，要用杀死帕特洛克罗斯的仇敌赫克托耳的头颅，加上十二个特洛伊贵族子弟，为帕特洛克罗斯献祭。阿喀琉斯实现了他对朋友的许诺。他杀死了赫克托耳，并带回了赫克托耳的尸体放在帕特洛克罗斯的尸体旁边。十二个俘虏将和帕特洛克罗斯一起火葬，赫克托耳的尸体，则准备让野狗分食，后来被特洛伊人用重金赎回。

这十二个俘虏，既是献祭的人牺，也是殉葬者。

复仇，是人类的一项自然情感，也是原始社会中同一族群人相互之间的一种义务。这种义务虽然是实行于事后，但它的威慑力却是在事前。假如敌方顾及这种义务，就不会轻易实行杀戮。所以这种义务，也是对同族群人的保护。如果复仇以后，把仇敌的尸体或者尸体的一部分向死者献祭，那就是一种宗教行为。

一般说来，假如相信死者仍有灵魂，则殉葬者一般不可能是他的仇敌。古希腊在荷马史诗以前的情况，现在已经很难知晓了。古罗马更早的情形，也很少有相关的资料。但是据学者们从晚近尚存的一些发展程度较近的民族中得来的资料，则以人殉葬，是早期人类中普遍存在的制度。原则上，这种制度和人祭具有同样的性质。

殉葬的物品众多，殉葬的人，则主要是自己的仆人甚至妻子。当私有制确立以后，妻子就被视为丈夫的财产。在许多情况下，丈夫都是通过付出许多金钱的代价才得到妻子，所以把妻子视为自己的财产，也有现实的根据。然而由此导出的结果，就是妻子的殉葬：

> 这些后果必须导致寡妇追随亡夫而死。甚至在已经相当文明的民族中间，我们也发现了无数这类风俗。特别是在亡夫是个重要人物的场合下。非洲的土王在死的时候，他的后妃，或者至少一部分后妃要殉葬。艾利斯说，从前，土王刚一断气，后妃们就开始在宫中破坏家具、饰物、用具，然后自杀。我们知道，在印度，在远东，尤其是在中国，寡妇在亡夫坟上自尽的事仍然十分普遍。①

① ［法］列维—布留尔（Lucien Lévy-Bruhl，1857—1939）《原始思维》，丁由译，北京：商务印书馆，1987年，第323—324页。

这样的风俗，在原始时代就已经存在了。随着私有制的发展和国家的建立，人殉也有了更大的规模。清代徐乾学的《读礼通考》援引墨子的话说：

（《墨子·节葬论》言）曰：今王公大人有丧者，曰棺椁必重，葬埋必厚，衣衾必多，文绣必繁，丘垄必巨。金玉珠玑比乎身。纶组节约车马藏乎圹。又必多为屋幕鼎鼓几梃壶滥戈剑羽旄齿革，寝而埋之。满意，若送从。曰，天子杀殉，众者数百，寡者数十；将军大夫杀殉，众者数十，寡者数人。处丧之法，将奈何哉！（《读礼通考》卷 87）

这段文字和孙诒让《墨子间诂》略有不同，但大义一致。至于“天子杀殉，众者数百，寡者数十；将军大夫杀殉，众者数十，寡者数人”一段，则完全一样。墨子以前数百杀殉的天子墓葬，今天似乎还没有发现，但许多古墓人殉数量众多，则是不断发现的历史事实。

墨子说的数百到数人，未说是什么人。一般的奴隶仆人似乎也难以引起社会的深切关注。但是殉葬者大约从来就不仅是奴隶和仆人，王公重臣，也会成为殉葬的牺牲。春秋时期，秦穆公死，要他的三位大夫殉葬，人们对此表示了极大的同情，唱出了哀怨的歌：

交交黄鸟，止于棘。谁从穆公，子车奄息。维此奄息，百夫之特。临其穴，惴惴其栗。彼苍者天，歼我良人。如可赎兮，人百其身……（《诗经·秦风·黄鸟》）

当时还流传着一则故事，说是晋国将军魏犨，有一个宠爱的妾。在世时，他曾对儿子魏颗说，我死之后，要让她嫁人。临死时又说，我死后，要让她殉葬。魏颗认为，父亲临死的话是糊涂话，不能听。后来魏颗在与秦兵作战时，被秦国将军杜回追赶。情势非常危急的时候，他见一个老人把草拴在一起，绊倒了杜回的马，使杜回做了俘虏。夜里他梦见老人对他说，自己就是那位宠妾的父亲。

这些哀歌和传说，都表现着社会意识对于杀殉的不满和抗议。墨子主张薄葬，反对杀殉，则是这种社会抗议的理论表现。不过这些抗议似乎仅仅阻止了把权贵人物作为人殉，普通人的命运并未改善。秦始皇死，其殉葬物品更加丰盛，杀殉也更加严重：

始皇初即位，穿治郦山。及并天下，天下徒送诣七十余万人，穿三泉，下铜而致椁。宫观百官，奇器珍怪，徙藏满之。令匠作机弩矢。有所穿，近者辄射之。以水银为百川江河大海，机相灌输。上具天文，下具地理。以人鱼膏为烛，度不灭者久之。

二世曰，先帝后宫非有子者，出焉不宜。皆令从死。死者甚众。葬既已下，或言工匠为机，藏皆知之，藏重即泄。大事毕，已藏。闭中羡，下外羡门，尽闭工匠藏者，无复出者。树草木以象山。（《史记·秦始皇本纪》）

这是中国历史上明确记载的一次天子死大规模地杀殉事件，也是唯一一次史有明文的大规模杀殉事件。这次事件中的殉葬者，一部分是“后宫非有子”的宫人，另一部分是工匠，没有大臣。到了汉代，随着国力的增强，厚葬风气也重新兴起，但杀殉事件似乎没有了，至少是大规模的杀殉事件没有了。据《汉书·贡禹传》，汉武帝开始厚葬，“多藏金钱财物，鸟兽鱼鳖，牛马虎豹生禽，凡百九十物，尽瘗藏之”。数千宫女，似乎仅仅“置于园陵”，并未杀死。即使如此，贡禹仍然认为这是“大失礼，逆天心。又未必称武帝意”。贡禹是著名的儒者，贡禹的议论，表明儒教已经把大规模杀殉排除出自己的宗教教义。

不过杀殉的事并未完全绝迹，由于各种原因的殉葬者仍然不绝史书。到了明代明英宗时，废除了宫人殉葬制度。这件事得到了后人的好评。清人作的《明史·礼志》载：“（明代）后宫罢殉，始于英宗；嫡庶之分，正于孝宗。”

不论对殉葬制度如何解释，共同的一点就是认为死者还有灵魂存在，并且还会继续某种“生活”。一些高贵的死者，有的在世时就被尊为神祇，有的在死后被尊为神祇，对他们来说，殉葬就是给神祇的献祭。一般人死后虽然被称为鬼，但从宗教学的意义上说，鬼，也是一种超自然的存在，或者被认为是具有超自然力的存在，因此也是神祇。至少对于他自己的后人，也是被尊崇的对象。所以假如有殉葬物品甚至殉葬人，也是对神祇的献祭。

一面要满足死者，一面又要保护生者。在这两难的矛盾冲突之中，人类逐渐学会了用替代品来代替实物、活人，作为死者的殉葬。用草人或者土木偶人代替活人殉葬，大约开始于战国时代。《孟子·梁惠王上》道：

仲尼曰：始作俑者，其无后乎。为其象人而用之也。

一般的解释是，上古人们是用草人殉葬，作为死后的奴仆和卫士，称为“刍灵”。刍灵只是大体与人相似，后来人们改为土木偶人，即“俑”。这种偶人有的还有机关，可以动作，和人相似的程度提高，所以孔子感到厌恶。他怕以后会有人用真人殉葬，所以诅咒那些创意用俑陪葬的人断子绝孙。

孔子是否果真讲过这样的话？难以查考。但孟子说是孔子讲的，所以儒者从不怀疑。说孔子怕人们用了偶人，此后就会用真的活人，也是对历史进程的颠倒。甚至有的儒者认为“殉葬之祸，由于作俑。信然”（秦蕙田《五礼通考》卷九），则是一种崇圣情结，不是历史的真实。

实际的情况，当是人们由于厌恶用真的活人殉葬，才改用了偶人。为秦穆公殉葬的三位大夫，墨子讲的杀殉数百的情况，都是孔子以前的情况。现在的考古发现也证实了孔子以前殉葬制度的普遍。

在这个问题上，唐代杜佑的议论比较符合实际。杜佑说：“古之人朴质，中华与夷狄同。有祭立尸焉，有以人殉葬焉。”（杜佑《通典》卷四十八）然而无论如何，这话表现了孟子当时人们对人殉的不满甚至是厌恶。而且从此以后，墓葬中的偶人果然多了起来，而殉葬的活人也就少了起来。

从用真的器物和真的活人殉葬，到用偶人，用纸制或草制的器物代替实物和活人，是人类意识的重大觉醒，也是宗教观念的重大进步。然而直到如今，中国许多地方仍然保留着用纸制的车、马、人物和冥钞殉葬，甚至还有纸制的现代化汽车、冰箱、电脑之类，就是一种愚昧和迷信。在这个问题上，基督教世界、伊斯兰教世界的葬仪，则朴素而简约，值得中国的迷信者学习和仿效。

五、献祭的效果及对献祭否定

献祭是为人祈求神祇给予幸福，然而效果如何呢？献祭者能从神祇那里得到幸福吗？原始时代已经过去了，那时的许多事情也没有文字记载，况且寻找效果，也就是从原因寻找结果。在因果关系的争论中，当事者往往是最难扯清的。我们还是从历史发展的大势，从后来那些圣人贤人的评论中，寻找一点启发吧。我们先从给兽神献祭谈起。

中国古代献祭最多的兽神，当属对龙的祭祀。向龙献祭，主要是让它兴云布雨，免除旱灾。

祈求雨水的事情，甲骨文中就有记载，应当是起源很早的一种祭礼，春秋时代，这种祭礼被称为“雩”。雩祭的对象，天子是祭上帝，诸侯是祭山川。上帝是主神，主管一切，自然也管下雨，况且也只有天子才有祭天的权利。雩山川，是因为在当时的人们看来，山川是致雨的根源：

> 三望者何？望，祭也。
>
> 然则曷祭？祭大山河海。
>
> 曷为祭大山河海？山川有能润于百里者，天子秩而祭之。
>
> 触石而出，肤寸而合，不崇朝而遍雨乎天下者，唯大山尔。河海润于千里……（《春秋公羊传·僖公三十一年》）

《山海经》中虽然有“应龙畜水”（卷十七），“旱而为应龙之状，乃得大雨”（卷十四）的记载；《周易》爻词有“飞龙在天”之类的记载，但春秋时代，尚未见有人把龙作为神祇加以祭祀的记载。这里的“大山”，就是“泰山（太山）”。“触石而出，肤寸而合，不崇朝而遍雨乎天下”，是说云雾从泰山山石中出来，形成云雾，很快就变成大雨，湿润整个天下。“河海”，即黄河和大海，也都有这个功劳。所以祭祀它们，把它们尊为神祇。今天在北京城北“地坛公园”的“地坛”上，还能看到以泰山为首的“五岳”，和以黄河为首的“四渎”神主牌。当国家祭祀时，它们都是地祇即大地之神享受祭祀的陪同者。

春秋时大约已有龙是灵虫的说法，所以龙出现在晋国绛地的时候，魏献子曾经向史官蔡墨请教道：“吾闻之，虫莫知于龙，以其不生得也。谓之知，信乎？”（《左传·襄公二十八年》）蔡墨说，这是人们不了解龙的缘故。龙不过是一种兽，从古以来，就被豢养。舜帝和夏代，都有养龙的官。夏代养龙的官是刘累。一只雌龙死了，他把龙做成肉酱献给君主孔甲。孔甲觉得好吃，还要吃，刘累搞不到了，就辞了官。也就是说，龙，不过是可以和家畜一样驯养的兽罢了。人们知道它生活于深山大泽之中：“深山大泽，实生龙蛇。”（《左传·襄公二十一年》）在孔子看来，龙，是一种怪物：“水之怪曰龙、罔象。”（《国语·鲁语下》）孔子当时被认为是最懂得礼仪的圣人，他认为龙是怪，说明当时的人们并没有把龙当神祭祀。而在孔子之前，有一次郑国大水，“龙斗于时门之外洧渊”。有人请求执政子产加以祭祀。子产说，我和人争斗的时候，龙不管我；龙和龙斗，我何必去祭它。再说，洧渊就是它的窝，祭它它也不会走。我无求于龙，龙也无求于我，还是算了吧。这些事实说明，虽然在《山海经》时代，中国古人已经把龙尊为神祇，但在春秋时代，龙，则并未被纳入正式祭祀系统。

战国时代，《易传》中说："云从龙，风从虎。"《吕氏春秋·召类》讲"以龙致雨"。都讲的是同类相从的意思。汉代董仲舒发明土龙求雨法，也是企图以阴致阴，认为龙是属阴的兽类而已。但是不久以后，对龙的神化就达到了一个新的高度，所以王充《论衡》才不得不专辟《龙虚》《乱龙》两篇，讨论龙的问题。然而真正把龙纳入国家祀典，则在唐代。唐代在兴庆宫筑五龙坛，由礼部负责祭祀。此后遂延续不绝，直到清末。至于民间，则 1949 年以后仍有祭祀。龙王庙和土地庙一样，到处修建。曾国藩镇压太平天国之后，在南京恢复的第一所庙宇，就是钟山之阳灵谷寺内的龙王庙。

祈雨的雩礼，其对象本是上帝或者山川，然而在祈求无效的时候，就有所谓"病笃乱投医"，什么样的神祇都会求到。宋代一次大旱，在传统祈雨无效的情况下，朝廷下令，各地官员，要千方百计祈求。其对象，是所有神祇，不管这神祇是否得到国家的正式承认。包括佛寺、道观，都要求到。在拜求的神祇当中，还包括单雄信等这样的古代名将。显然有些是乱投医，终究医病还要对症下药。而致雨的"专科医生"，当然是龙王。农业的迫切需要，使中国古代不得不把龙神祭祀提到特别重要的地位。然而龙神祭祀的广泛，既是龙神的幸运，也是龙神的灾难。在中国古代神祇中，可以向之发泄怒火的，几乎只有龙神。假如求雨无效，人们就会把龙神的塑像用铁链捆绑起来，放在烈日下曝晒，甚至游街示众，如同罪犯。

那么，假如求雨得雨，是否就是祭祀的功效呢？荀子早就讲过："雩而雨何也？曰：无何也，犹不雩而雨也。"（《荀子·天论》）也就是说，并不是献祭的功效。

中国古代，和求雨同样广泛的祭祀行为是求神医病。直到今天，因病而求神的事，还是时有发生。然而晋代著名道士葛洪说道：

> 夫福非足恭所请也，祸非禋祀所禳也。若命可以重祷延，疾可以丰祀除，则富姓可以必长生，而贵人可以无疾病也。（《抱朴子内篇·道意》）

还有求子、求发财等等，都是一样的道理，如果求神真的有效，那么，儿孙众多的，发了财永不会破财、反而更加有财的，就一定是富人、贵人，特别是君主。然而富人未必长寿、也未必多子，破财者，亡国者也不是个别事例。至于那些多子、长寿、有财和享国久长的，和不雩而雨一样，实际上也与求神无关。

春秋时代，人们已经发现，献祭以祈求神的佑护，不是安全的方式。鲁庄公十年，齐国军队进攻鲁国，一个叫曹刿的，求见鲁庄公，询问如何迎敌。下面是君臣的对话：

> 问何以战？
> 公曰：衣食所安，弗敢专也，必以分人。
> 对曰：小惠未遍，民弗从也。
> 公曰：牺牲玉帛，弗敢加也，必以信。
> 对曰：小信未孚，神弗福也。
> 公曰：小大之狱，虽不能察，必以情。
> 对曰：忠之属也，可以一战。
>
> （《左传·庄公十年》）

所谓“牺牲玉帛”，就是丰盛的祭品。在这篇对话中，实际上君臣双方都认识到，仅凭献祭，是不能讨得神祇保佑的。最后把认真办理罪案作为迎战的必要条件，因为这是君主必备的德行。而以德行取悦神祇，到春秋时代，也有了悠久的传统。

根据《尚书》，尧舜时代，就有了“天命有德”的思想，即只有德行高尚的人才能被上帝任命为君主。商朝灭亡，周朝兴起。周人解释为什么自己能够取得胜利，说是因为自己有德行，商朝的后几代君主失去了德行。上帝是公平的，他只保佑那德行高尚的人。后人把这种观念概括为“以德配天”，或者“皇天无亲，唯德是辅”，“黍稷非馨，明德惟馨”（《左传·僖公五年》引《周书》）；或者是“天道无亲，常与善人”（《老子》第七十九章），或者是“积善之家必有余庆，积不善之家必有余殃”（《周易·坤·文言传》）。不同的著作，不同的思想家，不同的说法，表达着同一个意思，那就是说，只有德行，才是取悦神祇的条件。这些说法，实际上就否定了献祭的作用。虽然这仅仅是理论上否认，但理论上的否认也是否认。而这样的否认，是正确的。

中国古代对于献祭作用的认识具有普遍意义。苏格拉底也早就说过，献祭是人和神的一种交易。罪犯可以用犯罪所得的一部分收买神祇，使神祇为罪犯服务。不幸的是，这种交易今天仍然在不断地上演。被揭露出来的腐败分子，许多都有用金钱讨好神祇以求逃脱惩罚的例子，有的几乎把贪污的所得全部捐给了神祇。当然，神祇并没有帮助他们逃脱惩罚。在这个交易中，唯一得到好处的，就是他们背后的所谓“大师”和“高人”，即巫师和祭司的变种。

在历史发展到孔子和苏格拉底生活的时代，几个文明进步较快民族中的贤人、哲人几乎都一致地认识到，企图用丰盛的祭品讨好神祇，是没有作用的。他们或者抛弃旧的神祇，或者把旧的神祇重新塑造，使之成为热爱德行而不重视祭品的高尚的神祇。这时候，人类社会也迎来了神祇发展的新时代：神祇是热爱德行的神祇，人们也必须以自己的德行来讨好神祇。

第二节　道德献祭

一、走向德行献祭的漫长历程

把神祇改造为重德的神祇，或者抛弃无德的神祇、创立新的重德的神祇，往往也是一场严重的斗争。在这斗争中，有的失败了，有的成功了。如同国家性质的转换一样，有的比较干脆利落，有的则不免拖泥带水。

中国古代对于传统神祇的改造或改塑，是一个成功的范例。《山海经》中的帝，包括黄帝，都没有道德上的建树。先秦到汉代的典籍中，只有《庄子》说“昔者黄帝始以仁义撄人之心”（《庄子·在宥》）。但是《尚书》的第一篇，就是尧帝以“敬明文思”四种德行受人歌颂。他考察接班人舜的首要标准，也是德行。因为这时的上帝就是个喜欢德行的上帝，而尧是最恭顺地执行上帝意志的君主。经过夏、商两朝的兴亡，德行更是成为上帝任命天子的唯一标准。

然而实际上，上帝似乎并没有完全贯彻德行的原则。周代前期，诗人们常因现实的不公而诅咒上帝的处事不公：

> 浩浩昊天，不骏其德。降丧饥馑，斩伐四国。舍彼有罪，既伏其辜。若此无罪，沦胥以铺。（《诗经·雨无正》）

到了汉代，董仲舒对于像大旱、大涝这样的灾难解释说，这不是上帝不公，没有德行，而是人的德行缺失，上帝才降下了灾难。因此，重大的自然灾害恰恰说明，上帝是崇尚德行的。问题是人们自己，当然主要是君主，每当自然灾害发生时，就要检查自己的德行是否缺失。

依据孔子以来儒家圣贤的教导，董仲舒还把德行具体阐述为“仁义礼智信”五种，称“五常”，认为只有按照这五常之德行事的君主，才能得到上帝的喜爱。

在孔子的弟子们以及此后的儒者们看来，孔子是人类产生以来德行最为高尚的人。依“天命有德”和“唯德是辅”的原则，孔子应该成为天子。但是孔子终生不仅未能成为天子，连大夫的官也没有做多久。这是怎么回事呢？孟子解释说，要成为天子，不仅要有德，还需要有人向上帝推荐。比如尧向上帝推荐了舜，舜又向上帝推荐了禹。孔子无人推荐，所以不能做天子：

> 匹夫而有天下者，德必若舜、禹而又有天子荐之者，故仲尼不有天下。（《孟子·万章》）

为了完成力量型上帝向崇德型上帝的转变，中国古代贤人进行了长期艰苦的理论创造工作。

古希腊未能完成传统神祇的转换或重塑工作，苏格拉底要求删除荷马等诗人关于神祇不正义的记述，不仅未得采纳，本人也被处死。后来的古罗马帝国也未能完成对传统神祇的重塑，所以它们的神祇遭受了基督教方面的严厉责骂，最后被基督教的神祇所替代。

据《旧约》，在摩西和约书亚任先知的时代，God 虽然讲了十条诫命，但基本上是一个暴君的形象，并且还絮絮叨叨、贪婪地要求人们向他献上丰盛的祭品。到了撒母耳时代，献祭的作用就遭到了 God 的否定。在以前，人们有了罪，通过赎罪祭，就可以获得赎免。但是在《撒母耳记》中，God 在幼年的撒母耳梦中说道：“以利家的罪孽，虽献祭奉礼物，永不能得赎去。”[①] 而在往后的《尼希米记》中，God 就成了“怜悯的上帝”“慈爱的上帝”。

尼希米所在时代，是以色列人刚刚从巴比伦回归故土的时期。在此以前，他们的国家被巴比伦毁灭。对他们打击更大的，是耶路撒冷的陷落和圣殿被毁[②]。

---

① 《旧约·撒母耳记上》3：14。

② 见：［以色列］阿巴·埃班（Abba Eban）《犹太史》（DIES IST MEIN VOLK），颜瑞松译，北京：中国社会科学出版社，1987 年，第 48 页。

巨大的变故促使以色列的先知们去反思他们的宗教，改进他们的教义，把神祇塑造为更加偏爱道德的神祇，把事神由物质献祭更多地转向德行献祭。“在他们看来，上帝向人们提出的要求不是狂热崇拜，而是要由良好的道德：只要人行善，就可以在人世实现上帝的意志。崇拜本身并没有真正的或超验的意义。”① 所以在诸篇先知书中，God 反复表示，自己喜欢的是公平、正义，而不是祭祀。而所谓公平、正义的内容，也不限于向摩西所说的十诫，比如要救济穷人。不论在现实中公平正义的原则能够贯彻到什么程度，它的出现，标明事神观念的根本转变，即由物质献祭到用德行事神的转变。

印度宗教的发展可分两个阶段：前期是婆罗门教，后期是新婆罗门教或称印度教。这里所说的印度教，包括前后两个时期。

婆罗门教也可分为若干时期。最早就是所谓“祭祀万能”时期。从奥义书问世开始，智慧和道德的因素添加进来。其集中表现，就是业报轮回思想。业报轮回思想的核心，就是善必有善报，恶必有恶报。业报轮回的思想不仅是印度教伦理思想的基础，也为后来的佛教所继承，成为佛教伦理思想的出发点。

公元前 6 世纪到公元前 4 世纪，是南亚地区国家形成和发展的时期。这一时期出现的所谓“沙门思潮”，虽然主张不尽一致，但都反对婆罗门教的“祭祀万能”和“婆罗门至上”等宗教原则，而提倡通过自身的智慧和德行，去实现宗教目的。

此后一百多年间，是所谓“孔雀王朝”时期（前 324—前 184）。著名国王阿育王，本是一个嗜杀的暴君。他不分善恶，用类似地狱中的酷刑惩治世人。在一次战争中，他就屠杀了十万人，而因饥饿和疾病而死的，还要多出数倍。后来他皈依了佛教，抛弃了贪欲，广泛地施舍；不崇暴力，甚至亲自教化自己的弟弟。据《天尊说阿育王譬喻经》等，其中提倡的道德还有孝敬父母、忠于君主等等。

阿育王统治时期，也是佛教在印度的极盛时期。孔雀王朝覆灭了，佛教自然也受到了连累，婆罗门教又复兴起来。

婆罗门教在自己发展的奥义书时期，就出现了崇德的思想。沙门思潮的影响，佛教曾经盛极一时的教训，都促使婆罗门教反思自身，转变思想。经过数百

---

① 见：[以色列] 阿巴·埃班（Abba Eban）《犹太史》（DIES IST MEIN VOLK），颜瑞松译，北京：中国社会科学出版社，1987 年，第 51 页。

年的反思，从公元 2 世纪末开始，婆罗门教出现了一大批新的经典。新的经典讲述着新的教义。其史诗《摩诃婆罗多》《罗摩衍那》，宣扬善有善报，宣扬诚信和忠贞，宣扬兄弟情义和公而忘私。虽然这些史诗还是主张献祭，但是已经不单依赖献祭，而是把人的善恶作为决定命运的主要因素。

由物质献祭到道德献祭，一般是在国家宗教时期完成的。此后兴起的世界宗教，则一开始就把事奉的原则奠定在以德事神的原则之上。这也是迄今为止宗教方面和亲教、媚教的学者和政治家们宣扬宗教提供道德的基本根据。

无论如何，神祇，至少是至上或最高的神祇，由力量型转变为崇德型，是宗教思想的重大转变，也是人类思想的重大进步。它从理论上否定了物质献祭的必要，减少了社会为并不存在的神祇献祭所造成的社会财富的消耗和浪费，特别是逐步中止了把人作为牺牲献祭的愚昧和残忍行为，对于保护社会生产力和人民生命财产的安全，逐步提高人类的生活水平，具有重要的意义。

然而由物质献祭转向道德献祭的漫长过程说明，不是神祇给人提供了道德原则，而是当人类需要道德规则来维护社会正常生活秩序的时候，就把神祇改塑为热爱德行的神祇。为了增加道德原则的权威性，人类又把制定道德原则的“版权”无偿地、心甘情愿地出让给了神祇。证明这一结论的，还有各个神祇对于“什么是道德”理解的重大差异。

二、德行的差异和冲突

从历史的发展看问题，道德是从私有制开始的。没有私有财产，就没有偷盗；在父母子女之间的性关系也被认可的时代，也没有奸淫；在生产的发展已经不需要吃掉同类也能填饱肚子的时代，人类才有了不可随便剥夺他人生命的道德原则。人们常说“虎毒不食子”。人不是虎，但在遥远的古代，吃掉已经缺乏行动能力的老人，不是个别民族才有的传说。至于“易子而食”，就出现在不太遥远的古代文献之中。直到 15、16 世纪，世界上一些地区的人们还可以亲眼见到人食人的风俗。虽然这些情况会使慈善家们或者软心肠的人们难以接受，但却是迄今为止人类学家和历史学家们都非常清楚的历史事实。这个事实告诉人们，道德原则，不是由神所提供的，不论是什么样的神祇。

国家宗教出现了，主要的神祇开始突出出来，而能够传留至今的，也只有少数几个。世界宗教诞生了，在竞争中只有三个流传至今，各自都只有一个主神。至今还并存于世的这些宗教所信仰的神祇，名称不同，形象各异，但都有一个共同的特点，即都被认为是世界的主宰者。而所谓的世界或者宇宙，在它们的经典上，也都是以大地为中心，日月星辰围绕大地旋转的、人类居住的这个星球。佛教特殊一些，它认为像我们所在的这个世界有无数个。不过这无数个世界中，最伟大的神，还是佛。这样，佛只是扩大了主宰的范围，却并没有因为它所在的世界众多就把某一个世界的主宰权让给别的神祇。

于是就发生一个问题？我们这个世界到底谁是主宰者？

与这个问题相关的，还有第二个问题：即我们都生活在这个天底下，或者都生活在这个大地上，都是人类，神祇给我们提供的道德原则应该是一样的。可事实上，神祇给我们提供的道德原则不仅有许多重大不同，甚至有些是完全相反的。如果这些原则在不同的人群中实施，他们互不来往，倒也可以各行其是。如果这些原则交织于同一人群中，冲突就是难以避免的了。即使同一神祇，他究竟喜欢什么样的德行？思想家们也往往各执其是。

《尚书》开始几篇讲的“天命有德”，其“有德者”所指，应就是尧、舜，还有大禹。然而他们的德行究竟是什么？儒、墨两家就说法不同：“孔子、墨子俱道尧舜，而取舍不同。”（《韩非子·显学》）至于如何不同？韩非子没有具体说明。到了商周之际，又提出了“敬德配天”的口号：“王其疾敬德……祈天永命。”（《尚书·召诰》）这时候，所谓“敬德”“用德”“明德”等能够祈天永命的德，其榜样就是文王、武王和周公。他们的德行集中到一点，就是勤恳于政事。“所其无逸”（《尚书·无逸》），就是把不贪图安逸作为自己的行为准则。文王“自朝至于日中昃，不遑暇食，用咸和万民”（《尚书·无逸》）。至于周公“一沐三握发，一饭三吐哺”（《史记·鲁世家》）的故事，更是被后世广泛传颂。这是周朝初年人们认为上帝所喜欢的德。

春秋时期，思想家们对上帝喜欢的德行又有了新的理解。老子说：“天道无亲，常与善人。”谁是善人呢？依老子的理解，如果是君主，那就是治国要“清静无为”，才是善人。孔子也主张“以德治国”，认为君主如果把德行作为治国的根本，他就会像北极星被众星围绕一样，受到众人的拥护。但是孔子所说的德是什么呢？在当时的人们看来，儒家，包括孔子和孟子等，所主张的德行，核心是“仁义”。什么是“仁”？又是按照礼制办事：“克己复礼”为仁。但是老子、庄子认为，仁义礼制，乃是导致虚伪、使天下大乱的根源。

至于墨子，又是一套主张。他认为上帝喜欢的德行，是“兼爱”“非攻”。“非攻”，就是反对侵略别人的国家。兼爱，就是互相亲爱。但是孟子认为，不分远近的互相亲爱，就是忽略了父母亲属应该得到更多的爱。这是禽兽的行为，不是人的行为。

至于其他各家，又有不同的主张。上帝喜欢德行，这是大家都一致的。但是喜欢什么样的德行，则不仅众说纷纭，甚至是相互反对。

这样的争论当然不会有什么结果。后来，秦国胜利了，建立了统一的大帝国。秦帝国采纳法家的主张，实行在法律面前人人平等。儒家、墨家，老子、庄子的主张，全被抛到了一旁。后来汉朝建立，先是采纳老子的主张，把清静无为作为治国的根本。后来，汉武帝独尊儒术，借助国家权力，使儒家的主张成为国家的指导思想。从此以后，上帝所喜欢的，就是儒家所主张的。这个上帝，实际上是儒家的上帝。或者说，是按儒家的主张塑造出来的上帝。

不过儒家的主张也在不断演变。孔子创立儒家时，最重视的德行是仁和礼。到了孟子，把儒家重视的德行明确概括为“仁义”。汉代董仲舒发展为“仁义礼智信”。再后的演变中，独尊儒术的国家最重视的德行可以概括为“忠”和“孝”两个字。忠以孝为基础，孝以忠为目的。由于把君主视如父亲，称为“君父”，所以这两个字又可以合而为一，即“孝”。

不同的道德原则如果各行其时，各行其地，也会相安无事。如果因为历史的机遇碰到一起，就要发生冲突。

中国各家各派的主张，因为儒家的独尊得到了解决。儒家随历史的演变，也不会和谁发生冲突。但是后来，佛教传来了。在印度，信仰佛教的僧人离开家庭，或隐居，或集体生活，以便专心修道。他们不事生产，受社会供养，也受社会尊重。他们不礼拜王者，王者反而要礼拜他们。但是在中国，王者是“代天理物”，即代表上帝管理世界，官吏又是代表王者管理国家。所以无论什么人，都不仅要礼拜王者，而且要礼拜官吏。为此事，僧人们和儒者们争论了数百年。最后在国家权力的强大压力下，僧人们屈服了。

和礼拜王者的问题类似。在儒者们看来，僧人们出家，不结婚，不生子，不赡养父母，是不孝；不交税，不纳粮，不服兵役和劳役，是不忠。不忠不孝，是最大的不道德。尽管僧人们辩解说，修道让父母也成佛，是最大的孝；为国家教化百姓安分守己，是最大的忠，但难以取得绝大多数儒者的认同。解决的办法，是国家依靠权力，实行“度牒”制，即证书制度。这样，出家为僧必须经国家批准，国家则尽量控制僧人的数量。

儒教国家与佛教关系稳定下来以后，基督教第三次传入中国。基督教自称是“爱”的宗教。但基督教的爱，不仅和儒家的仁爱不同，和墨家的兼爱也差别甚大。仁爱要求分别亲疏远近，首先爱父母妻子，然后及于别人。兼爱是相互的爱，你爱我，我爱你。基督教的爱，首先是信教者要爱 God，然后 God 爱大家。你不爱 God，God 也不爱你。

基督教的经典上确有“爱仇敌”的教导。爱的方式之一，就是把仇敌杀死。在基督教看来，杀死了仇敌那作恶的肉体，为的是拯救他们的灵魂。这也是一种爱。

基督教第三次传入中国，起初并没有完全实行他们的爱。这次传教最初的领导者利玛窦神父，允许中国的信教者祭祀祖宗，祭祀孔子。因为祭祀祖宗，是中国人最重要的孝道，孔子是所有儒者的先师。师生如父子。祭祀孔子，也是孝道的组成部分。但是这一条，却遭到了其他传教士的反对。利玛窦的上司，罗马教廷，也不同意这样做。所以利玛窦死后，这一条随即被取消，同时也引来了清朝政府禁止传教的命令。

基督教，还可以上溯到犹太教，道德原则的第一条，就是只能爱 God 一个神。其他神祇崇拜，都被认为是崇拜偶像，是被严格禁止的。所以基督教所到之处，只要有可能，都要毁坏当地的神祇造像，包括古希腊、罗马那些今天被认为是十分精美艺术品的神祇造像。由此所引起的冲突和流血，伴随着基督教全部传教的历史。

像孔子这样，被中国人尊为圣人的人物，在基督教那里，则因为他们没有听到过耶稣的教导，都被认为是魔鬼一样的人物，死后只能下地狱。但丁《神曲》的地狱里，就有古希腊的苏格拉底等人。中国的周文王、孔子等人，也被基督教传教士认为已经在地狱里了。正是这样的教义，激起了许多抵制、反抗的情绪。

那么，这些被认为是为人类提供了道德原则的神祇们，比如佛祖、God、安拉，还有中国的上帝等等，是否可以坐在一起，商讨一个大家都可以接受的所谓普世道德呢？就像如今解决国际争端一样，由相关的国家元首坐在一起，讨论解决呢？这一条，恐怕连严重智力障碍者也会知道，是不可能的。如果说，过去那些木雕泥塑还可以由人把它们抱在一起，而在那些宣扬法身和什么无形无象甚至不能说它存在也不能说它不存在而仅仅是所谓“存在本身”的神祇那里，连由人把它们抱在一起都不可能。

神祇们不能坐在一起，那么，就由它们的代理人坐在一起商讨吧。1997 年，各个神祇的代理人坐在一起，开了个世界宗教会议，发表了一份《走向全球伦理宣言》。《宣言》提出了四项所谓“不可取消”的伦理原则。如果避开那文雅的外交语言，其实质就只有不杀人、不奸淫、不撒谎、不偷盗四条几乎从私有制以来任何人类社会都承认的普通原则。稍微涉及宗教特有的伦理原则，立刻就发生分歧甚至冲突。因为任何宗教，特别是现存的这几家大的宗教，其第一条道德原则都是必须信本教的神。假如你不信我的神，其他的德行也就都不是德行。

然而就是这四条连世俗社会都可以普遍承认的道德原则，也存在着重大分歧。

比如不可奸淫这一条，似乎是现存的所有宗教都可接受的道德原则。然而什么叫“奸淫”，就大相径庭。儒教反对奸淫，仅仅指婚姻以外的性关系。基督教则认为，即使夫妻之间，如果不是为了生子而发生性关系，就是奸淫。佛教就更进一步，所有的性关系，包括夫妻之间，原则上都是奸淫。

还有所谓“不杀人”，似乎也是现存所有宗教都可以接受的。然而在国家宗教看来，为了国家利益而进行的战争中杀人，不仅是合乎道德的，而且还会受到奖励。同样，国家处决犯人，也是必要的。在基督教看来，杀死那些坏人的肉体，正是为了拯救他们的灵魂。在另一极端，是佛教。在佛教看来，杀死一切生命，都是不可以的。甚至杀死一只虱子，也是该下地狱的罪过。

类似上述在道德问题上的分歧，还有很多。同样是主宰世界的至上神，同样重视德行，为什么会发生如此严重的冲突呢？这些问题，只要您还相信神的存在，就永远也弄不清。我们从这些不同的道德原则中只能得出这样的结论：这些原则不是由神提供的，而是人们在不同时代、不同地区的社会生活实践中所取得的。不是神告诉人们怎样做才是道德的，而是人在制定了道德原则之后，在改塑或创造神祇的时候，强加于神身的，而神祇本身是不存在的。

这些道德原则不仅不是神祇制定的，而且神祇也无法保证这些原则的实行。

三、国家宗教的神祇与德行的保证

神学家们不仅把德行说成是神祇制定的，而且认为神祇也是这些德行的保证。那么，以神祇的超自然能力，是否就能保证这些德行的贯彻实行呢？

古希腊、古罗马的情形不必说了，他们的神祇，本身就不是道德模范。按照基督教的评论，简直就是恶棍，所以我们也不必评论了。

给整个欧洲提供了一个新宗教的以色列或称犹太民族，由于他们在宗教方面的贡献，被认为是唯一坚守了上帝意志、保持了一神信仰的民族。希伯来的先知们所提供的道德准则，至今仍然为人们交口称道。这样一个虔诚信仰唯一最高神的民族，其道德状况应该是最为优秀的。然而实际上，犹太民族具有其他民族的一切美德，也具有其他民族的一切恶德。就纯粹的宗教道德而言，他们并未能始终坚持对于唯一神耶和华的信仰。在他们成为巴比伦囚虏以前，不是一任国王，而是数任国王都未能坚持对耶和华神的唯一信仰。据他们的经典《塔纳赫》，也就是被基督教称为《旧约》的文献记载，正是由于他们对耶和华神信仰的不能虔诚，所以神让他们的国灭亡了。

以色列人或犹太人第一任国王是扫罗，此后就是大卫和所罗门。这三位可说都是以色列民族历史上最为伟大的英雄，他们统治的时期，也是以色列民族统一和强盛的时期。但是在道德方面，则都难以成为以色列人的典范。

在国家遭受危难的时候，大卫作为一个年轻战士，用抛石器杀死了敌对的非利士勇士歌利亚，挽救了以色列。百姓们因此歌颂国王扫罗“杀敌千千”，却歌颂大卫“杀敌万万”。扫罗嫉妒大卫，逼得大卫不得不隐藏在敌人非利士人那里。这种功高震主、遭忌被杀的事，在中国古代史上也曾不断上演。据《旧约》，这是神让魔鬼迷住了扫罗；在世俗的眼里，这就是道德水平低下的表现。

扫罗死于和非利士人的战争中。大卫先做了犹太部落的王，又统一了以色列部落，从自己的国家中赶走了非利士人，占领了耶路撒冷并把它作为自己的首都。随后又扩大了领土，使许多国家臣服。大卫统治时期，是以色列民族最为强盛的时期。大卫王，也成为以色列民族最为伟大的英雄。

依据《旧约》，大卫的胜利，首先要归功于他信守对神的诺言，因而在道德上也应是高尚的。然而大卫却不能始终如一地信守神赋予的道德，于是引起神的震怒。神降下瘟疫，杀死了七万以色列人。依照《旧约》的解释，这是因为大卫德行的缺失。

现代学者也认为，大卫晚年，德行缺失：“忧虑和纷争使大卫执政的末年很不景气。残暴、忌妒和阴谋曾在王宫猖獗一时。当大卫因长期劳累而衰老时，他与妻妾所生之子开始争吵不休。”[①] 他最宠爱的儿子押沙龙阴谋叛变父亲，被另一个儿子约押杀死。

此后就是大卫的儿子所罗门为王。所罗门为神建造了壮丽的宫殿，为国家积聚了当时最为众多的财富。所罗门登基之初，就杀死了要与他争夺王位的哥哥。后来，他娶埃及法老的女儿为妻，又娶了上千个外邦女子做妃嫔。在这些女子的诱惑下，所罗门“不效法他父亲大卫，诚诚实实地顺服耶和华他的上帝。因为所罗门随从西顿人的女神亚斯他录，和亚扪人可憎的神米勒公。所罗门行耶和华眼中看为恶的事……为摩押可憎的神基抹和亚扪人可憎的神摩洛，在耶路撒冷对面的山上建筑丘坛”[②]。

虽然如此，所罗门仍然是以色列民族历史上伟大的君主之一。但是他的道德状况不仅不能使《旧约》中的God满意，也不能使现代的以色列学者满意。据埃班《犹太史》，所罗门使以色列王国的人口达到了八十万，普通百姓却由于君王穷奢极侈，被迫过着困苦的、颠沛流离的生活。他信仰别的神祇，“为以色列人背叛自己的信仰开辟了道路”[③]。因此，所罗门无论从世俗还是从宗教的立场，在道德上都不是典范。

所罗门以后，以色列就分裂了。此后的君王，值得评论的就很少了。

像犹太教推崇大卫王一样，儒教最为推崇的上古君主，是尧和舜。尧被认为是最忠实按照上天意志行事的君主[④]，其道德自然也是最为高尚的。但是尧的儿子丹朱却是个不肖的即道德水平低下的人物。和尧一样，舜也有一个被认为是不肖的儿子商均。舜还有一个最大的德行，那就是孝顺父母。在儒教认为古代最孝顺父母的二十四人中间，舜居第一位。然而舜的孝顺和他那顽劣成性的父亲，在德行上形成了巨大的反差。舜可以一次次的逆来顺受，使他那顽劣的父亲高兴，但却不能改变他父亲的顽劣品质。

尧舜以后的君主，被奉为道德榜样的是周文王。孔子赞扬周文王说，他已经拥有了三分之二的国土，但是仍然忠实地事奉着商朝那位德行卑劣的君主，这样的德行，可以说是最高的了[⑤]。但是据《逸周书》记载，则周文王早就自称为

---

① 见：[以色列] 阿巴·埃班（Abba Eban）《犹太史》（DIES IST MEIN VOLK），颜瑞松译，北京：中国社会科学出版社，1987年，第30页。

② 《旧约·列王纪上》11：4—7。

③ 见：[以色列] 阿巴·埃班（Abba Eban）《犹太史》（DIES IST MEIN VOLK），颜瑞松译，北京：中国社会科学出版社，1987年，第34页。

④ 《论语·泰伯》：“子曰：大哉！尧之为君也。巍巍乎唯天为大，唯尧则之。”

⑤ 《论语·泰伯》：“（孔子曰）三分天下有其二以服事殷，周之德其可谓至德也已矣。”

王，并且在暗地里谋划如何推翻商的统治①。在我们看来，一个臣子，能够有“三分之二”的天下，仅此一点，就足以说明周文王并不是那么忠实的臣子。

至于周文王的儿子周武王，就亲自率兵推翻了商朝的统治。依据儒教“天命有德”的理论，则周武王和以前推翻了夏朝统治的商汤，都是遵照天意行事、为民除去暴君的德行高尚的君主，但是在后来的道家学者中间，则认为无论如何，这都是一种以臣弑君的叛逆行为。儒教的道德原则，本身就受到了当时学者的严重挑战。

按照“天命有德”的道德观念，谁德行高尚，谁就应该做天子。但是按照“臣事君以忠”的原则，有德的臣子也不能推翻那无德的君主。儒教道德本身就存在着严重的矛盾，而由这个矛盾所引发的历史悲喜剧，也就不断地上演。以后的君主，其德行为儒者们所共同称道的，几乎没有一个。

虽然如此，从今天历史学家们的眼光看来，中国历史上还是有许多英明的君主，其中的代表人物，可以说是唐太宗李世民。他为唐朝的兴起建立了伟大的功勋。在他统治的二十多年间，处事英明，虚心听取臣子们的意见，因而取得了卓越的政绩。但是他为了取得皇位，杀害了自己的哥哥和弟弟。虽然从国家治理和历史发展的立场看问题，这应该是一件幸事。但是按照儒教的主张，这却是严重的失德行为，所以常常遭到后世儒者的批评②。至于唐太宗以下，就更加不足评论了。

宋代有一位宋理宗，由于他的支持，使宋代儒学一个新的学派：理学，成为国家的统治思想。其对于儒教的贡献，和汉武帝独尊儒术有相似之处。他本人对于儒教道德修养的理解，也深得臣子们的称赞③。但是宋理宗做皇帝，却是因为

---

① 《逸周书序》：“维美公命于文王，修身观天以谋商难，作《保开》。文王训乎武王以繁害之戒，作《八繁》。文王在酆，命周公谋商难，作《酆保》。”其《保开》篇已逸，其《酆保解》道：“维二十三祀庚子朔，九州之侯咸格于周。王在酆，昧爽立于少庭。王告周公旦曰：呜呼，诸侯咸格来庆，辛苦役商，吾何保守，何用行。旦拜手稽首曰：商为无道，弃德刑范，欺侮群臣，辛苦百姓，忍辱诸侯，莫大之纲，福其亡。亡人惟庸。王其祀德纯礼，明允无二，卑位柔色，金声以合之。王乃命三公九卿及百姓之人曰：恭敬齐洁，咸格而祀于上帝。商馈始于王。因飨诸侯，重礼庶吏，出送于郊，树昏于崇。内备五祥六卫七厉十败四葛，外用四蠹五落六容七恶五祥。”类似的文字也见于《逸周书》其他篇。

② 司马光《资治通鉴》卷191：“臣光曰：立嫡以长，礼之正也。然高祖所以有天下，皆太宗之功。隐太子以庸劣居其右，地嫌势逼，必不相容。向使高祖有文王之明，隐太子有泰伯之贤，太宗有子臧之节，则乱何自而生矣。既不能然，太宗始欲俟其先发，然后应之。如此则事非获已，犹为愈也。既而为群下所迫，遂至喋血禁门，推刃同气，贻讥千古，惜哉！夫创业垂统之君，子孙之所仪刑也。彼中、明、肃、代之传继，得非有所指拟以为口实乎。”

③ 毕沅《续资治通鉴》卷164：“辛亥，郑清之同王暨进读，帝（按：宋理宗）曰：朕观汉唐以下人主，鲜克有终者，皆由不知道。清之言：圣见高明，可谓推本之论。”约半年之后，侍讲范楷讲《周易》丰卦，说丰盛之时，“有壅蔽不明之忧”。宋理宗深有感触，认为此时易生奢心，应认真警惕。于是，侍读乔行简说，这番话，乃是社稷之福。宋理宗答道：“只要心有所主。”这时，侍讲、侍读一齐赞扬道：“圣学高明，此语尤切当。若心有所主，则一切不能惑矣。”

宰相史弥远用阴谋废掉了原太子，后来史又将原太子逼死。有人建议，应给原太子过继一个儿子，以延续对其鬼魂的祭祀。这是符合儒教教义的补救过失的善行，但理宗一概不听。所以臣子们往往借灾异上书，认为这是皇上的失德导致了上帝的愤怒。《续资治通鉴》对于理宗的评论是："帝多嗜欲，怠于政事。经筵性命之讲，徒资虚谈。"（《续资治通鉴》卷177）

理宗之后继位的宋度宗也是一个荒淫酒色的皇帝。史载，凡晚上和皇帝同房的妃子，白天要到阁门谢恩，并加以记录。宋度宗时，一天到门谢恩的竟有三十多人。虽然，作为皇帝，妃嫔三千，其任意行为，都不算违背道德。然而在汉语中，奸淫的"淫"字，其本义就是"过分"。宋度宗的行为，未免有点过分了。

儒者们的德行，孔门弟子之中，以德行著称的有颜回、闵损、冉耕、冉雍等人。这几位弟子，据文献记载，确实是德行高尚。其后有曾参，被认为是德行最好的弟子。据说曾参最大的德行是孝顺父母，所以儒教的《孝经》，被认为是由孔子教给曾参，由曾参传下来的。然而据《孔子家语》记载，曾参因为锄瓜时伤了瓜苗，他的父亲曾皙，也是孔子的弟子，一杖就把他打倒在地。他苏醒过来向父亲道歉之后，又唱起歌来，表示自己身体很好，让父亲放心。孔子听到此事，非常愤怒。让弟子们把曾参拒之门外。孔子认为，儿子有了过失，父母如果轻打，应该忍受；如果重打，就应该逃走。因为假如父母失手，自己受害事小，会使父母伤心，并且成为不义之人。这样，就在孔子最优秀的弟子之中，德行也仍然有不能圆满的地方。

其他儒者，如汉代董仲舒，宋代的程颢、程颐、朱熹，对于儒学，都做出了重要贡献。二程、朱熹他们认为，从汉朝到唐朝，儒者们都未能懂得儒学的核心要义，只是勉强应付，道德也非常低下①。明末清初的儒者，则又往往抨击宋明时代的儒者空谈、无能和虚伪。被公认德行圆满的，几乎没有。虽然不乏忠臣义士，孝子烈女，但整个社会的道德水准，却总是难以令人满意。所以儒者们总是怀念所谓上古"三代"，认为只有那时，才是道德高尚的时代。孔子以后，则没有一个时代可以公认为是道德高尚的时代。

印度教的情况，也与此类似。其他国家宗教，情形也大同小异。于是就提出一个问题，所有国家宗教的神祇，其保证道德的效能究竟如何呢？

---

① 陈亮《龙川集》卷20《又甲辰答（朱熹）书》："近世诸儒，遂谓三代专以天理行，汉唐专以人欲行。其间有与天理暗合者，是以亦能久长。信斯言也，千五百年之间，天地亦是架漏过时，而人心亦是牵补度日。"

这些道德低下的事例，是神祇作为道德保障者的失误，那么，那些道德高尚的事例，是不是神祇保证的成功呢？

国家宗教发展的历史表明，离开了“国家”，“宗教”就无法发挥作用。真正对当时的道德起到保证作用的，是当时的国家，而不是宗教。相反，当时的宗教，也是需要国家来保障的。国家把最重要的、涂上宗教色彩的世俗道德规范和宗教特有的道德规范，做成法律条文，用暴力保证它们的实施。次一级的道德规范，也借助国家暴力对于重要规范的维持而得以推行。另一方面，国家又运用自己的利益资源，给那些信守规范者以利益的奖励，包括物质的利益和精神的鼓励。两方面的合力，就把人们的行为导向一个维护社会秩序所需要的轨道。假如这些规范合理，国家对于规范的保证不仅会使社会秩序稳定，也会推动社会各个方面的进步，使大多数人受益。规范不合理，国家就会成为新规范抨击的目标。在这种情况下，或者是国家用暴力压制新规范的诞生，压制社会的进步；或者是新的社会力量推翻旧的国家政权，建立新的政权，以保证新规范的推行。国家如果是强而有力的，它对规范的保证也就是有力的。历史上，政治混乱甚至天下大乱的时期，也是规范遭受挑战甚至被抛弃的时期。而当国家政权无力保证道德规范的实行的时候，任何宗教都不会发生作用，或者只有很小的作用。宗教把历史上道德规范的维持和保证说成是自己的功绩，不过是假国家之威而已。至于暴君和贤明君主的区别，仅仅在于他们是否遵守了合理的规范。而规范的合理性尽管被说成是神的意志，实则不过是那些圣人贤人对于现实状况的判断。这样的判断常常是百家争鸣，并且都说自己的判断是神的意志；而能够成功的总是少数。成功的原因，也仅仅在于规范的合理程度，而不在于神祇的意志。

国家宗教的神祇不能保证道德的实行，那么世界宗教的神祇就能保证道德的实行吗？

四、世界宗教的神祇与德行的保证

佛教是最早诞生的世界宗教。佛教不是为国家的安宁而产生的，所以它也不关心社会秩序的维持问题。它所提出的道德规范，或者叫做“戒律”，主要是为自己的宗教追求，即“涅槃寂静”服务的，原则上仅仅适用于僧人，而不适用于世俗社会。这些规范都非常繁琐，也非世俗可以忍受。比如《大比丘三千威仪》卷上，是有关僧人从起床到做功课的一系列行为规范：

卧起欲出户有五事：一者起下床，不得使床有声。二者着履先当抖擻。三者正住着法衣。四者欲开户先三弹指，不得使户有声。五者户中有佛像不得背出，当还向户而出，出不得住与人言。

澡嗽有五事：一者不得蹲。二者不得向佛塔，亦莫背。三者不得向和上、阿阇梨诸师，亦莫背。四者不得于渎上若净地。五者不得中与人共语，亦莫受人礼。

用杨枝有五事：一者断当如度。二者破当如法。三者嚼头不得过三分。四者疏齿当中三啮。五者当汁澡自用。

……

其中有一些是集体生活的必要规范，一些则是佛教出于教义的特殊要求。然而无论哪一种，对于世俗道德几乎都是不必要的。

佛祖释迦在世时，也和摩西、尧、舜等一样，未能教化好他所在的社会，甚至也未能感化他身边的人们。据佛经，他有一个弟弟提婆达多，专与他作对，造成了佛教僧团的最初分裂。

在已经出家的僧人中，其道德状况也难以仅仅依赖信仰加以维持。为保证僧团的正常生活，佛教在“经”“论”之外，还形成了一门特殊的学问：律学，即讲述有关僧人的言行规范。律学文献表明了对于僧人要求的严格，一面也说明，即使僧人，也不能单靠信仰教义保持良好的道德。

律学文献中的《十诵律》和《四分律》等，都有数十卷之多。其中所载佛对僧人言行规范的要求，往往通过具体事例加以说明。这些具体事例，往往都是僧人犯戒的个案。所谓淫行，自然是首先被诃责的对象。淫行的范围，有比丘出家后与妻子“行淫”的，有比丘诱骗良家妇女的，有比丘与动物甚至死畜行淫的。有强索他人财物的，有以各种方式贪图享乐的，有恶言秽语、互相吵骂的。世俗中的恶行，僧团中几乎都有；世俗中极其少见甚至未必会有的，比如行奸死畜的，因为佛教僧团实行严格的禁欲制度，导致这种畸形事件的发生。

僧人犯戒的事例如此众多，不仅说明信仰并不能保证道德的实行，也说明法力无边、神通广大的佛祖，也不能保证他的信仰者都道德高尚。

佛祖在世时屡屡犯戒并且难以悔改的，有所谓“六群比丘”，即常常结党作恶的六位比丘，其中二人后来成了佛大弟子目犍连的弟子。目犍连为他人所杀，二人遂决意报仇，杀了仇人。这种复仇的事，在国家宗教中被认为是德行，但在佛教中则被认为是恶行。比丘为复仇而杀人，也说明佛教教义并不能杜绝犯戒。

至于因嫉妒、争利而寻仇杀人者，中国禅宗就是一个例子。其始祖菩提达摩，死于其他僧人的投毒。天台宗三祖慧思，也被屡次投毒，加害于他们的，就有当时的高僧。六祖惠能得法后，为防止被人加害，五祖弘忍连夜亲自送他逃走。然而还是有数百人追来，要抢夺他所得的法衣。惠能死后，有新罗僧人买通贼人，要取惠能的人头回新罗供养。此类事使我们看到，佛祖对于德行的保证，究竟有多大效能。而我们这里披露的，不过是随手拈来的、连冰山一角都不够的事例。

佛教诞生在印度，发展却在中国。到了明代，中国官方对于佛教道德情况有一总的评价。《礼部志稿》卷二载，永乐帝曾经说过，当时的僧人和道士，大多数都不守戒律：

> 永乐十五年五月，上谓礼部臣曰：佛道二教，本以清净利益群生，今天下僧道多不守戒律，民间修斋诵经，动辄较厚利，又无诚心。甚至饮酒食肉，游荡荒淫，略无顾忌。

永乐皇帝在历史上是一位比较崇佛的皇帝。帮他夺得皇帝位置的谋士，就是一位僧人。他曾经亲制《诸佛名称歌》《神僧传》等佛教著作。由他来评价佛教僧人的道德状况，应该是可以相信的。

至于在儒者的论著中，有关僧人的道德情况，宋明以后，多以负面形象出现。其中虽难免有因所道不同而互相轻视的成分，但也不是完全的向壁虚构。天主教神父利玛窦来华，他对于佛教的印象也十分不好，甚至认为佛教之中，没有一人是为了过圣洁生活而出家的。这些评价，其公允性要打多少折扣，可以讨论，但是佛教教义未能使自己的僧人杜绝恶行，则清楚明白。对待自己的僧人效能不过如此，还想用于拯救整个社会道德，岂非梦呓！

为保证僧团的正常生活，佛教戒律规定了种种处罚措施。由于佛教没有国家权力，难以执行死刑，通常仅仅能够做到大家斥责、羞辱、不理睬、杖打、焚毁犯戒者的衣物，最后是逐出教门。这些见于佛教经典的处罚措施表明，即使一个共同生活的小团体，也要依靠一定程度的强制和暴力来维护它的秩序。在这些问题上，佛的作用远不如一个僧团的小头目。

早期的基督教团体，也有着一般社会群体共有的优点和缺点，不公平和不正义的事情也时有发生。初期这些小的争夺，乃是后来教皇或教宗之间、教皇和世俗皇帝之间争夺权力的预演。

罗马教廷和他的首脑教皇们，道理上是最为虔诚信仰 God 的人物，甚至被认为是不会有过错的、God 在人间的代理人。他们的道德状况，应当是基督教道德效能的试金石。其状况如何，最好看看历史学家和宗教家们的评价。

美国威利斯顿·沃尔克的《基督教会史》，认为在一个长时期里，教皇腐败了，罗马教廷陷入了政治角逐。法兰克王菲利普曾经“对教皇提出了一系列荒谬的指控，包括异端罪和道德败坏”。

在经济生活方面，教皇也和古代罗马的皇帝一样，豪华奢侈。为维持这样的生活方式，唯一的方法就是剥削民众，包括剥削下级神职人员。繁多的苛捐杂税和教皇的奢侈生活，是爆发宗教改革运动的基本原因。教皇，和世俗的皇帝一样，并不因他的宗教信仰和在宗教中的崇高地位，在道德上就比其他统治者略微好些。

威利斯顿列举了几个教皇的事迹。其中西克斯特四世把赎罪券可以解救地狱中的灵魂，列为基督教的信条。他的下一任教皇英诺森八世，因为采取公开手段为其子女聚敛财富，加之生活极其奢侈糜烂、鬻卖神职而臭名远扬。他的继承人亚历山大六世，其当选就是靠贿赂得来。此人有一定政治才能，但行为放荡无羁，不讲道德。他竭尽全力为他的私生子们谋利①。

据中国学者张绥的《基督教会史》，英诺森八世在位期间（1484—1492），罗马城 6 万居民中，妓女就有 6800 人。英诺森公开承认的私生子就有 8 个。其中一个名叫西萨里·鲍吉亚的，6 岁就当神父，16 岁当大主教，18 岁当枢机主教时，曾把 50 名妓女召入教皇的宫廷，举行裸体舞会。

第三类虔诚的人物，是教士和主教。在一个时期里，主教们为了搜刮钱财，就伪造能够赎罪的圣物出卖。从上帝创造亚当时用剩下的泥巴，到圣母玛利亚的奶汁，应有尽有。据说萨克逊选帝侯腓特烈有 5000 件圣徒遗物，可够 50 万年赎罪之用。迈因兹的大主教自称有 42 具完整的圣徒遗体和 9000 件圣徒遗物。“整个社会的道德水准由于这些东西的‘赎罪’作用而不断下降，人们头脑中原有的

---

① 以上综述及引文参见：[美] 威利斯顿·沃尔克《基督教会史》，孙善玲、段琦等译，北京：中国社会科学出版社，1992 年，第 330—362 页。

道德观念逐渐为这些可以用货币购买的东西的赎罪价值所冲淡。”①

托马斯·马丁·林赛的《宗教改革史》指出，强大而傲慢的教皇为了以圣彼得后继人和基督在世上的代表自居，默示教会的法学家们伪造了许多文件，并汇集成《格拉蒂安教令集》。其中所捏造的事实和谎言构成了罗马主教至高无上权力和普世司法权的理论基础。教会法学家们的理论基础，是奥古斯丁的《上帝之城》。然而，“罗马教会法学家的恶劣行径实际已将圣奥古斯丁美好想象中的‘上帝之城’偷换成他所谴责的‘市民国家’，他理想中的‘上帝之国’则变成了到处是征服、欺诈和暴力的庸俗的世俗君主国”②。

那么，教皇为什么也会腐化？他们不是精通基督教的一切教义吗，他们不是熟知摩西十诫以及耶稣教导的一切规则吗？而全知全能的 God 为什么连他的直接代理人和最虔诚的信奉者都约束不了呢？

至于基督教在当代的道德状况，可以用“9·11 事件”以后美国天主教的情况作为代表。《北京青年报》2006 年 12 月 5 日 B3 版《先掏 6000 万美元，再卖房子卖地——美国最大教区为性丑闻埋单》一文据《洛杉矶时报》报道，美国天主教最大的洛杉矶教区，为解决针对教区牧师 45 起性丑闻的指控，将向受害人支付 6000 万美元的赔偿，此外还面临着 485 起性侵犯指控。在此以前，2004 年 12 月，加利福尼亚奥兰治教区曾经向 87 名性侵犯受害者支付一亿美元的赔偿。

“9·11 事件”以后，美国天主教神父性侵犯案件被数以百千计地揭发出来，性侵犯的对象，多数是青少年甚至儿童。其中的典型代表，就是波士顿教区的神父约翰·乔罕。他一人就侵害了 130 余位儿童，时间持续 30 多年。据统计，过去 60 年里，共有 1205 名神职人员卷入性侵害事件，占 1950 年至 2001 年被任命的神职人员的 1.8%。然而由于许多人不愿说或不敢说出自己的屈辱，被披露的仅仅是冰山一角。（据 2003 年 8 月 25 日《北京青年报》B3 版）

美国天主教神父们的丑恶行径被揭露以后，天主教神父们是否有所收敛呢？

从那以后（9·11 事件），十多年过去了。2014 年 2 月 5 日，联合国人权委员会儿童权利委员会发表调查报告，抨击罗马天主教廷过去几十年来实行的政策使得神父强奸猥亵少年儿童的恶行不受制裁；并呼吁梵蒂冈公开其档案文件，不但曝光那些有强奸猥亵少年儿童罪行的神父，而且公布是哪些罗马教廷高层主教

① 以上引文参见：张绥《基督教会史》，北京：三联书店，1992 年，第 248—250 页。

② ［英］托马斯·马丁·林赛（Thomas Martin Lindsay，1843—1914）《宗教改革史》，孔祥民等译，北京：商务印书馆，1992 年，第 8 页。

在掩盖神父性犯罪问题。报告呼吁罗马教廷不但要让那些强奸猥亵少年儿童的神父面对法律制裁，对那些受到性侵犯的受害者提供财政补偿，而且要惩治那些掩盖问题并包庇纵容性犯罪神父的天主教高层人士。

这个报告当然不可能制止天主教神父们的罪恶。连 God 约束不了的行为，联合国又算得了什么呢？这份报告的重要意义在于，天主教神父的罪恶，不仅是美国一个国家的事，而是罗马教廷纵容、包庇的结果。从而使世人认识一点天主教的道德真面目。

可值得注意的是，报告发表出来以后，罗马教廷不但不反思自己的问题，反而反击这个报告，认为这是“干涉”天主教事务，并且表示“遗憾”。

这种状况，可以作为基督教伦理道德是否可以拯救今天所谓“道德滑坡”的注释。假如我们要让宗教，实际上就是让这些宗教领袖或骨干们来引导民众的道德，岂不是把小绵羊、大绵羊交给大灰狼去放牧。而基督教对自己神职人员职责的说明，正是把他们说成是“牧者”。

天主教，也就是罗马公教如此，那么，由路德改革所形成的新教又如何呢？

新教的创始人路德曾经严厉地批评罗马教廷的道德腐败。但是据《宗教改革史》，路德对于在他的影响下而行动起来的农民战争，却采取了“出卖”的态度。他散发的反对农民的小册子，“在他的崇高生活和事业中留下一个难以洗刷的污点”①。

路德所散发的反对农民的小册子，名叫《反对杀人越货的农民暴徒》，其中写道：

> 无论谁，只要力所能及，无论是暗地里也好，公开也好，都应该把他们（按：起义农民）戳碎，扼死、刺杀，就像必须打死疯狗一样！……绝不可对农民乱发慈悲。谁怜悯那些为上帝所不怜悯的人，为上帝所要惩罚和毁灭的人，谁就是置身于叛徒之列。……圣人说，驴儿只晓得吃草、负重和挨鞭，农民只有满腹糟糠，他们既不听话，又愚蠢，所以他们必须听鞭声和枪声，这样做对他们正合式……而这件事乃是为他们好。

① ［英］托马斯·马丁·林赛（Thomas Martin Lindsay，1843—1914）《宗教改革史》，孔祥民等译，北京：商务印书馆，1992 年，第 292 页。

假如我说此话是出自德国法西斯分子之口，或者是出于侵华日军的将领之口，或许会有人相信。不过据本人所知，侵华日军口里，倒往往总是讲什么“大东亚共荣”“中日亲善”，像这样坦率的语言，还不多见。然而这却是出自伟大的宗教改革家，出自把自己说成是“爱的宗教”的基督教新教的最高领袖之口。当然，基督教之所以称为爱的宗教，确实也包含着这样的内容。至少从奥古斯丁开始，杀死那些异端分子或无神论者的肉体，乃是因为要拯救他们的灵魂。就像路德说的一样，这是“为他们好”，是对他们的爱！

由于新教废除了神职人员必须独身的制度，所以性丑闻一般不会是基督教新教的道德缺陷。但是在自认为握有绝对真理，因而褊狭地排斥其他，形成罪恶方面，新教甚至比罗马教廷表现得更为激烈。现代的所谓“基要主义”，主要就是美国的一些新教教派。他们固执地要把自己的教传遍世界，要让所有人都信他们的教。他们的依据，正是基督教的所谓道德“金律”。在他们看来，他们所想要的东西，就是别人也都应该想要或希望得到的东西。就像他们希望别人给他们牛油面包，他们也要让别人统统都吃牛油面包。对于一个中国人来说，要让大家都吃牛油面包，虽然不能说是恶事，却也难以令人接受。然而依照基督教的教义，让你吃的，绝不仅仅是什么牛油面包这么简单的食物的这档子事。

当基督教没有一定实力的时候，这样的“金律”可能还仅仅停留在口头上。一旦有了实力，他们就会把这样的“金律”变成行动，给人类造成危害。因此，如果真的要选一种宗教道德来作为普世道德的话，那也决不能选基督教。因为从《全球伦理——世界宗教议会宣言》的内容来看，那“四项不可取消的原则”，其实都是来自犹太教，即来自基督教的《旧约》；属于基督教的，仅仅是这条强人所难，还自以为是“为他们好”的金律。

最后，我们想引用宗教学家泰勒的话和《牛津基督教史》对于信仰宗教的特征的描述，作为本节的结束：

> 对宗教过于热情，不会造成满足感和舒适感，而只会造成焦虑感。焦虑又滋生新的焦虑，宗教很快成为一种负担。[①]
>
> 低级种族的许多宗教，实际上跟人的道德行为关系极小。……有些读者

---

① ［英］约翰·麦克曼勒斯主编《牛津基督教史》(The Oxford Illustrated History Of Christianity)，张景龙等译，贵阳：贵州人民出版社，1995 年，第 217 页。

如果认为这种神学与道德学说分离难以理解，那么他们就可能联想起，在较为文明的民族中，因为宗教不再把它所信奉的道德信条贯彻到生活中去，它就可能降低到与此同样的状况上。例如，印度人能够从事最诡诈的生活，然而祭司看在礼物的面上就让他跟神和好；或者，在欧洲，强盗们往往原来是教堂的最虔诚的参拜者。①

笔者承蒙一位在美国多年教授哲学和宗教学的朋友见告，说在美国有一种“星期天教徒”。每周在六天之内，邻人都知道这是个十足的坏蛋，然而星期天他到教堂忏悔一番，于是一切罪过就都得到了免除。在下一周的六天之内，他继续自己的坏蛋勾当，到了星期天，就再到教堂忏悔。泰勒说“强盗们往往原来是教堂的最虔诚的参拜者”，使我进一步相信朋友所言不虚。

佛祖或者 God 所制定的道德律条，连他们的信奉者都如此地难以做到，那么，佛祖或者 God，包括所有的神祇，又该怎么办呢？

五、德行献祭的效果

——事神的目的和效果

一般情理，一件事，如果事前无法保证，就只能事后弥补。神祇事后弥补道德失控的办法，就是所谓惩恶扬善，或称赏善罚恶。那么赏善罚恶的效果如何呢？

人们相信，事奉神祇，向神祇献祭，神祇就一定会给予相应的回报。甚至相信这种回报如同立竿见影、山谷应声一样，所以称为“报应”。人们相信报应的必然发生，不仅是相信神祇的存在，而且相信神祇的公正。

中国古代神祇的奖赏，可以概括为“福、禄、寿”三个字。禄是官高，寿是命长。福，包括多财、多子孙。子孙众多，自己死后享受的祭祀也会多。然而汉代司马迁就由于颜回的早夭，伯夷、叔齐的饿死，对于报应的公正性发出过质疑。但是由于汉代国家机器运转尚算正常，以行孝为核心的道德高尚者能够得到国家的表彰，那些坏人似乎也真的受到了惩罚。然而不久，西汉末年，动乱不

---

① ［英］爱德华·泰勒《人类学——人及其文化研究》(Anthropology-An introduction to the study of man and civilization)，连树声译，上海：上海文艺出版社，1993 年，第 341—342 页。

已，善得恶报、恶有善报的事件日益增多。报应问题又引起了严重的关切。首先是著名史学家也是优秀儒者的班彪著《王命论》，论证该谁做天子，是要有“天命”的。没有天命的人，不要做什么妄想。

对于儒者来说，“天命有德”的思想应该说是历史悠久。周朝初年，所谓“皇天无亲，唯德是辅”的观念，进一步加强了“天命有德”的观念。然而周朝末年，一代又一代天子可以说是德行衰落到了极点。依天命有德的思想，天子早就该换人了。楚庄王洛阳问鼎，并不纯粹是野心膨胀。但是周朝的大夫王孙满说，周朝的德行虽然衰败了，天命并没有改变。他说周朝开国的时候，曾经占卜过：“卜世三十，卜年七百”（《左传・宣公三年》），现在还不到时候呢！这是明显反对天命有德的观念，也说明上天并没有实行以赏善罚恶为基础的任命有德者做天子的原则。

战国时代，关于孔子为什么没有做天子问题的讨论，说明儒者们对于天命有德的观念也发生了严重的怀疑。这个问题，孟子解释说是因为无人向上帝推荐，算是得到了解决。但是汉朝初年，刘邦做了天子。依司马迁史学家的眼光看来，夏商周，甚至包括秦朝在内，之所以能做天子，都是经过了十数代甚至数十代“积德累行”的结果。然而刘邦从起兵到做天子，才十年时间，其德行又何在呢？司马迁只能归结为天命，认为这是上天派来的“大圣人”。至于上天为什么派这样的大圣人？司马迁没有说明，他也说明不了。

西汉末年，又到了动乱的年代。如果说班彪作《王命论》不过是要劝割据一方的隗嚣归顺刘秀，不要做无谓的抵抗。曾“师事班彪”的王充作《论衡》，其《命禄》《气寿》《幸偶》《命义》《偶会》《骨相》《初禀》等篇，都是在讨论命运问题。而他之所以要讨论这些问题，是因为他看到，像孔子、墨翟、颜回、曾参等好人，不仅没有好报，甚至还多遭灾难。所以他坚决主张命定论，认为善人未必就有善报。他甚至认为，人初生时禀气的厚薄，不仅决定着人的寿夭，也决定着人的贵贱祸福。

王充生当东汉初年。当社会稳定下来，善恶报应的问题似乎又得到了解决。王充的著作，也长期无人问津。东汉末年，又是动乱的年代。由于历史记载的较为完善，善恶报应的错位现象又积累起更多的资料。三国时期，李康作《运命论》，列举孔子等人德行高尚却穷困潦倒一生的材料，认为国家的治乱也不是德行能够决定的：“夫治乱运也，穷达命也，贵贱时也。”所谓运、命、时，都是一种确定的、不可改变的命运。那么，运、命、时又是谁决定的呢？“授之者天也，告之者神也，成之者运也。”一句话，是天决定的。那么，天为什么如此决定呢？李康也回答不了这样的问题。

对于鬼神和人类善恶的关系，古代的宗教家和思想家只能在两种说法中徘徊：一种是认为有善恶报应。这就是《周易》中的“积善之家必有余庆，积恶之家必有余殃”，《老子》的“天道无亲，常与善人”等等。在这种报应观念遭到怀疑的时候，就会走向另一极：命定论。命定论认为国家的兴亡，人生的祸福，都是注定的，人的努力没有作用。作为儒家的创始人，孔子坚信天命。所谓“死生有命，富贵在天”（《论语·颜渊》），始终是儒者们的基本信条。一旦善恶报应引起较多怀疑的时候，命定论的观念就抬头。

借助社会的动乱，虽然传入很久但始终默默无闻的佛教思想广泛流传开来。在传统的善恶报应观念遭到严重怀疑的时候，佛教的轮回报应观念也遭到了抵制。其中包括鹅儿吃青草，却免不了被人宰杀。飞燕吃虫儿，却安然无恙等等。虽然信仰佛教的人们竭力为报应辩护，但难以消除历史和现实中大量善不得善报的事例对报应观念所造成的冲击。在这种情况下，深谙中国国情的高僧慧远用“三报论”消除了对于报应观念的怀疑。三报论的说法是，报应有现报，即立刻生效的；有生报，即在一生中生效的。也有后报。后报生效的日期，难以确定。或许一生两生，或许不知多少生，总之，报应是肯定会发生的。中国谚语所谓“不是不报，时候未到”，就是对“三报”观念的通俗说明。在这难以考察的“后报”观念面前，反对报应的声音低沉下去了。

然而低沉的仅是一时的无言，并不能消除善不得善报和恶反得善报的事实。对于佛教来说，报应的焦点，乃是天堂地狱的存在。然而禅宗兴起，说天堂、地狱，不过都是心之所想而已：“思量恶事，化为地狱；思量善事，化为天堂。”（《坛经》）其他的报应是否真实，又何须计较呢！禅宗，事实上也取消了佛教的报应观念。

禅宗以后，儒者们替报应辩护者有之，以各种方式表示怀疑者有之。宋代理学的创始人程颐说：“天之报应，皆如影响。得其报者是常理也，不得其报者非常理也。然而细推之则须有报应，但人以挟浅之见求之，便谓差。”（《程氏遗书》卷十五）这是一位坚决替报应说辩护的人物。然而他承认有“不得其报者”，承认有“谓差”的人物。而这“不得其报”的事件，正是“谓差”的依据。

社会事件，纷纭复杂。要找出好人好报的事例，并不困难；同样，要找到好人恶报的事件，同样容易。然而，神祇不是人。办案人失误，是正常的。神祇如果有失误，而且失误并不是个别的，如同二择一的选择题如果得了五十分，就等于零分一样。神祇的报应如果有一半是失误的，就等于报应是完全不存在的。

基督教以前的犹太教，也和其他崇德的宗教一样，把德行作为神祇奖励的根据。《旧约·以赛亚书》中，耶和华说："你们当守公平，行公义。因我的救恩临近，我的公义将要显现。……如此持守的人，便为有福。"（《以赛亚书》56：1—2）所谓"公义显现"的日子，就是人们常说的最后审判的日子：

> 末后的日子……他必在列国中施行审判，为许多国民断定是非。（《以赛亚书》2：2—4）

在最后审判的日子里，作恶的，将受到惩罚；行义的，将受到奖励。奖励的办法，就是让他们永生，永福。为了使所有人都能在最后审判中是非分明，耶和华神甚至允诺，让已死的枯骨都重新长出筋肉，复活过来。

基督教接受了最后审判的许诺，并把它作为自己的基本教义。基督教许诺：

> ……公义审判的日子来到，他必照各人的行为报应各人，凡恒心行善，寻求荣耀尊贵和不能朽坏之福的，就以永生报应他们。（《罗马书》2：6—7）

然而在《旧约》中，报应的效果又如何呢？

在《旧约》中，由亚当、夏娃所生的第一个孩子，也可以称为第一个人所生的人，是该隐。第二个是亚伯。耶和华神看中了牧羊人亚伯献祭的羊和油脂，看不上农夫该隐所献的粮食。于是该隐大怒，并且杀了他的兄弟亚伯。

这是一个事实清楚的凶杀案件，不判处死刑，至少也应终身监禁。然而耶和华神只是把该隐驱逐，使他流浪，并且还下令任何人都不许杀死该隐。

《旧约·约伯记》中，耶和华神听信了混在众天使中的魔鬼的挑唆，于是就让魔鬼杀死约伯的牛羊，毁坏约伯所有的财产，还不满足，又杀死约伯的仆人和儿女。还不满足，又让约伯浑身生满毒疮。坐在炉灰中，用瓦片刮身子。约伯因此指责神，认为自己是无辜的，为什么要受这样的苦难。

《旧约》是神学家们编辑的，当然不会任凭这样的指责发展下去。结局是神赐给约伯更多的财富，约伯和神达成了和解。

然而起初，耶和华神是否知道那混在天使群里的是魔鬼？如果不知，就是低能；如果知道还要听信魔鬼，并且让魔鬼去折磨约伯，就是残忍。而像约伯这样德行纯正、一心敬奉耶和华神却备受折磨的还有多少？财富没了，可以重新被赐给。仆人，还有儿女都被杀了，神可以在最后审判时使枯骨长出筋肉，为什么不能让他们复活？而这样的损失和伤痛又是否能够弥补？神学家们从中看到了神的伟大，我们从中看到的，是神实际上对于好人受苦的无奈。

不过对于犹太教，还有基督教，最重要的报应，是在最后审判时刻。然而这一时刻在哪里呢？

从基督教诞生以后，这样的时刻就不断地被神学家们预测出来。粗略统计，有，970年3月25日，1284年，1524年2月1日，1648年，1666年，1794年，1814年12月25日，1836年，1881年。我们亲自经历的，有1999年，2012年12月21日。如果仔细统计，被神学家或者预言家们预测的世界末日，比上述数字要多得多。然而到今天为止，太阳仍然每天升起，人类的社会生活仍然在照常运行。所没有发现的，就是神的最后审判。可以相信，今后还会有许多关于世界末日说的预报，但永远也不会有神的最后审判。没有末日审判，犹太教和基督教的神许诺的好人好报、恶人受罚的报应，就永远不会实现。原因也只有一个：神是不存在的。

其他宗教许诺给人类的报应，也大体如此。比如伊斯兰教，也把“善有善报”作为自己的基本信条：

> 谁赞助善事，谁得一份善报，谁赞助恶事，谁受一份恶报。(4：85)①
>
> 行善者将受善报，且有余庆，脸上没有黑灰和忧色，这些人是乐园的居民，将永居其中。(10：26)
>
> 作恶者每作一恶，必受同样的恶报，而且脸上有忧色……这些人是火狱的居民，将永居其中。(10：27)

但伊斯兰教更加强调的是“信前定”，也就是中国宗教所说的命。“前定”在《古兰经》里很少提起，也未说是基本信仰。而是在其权威性低于《古兰经》的《圣

① 即《古兰经》第4章第85条。下同。

训》里，才和“信真主（安拉）”“信经典”“信先知（圣人）”等一起，作为六大信仰之一。可以看出，在报应和命定之间，伊斯兰教最终明智地选择了后者。这种明智之举只有一种解释，就是伊斯兰教的先知们看到，所谓善有善报其实是不可能的。

神祇由力量型转变为崇德型，事神的方式也从物质献祭转到德行献祭，是社会思想的巨大进步。然而崇德型的神祇既不能保证德行的实行，也无法实现善有善报。因为神是不存在的。真正保证德行的实行和对行善者以善报的，还是社会的、世俗的力量。至于今天，指望借助神祇的权威来实现道德的提高，就更是胶柱鼓瑟。

我们这里说的“德行”，仅仅指世俗生活所需要的德行。世俗生活所需要的德行虽然各个时代、各个地区都有自己的特殊要求，但都为社会正常生活所需要，则没有差别。然而有神论者为了特殊的目的，还提倡一些特殊的德行。这类德行，超出了一般社会生活的需要，我们称之为“出离德行”。这类德行，主要存在于世界宗教之中。

第三节　出离德行的献祭

一、佛教的成佛捷径

在私有财产产生以后，任何人类群体虽然都反对偷盗，但不反对社会成员从事生产或相关的工作；反对奸淫，但不反对男女结婚生子；反对个人因私利私怨杀人，甚至反对为此而打架斗殴，但不反对惩办罪犯，也不反对为保卫国家而在战争中奋勇杀敌。因此而制定的道德规条，其目的，是保证群体的存在、秩序和发展。由于这是几乎所有国家的基本需求，与此相关的道德规则也是所有国家都承认的道德规则。这些规则，无论其普遍程度有多高，是不是所谓全人类永恒不变的规则，但都与神无关，而是现实需求的产物。人们把这些规则说成是国家保护神的意志，从而塑造出了国家宗教的神祇，不过是如中国古代经典所说：“圣人以神道设教而天下服。”

同样道理，作为世界宗教的佛教，它的特殊道德，也服务于它的特殊追求。

在这些特殊的规则中，有些是一般社会生活所不需要的，比如僧人们集体生活的行为规范。有些看似相同，实则有重大差别。还有一些，就完全超越了德行的范畴。

佛教追求的是摆脱轮回，后来的大乘佛教，更进一步把目标定位于成佛。成佛是一种特殊的追求，因此也需要一些特殊的品质。虽然佛教有所谓“众恶莫作，众善奉行”，似乎维护的是社会生活所需要的道德。不能说众善奉行的善不包含一般的世俗道德，但只要稍微深入下去，就会发现二者巨大的不同。

比如不杀人。佛教不仅不主张杀人，也不主张杀害一切生命，包括虱子、跳蚤。其《六趣轮回经》道：

> 以甲伤蚤虱，堕二糯头山。
> 相击死还生，展转而受苦。

人用指甲掐死了一只跳蚤或者虱子，就要到糯头山间的地狱里受苦，互相击打，打死再生，永不停息。这样严厉的惩罚，即使今天最为激进的动物保护主义者也不至于此。不过佛教的目的也非常明白，任何生命都不能杀，自然包括苍蝇、蚊子。

佛教传到中国，僧人坚持素食。但是饭碗的蔬菜里也会留有细小的、不易发现的虫子之类，怎么办呢？今天还知道，洗手、洗脸也会弄死数以万计的活的细菌，又该怎么办呢？佛祖也无法解决这样的问题，也就不必难为那些高僧了。要在我们知道，有着特殊追求的宗教，那些看似与世俗社会通行的道德，实际上往往有重大差异。

另一极端，则是世俗也不能容忍的恶行，佛教却可以容忍。比如所谓“放下屠刀，立地成佛”。即一个刚刚还在作恶杀人的恶贼，突然宣布他觉悟了，就可以立即成佛，以往的罪恶，也都不再追究。世俗的社会中，到哪里可以找得到这样的道德和法律呢！

如此偏执的道德信条，根源是佛教本身那偏执的教义。佛教教义的根本缺陷，从起初的所谓“四谛”“八正道”开始，最基本的错误，就是偏执。只强调一面的道理，不顾另一面的道理。

佛教摆脱轮回或者成佛的途径，一般概括为“戒、定、慧”三项。戒，戒除，就是不该做的事情。《西游记》上的猪八戒，意思就是戒除所谓“五荤三厌”

八种事物。其解释或有所不同，但被戒除的事物，一般都是世俗生活日常行为所涉及或所需要的，则倾向一致。因为要追求成佛，要摆脱俗人的轮回命运，自然首先要摆脱俗人的生活方式，实行特别的，为俗人所不需要，甚至难以忍受的规则。

第二条是定。要定，就不要动，这就是所谓坐禅。《西游记》里唐僧和妖怪比赛坐禅，几个时辰一动不动，虫子咬也不能动。实际上，僧人坐禅的功夫，远比唐僧在坐禅中的表现要高超得多。传说一位僧人坐禅，时间久了，头上落满了尘土。鸟儿不知是人头，竟在上面作窝。直到飞出小鸟，僧人仍然打坐不起。更有甚者，说晋代一位僧人，在树洞里坐禅。人们以为他死了，就把树洞封起，作为他的墓。他醒来的时候，已经到了宋代。

这些传说，仅可以当做寓言故事。然而僧人坐禅，确是经常的功课。坐禅为的是心里安宁，事实上，身体愈不动，心思反而愈难静。所以以“禅”命名的禅宗，反而取消了坐禅，因此，坐禅可以说是双重的错误。既为社会所不需要，也不是成佛的途径。

坐禅的传统，当与佛祖菩提树下悟道有关。然而佛祖在树下静坐数天，是在思考问题，不是要断绝思想。很可能，僧人们在这个问题上，一开始就弄错了。

第三项是慧，即弄通佛教的道理。如果不能听佛祖说法，只有诵读被认为是佛祖言行记录的经书。读书是为了弄清道理。道理清楚了，照着去做就是了。如果有记不清的，时常翻翻，也未尝不是好事。然而佛教读经，却要求一遍一遍地反复诵念，甚至认为反复诵念有消灾得福的作用。这也就超越了世俗对读书明理的要求。其目的，无非是要把信奉者的思想绑定在这有限的佛经之上。然而到了禅宗，读经的必要性也被否定了。

和传统戒定慧方式被一起否定的，还有所谓造寺度僧、设斋施舍等等在佛教传统上被认为是积累“功德”的方式。《西游记》上常说的一句话是：“救人一命，胜造七级浮屠。”所谓“浮屠”，就是佛塔。佛经上，是把造做佛像、佛寺、佛塔作为重大功德事件，作为成佛途径的，也全被禅宗否定了。也就是说，那些被传统佛教认为是重要的德行，在禅宗那里，也都失去了自己的价值。

经可以不读了，后来禅宗又和净土宗结合到了一起。本来惠能在《坛经》中已经讲过，说净土就在人的心里。但是他的后来人，并不能都把这个思想贯彻到底，而是采纳了净土宗的意见。

所谓净土宗，就是认为西方有一块区别于肮脏世俗社会的干净的佛教的国度。人来世如果能往生净土，就是到了天堂一般的地方。净土的管理者是阿弥陀佛。要想来世往生净土，简便的办法是多念诵阿弥陀佛的佛号。念得愈多，阿弥陀佛对你的声音就愈熟悉。临死时，他就会接引你去到净土世界。这也是与世俗道德毫无关系的佛教的德行，甚至和世俗的道德完全相反。

明代有人讲故事道，某人的母亲信佛，不断念诵佛号。劝解无效，于是他就娘啊娘地喊了起来。没喊几声，母亲就烦了。于是他说，没喊几声您就烦了。您这样天天念诵佛号，佛就不烦吗？

当然，这不过是个笑话。然而念诵佛号作为成佛手段，确是佛教承认的正规教义，不过这是从唐代开始才逐渐兴起的办法，也不是一开始就有的佛教教义。

从戒定慧，包括不杀生、不奸淫，到僧人必须遵守的数以百计、千计的戒律，到无休止地念诵佛号，虽然都是社会所不需要的、出离世俗道德的德行，世俗社会，也可以接受，因为这些特殊的德行，一般不会与世俗社会发生冲突。比如不能掐死虱子、跳蚤，自然也包括不能打死苍蝇、蚊子，如果僧人愿意以身饲蚊，如同据说佛祖前世曾经以身饲虎一样，也是与世俗无干的事情。然而有些出离道德的行为，就是世俗社会所难以容忍的了。

中国历史上一件著名的所谓“反佛”案例，是唐代的韩愈冒死向唐宪宗上表，谏阻他把法门寺的佛骨迎回宫中供养。惹得宪宗大怒，要处死韩愈。由于诸多大臣的求情，才把韩愈的死刑减免为流放：即到当时最为偏远、荒凉的潮州做地方官去。

把一函佛骨迎回宫中供养，为何引起唐朝君臣如此严重的冲突？《旧唐书·韩愈传》载，那是因为有人会“废业破产”“烧顶灼臂”：

> （元和十四年819，唐宪宗迎凤翔县法门寺佛骨到宫别供养）王公士庶奔走舍施，唯恐在后。百姓有废业破产、烧顶灼臂而求供养者。

五十多年以后，咸通十四（873）年，唐懿宗又迎法门寺佛骨供养。有人说，上次宪宗皇帝因为此事，当年就死了。唐懿宗说，让我在世时见佛骨一面，死无遗憾。于是决定迎佛骨回宫：

> 乃以金银为刹，珠玉为帐，孔鹬周饰之。小者寻丈，高至倍。刻檀为檐柱，陛墄涂黄金。每一刹，数百人举之。香舆前后系道，缀珠瑟瑟幡盖，珠

彩以为幢旌，费无赀限。

夏四月，至长安。彩观夹路，其徒导卫。天子御安福楼迎拜，至泣下。诏赐两街僧金币。京师耆老及见元和事者，悉厚赐之。不逞小人，至断臂指，流血满道。所过乡聚，皆裒土为刹，相望于涂，争以金翠纹饰。传言刹悉震摇，若有光景云。京师高赀相与集大衢，作缯台缦阙，注水银为池，金玉为树，聚桑门罗像，考鼓鸣螺继日夜。锦车绣舆，载歌舞从之。秋七月，帝崩。(《新唐书》卷 181)

供养佛骨，如同供养佛一样，也是佛教正式认可的德行之一。韩愈等人之所以反对这件事，一是财富的损耗。二是对生命的摧残。在这个问题上，佛教的道德和儒教，也是世俗的道德发生了冲突。所谓对生命的摧残，就是《旧唐书》所载有“烧顶灼臂而求供养者”，和《新唐书》所载“不逞小人，至断臂指，流血满道”。

依儒经《孝经》：“身体发肤，受之父母，不可毁伤。”所以这种毁伤身体的行为，是违背儒经，也违背世俗道德的。但在佛教，却是有经典根据的行为。

佛教在印度兴起的时候，为了摆脱轮回的命运，就有许多苦行主义者，用种种自我摧残的方式，企图达到这个目的。佛祖不满意这种方式，最终在菩提树下悟道，建立了一套全新的摆脱轮回的理论。然而后来出现的《佛本生经》中，却说佛在前世或前多少世时，曾经以身饲虎，救活了因饥饿将被母虎吃掉的幼虎；也曾为救将被吃掉的鸽子，用自己的肉喂饱了饥饿的鹰。这些故事，又给苦行主义者提供了新的根据。大乘佛教兴起后，《梵网菩萨戒经》《法华经・药王品》等，都有菩萨燃顶（头顶）、燃臂、燃指以供养诸佛的记载，并且认为，这是成佛的捷径。

所谓《药王品》，指《法华经》卷九《药王菩萨品》，说药王菩萨听佛说法之后，先用天花杂香供养十方诸佛世界。后又思想，“以身供养”才是最高的供养。于是发愿“以身为灯”。从此以后就断绝五谷，以香花为饮食。十二年后，自燃其身，据说是一千二百年，其火不灭，光照“八十江河沙世界诸佛”。后来又转生净德王家，燃臂供养佛的八万四千舍利塔，持续七万二千年。《法华经》评论此事，认为燃烧身体供养佛祖是最高形式的功德：

于如来前燃一足指，功德难喻。况燃其身以为供养，胜施国土妻子血肉。设以珍宝满佛世界，布施供养诸佛圣众，福德虽多，不及于彼。(《法华经》卷九)

然而在南朝梁代慧皎的《高僧传》中，一面把这些以“亡身”为代价的僧人列为高僧，一面批评这种作法是“得在忘身，失在违戒”（慧皎《高僧传》卷十二）。但是直到唐代，这样以忘身、亡身以求成佛的行为，还是愈演愈烈。直到唐代以后，禅宗流行日益广泛，以自残为代价供养佛，才受到越来越多的批评，不被当做佛教所认可的德行。而这些事情的存在提醒我们，佛教为了自己特殊的目标，会把什么样的事情当成德行。

可叹的是，类似佛教这样情况的，还不止一家。

二、基督教的活祭

基督教事神的目的，是进入天国，像耶稣基督一样，坐在上帝身边，享受永生和永恒的幸福。《旧约》中，最后审判的结果讲得不是十分明确。《新约》中，最后审判时行善者所受的报酬就说得十分明确，那就是，进入天国，获得永生，并且享受永远的幸福：

> 我又告诉你们，从东从西，将有许多人来，在天国里与亚伯拉罕、以撒、雅各，一同坐席。（《马太福音》8：11）
>
> 耶稣说，我实在告诉你们，你们这跟从我的人，到复兴的时候，人子坐在他荣耀的宝座上，你们也要坐在十二个宝座上，审判以色列十二个支派。凡为我的名撇下房屋，或是弟兄、姐妹、父亲、母亲（有古卷添“妻子”）、儿女、田地的，必将得着百倍，并且承受永生。（《马太福音》19：27—28）①

谈论永生问题最多的，是《约翰福音》：

> 我实实在在地告诉你们，那听我话，又信差我来者的，就有永生……（5：24）
>
> 我实实在在地告诉你们，信的人有永生。（6：47）
>
> 我实实在在地告诉你们，人若遵守我的道，就永远不见死。（8：51）

① 又见：《马可福音》（10：28—31）；《路加福音》（18：24—30）

当然，永生和不死，就在福音书中，也难以理解为永远地活下去。在耶稣说“人若遵守我的道，就永远不见死”的时候，就有人问他，难道亚伯拉罕不是已经死了吗？因此，所谓永生，就是复活，就是当上帝在最后审判的时候，在坟墓里的人就都要复活。为了使那些不义者受到惩罚，所以也要他们复活：

> 时候要到，凡在坟墓里的，都要听见他的声音就出来。行善的复活得生，作恶的复活定罪。(《约翰福音》5：27—29)

那么，这不是说，不义者也可以永生了吗？《新约》没有作出解释。我们还是相信，永生的是义人为好。

要使死人复活，复活后还能永远地活下去。这是世间无论多么伟大的人物也办不到的。也不是仅仅依靠社会生活中的德行就能实现的。要实现这个目的，需要一种特殊的、出离社会生活的德行。

基督教势力所及之处，其社会生活中的德行，以《旧约》中的十条诫命为基础。十条诫命中，首先且主要的是只能信仰耶和华一尊神，而不能信仰别的神。这样，就在社会生活所需要的德行中，出现了出离社会生活的特殊的德行。《新约》中，对耶和华的信仰，演变为对耶稣的信仰，因为是耶稣拯救了所有的人。所以，只有借助耶稣，才能得到God的恩典：

> 你们信上帝，也当信我。我在我父的家里有许多住处。
>
> 我就是道路、真理、生命。若不借着我，没有人能到父那里去。你们若认识我，也就认识我的父。(《新约·约翰福音》14：1—7)

在《新约》的使徒书中，更加强调了对于耶稣的信仰。后来，耶稣更不仅仅是子，还是晋见上帝的道路和中保，而且就是God本身，是三位一体中的一位。

耶稣不仅是人们的拯救者，而且也是人们行为的榜样。耶稣因着把自己的身体献祭，不仅自己称义，而且拯救了众人。所以使徒们也号召人们“将自己献给上帝，并将肢体作义的器具献给上帝”。这样，不仅可以永远免除自己的罪过，而且可以成圣、永生。(《罗马书》6）这样的行为，也是对God的事奉：

> 所以弟兄们，我以上帝的慈悲劝你们，将身体献上，当作活祭，是圣洁的，是上帝所喜悦的。你们如此事奉，乃是理所当然的。(《罗马书》12：1)

所谓“活祭”，就是终生事奉 God，把自己的一生献给 God。这样的思想，以后就体现在修道制度和对神职人员的严格要求上面。

一般认为，基督教的修道制度，开始于 3—4 世纪一个埃及人安东尼(Anthony)。他相信《马太福音》中“你若愿意作完全人，可去变卖你所有的，分给穷人，就必有财宝在天上”(19：21)。“凡为我的名撇下房屋或是弟兄、姐妹、父亲、母亲、（妻子）、儿女、田地的，必要得着百倍，并且承受永生。”(19：29)于是他抛弃了地上的财产，希望通过把自己献给上帝“当作活祭”的行为，取得天上的财宝[①]。并且“得着百倍”“承受永生”。此后，由于多种原因，单个的修道又演变为集体的修道院。入院修道者一般要发下三大誓愿：绝财、绝色、绝意。不仅不要财产，培养事事顺从的品质，而且实行《马太福音》所说的“为天国的缘故自阉”(19：12)。

修道院对于修道者的要求，是基督教道德的极端发展，是为了早日进入天国所需要的德行，即仿效耶稣的献身称义，用终生的苦修，把自己“当作活祭”，完全奉献给 God。期望以这样的行为能够洗清自己的罪过，比别人较为容易地进入天国。然而实际情况则恰恰相反，倒是使“一些男女修道院的院长和教宗”，“将弟兄姊妹更快地送入地狱”[②]。而神职人员和修道院中的丑闻，特别是性丑闻，不仅是历代小说的重要体裁，也是基督教宗教领袖们经常抨击的话题。路德在宗教改革中，曾经激烈抨击修道院被贪婪、污秽和种种腐败行为所玷污，也抨击那些掌握“属灵权威”的人们“不传道，不施教”，“以致属灵的治理在基督教里一概废弛”，“属灵的阶级在凡事上比属世的阶级更加世俗化”[③]。

修道院生活的腐败，可以和教皇生活的腐败相提并论。不少女修道院实际上成了贵族和神职人员的妓院。公元 1512 年，方济各会修士托玛斯·慕纳在讲道中揭露，有一个女修道院长是该修道院中私生子最多的人。那场席卷整个欧洲的

---

① ［意］薄伽丘（G. Boccaccio)《十日谈》(Decameron)（钱鸿嘉等译，南京：译林出版社，1994 年，第 54 页。）中，一个“好人”在早晨望弥撒的时候听到一段福音歌曲：“你们奉献一个，必将得着百倍，并且承受永生。”修道院的神父也肯定了这是福音里面的话。这反映了修道者的基本期盼。

② 《路德选集》(上)，台北：基督教文艺出版社，1996 年，第 206 页。

③ 同上书，80—81 页。

黑死病，也“没有使那些仍然活着的贪婪的主教、修道院院长和贵族产生一点怜悯之心。相反，他们为了追求更加奢侈的生活，不顾这些贫苦百姓所处的悲惨境地，仍以各种暴虐的手段来榨取财物”①。

宗教特有的道德，是人类中产生的，仅为某些特殊群体所需要的畸形道德，它弃绝人之为人的自然需要，压制人作为社会一员的合理要求，只能存在于与世隔绝的条件下。一旦与世俗社会接触，人之为人的自然需要，作为社会一员的合理要求，必将如火山迸发一样，从压制它的坚硬的“地壳”下面喷涌出来。这是后来修道院“被贪婪、污秽以及种种腐败行为所玷污”② 的根本原因。这些被玷污的事件，大多是两性与财产的问题，说明这种玷污正是修道誓愿的必然后果。而由路德所发起的宗教改革，重要的一条就是抨击神职人员的独身生活，抨击修道院制度的腐朽。

基督教的修道制度，现在已经很少见到了，但是天主教系统，即罗马公教系统的神父的独身制度，仍然存在。近十年来，从美国天主教开始，被揭露出来的神父猥亵幼童的案件，不仅使美国一些教区因为赔偿几乎破产，而且遍及许多国家，都被揭露出类似的案件。在这个问题上，我们和路德持同样的立场，认为这种使人终身独身的制度，也包括中国佛教要求僧人独身的制度，是应该废除的魔鬼制度。因为这种制度，就像在一群小羊旁边长期豢养着一批色情饿狼。它不仅时刻威胁着幼童以及妇女的身心安全，对于独身者自己，也是一种摧残。

路德在进行基督教改革的过程中，抨击修道院制度的腐败，是他抨击罗马教廷腐败生活的重要内容。路德认为，一切外表的形式，都是不必要的。事奉God，不局限于任何的形式。只要虔诚地信仰，只要God在心里，农夫耕地，会比一个修女坚守贞操更多地得到God的喜悦；仆人打扫卫生，会比安东尼更好、更多地事奉God。因此，问题不在于你做什么，而在于你想什么。只有一件事是事奉God不可缺少的，那就是对God的信仰：

> 只有一件事，是为基督徒的生活、公义与自由所不可少的。这一件事就是上帝的圣道，基督的福音。③

---

① 张绥《基督教会史》，上海：三联书店，1992年，第257页
② 同上书，第136页
③ 同上书，第354页。

这是一种新的事奉 God 的方式，也是传统的、旧的事奉 God 的方式，所以路德可以很轻易地在经典里为自己找到根据。“因信称义”和传统的、注重形式的事神方式相比，有着重大的不同，颇似禅宗和传统佛教成佛之路的差别。但事神的目的，仍然没有变化，即，使自己得到拯救，称为义人，进入天国，获得永生、永福。

这种新的事神方式，同时也是一种基督教新教所特有的道德要求：信。没有对基督教 God，特别是对耶稣的信仰，任何德行都不可以被称为德行，当然也不能在所谓最后审判中得到好的结果，甚至可能下地狱受苦。所以“因信称义”的要求，仍然是基督教特有的、出离社会生活道德规范的德行。

和佛教类似，罗马时期的基督教，也把自杀作为进入天国的快捷手段。吉本《罗马帝国衰亡史》第十六章《愿意以身殉教的各种动机》中分析说：

> （古代教父们）愈来愈卖力地反复宣扬：殉教的烈火将会弥补一切过失和抵赎一切罪愆；普通基督徒的灵魂要经过一个漫长的净化过程，但是壮烈的殉教者却会于顷刻之间获得永恒的幸福而升入天国，他们在那里将置身于先知、使徒和大教长们之间，与基督同在并协助基督司掌审判全人类的职责。①

在教父们这样的鼓吹之下，罗马帝国时期，就有大量的基督徒和佛教的僧人一样，把自残、自杀作为达到宗教目标的快捷行为。吉本在《罗马帝国衰亡史》第十六章《早期基督教徒的狂热》一节中描述说，一个叫作伊格纳蒂乌斯的基督徒，曾“狂热地祈求罗马人把他投入露天斗兽场”，并扬言决心要逗怒野兽把他咬死。他还请求罗马人不要因为怜悯而剥夺他殉教的光荣。“有一些故事谈到了某些勇敢的殉教者真地做了伊格纳蒂乌斯扬言要做的事。他们故意把狮子挑逗得狂吼乱跳，好让自己快点被狮子咬死；他们兴高采烈地跳进为烧死他们而点燃的烈火里，并且把最令人痛苦的各种酷刑的折磨当做最大的赏心乐事。”② 为了达到目的，他们不等别人告密，就公开宣布自己的信仰，故意粗暴地扰乱罗马人的

---

① 张绥《基督教会史》，上海：三联书店，1992 年，第 160 页。
② 同上书，第 161 页。

祭祀仪式，成群结队地涌到法庭门口，要求赶快拿他们治罪。

吉本分析说，殉教的动机之一，是名誉问题。以殉教的迦太基主教息普立安为例，即使他从事基督教活动仅仅是出于贪婪和野心，此时也必须表现出男子汉的气概，以维护自己的名誉。假如他是真诚地相信自己的教义，那么，殉教的结局在他看来一定就是最好的归宿。因为殉教的报答是升入天国，和基督一起掌握审判全人类的职责。和这样巨大的奖励相比，罗马帝国给那些为国捐躯者的奖励就太微不足道了。

自古以来，宗教中那些极端的行为，其背后都必有神学家们允诺的极端的报答。包括过去臭名昭著的十字军东征，今天令人发指的“人肉炸弹”和“宗教极端主义者”刀砍无辜的残忍行为，都有神学家们允诺参与者早日升入天国的报答作为动力。其极端行为真实地害人又害己，而极端的报答却只是水中月，镜中花。这是可以和原始宗教时期的人祭同类的残忍行为，也是和人祭同类的愚昧行为。

基督教第三项出离德行的献祭方式，是吃耶稣的肉，喝耶稣的血：

> 我就是生命的粮，你们的祖宗在旷野吃过吗哪，还是死了。这是从天上降下来的粮，人若吃这粮，就必永远活着。我所要赐的粮，就是我的肉，为世人之生命所赐的。
>
> 我实实在在地告诉你们，你们若不吃人子的肉，不喝人子的血，就没有生命在你们里面。吃我肉喝我血的人就有永生。在末日我要叫他复活。
>
> 我的肉真是可吃的，我的血真是可喝的。吃我肉喝我血的人常在我里面，我也常在他里面。
>
> 这就是从天上降下来的粮，吃这粮的人，就永远活着。（《约翰福音》48—58）

这样的事情，我们在原始宗教中已经见到很多了。弗雷泽的《金枝》，对人祭的意义也做过反复的说明。耶稣，在《新约》中也确实是被当做最后一次人祭的。《约翰福音》中这一段话，当是圣餐礼的经典根据。在圣餐礼中，耶稣既是献祭者，又是被祭者。在基督徒看来，耶稣用自己的肉体献祭，一劳永逸地免除人类的罪恶，是高尚至极的行为。在基督教以外的人看来，则未免感到不快和难以接受。难道人可以吃人的肉、喝人的血吗？象征性的也不行。在中国儒者看来，孔子抨击“始作俑者”，就是因为这件事的象征意义。作俑陪葬尚且不行，何况吃人！而在今天，稍有宗教知识的人，则不能不想起弗雷泽所描写的原始宗教的人祭。这种早已被否定的宗教陋习，竟以这种方式保存在高度发展了的宗教之内，实在有匪夷所思之感。

三、伊斯兰教的“五功”和儒教的“主敬”

伊斯兰教由于一开始就担负着国家宗教的责任，出离德行不是它事神的主要方式。但是作为世界宗教，同样强调个人的宗教追求，是进乐园还是入火狱？为了这样的宗教追求，他们的事神方式中，也出现了超越一般社会生活道德的要求。这些出离道德的事神方式，主要体现于“五功”之中。

五功的名称，汉语翻译略有不同，但内容一致。大体就是念诵、礼拜、斋戒、交税、朝觐五项作为伊斯兰教信仰者必须履行的义务。

念诵，就是念诵真主的名字。《古兰经》规定：

> 你当朝夕恭敬而恐惧地记念你的主，应当低声赞颂他，你不要疏忽。(7：205)
>
> 顺服的男女、信道的男女、服从的男女、诚实的男女、坚忍的男女、恭敬的男女、好施的男女、斋戒的男女、保守贞操的男女、常念真主的男女，真主已为他们预备了赦宥和重大的报酬。(33：35)
>
> 你应当朝夕记念你的主的尊名。(76：25)

念诵真主的名字，类似佛教念诵佛号。意义虽然各有各的解释，但都是一种超越或者出离德行的事神方式。这样一种方式，对于坚定宗教信仰，是有用的。它不是物质献祭，也不是社会生活中所需要的德行，而是超越献祭和德行的事神方式。

礼拜，有的译为拜功，有的译为礼功。要求每天一定时候，面向一定的方向，进行礼拜。这也不是社会生活所需要的德行，而完全是一种宗教的义务。《古兰经》中，不断强调礼拜的重要，其意义是可以由此获得巨大的回报：

你们应当谨守拜功，完纳天课，并以善债借给真主，你们为自己做什么善事，都将在真主那里得到更好更大的报酬。(73：20)

礼拜，仅仅对于宗教是善事，不是社会生活所需要的善事。所谓“完纳天课”，就是交纳赋税。对于承担着国家宗教责任的伊斯兰教来说，作这样的要求是必要的。穆斯林交税，也是履行自己作为国家公民的法定义务。自然，这是社会生活所需要的道德，不是出离道德的事神行为。至于斋戒和朝觐，在《古兰经》中也有相应的要求：

信道的人们啊！斋戒已成为你们的定制，犹如它曾为前人的定制一样，以便你们敬畏。(2：183)

故你们当斋戒有数的若干日。你们中有害病或旅行的人，当依所缺的日数补斋。难以斋戒者，当纳罚赎，即以一餐饭，施给一个贫民。自愿行善者，必获更多的善报。斋戒对于你们是更好的，如果你们知道。(2：184)

凡能旅行到天房的，人人都有为真主而朝觐天房的义务。(3：97)

伊斯兰教的斋戒，和儒教不同，不是向神献祭之前的准备活动；和佛教也不同，不是时时都要遵守的行为规则。伊斯兰教的斋戒，主要是指一定时期内的守斋活动。它和念诵真主、礼拜活动一样，都是纯粹的宗教义务，因而也是一种超越社会生活德行的事神行为。

朝觐活动由于比较困难，一般要求每人一生中只行一次。没有条件的，还可以请人代朝。这也是一种纯粹的宗教义务。在履行这项义务中，要花费许多的金钱。20世纪末期以来，由于朝觐人数的增多，每年一般都有上百万人。这样多的人集中在一时一地举行活动，伤亡事件时常发生。少的伤亡十几、数十个，多的有数百个。最多的一次有一千多人。这个问题，值得引起伊斯兰世界的严重注意。

儒教完整地继承了传统宗教的一切，因此，它的源头，可以追溯到原始的宗教。这样，在儒教中，物质献祭、德行献祭和出离德行的献祭三种基本事神方式，不仅有一个历史的发展过程，而且后来还并存于它的宗教活动之中。儒教既保持着原始的献祭事神，也主张德行事神，同时也出现了出离德行的事神方式。

儒教中出离德行的事神方式，可以称为追求对本性的回归，叫做“复性”。

在儒教的经典中，有“惟皇上帝降衷于下民”（《尚书·汤诰》）的记载。儒者们认为，这是说上帝赋予了人以道德的本性。也有“天生烝民，有物有则；民之秉彝，好是懿德”（《诗经·烝民》）的诗句，也被认为是上天赋予人以良善本性的经典根据。正因为如此，所以孟子一面从社会生活现象中证明人性本善，一面认为只要穷尽，也就是彻底弄清了人的本性，就可以知道上天赋予了自己什么样的使命。在儒教阵营中，荀子认为人的本性是恶的，但没有得到儒教的公认，并且不断遭到批评。

汉代，董仲舒认为天有阴阳二气，所以人也有善恶两种本性。这种学说，后来被概括为“性三品”说。稍晚于董仲舒的儒者扬雄，主张人性“善恶混”，即有善又有恶，这不过是董仲舒人有善恶两种本性的另一说法。

唐代后期，儒教鉴于自己的经验教训，在佛教、道教的刺激下，开始重新建立自己的人性学说。他们从儒经中找来“人生而静，天之性”（《礼记·乐记》），认为人的本性是清静或清净的。清静的意思，和佛教认为佛性本清静是一个意思，都是说，人的本性是未遭社会生活中的各种欲望污染的东西。在佛教中，这未遭污染的本性就是佛法。在儒教，则认为清静意味着善良。然而这善良的本性由于被社会生活所污染，所以人才有了恶行。如果用某种方式恢复自己的善良本性，就能达到随心所欲都不违背儒教道德的境界。

这种关于恢复本性的学说，开始于唐代后期的儒者李翱，完成于南宋时代的朱熹。朱熹把儒者最基本的事业，归结为恢复自己的本性。并且认为，上天为民众所任命的君主和导师，都是极其聪明睿智能够完全发挥自己善良本性的人，而上天赋予他们的职责，就是让他们教化和引导民众，使之恢复自己的本性①。

恢复自己本性的方式基本有两种，分别被称为“主静”或“主敬”。

主静，就是默默地静坐，去体会在没有接触外界社会生活、未受到干扰或污染情况下本性的状况。朱熹的前驱者程氏兄弟经常用这样的方法修养自己，朱熹也教导自己的学生这样修养自己。据说有一次，有两位学生去拜访程氏兄弟之一的程颐，程颐正在静坐，由于学生等候的时间长，纷纷扬扬的雪都积了很厚。这

---

① 朱熹《大学章句序》：“盖自天降生民，则既莫不与之以仁义礼智之性矣。然其气质之禀或不能齐，是以不能皆有以知其性之所有而全之也。一有聪明睿智能尽其性者出于其间，则天必命之以为亿兆之君师，使之治而教之，以复其性。此伏羲、神农、黄帝、尧、舜所以继天立极，而司徒之职、典乐之官所由设也。”

就是著名的“程门立雪”故事。而朱熹，则让他的学生“半日静坐，半日读书”。明代有个叫陈献章的，专门在家里修建了一座高台，在高台上的房屋中静坐了好几年。当他结束静坐的时候，人们都认为他是“真儒出世”。从他开始，明代许多儒者也把静坐作为自己重要的功课。

主敬，就是时刻保持献祭时对神祇的虔敬心态。程颐说：

> “毋不敬，俨若思，安定辞，安民哉”，君道也。君道即天道也。……“毋不敬”可以对越上帝。（《二程遗书》卷十一）

就是说，这种无限虔敬，是事奉上帝的方式，特别是君主事奉上帝的方式。

为了表示虔敬，朱熹把自己读书和修养的处所命名为“敬斋”，并且为自己的斋所写下了箴言：

> 正其衣冠，尊其瞻视。潜心以居，对越上帝。……出门如宾，承事如祭，战战兢兢，罔敢或易。……从事于斯，是曰持敬。（朱熹《敬斋箴》）

依这条箴言，作一个儒者，平素要衣冠整洁，仪态严肃。要沉下心来，好像面对着上帝。出门，在像迎接宾客；办事，要像承办祭祀。战战兢兢，不敢有丝毫松懈。如此等等。这样的做法，就叫做“持敬”，即保持敬畏。

朱熹以后，儒者们多有把自己的居室命名为“敬斋”的，并且把朱熹持敬的态度作为自己修养的榜样。

个人的静坐，不参与社会生活，方法又类似佛教的坐禅。它虽有反省自己过错的内涵，但主要是为了恢复那天赋的本性，所以主要是一种超越或者出离德行的事神行为。持敬主要是人神关系，而不是人与人的道德关系。它要求在对神的敬畏中，约束自己，以恢复自己的本性。静坐需要一定的时间和空间，持敬则要贯彻于人的一言一行之中。和静坐相比，持敬更加受到儒教的重视。持敬和静坐一起，从宋代开始，成为儒教事神的基本方式之一，并且被认为是最好的事神方式。

“持敬”不仅要敬，而且要畏：“孔子曰，君子有三畏。畏天命，畏大人，畏圣人之言。”（《论语·季氏》）既敬又畏，所以就“出门如宾，承事如祭，战战兢兢，罔敢或易”。因此，这种敬畏心情，原本是中国古代，也包括基督教等宗教所要求的一种宗教感情。或者说，本质上是一种宗教感情。近些年来，所谓“敬畏”，则被一些学者和类学者扩大到社会生活的许多方面，实际上就是把宗教感情渗透到社会生活各个领域。

这样的事神方式，伴随着重要的目的，就是不仅仅要做一个有德行的臣民，以求得到上天和现实的善报，而是要做一个贤人或圣人。早期的佛教中，一般的僧人只求做一个罗汉，还不敢奢望做佛，后来的佛教才认为人人可以成佛。早期的儒者，一般也不敢奢望做圣，但是从唐代后期开始，伴随着复性说，人人可做圣人的主张逐渐出现了，流行了。经过宋代到元代、明代，成圣已经成为儒者的基本追求。它和佛教追求成佛，具有同样的功利意义。

依主张者的意见，持敬和主静由于能够在无干扰的情况下充分体会人的本性状况，所以极有利于本性的复归。而一旦复归本性，就能够成贤成圣，随心所欲，就能按照上天的意志，达到德行的圆满。然而由于是在未曾和社会生活接触的情况下的个人反省，所以一旦步入社会生活究竟能否达到目的？实践上是不能保证的，甚至可说是完全没有保证的。抨击儒者虚伪的言论增多起来，本性是否恢复，难以测量，但儒者的道德水准，则遭到社会的普遍怀疑。

不仅如此，作为国家宗教的儒教，担负着治国的责任。使民族国家兴盛，是儒教的基本责任。依主张者的意见，复归本性，成贤成圣，不仅德行良好，而且处事会事事正确，从而保证国家的安宁和强盛。然而实际上，比起在德行方面的表现，处理国事方面，这一时期的儒者更加不能令人满意。明代灭亡，不少儒者就把责任归结为这样一种儒学，认为这样的事神方式应该负有主要责任。

出离德行的事神方式，往往被说得比具体的德行要高一级。然而由于它出离社会生活所需要的德行，往往会破坏社会生活所需要的德行，给社会生活的正常发展造成障碍，甚至带来危机。

四、非祭的奉献与非常的贪婪

国家宗教原则上已经把德行献祭放在了最重要的位置，但是由于国家财力的强大和讨好神祇的心情，物质献祭的规模实际上远远超出原始宗教的献祭规模。

在希波战争初期，第一个制服了希腊的异邦人吕底亚王者克洛伊索斯，曾向希腊的戴尔波伊神庙进行了大规模的献祭：用作牺牲的牲畜三千头，堆积如山的包着金银的卧床、黄金杯和衣物几经烧掉。仪式结束时，又熔化了大量黄金铸成一百七十根金条，每条长六帕拉斯提，宽三帕拉斯提，高一帕拉斯提。还有一座纯金的狮像，重十塔兰特……[①]此外还有许多金银祭品。

10至12世纪，突厥人建立的伽色尼王朝兴起。苏丹马赫茂德侵入印度，发现印度教神庙中珍奇的珠宝极多，任何王者的宝库也容纳不下它的十分之一。有三百名歌手和五百名善舞的女奴为这个神庙服务。马赫茂德进入神庙，看见一座极其宽敞的殿堂，支撑屋顶的柱子有五十六根。有一个石刻的神像，高五码，露在地上的有三码，石像被打碎了，碎片被运往伽色尼城。苏丹马赫茂德从这座神庙中得到的财富，“总数有两千多万底纳尔，甚至那些柱子都是用珍贵的宝石装饰的”[②]。

同样，古希腊和古罗马，还有犹太人的国家，也都随当时国力的大小和国王喜欢奢侈的程度，建造了豪华程度不等的神庙。

在中国，唐代武则天造祭祀上帝的明堂，“凡高二百九十四尺，东西南北各三百尺”。依唐尺每尺约等于30.7厘米计算，则约90米高，直径92米。今天北京的天坛，才高38米，直径32米。又造九州鼎。其中“神都鼎”最大，高一丈八尺，约合5.5米，容一千八百石。其他八鼎，各高一丈四尺，容一千二百石。都远超现存商代的后母戊鼎。共用铜五十六万七百一十二斤。

世界宗教原则上否定了一切献祭活动。然而愈到后来，其对财富的贪婪，甚至超越古人。这种并非献祭的贪婪，我们称之为“非祭贪婪”。

佛教传到中国，特别是魏晋南北朝时期，中国社会为供养佛、菩萨、僧人，舍宅为寺，起塔造像，其数量之多，规模之大，都堪称世界之最。《洛阳伽蓝记》描述北魏所造的永宁寺道：

> 中有九层浮图一所。……举高九十丈，有刹复高十丈，合去地一千尺。去京师百里已遥见之。……刹上有金宝瓶，容二十五石。宝瓶下有承露金盘三十重，周匝皆垂金铎。……铎大小如一石瓮子。浮图有九级，角角皆悬金铎，合上下有一百二十铎。……殚土木之功，穷造形之巧。佛事精妙，不可思议。绣柱金铺，骇人心目。至于高风永夜，宝铎和鸣，铿锵之声，闻及十余里。

---

① [古希腊]希罗多德《历史》(上册)，王以铸译，北京：商务印书馆，1985年，第22—23页。
② 同上。

浮图北有佛殿一所，形如太极殿。殿中有丈八金像一躯，中长金像十躯，绣珠像三躯，织成五躯。作功奇巧，冠于当世。

僧房、楼观一千余间。雕梁粉壁，青璅绮疏，难得而言。栝柏松椿，扶疏拂檐，藂竹香草，布护阶墀。是以《常景碑》云：须弥宝殿，兜率净宫，莫尚于斯也。

流传至今的古代佛寺、佛塔、造像，其雄伟壮丽，有目共睹。这些用于供养的物事，还是信仰者自己为求福而自愿奉献的。那些载入佛经的、向世人索求的供养，却是佛，尤其是僧人的贪婪了。

佛教僧人是一个专事修道、原则上以乞食为生的团体。由于不事生产，需要社会供养。供养到什么程度？佛教诞生之初就发生过激烈争论。一派主张接受的施舍以仅能维持生命为限度，特别是不能接受富人的施舍；另一派主张可以接受较多的施舍，包括富人的施舍。

释迦佛本人站在了可以接受富人施舍一方，而他自己就曾接受富商须达多捐赠的"给孤独园"。这原是舍卫国太子最喜欢的园林，其优美和价值也就可想而知。佛祖既然可以接受这样价值昂贵的捐赠，就为此后僧人要求更多的供养提供了根据。此后对佛的供养，也就越来越豪华。

据《大般涅槃经》，佛将涅槃，无数的天（神）、人都到佛的住所，进行供养。其中一些城市的民众，各装饰了八万四千大象，八万四千驷马宝车，八万四千明月宝珠。每一象前都有宝幢幡盖，宝幢幡盖都非常地高大。这样供养的队伍，至少也有八万四千支。这时对佛的供养，"豪华"二字都难以形容其规模的庞大和物品的丰盛了。

佛涅槃后，某比丘劝阿育王，应修建八万四千塔，供养佛的舍利。阿育王命令属下各国，依大中小三等，都出数十千万两黄金，修建了八万四千塔，"一时俱成"①。阿育王是否真地动用了这么多黄金，修建了这么多佛塔？难以考证，旨在这个数字充分体现了僧人索求的贪婪。

佛教这样的奢求，在现实中还是得到了一定程度的实现。中国历史上常常同时存在的数以万计的佛寺，就是佛教所要求的供养的某种实现。其中许多寺院都豪华壮丽，至今犹存。寺院和神庙不同，它不是神祇的住所，而是僧人集体生活

---

① 参见：《阿育王经》卷一。

的家。神庙的豪华，是献给神的。寺院的豪华，却完全是供僧尼享用。其殿中所塑的佛像，不过是为他们的享用提供借口罢了。作为文物，我们从寺院看到了前人的才能和智慧，值得引为骄傲。然而若衡以佛教以“法供养”为最高供养的教义，则不能不看到其中交织着的追求清静高尚与世俗心态的矛盾和困窘。这样，佛教就一面把所谓属灵的高尚追求作为自己的目标和旗帜，一面又时时陷入世俗的贪欲而不能自拔。

在早期的佛经中，成佛以后的生活就被描绘得十分豪华。到了大乘，其描述更是极尽语言所能，穷透想象所及：

> 尔时于佛师子之座，一切妙华摩尼宝轮高台楼观庄严具中……一一佛世界微尘数等大菩萨众，设诸供养散众妙华充满虚空。烧诸杂香气过腾云，普现一切众宝圆光。又放无量净日光明，作众妓乐诸微妙音。杂种宝树枝叶华实，一切光明犹若云起，雨无量宝。（《华严经》卷二）
>
> 时彼天王遥见佛来，即于殿上敷莲华藏宝师子座。十万种宝以为庄严，十万宝帐弥覆其上，十万宝网以为交珞，次上十万众妙宝盖，又复十万天诸华盖。天缯杂宝以为垂带，十万璎珞而庄严之，十万宝衣，以敷其上，十万天子在前立侍，十万梵天而围绕之，十万菩萨在前赞叹，十万光明以为照耀，十万妓乐自然演出，十万正法娱乐音声……（《华严经》卷十）
>
> （佛）趣兜率天宫一切宝庄严殿。时彼天王遥见佛来，即于殿上敷如意宝藏师子之座，以种种天宝而庄严之。……所谓百万亿栏楯，百万亿宝网罗覆其上，百万亿华帐以张其上，百万亿华鬘以垂四边，百万亿香帐普熏十方，百万亿宝帐以张其上，百万亿华盖诸天执持……百万亿宝铃微动出和雅音……百万亿因陀罗金刚妙宝，百万亿妙宝缯彩以为垂带，百万亿无量自在妙宝，百万亿真金宝藏清净微妙，百万亿毘楼那宝以为照耀，百万亿因陀罗宝杂宝校饰，百万亿首罗幢宝光曜明净，百万亿火珠宝，出大光明普照十方，百万亿天坚固宝以为窗牖……（《华严经》卷十三）

“百万亿”是多少？该经的作者一定没有认真计算过，只是在那里贪婪地穷其所想进行索求。即使以一亿缩减为十万，笔者粗略计算，以现在地球的面积，这么多供养的物品，每平方米都要放好几件。要这么多干吗呢？特别是什么“华盖”，也就是伞，一个就够了，百万亿，都谁来使用？还有什么宝帐，也是有几层就够了。百万亿，如果真有这么多，人在其中如何进出？世俗那些昏庸的君主，其贪婪虽然可恶，一般都有个限度。像这样几乎等于无限的贪婪，也只有在佛经中才可以见到。这些数字使我们看到的，不是成佛的美妙和荣光，而是作者恬静高雅的外表之下那畸形的、无限贪婪的内心。而类似的情况，也出现在基督教中。

和佛教一样，基督教的教堂，原来也不是God的住所，而是基督徒聚会的场所。耶稣用自己的血肉一劳永逸地结束了献祭的历史，并没有要求为自己建造豪华的宫殿，更没有要求教徒集会的场所一定要豪华壮丽。所以，为基督教建造豪华教堂，是没有必要的，甚至是违背基督教基本精神的。然而，出于俗情的传统皇宫和神殿的壮丽，不仅是俗人出于俗情献给基督教的贵重礼物，也打动了基督教信徒甚至上层领袖人物的俗心。于是，主教们也把建造豪华的教堂作为自己的圣事。

据格雷戈里《法兰克人史》，都尔城第五任主教佩尔佩图乌斯，当他看到一位经常出现奇迹的圣徒墓上的礼拜堂过于狭小，配不上这些奇迹的时候，于是就拆毁，重建一座巨大的长方形教堂。共有窗户32个，圆柱120根，门8座。此外他还修建了许多教堂，其中有的是专门为使徒彼得和保罗修建的。

为配得上奇迹而修建巨大教堂，把豪华的教堂献给使徒彼得和保罗，显然这都不是基督教教义的必要内容，而是出于一种世俗的情感。

有着如此俗情的不仅是这位主教。《法兰克人史》载，尤夫罗尼乌斯主教在做神父的时候，就为殉教者辛福里安修建了一座教堂，并且设法弄来了大理石覆盖在马丁主教的坟墓上。

大理石是一种贵重的建筑材料。为修教堂和圣徒坟墓而从遥远的地方搜集大理石的事，使我们很容易想起中国皇帝为修宫殿和坟墓而大兴土木，想起中国历史上著名的“花石纲”事件。在中国儒教，这样的行为往往是要受到批评的。然而在基督教主教的著作中，则往往把这样的行为作为一件圣事而加以赞扬。

《法兰克人史》还记载，克莱蒙第八任主教以自身的努力，建造了一座教堂，内殿的墙壁上镶嵌着各种大理石。他的夫人也建造了一座教堂，并且亲自指导画师们用图画装饰教堂。该书描写这些教堂的作用说：

在这里，人们感到对上帝的敬畏，感到上帝的荣耀的巨大光辉。①

这里的描写是符合实际的。在庄严雄伟的教堂里，人们确实能够感到神的伟大和光辉，感到自己的渺小和卑微，会不由自主地产生一种敬畏之情。这也是宗教都要把自己的建筑修造得非常豪华和雄伟的重要原因。然而，通过这些物质的建筑使人产生对神的敬畏，和通过高大的偶像使人产生敬畏一样，则是出于一种自然的俗情。基督教激烈地反对崇拜偶像，然而他们自己，却也用雄伟的土石房屋激引人心的俗情，这也是基督教未能免俗的重要方面。

如今仍然存在的圣彼得大教堂是世界上最大的教堂之一，也当是最早修建的教堂之一。后来经过扩建，规模宏大，其平面面积有 15000 平方米，它的圆顶十字架顶尖离地有 133 米。教堂前的广场可容纳 5 万人。

自然，这些教堂和后来的大教堂，其规模和豪华程度还不能相比，但是那包含在其中的世情俗气，则一脉相承。

国王向教皇捐赠国土，使教皇成为世俗的皇帝；贵族王侯则向教会捐赠土地，使主教成为庄园的领主。世俗国家和庄园的管理，自然也要以世俗的方式进行。也可以相信，商业的，以及后来工业企业的、银行业的事务，也都会成为教会的世俗工作。耶稣当年指责以色列的犹太教把上帝宫殿变为贼窝的事，在基督教内以更大的规模重演了。

所有这一切世俗的活动集中到一点，那就是对财富的追求。教会掌握的神权，成为追逐财富最为便利的手段。从君士坦丁开始，国家就免除了神职人员的税收。并且规定，教徒死后，其财产主要部分要留给教会。教会还通过各种圣事服务收取费用。教会所掌握的司法权力，是教会经济收入的重要来源之一。然而，教会并不以此为满足，还颁发所谓“赎罪券”，以聚集财富。

为追求财富，必然会要求权力。教会，曾经被认为是人间的天国。实际上，教会和人世的其他社会组织一样，也是由世俗人所组成的利益集团。这样的利益集团，只要有条件，都会把追逐社会权力作为自己的重要目标。在基督教尚处于弱小地位的时候，教团内部争夺主教职位的斗争，教团之间争夺更高宗教权力的斗争，和世俗的此类斗争可以说没有任何差别。367 年，达马萨和厄赛那斯争夺

① ［法］格雷戈里（Gregory of Tours，538—594）《法兰克人史》，载：吴于廑主编《外国史学名著选（上）》，北京：商务印书馆，1988 年，第 407 页。

罗马主教职位，各自都雇用一批打手进行搏斗，137 人致死。418 年，卜尼法斯又和犹雷利乌争夺主教职位。各自宣布自己是主教，各自占领一座教堂。最后在罗马皇帝的帮助下，犹雷利乌被放逐，卜尼法斯才最终确立了主教的位置。

类似这样的斗争可以说充满了基督教的历史。格雷戈里的《法兰克人史》也写道，在奥弗涅，主教韦内兰都斯死后，在谁继任的问题上发生了“不体面的争端”。教徒分成了两派，各自拥护自己的神父。据说后来是在一位蒙面妇女的指示下，才解决了主教的人选问题。那位妇女以上帝的名义宣布，在她对群众讲演时突然出现的鲁斯提库斯，就是上帝所选中的人。然而在后人看来，这更可能是一桩不体面的选举阴谋。

类似这样的事情，是不胜枚举的。其中最大的争端，一是东西教会的分裂，二是为争夺教皇职位的斗争。11 世纪，罗马和君士坦丁堡两大主教互相开除教籍，东西教会正式分裂。不久，西方教会也发生了分裂，罗马就出现过三个教皇并存的局面。

这些斗争也像世俗的王位之争一样，几乎贯彻了基督教历史的全过程。而各国教会和罗马教会为争夺主教任命权的斗争，至今仍然是天主教经常发生的重大争端。在这些斗争中，双方必有一方不能被认为是属灵的行为，或者双方都是世俗的，甚至是低俗的行为。

教会领袖不仅争夺宗教权力，也积极参加了争夺世俗权力的斗争。大规模的斗争首先发生在教皇格列高利七世（1073—1085 在位）与德意志皇帝亨利之间。先是教皇迫使亨利四世赤足披毡向教皇“负荆请罪”，接着是亨利用武力驱逐格列高利，另立教皇克雷门三世。后来又是诺曼军队打败德国军队，罗马遭到洗劫。从此以后，教皇与德国皇帝之间的明争暗斗持续了两百年左右。英诺森三世教皇在位时期（1198—1216），教会势力达到了全盛。他不仅继续和德国皇帝斗争，在位期间废黜了两任德国皇帝，并且废黜过英王约翰，挑动英、法、德之间的战争。

那么，这样的争端在近代是否好一点呢？可以说，一点也没有变好。如果不信，请稍微留意一下周围那些基督徒们的作为。为一些最底层的小头目的位置，也会争得死去活来，亲戚反目，兄弟成仇。一个最明显的例子是，稍微关心这些问题的人，几乎都会听到基督教各级教会的分裂，所以形成一个又一个小的教派和团体，可有谁听过这些小教派的合并吗？几乎一个也没有。

一个自称修养无上大道的群体，必须要世俗供养他们的物质生活，就奠定了他们难以摆脱俗情的物质基础。

五、非常的贪婪和褊狭的心理

世界宗教，包括某些国家宗教，其特殊的追求，导致了特殊的献祭方式；这种特殊的献祭方式，由于其超常的损失，比如终生独身，甚至燃肢焚身，也必然希求超常的回报，因此导致非常的贪婪。特殊的献祭和非常的贪婪，不仅是一种极端的宗教行为，也反映着一种褊狭的宗教心理。

一般说来，宗教所追求的彼岸世界，包括神祇观念，如果仅仅是现实状况的投影和放大，其教义所培养的心理，也仅仅是现实中某些心理的强化和叠加。随着追求目的对现实状况扭曲的加深，其信仰者的心理也将被同等程度的扭曲；这种被扭曲的褊狭心理，不仅摧残着本人的身心健康，同时也危害着人类社会的正常发展。

唐代柳宗元曾经描写过一些入山修道者的心理。说，那些入山修道的人们，“视世之乱若理，视人之害若利，视道之悖若义。我寿而生，彼夭而死，固无能动其肺肝焉。昧昧而趋，屯屯而居，浩然若有余。掘草烹石以私其筋骨，而日以益愚。他人莫利，已独以愉”（柳宗元《答周君巢书》）。意思是说，他们的心理，和世人是相反的。“视人之害若利”“他人莫利，己独以愉”。也就是说，看到别人倒霉，他就高兴，因为别人倒霉，证明了他的选择的正确。

佛教的神祇向来是以大慈大悲著称，然而当他们看到那些处于苦难中的人时，又是如何看待呢？

据《杂阿含经》，尊者勒叉那和大目犍连共出入王舍城乞食，行至一处，大目犍连“欣然微笑”。依佛教教义，是不许嬉笑、妄笑的。所以勒叉那就问目犍连为什么发笑？目犍连回到佛的面前，说了他微笑的原因：

> 我路中见一众生，身如楼阁，啼哭号呼，忧悲苦痛，乘虚而行。我见是已，作是思惟，如是众生受如此身，而有如是忧悲大苦，故发微笑。（《杂阿含经》卷十九）

佛解释说，这是由于那人前世的罪孽：

> 佛告诸比丘，过去世时，彼大身众生在此王舍城，为屠牛儿。以屠牛因缘故，于百千岁堕地狱中。从地狱出，有屠牛余罪，得如是身，常受如是忧

悲恼苦如是。诸比丘，如尊者大目犍连所见不异，汝等受持。

佛说此经已，诸比丘闻佛所说，欢喜奉行。（《杂阿含经》卷十九）

后来，目犍连又见到种种苦难众生，比如有的“筋骨相连，举身不净，臭秽可厌。乌、鸱、雕、鹫、野干、饿狗随而攫食，或从胁肋探其内脏而取食之，极大苦痛”。有的“举身生毛，毛利如刀。其毛火然，还割其体。痛彻骨髓”。在佛看来，这都是他们前世的罪孽所受的惩罚。

在人世间，如果一个人的罪孽得到了惩罚，以后仍然受苦，虽然不必说应该得到同情，但至少不该再遭到嘲笑。有句俗话说：“宁看贼吃饭，不看贼挨打。”并非是对贼的同情，但却是孟子说的人人都有的“恻隐之心”或称“不忍人之心”。然而一心要出离社会生活的追求，使之也丢失了这社会生活中人人都有的恻隐之心。

中国历史上，儒者曾向佛教方面提出质疑，战国时代，秦国将领白起曾坑杀四十万赵国俘虏。秦朝末年的战争中，项羽也曾坑杀二十万秦朝兵士。依佛教教义，做了恶事就会受到报应。难道这六十万人都做了同样的恶事，该同时受到报应？佛教方面辩解说，这些人，或许善恶不同，但都曾经吃肉充饥，则是一样的，所以该受同样的报应：

今六十万人，虽当美恶殊品，至于忍咀群生，恐不异也。（宗炳《明佛论》）

对于这样的辩解，我们也只能用“心地残忍”加以形容。

类似的心理，也出现在基督教中。吉本在描写基督教的诱人之处时写道，基督教根据以色列先知的意见，认为上帝六天创世的意义，是说现存的世界只能存在六千年，此后将是一个有一千年快乐和安息的王国。这个千年王国被称为新耶路撒冷。那里的城市用金子和宝石建构，大地上处处是天赐的五谷和美酒。人们和睦相处，自由自在。“从曾经在使徒嫡传弟子之前亲闻謦欬的殉道者查士丁和叶利尼斯，直到君士坦丁儿子的师傅拉克坦替阿斯，一代一代的神父，都曾对这样一个千年治世的可信，作过不厌其详的教诲。”[①] 另一面，则是神父们对永罚的绘声绘色的渲染：

> “你们喜欢表演，”严厉的特尔图陵大声说，“就等候那最大的表演吧——等候那宇宙最后一次和永不改变的审判，当我看到那么多的骄傲的君主和幻构的神祇，呻吟在黑暗的深渊之中；那么多的曾经迫害上帝之名的长官，消熔在比焚毁基督徒更为猛烈的火焰之中；那么多的睿智的哲人，和他们受惑的门徒一起，在灼热的火光里面呈红赤；那么多的著名诗人在基督的，而不是在密诺斯的法庭中战栗；那么多的悲剧家在表达自己的痛苦中声调更美妙；那么多的舞蹈家——当这个时候，我应该怎样惊叹，怎样笑，怎样欢乐，怎样欣喜。”[②]

当看到那些不信基督教的人们受到惩罚，这位与奥古斯丁并称为三大教父之一的德尔图良教父是怎样的高兴啊！至今还令人心惊肉颤的是，这样的事情在德尔图良教父以后，就不仅是停留在口头上，而是一遍一遍地大规模地在现实中发生。十字军东征、宗教裁判所惩办异端和女巫，都是德尔图良教父以及他们的继任者们无比兴奋、无比欢乐的日子。这些事，知道的人很多了，不必赘述。还有一些，是知之不多者。现在略作介绍。

事情发生在西方列强大规模殖民时期，不少基督徒到了美洲：

> 在像西印度那样专营出口贸易的种植殖民地，以及在像墨西哥和东印度那样任人宰割的资源丰富人口稠密的国家里，土著居民所受的待遇当然是最可怕的。但是，即使在真正的殖民地，原始积累的基督教性质也是无可否认的。那些谨严的新教大师、新英格兰的清教徒，1703 年在他们的立法会议上决定，每剥一张印第安人的头盖皮和每俘获一个红种人都给赏金 40 镑；1720 年，每张头盖皮的赏金提高到 100 镑；1744 年马萨诸塞湾的一个部落被宣布为叛匪以后，规定了这样的赏格：每剥一个 12 岁以上男子的头盖皮

---

① ［英］爱德华·吉本（Edward Gibbon，1737 － 1794）《罗马帝王衰亡史》（" The History of The Decline and Fall of the Roman Empire"），载吴于廑主编《外国史学名著选》，北京：商务印书馆，1988 年，第 90 页。

② 同上，第 92 页。译者原注道：特尔图陵（按：亦译“德尔图良”，约公元 155－222）和奥古斯丁等并称为三大教父。

得新币 100 镑，每俘获一个男子得 105 镑，每俘获一个妇女或儿童得 50 镑，每剥一个妇女或儿童的头盖皮得 50 镑！数十年后，殖民制度对这些虔诚的清教徒前辈移民的叛逆的子孙进行了报复。在英国人的唆使和收买下，他们被人用短战斧砍死了。英国议会曾宣布，用警犬捕杀和剥头盖皮是“上帝和自然赋予它的手段”。①

对于基督徒在殖民过程中的表现，马克思引用威·豪伊特的话评述道：

所谓的基督教人种在世界各地对他们所能奴役的一切民族所采取的野蛮和残酷的暴行，是世界历史上任何时期，任何野蛮愚昧和残酷无耻的人种都无法比拟的。（原注：引自威廉·豪伊特《殖民和基督教——欧洲人对待所有殖民地人民的通俗历史》1838 年伦敦版第 9 页。）②

不幸的是，这样的事件，不仅历史上难以数计，直到今天，仍然在不断发生。2008 年我国的汶川地震，数万人死难，数以十万计的人员受伤，美国女影星 Sharon Stone 发表言论，说这是中国人所遭受的报应。

“孟子曰：人皆有不忍人之心。……无恻隐之心，非人也；无羞恶之心，非人也；无辞让之心，非人也；无是非之心，非人也。”（《孟子·公孙丑上》）在所有那些“非人”的情感之中，居首位的，是无恻隐之心，即无同情之心。这是人类中最可引以为耻的无情。

缺乏对苦难者的同情，或者表面同情而实际上幸灾乐祸是许多以个人解脱永生为目的的有神论者的普遍心理。与此相伴，还有一些各自特殊的褊狭心理。佛教几乎要求自己的所有信徒都要出家，所以对戒除两性关系特别重视，由此引发的对待妇女的心理，也特别褊狭。

比如《大般涅槃经》。该经认为人人都有佛性。即使过去被认为坏得不可救药的“一阐提人”，也有佛性，也可以成佛，获得涅槃永生。但是该经对妇女的看法，却实在令人难以接受：

---

① 《马克思恩格斯全集》第 2 版第 44 卷，北京：人民出版社，2001 年，第 863 页。

② 马克思《资本论（第 1 卷）》（1867 年），载《马克思恩格斯全集》第 2 版第 44 卷，北京：人民出版社，2001 年，第 861 页。

复次善男子，若善男子善女人等，无有不求男子身者。何以故？一切女人皆是众恶之所住处。复次善男子，如蚊子尿不能令此大地润洽，其女人者淫欲难满亦复如是。譬如大地一切作丸如葶苈子，如是等男与一女人共为欲事犹不能足。假使男子数如恒沙，与一女人共为欲事犹不能足。善男子，譬如大海，一切天雨百川众流皆悉投注，而彼大海未曾满足。女人之法亦复如是。假使一切悉为男者与一女人共为欲事而亦不足。（《大般涅槃经》卷九）

在所有的有神论文献中，或者扩大到所有的古代文献，如此评论妇女的文字，似乎从未见过。不知该经的作者或作者们何以对占人类一半的妇女群体如此的厌恶，也不知该经的作者是否也这样看待自己的母亲。如果他或者他们也就真的是这样看待自己的母亲，那么，用中国古代的一句话说，那就是所谓“不忠不孝之人，无所容于天地之间”。

佛教僧人对待妇女的褊狭心理，许多文献都有记载。鲁迅的小说《我的第一个师父》也有描写。中国民间笑话，说一个老和尚告诫小和尚说，女人是老虎，会吃人的，不可接近。后来小和尚真的见了女人，觉得挺可爱的，不像会吃人的样子。这种对僧人褊狭心理的戏谑中，也包含着对于僧人独身生活的深切同情。在正常社会生活中所养成的心理比由大慈大悲的佛法教导出来的人们要慈悲善良得多。

宗教信仰者的褊狭心理，虽随其教义不同而有所区别，但都有着脱出世俗的褊狭。如果说这种心理仅仅藏在个人心里，也就算了。然而由于这是集体行为，就往往发泄出来，使之成为现实。而由此酿成的灾难，当首推战争。鼓吹战争，也是宗教家们的一项重要宗教活动：

我们反复地看到，各宗教都有些领导人物和普通成员在煽动侵略、狂热、仇恨和对异己者的恐惧，甚至在鼓动暴力和流血的冲突并为之辩护。宗教常常被滥用，服务于纯粹权力—政治的目标，其中包括战争。我们对此满怀厌恶。[①]

---

① ［瑞士］孔汉思（汉斯·昆 Hans Küng）、［德］库舍尔（Karl-Josef Kuschel）编《全球伦理：世界宗教议会宣言》（A Global Ethic—The Declaration of the Parliament of the World's Religions），何光沪译，成都：四川人民出版社，1997 年，第 8 页：《走向全球伦理宣言·全球伦理的原则》。

这是呼吁建立全球伦理的宗教家们的呼声。他们起草了一份被称为“全球伦理”的宣言。这些呼吁建立全球伦理的宗教家们厌恶战争，特别是厌恶宗教领袖和宗教信徒们借宗教名义鼓吹战争，是值得肯定的。他们认为这是对“宗教的滥用”。然而，宗教为什么能够被“滥用”呢？又如何避免被“滥用”呢？如果找不出原因，提供不了办法，仅仅发一份宣言，就不免使人怀疑这是在作秀，在哗众取宠。

宗教家鼓吹战争的事例，起草全球伦理的作者们一定比我们要清楚得多。描写这样的事例，恐怕又要写好几本书也写不完。我们在这里只能举两个较为典型的事例。一个是日本佛教。在日本侵华战争中，有许多派别和僧人，长期充当了军国主义侵略战争的吹鼓手。其中最为卖力的，是日莲宗、净土真宗等派别；最为卖力的僧人，是日莲宗僧人田中智学。从甲午战争开始，他就鼓吹应由日本统一宇宙。九一八事变之后，他又鼓吹要彻底解决问题，鼓励日军扩大侵略战争。他们这一派僧侣，还组团到中国东北，慰问日军。随着日军侵华战争的扩大和深入，日本又成立了“佛教联合会”，给战死的日军作“慰灵法会”[①]。著名战犯田莞尔，就是日莲宗的狂热信徒。1937 年 7 月 12 日，七七事变爆发刚刚数日，日本佛教“国体明和会”就发表声明，赞扬这次事变是“除恶平暴的北支那事变”，并呼吁日本各佛教派别联合起来，“走上战争第一线”。还要“不惜身家性命”去慰问皇军，进行“国民精神总动员”。一些日本学僧著书立说，鼓吹侵略战争，甚至直接参加战争，从事间谍活动。

在欧洲，希特勒掌握政权以后，德国基督教于 1933 成立“日耳曼民族福音教会”，并发布宣言，要维护 God 委托给日耳曼民族的“生存等级秩序”，禁止日耳曼人与犹太人通婚，不让异己的血液渗透进他们的“政治躯体”。抛弃“基督徒成为世界公民的精神”，“克服那种精神的种种腐化表现”。也就是说，他们是日耳曼基督徒，而不是世界公民性的基督徒。他们要把纳粹的标志和十字架融合在一起，把希特勒的《我的奋斗》和《旧约》《新约》一起放在同一个祭坛上，并且是《我的奋斗》在前。

德国基督教，和日本佛教一样，在他们国家发动侵略战争期间，仅仅有少数人能够不向侵略战争低头。大多数教派，都完全沦为侵略战争的工具。

---

① 参阅：王春华《侵华战争中的日本佛教徒》，载《科学与无神论》2005 年第 5 期。何劲松《伪满期间日本佛教在中国东北扮演的角色》，载《世界宗教研究》2001 年第 3 期；王向远《日本对中国的文化侵略》，北京：昆仑出版社，2005 年。

过去曾经如此，现在呢？美国的所谓“宗教自由委员会”，又何尝不是美国政府推行其全球霸权的工具呢？

一个碰到强权就马上低头，并甘心为之服务的宗教，由他建立起来的普世伦理，是可以信赖的吗？甚至还可以质问：是真诚的吗？

与池田大作对话探讨宗教问题的威尔逊先生曾得出结论说：

> 总之，基督教是排他主义的宗教。自它建立以来，即使把不同的信仰当作伙伴来同等对待也不允许。基督教主张，真理只能完全地、绝对地掌握在本宗手中。[①]

正是出于这样的教义，使那些对教会所认可的真理持有不同意见的人遭受着拷打、监禁和火刑等残酷的迫害，也是教会鼓吹战争的思想根源。而且据威尔逊的观察，这种自认为自己完全掌握了真理的意识，今天仍然暗暗地存在于那些虔诚信徒的头脑之中。

这就不能不使我们担心，假如由基督教来建立所谓普世的伦理，而这正是基督教最为热心的事情，其后果将会如何。

池田和威尔逊还谈到了基督教在性道德方面的见解。据他们的观察，直到现在，罗马天主教会仍然反对非妊娠目的性行为。然而，在池田和威尔逊看来，过分苛刻的道德规范所带来的，只能是伪善。有哪一个基督教徒敢说，他的每一次性行为都是为了生育目的而进行的！

19 世纪的英国的道德特征，在威尔逊看来，就是伪善。因此，池田得出结论说：

> 以前，欧美各国的基督教伦理教义，严格限制了民众的自由，在某种意义上，这是对人的束缚。[②]

---

① ［日］池田大作、［英］威尔逊（Bryan Wilson）《社会与宗教》，梁鸿飞、王健译，成都：四川人民出版社，1991 年，第 207 页。

② 同上书，第 405 页。

所以他们认为，在苛刻的道德要求之下，伪善是个人实行自我保护的有效手段；而今天表现出来的性自由，是对基督教伦理的反抗，其中隐含着为自由而战的目的。他们对于基督教道德的总的评价是，这是已经不适用于今天社会的道德：

> 无论是在基督教《圣经》中表述的早期基督教伦理，还是罗马天主教会制定的精致的法典，都已不适合现代生活的高效率。其理由是：这些法典是在与现时代完全不同的条件下制定的；它所面临的社会问题和人类问题，无论在种类上还是在规范上，无论在量上还是在质上，都与今天非常不同了。①

威尔逊这段话，很可能包含着对于汤因比企图用基督教的早期伦理来拯救当前世道人心的主张的回应和批评。

威尔逊不否认宗教功能的积极作用。比如强化社会道德，支持各种社会机构，促进社会团结和培养忠诚，使权威政策合法化等等。但是他认为，随着社会组织的逐步完善以及运行效率的提高，虽然可能还会出现许多新的问题，但是宗教的社会功能将会在现代社会中逐渐衰退，剩下的仅仅是心理的功能。

很明白，心理的褊狭源自教义的褊狭，对于褊狭的教义愈是虔诚，其褊狭心理也就愈加严重。那么，这种褊狭的教义和褊狭的心理在人类的社会生活中还能发挥什么作用呢？

从丢给野兽一块肉，到向神祇献祭。从物质的献祭到精神的献祭，从德行献祭到出离德行的献祭。人类事奉神祇的手段不断变化，但都要用当时认为是最好的手段去事奉神祇，这样的事神原则，则没有变化。在所有的手段中，事神的人们都认为，自己是以最小的代价获得了最大的利益，然而其结果，几乎无例外的，都是代价付出了，利益却并没有得到。当后人发现前人的愚昧和失误时，又会提出认为是更加合理、更加高级的事神手段，直到把自己的灵魂托付给那个并不存在的神。这个过程，使我们想起杜牧《阿房宫赋》中的慨叹："秦人不暇自哀而后人哀之，后人哀之而不鉴之，亦使后人而复哀后人也。"庆幸的是，时至

---

① ［日］池田大作、［英］威尔逊（Bryan Wilson）《社会与宗教》，梁鸿飞、王健译，成都：四川人民出版社，1991年，第104—105页。

今日，已经有越来越多的人知道，神是不存在的，事神是愚昧的行为。我们希望，人类能够早日彻底免除对于这种愚昧的哀叹！

第四节 维护事神原则的经典和它与新知识的冲突

一、宗教心理与对教义的信仰

希望得到别人的尊重，是人类普遍的心理，也是合理的需求。如果有了某种社会地位，比如做了官长，希望和能够得到的尊重就更多。如果做君主，更会要求得到全国的尊重，直至崇拜。为了这一点，从古到今的许多国家政权，甚至都制定了相应的法律。迄今为止，有些所谓民主国家还有所谓“蔑视法庭罪”。至于古代，敢于蔑视官长，就一定会获罪，更不必说不尊重君主。

在古人的观念中，神祇比君主具有更大的威力，其要求信仰和崇拜的心理也更加强烈。原始宗教时期，所谓“民神杂糅”“家为巫史”。人人都可以崇拜自己的神，如同现实中人人都有可能临时被选为氏族首领一样。这临时的氏族首领无法要求别人一定崇拜自己，神祇自然也难以要求大家都一定要信仰自己。荷马的《伊利亚特》中，那些武力高强的英雄们不仅敢于和国王顶牛，而且敢于和神祇战斗。这其中，就还保留着原始时代的遗风。说明再早的时代，氏族或部落的首领很难随意处置一个强而有力的对手，神祇也就未必能够完全镇服蔑视他的俗人。

国家宗教时期就不同了，神祇观念是每一个古代国家的精神支柱，每一个古代国家也都要维护自己的神祇信仰和对被信仰神祇的事奉。《礼记·王制》，即古代国家的根本制度规定，天子五年要到全国各地视察一次，除了观察民风、民生以外，还要检查事奉神祇的状况。对于那些不按规定祭祀神祇和祖宗的，要严厉处罚：

> 山川神祇有不举者为不敬，不敬者君削以地。宗庙有不顺者为不孝，不孝者君绌以爵。

这个制度能否认真执行是一回事，但是儒者国家一定要严格维护对于神祇的信仰和祭祀，则是历史事实。在古希腊，苏格拉底被指控不信国家的神祇而被处死。中国古代，孔子提出了“不怨天”的主张，后来的《大戴礼记・本命》和《孔子家语・五刑解》都指出：

大罪有五，而杀人为下。逆天地者罪及五世，诬文武者罪及四世，逆人伦者罪及三世，谋鬼神者罪及二世，手杀人者罪止其身。

也就是说，不敬最高的神祇，是最严重的，比亲手杀人要严重得多的罪行。这一条法律条文，在唐代成书的《唐律疏义》中已经看不见了。因为自从汉代司马迁质疑“天道无亲”之后，再没有发现质疑天地的言论，更不必说对天地的蔑视和不敬，而国家法律，也就不必再有这一条了。

国家宗教在维护对自己神祇信仰的同时，一般都允许信仰别的神祇。只有犹太教，在他们屡次经历亡国之痛之后，才借 God 之口做出规定，要求只能信仰自己的神。

基督教诞生，接受了《旧约》作为自己的经典，并且把只能信耶和华一神，进一步明确为只有信耶稣的，才可以称为义人：

但如今上帝的义在律法以外已经显明出来，有律法和先知为证。就是上帝的义，因信耶稣基督，加给一切相信的人，并没有分别。……（世人）蒙上帝的恩典，因基督耶稣的救赎，就白白地称义。上帝设立耶稣作挽回祭，是凭着耶稣的血，藉着人的信，要显明上帝的义。……我们看定了，人称义是因着信，不在乎遵行律法。（《新约・罗马书》4：21—28）

类似的信条，到路德创立新教的时候，被特别地加以强调，并逐渐形成基督教新教的基本教义：“因信称义”，即由于信仰 God 和耶稣基督，才可以被称为义人，其他的一切，都是次要的、甚至不必要的。反过来，也就是说，如果没有对耶稣的信仰，其他一切善行，也都是没有意义的。

伊斯兰教成立，继承基督教的传统，也把信作为最重要的德行。并且明确规定了信的内容：

你们把自己的脸转向东方和西方，都不是正义。正义是信真主，信末日，信天神，信天经，信先知……（2：177）

在这段经文的基础上，形成了伊斯兰教的六大信条。其中信安拉（真主）和信天经（经典），可说是基本信条的核心。因为安拉（真主）是最高神，天经（经典）是一切信条的依据。

佛教没有基督教和伊斯兰教这样的信条，但是他们把诽谤佛、佛法和僧人作为最大的罪恶。所谓最坏的“一阐提人”，其罪恶，就是“谤方等经，作五逆罪，犯四重禁”。其中“谤方等经”，就是诽谤佛经。因为佛经是佛所说的法，所以诽谤佛经，就是诽谤佛。“五逆罪”，即杀父、杀母、杀阿罗汉、出佛身血、破和合僧。其中后三项或作害阿罗汉、斗乱众僧、超恶意于如来所；意思相同。综合对一阐提人的描述，最重要的罪恶，也就是诽谤佛和佛经。诽谤，是因为不相信。虽然立意的角度不同，其实质，也是要求对于佛和佛法的绝对信仰。在这个问题上，佛教和基督教、伊斯兰教完全一致。

因此，从国家宗教开始，所要求的信，实际上包含着两个内容，一面是信最高神；另一面，就是信仰记录最高神言行的经。这两条，实际上也就是一条。因为信最高神，就是要照最高神的意志行事；而最高神的意志，就体现于经典中。

原始宗教没有经典，神意也没有固定的载体。原则上，任何事物都可以作为神意的载体。一片树叶的飘落，一声鸟儿的啼叫，一个梦境，占卜工具的显示，都可以作为神意的载体。神意究竟是什么，全靠神职人员的解说。这样的解说一定是非常分歧的，所以决断起来非常困难。

国家宗教有了经典。这些经典，基本上都是那些被认为体现了神意的文献的汇编。在印度，这样的文献主要是吠陀，包括最初的吠陀经和以后出现的梵书、森林书和奥义书。在以色列，就是犹太教的《塔纳赫》，也就是《旧约》。在中国，则是以诗书礼乐，即《诗经》《尚书》和礼经为代表的儒经。以这几部经为基础，后来发展为“六经”“五经”或十三经。

印度教宣称“吠陀天启”，也就是说，吠陀经所记载的，是神的意志。《塔纳赫》被基督教称为《旧约》，因为其中的内容，被认为是神给人约定的法规，包括人对这些法规的执行情况。中国的《诗经》《尚书》等，是古代诗歌或宗教政治文献的汇编。《诗经》相当于《旧约》中的《诗》篇，是献给神的颂歌。其中的“颂”是直接献给神的颂歌，“雅”也主要是歌颂神的。“风”，从第一首“关关雎鸠”开始，也是神爱听的，就像后世的名诗“月明星稀，乌鹊南飞”也是神爱听的诗歌一样。“感天地、动鬼神，莫近于诗。此乃诗之为用，其利大矣。”（孔颖达《毛诗正义序》）

《尚书》是中国古代的政治文告。在古人看来，这些文告所体现的也是神的意志。朱熹最重要的著作《大学章句》，其序言说，上天给了每个人以仁义礼智的善良本性，可惜不是每个人都知道自己有这样一个善良本性而加以保全。一旦有那聪明睿智者出现，上天就会任命他做民众的君主或者导师，来管理和教育民众，使民众恢复善良的本性。这就是从伏羲、神农开始，君主和重要官吏的由来。

拿什么教育民众呢？朱熹说，上古时期，学校的设置非常广泛，“而其所以为教，则又皆本之人君躬行心得之余，不待求之民生日用彝伦之外”（朱熹《大学章句序》）。人君“躬行”的内容，当然是那任命他为君主的上天的意志。因此，《尚书》中的文告，就是君主们在躬行上天意志过程中的“心得”，如同《旧约》中的君主们贯彻耶和华神的意志一样。

至于汉代独尊儒术时把《易经》作为五经之一，那是因为“王者动必则天地之道，不使一物失其性。行必协阴阳之宜，不使一物受其害。故能弥纶宇宙、酬酢神明。宗社所以无穷，风声所以不朽。非夫道极玄妙，孰能与于此乎”（孔颖达《周易正义序》）。而《周易》，就是讲天地之道和阴阳之宜的书。

《春秋》是孔子所作。孔子作《春秋》的原因，有人认为是因为麒麟的出现，有的认为麒麟的出现是因为孔子做完了《春秋》。不论哪一种，《春秋》的完成，都是由于天意。

以犹太教、印度教和中国儒教经典为代表的国家宗教经典，虽说是体现着神的意志，但是其体现的程度和直接性，往往很差。所记述的大多是圣人们转述的神意，还有圣人们的言行和事迹。到世界宗教，经典中的神意，不仅直接是神的言行，而且绝大部分都是神的指示。

比如佛经，虽然数量众多，但差不多每部佛经，开头都是“如是我闻，一时佛……”如何如何。也就是说，这些佛经，都是佛的弟子们回忆他们当初听佛说法或是关于佛的行为的记录。也就是说，佛经所记载的，都是佛的言行。例外的一部是《坛经》，没有“如是我闻”，是禅宗六祖惠能的言行录。因为惠能认为识心见性即可成佛，他本人，是被认为已经成佛的缘故。因此，说佛经记载的都是佛的言行，原则上是正确的。

基督教的《新约》的主体，是四部福音书，记载的是耶稣基督的言行。耶稣基督自称是God之子，并且是“三位一体”中的一位，他的言行，就是神的言行。

至于《古兰经》，由穆罕默德所传达，其中都是真主安拉的直接指示。从内容上说，《古兰经》是传达神意最为直接、体现神意程度最高、最为纯粹的宗教经典。

经是神意的体现，信神，也就必须信经。神是聪明正直甚至是全知全能的，经书上说的，也就是神说的，自然也是绝对真理，不可违背。这是所有信仰者普遍信奉的原则。所信的神可以不同，所信的经可以不同，但认为神是绝对正确，经上的话都是绝对真理，则完全一致。区别仅仅在于程度不同，就像今天同一思想派别的人们，对于同一思想，其理解和信念也有所不同一样。

然而实际上，神是不存在的。所谓神意，不过是人意，即那些被认为是神与人中介的圣人、贤人或者巫师、祭司和神学家们的意见。这些可以统称为神学家的人们，创造了大量的经书，甚至创造了大量的神祇。其中很多神祇、经书都被淹没在历史的长河中了。流传下来的，都是适应当时社会发展需要的、先进的思想。从历史发展的角度看问题，这些经书都是宝贵的文化遗产。同样正确的是，这些适应当时当地社会发展需要的先进的思想，由于历史的发展是无法停止的，所以经过一段或长或短的时期，经书中的内容就不再是正确的了，至少有一部分是不正确的。在这种情况下，重新解释经文，就是后来的神学家或称经学家们的事业。

二、经典与经学

宗教，有宗、有教。宗，是对神的信仰；教，就是把神的意志传达给民众。神的意志载于经典，传播神的意志，也就是传播经书的内容。如果经书的传播对象是不同语言的民众，经书就需要翻译。如果是传播给本语种的民众，也需要解释。由于语言的发展和变迁，要把经书内容传播后世，往往也需要翻译和解释。在传播过程中，如果发现经书的文字有错，还需要订正文字。如果认为整篇文字都是错的，也就是说整部经都是假造的，那就还需要辨伪的工作。不过订正文字、辨别真伪，包括翻译，都不过是经学的附加工作。基本而不可少的，主要是解释经文。

解释经文要应付的最重要的情况，是经书的内容实际上已经不适应新的情况，但又不能说经书是错，所以必须重新解释，使经书的内容与新的情况相适应。这种解释如果能被接受，新的思想就可以在旧的框架中生长起来，使教义得到更新和发展。如果旧的框架无法容纳新的思想，就会发生严重的斗争。斗争的结局，暂时决定于双方力量的对比，长远则决定于思想适应社会需要的程度和距离真理的远近。

广义地说，苏格拉底、孔子、释迦牟尼和耶稣，如果耶稣确有其人的话，他们所创立的新学说或新教派，也是对传统宗教经典的解说。孔子“以诗书礼乐教人”，《论语》一书，是他和弟子们讨论“诗书礼乐”的记录，也可看做是他对诗书礼乐的解说。印度传统形成了轮回学说，许多人都企图摆脱轮回，提出了各种各样的办法。释迦牟尼的办法得到了最多的拥护，因而形成了新的教派。《旧约》中，就有盼望救世主的内容，并且提出了最后审判的学说。耶稣说，他就是救世主。跟随他的，就能得救，就可以在最后审判时得到好的结果。这些都可以视为对传统经典的解说。

新解说的命运，则视具体情况而各有差别。苏格拉底被处死了，其改革也未能成功。耶稣被处死了，但留下了一个新的教派；孔子一生栖栖惶惶，累累若丧家之狗。但五百年后，他的学说被国家采纳，成为对传统宗教的正统解说。释迦牟尼的解说，当时虽然不断遭到骚扰和抵制，但终于发展壮大，成为新的教派。

类似的新教派和旧教派、新学说和旧学说的斗争，在历史上不断地重新上演。只是角色总是不断地调换。原来是新教派、新学说的，后来成了旧学说、旧教派。面对更新的教派和学说，一场新与旧的斗争又在进行。如果斗争涉及神祇意志的核心内容，斗争也就会特别地尖锐。

在中国，孔子前后，“天命有德”的思想在不断地被重复和强化，然而现实中，有德者却未必做天子。汉武帝要振兴儒术，在给贤良们的问卷中，他最关心的，是如何保住天命。董仲舒的回答是，只要实行“仁义礼智信”五常之道，就能得到上天的保佑。董仲舒借助当时自然科学所发现的磁石吸铁、声音共振等现象，创立了天人感应学说。董仲舒自己认为，他的天人感应学说，是对《春秋》的解说。他一件件地列举《春秋》所记载的灾害、怪异现象，说明那都是上天对于人间君主的警告。董仲舒的学说给大汉朝如何保持天命指明了方向，所以非常幸运地立即成为大汉朝的指导思想。

但是后来王充发现，董仲舒所说的那些天人感应现象，都是偶然的巧合。他依据更大量、更准确的自然科学材料指出，天人感应理论是错误的，天道自然才是正确的。所谓“天道自然”，意思是说，天降生了万物，就让它们按自己的本性生活，并不处处干涉。

魏晋时期，王充的天道自然思想流传开来。天道自然观念表现于人们的行为，就是“任其自然”。由于当时的政治环境，使“任其自然”成为一部分儒者的行为原则。天道自然虽然揭露了天人感应的错误，但是未能给君主们保持天命提供新的方法，所以只在部分儒者中流传，不能成为国家的指导思想。到了唐代，由国家组织撰写的《五经正义》，虽然吸收了天道自然的观念，但天人感应仍然是注经的基本思想。

天人感应思想要求君主要遵守“仁义礼智信”五常之道。五常之中，唯有“礼”是可以看得见、甚至摸得着的德行。最重要的“仁”，也往往要体现在礼上。所以从董仲舒开始，儒者们对于国家的礼仪建设，就进行了特别的努力。唐代中期，还制成了最为完备的《开元礼》。然而就在《开元礼》制成不久，国家就发生了全国性的安禄山军事叛乱，唐朝从此衰落下去了。

从唐朝后期开始，从天子到儒者，都在反思，儒术的效能究竟如何？宋代，儒者们认为，礼仪制度要能很好遵守，首先应该使内心虔诚。以程氏兄弟和他们的后继者朱熹为代表，发现每个事物都有自己的结构，也就是每个事物的理。这个结构，也就是这个理，决定着该事物的本性。任何事物的物质基础都是气，这个理，应该是气中本来就有的。当气聚合成人时，这理也就同时赋予了人，成为人的本性。这个本性是善的。假如人能经常反省自己，排除欲念，使心中纯是天理，就能很好地遵守五常之道。

这样一种发现，不仅是一种新的哲学，在自然科学方面也有重要意义。然而为了使新的思想能够得到社会的承认，就必须把它说成是儒经的本来意义。而且即使发现者反复说明，他们的新思想是儒经的本来意义，还是遭受了许多曲折。

有人批评说，《论语》中说了，孔子的弟子们从来都没有听到过孔子讲述“性与天道”问题，但程朱他们所说，完全是性与天道问题，这是完全违背孔子教导的。朱熹辩解说，孔子不讲性与天道问题，是因为那些弟子水平低下，不能理解，这叫做“教不躐等”，即高水平的思想只能对水平高的人说。然而这样说，更被认为是发现者的自我抬高和自我标榜，于是朱熹及其学派遭到了严厉的镇压，或被流放，或禁止做官。多年以后，才被解禁，并被作为国家的指导思想。而当程朱等人的思想得到国家承认以后，谁要是反对他们，或者再做一种新的解说，也将付出比他们当时所付出的更高的代价。

清朝末年，为了容纳议会制度，康有为把《论语》的“天下有道，则庶人不议”，去掉“不”字，改为“庶人议”。又把“民不可使知之”修改为“民可使知之”然而无论如何解释，儒经都不可能容纳进不祭天、不祭孔、不要君主的内容。所以辛亥革命之后，儒教也就随之被取消。

基督教诞生初期，对经典的解释就有严重分歧。诺斯替教派认为经典的文字都是一种隐喻，类似儒者们从经典中寻求“微言大义”。该教派认为物质世界以及有关的东西都是邪恶，《旧约》中创造了物质世界的God不是真正的God，耶稣基督不具有人性，也没有道成肉身。正统教会不仅援引经典，否认诺斯替教派的解释，而且解释说，教会是基督教真理的储藏库，主教就是基督教真理的继承人。主教后来发展为教皇，教皇被宣称为没有错误的。教皇的权威，在理论上，也是对经典进行解说的成果。

早期的基督教，如何处理God和耶稣，即所谓圣父和圣子的关系，是神学的重大问题。著名教父奥利金及其以后的阿里乌教派，认为圣子虽然和圣父同在，但不能相等。圣子应该低于圣父一个等级。由罗马皇帝君士坦丁主持的尼西亚会议采纳了奥古斯丁的“三位一体”说，否定了奥利金和后来阿里乌的解说，出生于利比亚的阿里乌神父被流放。奥古斯丁还解释说，《创世记》说God按自己的形象造人，但God并不具有人的形象。对于类似的解说，按照基督教的规矩，都是只能信仰，而不能疑问。

围绕对经典的解释，基督教内常常发生严重的理论斗争。理论斗争和现实的斗争相结合，往往酿成教会的重大事变。基督教先是分化为东方正教和西方公教，西方公教又分化为天主教和新教（中国称基督教），都与对经典的解说不同相关。特别是新教的诞生，其首领路德的理论旗帜，就是要严格遵守经典的指示，否定教皇的权威，不承认教皇绝对正确。此后教派的分化，也多把对经典理解的差异作为理论根据。

伊斯兰教《古兰经》产生以后，解释经典，也是伊斯兰教经学的重要任务。依《古兰经》，其最高神安拉一开始就是个无形无象的存在。在伊斯兰教实际的信仰历程中，不断地有人企图把安拉形象化、肉身化。他们根据《古兰经》中有“真主的手”（48：10），真主“升上宝座”（7：54），“你的主的本体，具有尊严与大德，将永恒存在”（55：27）等等经文，试图说明真主具有人的形象，甚至具有人的肉体。这些信仰者甚至宣称自己就是真主，倡导和真主合一。

在伊斯兰教，起初逊尼派是主流派别，他们比较注重全面地理解经典。和他们对立的什叶派，由于力量较弱，他们也利用经学，来争取和维护自己的利益。

什叶派奉穆罕默德的女婿、第四任哈里发阿里为自己的思想领袖，认为阿里家族的后人才是穆罕默德的合法继承人。该派认为，《古兰经》中“今天，我已为你们成全你们的宗教，我已完成我所赐你们的恩典，我已选择伊斯兰做你们的宗教”这段话，是穆罕默德最后一次麦加朝觐之后，返回麦地那的途中，当众举起阿里的手所念诵的最后的启示。在《圣训》中，也有“我是谁的权威，阿里就是谁的权威”的指示。在什叶派看来，这些都是阿里及其后人应该继承穆罕默德的证据。什叶派还为圣训中那段话找到了确切的日期。每逢这一天，什叶派都要举行庆祝活动。

什叶派把他们的领袖称为“伊玛目”。按照他们的解释，伊玛目不仅是人，而且是神。伊玛目和先知穆罕默德一样，没有罪过，也不会犯错误。他是人和安拉的中介，人只能通过他才能获得真主的恩惠，进入天国，如同人们只有通过耶稣的献身，才能得救一样。通过这些解释，什叶派就把自己的领袖提高到和穆罕默德一样崇高的地位。

佛教的情况，略有不同。由于对经典的解释不同，先是分化成所谓上座部和大众部，后来又出现了大乘佛教。由于佛教没有严格的统一组织，所以也没有被共同确认的佛经。因此，那些想表达新观念的人，或作论，或为佛经作疏，通过解说表达自己的思想，或者不借助解经，而是直接把自己的观念说成是佛所说的法。在小乘佛教看来，大乘的经典全都“非佛语”，即不是佛说的话，因而全部是伪经。在大乘佛教看来，小乘佛教的道理，就像乘小车走小路；自己信奉的道理，是乘大车走大路。

大乘经典也互不相同，往往都说自己是佛在涅槃之前所说的法，因而是最后的结论，最高的经典。只有按本经所说，才可以成就佛道。因此，信奉者也往往以某一部（类）经为核心，形成一个派别。不同的派别对修道的结果，有不同的解说。成就正果的道路，也各不相同。最后，禅宗干脆撇开所有的经典，自己公开创造一部，但说这是佛的“教外别传”，是佛真正的心里话。这也是一种特殊的解经方式。

国家宗教的经典，是古代文献的汇集。作者非一人，成书非一时，其内容往往互相矛盾。世界宗教的经典，也有类似的情况。基督教的福音书有四部，就是对于耶稣事迹的四种不同记录。佛经不用说，几乎是一经一个道理。只有伊斯兰教的《古兰经》，成于一人，时间间隔不长，所以内容比较一致。即使如此，逊尼派和什叶派的理解就不相同。还有其他派别，又是另一番理解。这是解释经典中不可避免的现象。随着地点和时期的变化，客观上也要求对于经典作出新的解释。

为了使经典适应新的环境，解释者或对经典本来实指的内容加以虚化，比如把佛的金刚不坏之身解释为法身，把天堂地狱解释为仅是心中的念头；或者抓住经典中某些词句，作出偏重自己需要的解释。比如日本侵略者侵华期间，某些日本佛教派别把虱子、跳蚤都不允许杀死的佛教，解释为在战场上杀中国人可以得到佛的保佑。基督教需要进行十字军战争的时候，就强调经典中排斥异教徒的词句；为适应现代社会的观念，就强调基督教是爱的宗教。所谓“宗教极端主义”，就是把宗教经典上的某些词句进行特殊强化解释的结果。

这些解释尽管千差万别，但在解释者看来，他们的解释都是在原原本本地理解经义，在维护经典的纯洁。因此，如果有不同于经典的声音，或者那些掌握宗教权力者认为你的声音违背经典，就会遭到严厉的镇压。

三、对违背经典者的处罚

宗教对经典的解释可以不同，但认为经典不能违背，必须严格遵守，则没有区别。为维护经典的权威，各个宗教都尽了最大的努力。其努力大体包括以下几个方面：

1. 宣布经典是神授的绝对真理；
2. 宣布经典是判断是非的标准；
3. 宣布诵读和学习经典是信仰者的义务；
4. 借助国家权力统一经典文字和对经典的解释；
5. 处罚伤害经典的人和行为；
6. 诅咒伤害经典者必下地狱。

由于各个宗教的情况不同，各自利用着自己能够利用的条件。

儒经规定，“非天子不议礼，不制度，不考文”（《礼记·中庸》）。整理文献，必须经过天子同意，由天子主持，因为天子同时也是最高的教职。经典的整理和确定，更是必须由天子主持。儒教正式成为国家宗教以后，汉代国家曾经两次由天子主持，召集全国优秀儒者，统一对儒经的解释。约五百年之后，到唐代，国家任命优秀儒者，整理过去对于儒经的注释，作为儒者诵习和参加国家考试的定本。此后，儒经的数量逐渐增加到十三部，称十三经，每一次整理，都要由国家作出决定。

为了统一儒经的文字，从汉代起，国家组织优秀的儒者，把经过认真校订的儒经文本刻在石碑上，供儒者们参考。此后，许多朝代都有自己石刻的儒经。

儒者们认为，圣人在世时，道在圣人。圣人死后，道在儒经。每当儒者们发生理论分歧时，一致认可的是非标准就是儒经。“离经叛道”，被认为是儒者的重大罪恶。

犹太教的经典被认为是耶和华神的指示，其中有许多是耶和华神直接的言语。所以，犹太教经典《申命记》反复告诫：要把耶和华神的话记在心上，并且要用耶和华神的话教训自己的儿女。无论在什么地方，无论是在家里，在路上，无论是躺下还是起来，都要记住耶和华神的话。要把耶和华神的话戴在额上，写在门框上，写在城门上。经上所写的关于律法的所有的话，都必须听从，必须认真执行。要把耶和华神讲的关于律法的一切话，念给以色列的男人、女人、小孩，让他们学习，让他们通过这些话，敬畏耶和华神。假如听耶和华神的话，耶和华神必将赐予他们幸福。如不听从，耶和华神必将惩罚。把至重至久的病，把律法书上没有写上的病和灾祸，都加在不听从经典教导者和他的后裔的身上，直到他们灭亡。即使他们以前的人数像星星一样多，也必使他们稀少。耶和华神以前怎么使他们兴旺，也必将使他们怎样毁灭。

和许多宗教一样，在正式的经典之旁，也出现了许多不被承认的经典。这些经典往往被称为“伪经”。犹太教的拉比们告诫，不可读伪经，说任何阅读伪经的人，来世都不会得到幸福。

基督教继承了《旧约》，也把《旧约》中维护经典权威的信条作为自己的信条，并且更进一步，对于违背经典者给予严厉的处罚。

公元12世纪，基督教内形成了两个新的派别：卡特里派和韦尔多派。他们严格按照经典办事，凡经典里没有的，他们就不予承认。比如为死者做弥撒和祈祷，关于炼狱的教义，他们认为这在经典里没有记载，因而是不正确的。他们认真阅读经典，并且大量背诵经典的词句。“对他们而言，《圣经》是律法书——其中每一细小的规定都必须逐字逐句遵照执行。”① 他们按照经典的教训，穿着简单的羊毛袍子，有时甚至赤着脚，两人一组外出布道。他们的衣食全靠信徒馈赠，实行着一、三、五禁食制度。他们大量翻译经典，以便更多人阅读。由于他们的行为构成了对正统教会的威胁，教会遂通告废除经典译本，规定一般平信徒只许拥有经典中的《诗》篇和其他个别的段落。双方都把维护经典权威作为自己的斗争武器。

为了维护经典的，也是自己的权威，教会组建了宗教裁判所。裁判所严厉惩治异端，把反对者处以火刑。经过一个多世纪努力，卡特里派遂被彻底消灭。

14世纪，英国的宗教改革家约翰·威克里夫（John Wyclif，1328？—1384）认为，经典是教会唯一的法律，也是信仰的唯一根据。在他看来，教会的许多做法，比如主教的权力，不符合经典的教导。为了让更多的群众能够阅读经典，他也把经典从拉丁文译成了英文。他的继承者约翰·胡斯（John Huss）也认为《新约》才是教会唯一的法律。他们对经典地位的论述，为以后的宗教改革奠定了思想基础。

16世纪初叶，以路德为代表的基督教改革运动，一个响亮的口号就是恢复经典的权威。他们认为经典的权威高于教会的权威，教会至高无上的权力，在经典中没有根据。这次宗教改革运动中所进行的关于教义的辩论，改革者都提出以经典为唯一权威的主张。这一时期，随着社会的发展和知识量的增加，知识与教义的矛盾开始突出出来。针对这一情况，改革运动的领导者之一加尔文甚至提出，只有经典中才有充分的知识。

在宗教改革运动中，路德还特别抨击当时的学校教育，说它们只讲亚里士多德，不讲经典，违背了基督教的基本精神。

在基督教的不同时期和不同派别，不论他们实际上对于经典的解释有多少差

---

① ［美］威利斯顿·沃尔克《基督教会史》，孙善玲、段琦等译，北京：中国社会科学出版社，1992年，第290—291页。

别，但是维护经典的权威，则是完全一致的。而经典也就在这样的争论和被推崇的过程中，日益牢固地确立了自己的权威地位。

伊斯兰教一开始就明确了自己的经典。使者穆罕默德把自己传达的启示说成是不可怀疑的真理，要求人们应当确信其中的一切。而“信天经”，也就成为伊斯兰教的基本信条。《古兰经》中说，那些篡改天经的人，在复活的日子里，会无法涤清自己的罪恶，因而将遭受痛苦的刑罚。又说篡改经文的人，不仅在今世要受苦，在后世也要遭受重大的刑罚。而那些相信天经、认真按照天经行事的人，不仅今世将蒙受幸福，后世也将蒙受幸福。

由于穆罕默德一开始就确立了《古兰经》至高无上的地位，伊斯兰教世界没有出现如同犹太教和基督教世界那样的伪经。

佛教在印度本土和中国内地，都未能取得政权，他们维护经典权威的办法，主要依靠经文进行诅咒。

比如《法华经》，它不仅指出诽谤该经要下地狱，还详细描写了诽谤者所遭受的报应：

> 假使诽谤，此经获罪。常多疾病，体生疽虫。无数之命，唼食其躯。心常忧郁，疾不离已。（《法华经》卷二）
>
> 若毁此经，诃学持者而复诽谤，其人现在身致癞病。见书是经非之，不可而共调戏。所生之处，其身缺漏；为火所烧，常遇诤讼；鼻面生疱，手足了戾；口目不正，其身臭秽；体生疮痍，医药不治，困苦难言。（《法华经》卷十）

假如人处在这样的情况，和生活于地狱之中没有什么两样。

《涅槃经》估计到，佛涅槃之后，一定有人诽谤此经。所以反复讲述对付诽谤者的种种做法。其卷一载，有难以数计的男女以及他们的眷属，为求佛法，具足了善行和各种威仪，他们曾经“摧伏异学坏正法者”。他们相互讨论后说：“我等当以金银仓库，为令甘露无尽正法深奥之藏久住于世，愿令我等常得修学。若有诽谤佛正法者，当断其舌。”“有能深乐护持正法。我当敬重如事父母。”卷十二道，有三种死。其一为“放逸死”：“若有诽谤大乘方等般若波罗蜜。是名放逸死。”大乘、方等、般若等，都是大乘佛教某类经典的统称。也就是说，假如诽谤大乘经典，就要被“放逸死”，遭受巨大的痛苦。其卷十四，对于诽谤大乘经典的似乎比较客气。表示要制服他们，使他们信仰大乘：“若有诽谤大乘经者，当以势力摧之令伏。既摧伏已，然后劝之令读大《涅槃经》。”在卷十六，则表示要严厉惩罚：

> 善男子，汝向所问杀婆罗门时得是地不？善男子，时我已得。以爱念故，断其命根，非恶心也。善男子，譬如父母唯有一子，爱之甚重，犯官宪制。是时父母以怖畏故，若摈若杀。虽复摈杀，无有恶心。菩萨摩诃萨为护正法，亦复如是。若有众生谤大乘者，即以鞭挞苦加治之，或夺其命。欲令改往遵修善法。

这就是明确要求那些护法的菩萨们，当然也包括世俗的君主，要杀掉那些敢于诽谤大乘经典的人们。并且依该经的解说，为护法杀人，是无恶心；无恶心，即无罪过。主张不杀生，甚至掐死跳蚤、虱子也要下地狱的佛教，却主张为护法可以杀人。可见其为维护经典的权威，是下了多么大的决心。

维护经典的权威，是宗教巩固和发展自身的必要条件，也是宗教限制和束缚人们思想的枷锁。

四、经典知识与科学发展

基督教教条和新的科学知识的冲突，今天为人们所熟知的第一件大事，就是哥白尼的日心说和以亚里士多德－托勒密命名的地心说的冲突。其实在此以前，基督教对新科学知识的排斥，已非一日。

那些在近代被认为是最重要的科学学科，比如物理、化学等等，在古代一般是不受重视的学科。中国古代不重视，西方基督教世界也不重视。亚里士多德写了《物理学》，可说是古代世界的特殊情况。到了基督教统治时期，在列入教育体系的所谓“七艺”科目中，就没有物理和化学。1163 年，教皇亚历山大三世和在图尔召开的宗教会议，都明令禁止神职人员“对物理学或世界规律的研究”。教皇的诏书指示，这样的研究者将被孤立，并且被开除教籍。

这道禁令受害者的代表，是罗吉尔·培根。早在弗兰西斯·培根之前，罗吉尔·培根就用实验的方法从事对于“物理学和世界规律的研究”，并提出了“实验科学”的概念和新的研究方法：“坚持真正的推理，并且把数学作为自然科学的工具。”[①] 然而他的科学工作带给他的不是荣誉，而是灾难。他被投入监狱，出狱时已经是八十岁高龄。

这一时期，也正是亚里士多德为代表的科学体系传入欧洲的时期。由于长期知识禁锢所造成的知识饥渴，亚氏科学迅速流传开来，但遭到了教会的激烈反对。两三个世纪以后，借助托玛斯·阿奎那对于God存在的论证，教会才最终接纳了亚里士多德的学说。然而到14世纪中叶，在但丁《神曲》的地狱里，仍然有被关押的亚里士多德。也就是说，罗马教廷虽然接纳了亚里士多德，但并不是所有的基督教徒都接纳了亚里士多德。维护经典的权威和教义的纯洁，使亚里士多德也时刻面临着被指控的危险。

日心说的出现，也没有伤害到经典本身，但是伤害到了罗马教廷的权威。不仅亚里士多德科学体系中，地球是宇宙的中心，早在接纳亚里士多德体系以前，亚历山大的圣克雷芒（150—215）曾经证明，God创造的世界，地球就是位于宇宙的中心。犹太人帐篷中的祭坛，就是地球位于宇宙中心的一个象征。这样的宇宙观，符合人们日常的经验，也是罗马教廷长期以来维护的教义。哥白尼的《天体运行论》出版，由于出版商声明该书的内容仅是假说，所以一段时间内并没有引起罗马教廷的特别重视。只是由于布鲁诺公开支持日心说，加上布鲁诺其他违背教义的言论，才使教廷察觉，自己的权威受到了重大挑战，于是布鲁诺被火刑处死。教廷似乎想以此压制新学说的传播，却不料支持者更多。为维护自己的权威，罗马教廷又将伽利略交付宗教裁判所进行审判。年届七十已到垂暮之年的伽利略被迫双膝跪地，发誓放弃他坚持的学说，但仍被判处六年监禁，终身监控。和伽利略同样支持日心说的开普勒，则遭到新教教会的迫害：“斯图加特的新教会议上院对他（按：开普勒）发出了严正的警告：‘不要把基督的王国和愚蠢的想象混在一起’，并且严厉地命令他‘使其宇宙理论与《圣经》相融洽’。他有时遭到辱骂，有时受到奚落，有时甚至被监禁。”[②]

---

① 参阅：[美] 安德鲁·迪克森·怀特（Andrew Dickson White）著《基督教世界科学与神学论战史》（上卷）（A History of the Warfare of Science with Theology in Christendom），鲁旭东译，桂林：广西师范大学出版社，2006年，第335页。

② 同上书，第135页。

对伽利略的迫害，使意大利的科学从此一蹶不振；加上对开普勒的迫害，使提出漩涡理论、将使传统宇宙观发生革命性变革的笛卡儿放弃了他的写作计划。

但由于日心说正确地描述了天体的运动，此后的物理学和天文学发现，都不断巩固和完善这个学说。迫使罗马教廷于1836年取消了对哥白尼《天体运行论》的禁令，又于1962年宣布给伽利略平反。

其实，即使从维护经典权威的意义上说，当时的罗马教廷也完全可以不把伽利略交付审判，因为哥白尼到伽利略的日心说，还有伽利略发现的那些物理定律，都没有直接和《旧约》或《新约》经文发生直接冲突。在这件事上，无论是罗马教廷还是新教的加尔文教会，都对新的知识显示了过度的排斥和不能相容。后来的取消禁令和给伽利略平反，说明这件事在宗教教义上，不是无法解决的问题。从宗教教义的发展过程说，这是教义的调整和对经文的重新解释，不过是在新的知识发展迫使下的解释。宗教教义的许多发展，都是在社会状况的改变和人类知识的发展迫使下不得不作出的调整。

另一件类似的科学事件，就是从维萨里到哈维的解剖学发现。这个发现男人的肋骨和女人一样多的事实，就直接和《旧约·创世记》发生了冲突；血液循环的发现，则仅仅与罗马教廷认可的盖仑的解剖学冲突。维萨里和继后的塞尔维特还是遭到了严厉的镇压。维萨里去世时才五十岁，有人说他是在被教会流放的途中去世的。塞尔维特则被处以火刑，临刑时还被活活烤了两个小时。

近代科学发展的第三件大事，就是进化论的发现。然而进化论发现的时候，无论罗马教廷还是新教教会，都无法像当初处死布鲁诺和塞尔维特那样任意行事了，护教的人们，也包括罗马教廷，就像中国古代那些维护《诗经》上土蜂化螟蛉的经文一样，通过思想、理论斗争，对进化论进行了长期的诋毁和围攻。

起初，进化论被说成是“谎言”“欺诈”和“兽性的哲学”，是该下地狱的傲慢与下流的产儿。这些反对的声音中几乎都要提到的是，假如进化论是正确的，那么经典所说就是谎言。这种违背经典的学说，是要废除上帝，因而是无神论的，这是正统的基督徒所绝对不能接受的。

罗马教廷也参与了这场争论。在所有反对进化论的论著中，法国天主教医生康斯坦丁·雅姆（Constantin James）于1877年出版的《论达尔文主义或人——猿》(On Darwinism, or the Man-Ape）得到了罗马教皇的特别关注。该书轻蔑地称达尔文的著作是“荒谬和滑稽的”，是“美丽的谎言”。教皇在给雅姆的信中，谴责达尔文是把人“降低为无理性的兽类”。由于雅姆捍卫天主教教义的杰出贡献，教皇赐予他前所未有的双重荣誉：给雅姆颁发祝福的“敕书”，并且晋升雅姆为教皇教团的官员。

反对进化论的不仅有世界各国的天主教信徒，也有各国的新教信徒。在美国，一些新教信徒也积极参与了反对进化论的斗争，一些讲授和赞成进化论的思想家遭遇了实际的迫害。贝鲁特（Beyrout）美利坚学院（American College）中，几乎所有坚持进化论的年轻教授都被解职；田纳西州的范比尔特大学（Vanderbilt University）则辞退了赞成进化论的温切尔博士。南卡罗来纳州哥伦比亚市的长老会神学院（Presbyterian Seminary）教授伍罗德是一位虔诚的基督徒，他访问欧洲时接受了进化论，于是被取消了教授的职位。在西班牙，齐尔—马兰戈博士出版了一部论述加那利群岛的著作，由于他在序言中概述了进化论，所以被宣布为不信神的和带有诽谤性的。他的书被查禁，本人则受到教内最严厉的处分：绝罚，即开除教籍，使其死后不能升天①。

仅仅开除教籍，是因为此时无论是天主教还是新教，对于新知识的抵制，已经有了深刻的教训；对于社会及社会思想的控制，都处于更加衰落的状态。开除工职，开除教籍，是基督教所能做到的最重的人身惩罚，并且也只有在局部才能做到。随着更多的有利于进化论的事实被陆续发现，在一个时期里，反对进化论的声音沉寂下去了。进化论的拥护者也欢欣鼓舞，认为天下似乎从此安宁了。

20世纪初叶，美国基督教中原教旨主义兴起。著名的“猴子审判案”就是原教旨主义兴起的后果之一。这个审判一面在法庭上揭露了反进化论者的无知，一面也产生了消极的影响。当时最畅销的《生物学入门》一书于该案审结的次年，就在前言中去掉了“进化”一词，本来作为卷首插图的达尔文肖像也被取消。1933年，该书完全删除了有关进化论的内容。至于学校教学，自然也受到了影响。

1957年，美国新编的生物学教材重新写进了进化论，并被大多数中学所采用。十年以后，由于阿肯萨斯州年轻女教师苏珊·埃珀森状告该州反对进化论法案违宪最终胜诉，才迫使该州最后取消了反对进化论的法案，并使得田纳西州随后也取消了反对进化论的法案。

然而反对进化论的斗争并没有因此而结束。热情维护基督教基本信仰的人们

---

① 参阅：[美]安德鲁·迪克森·怀特（Andrew Dickson White）著《基督教世界科学与神学论战史》（上卷）（A History of the Warfare of Science with Theology in Christendom），鲁旭东译，桂林：广西师范大学出版社，2006年，第73—74页。

开始和某些科学家结盟，并且建立起一个又一个维护创世论的组织，以各种不同的形式宣传创世论。由于经典上的创世论已经失去了和进化论对抗的力量，维护经典权威的人们又提出了各种各样的“科学创世论”。在20世纪70到80年代，科学创世论取得了进展。1980年和1981年，美国先后有十几个州的立法机关收到了提案，要求同等对待“非宗教基础”的科学创世论和进化论。1981年，阿肯萨斯州议院通过了此项法案，赋予科学创世论和进化论在生物学教学中具有同等的地位。接着，路易斯安那州也通过了类似的法案。由于这个法案要求平等地对待所谓科学创世论与进化论，所以被称为“平衡法案”。美国科学界经过数年艰苦努力，直到1987年，才使美国联邦法院最终取消了这两项法案。

和进化论刚刚问世时的情况略有不同，20世纪后期反对进化论、主张新的创世论的人们往往既是科学家，又是虔诚的基督徒。因此，这一运动的实质，仍然是保守的基督教人士为经典中的错误知识进行辩护的运动。其代表性理论是由菲利普·约翰逊（Philip E. Johnson）在《审判达尔文》一书中提出的“智能设计论”。菲利普·约翰逊十分清楚，自己的理论就是一种“有神论的科学”。

平衡法案被取消以后，智能设计论继续争取自己与进化论所谓的平等权利。他们声称，不让在学校中讲授智能设计论就是“观点歧视”。20世纪90年代，形形色色的创世论者又在美国20多个州提出了各种各样的实际上是反对进化论的提案。2005年，美国堪萨斯州教育委员会就该州学校中应该如何讲授生命起源问题举行听证会，该州教育委员会质疑当时的课本，是否应该把进化论作为真理向学生讲授；是不是应该实行观点平衡，同时也讲授神创论或者智能设计论。这个听证会使人自然想到80年前那场猴子审判，从而把这场听证会称为“新版的猴子审判”。

新版猴子审判遭到了美国主流科学界的抵制，因而并没有可关注的结论。和20世纪上半叶不同的是，21世纪最初几年，有关反对进化论的诉讼，往往是进化论方面败诉者多。而据美国广播公司发起的网上调查显示，虽然有56%的人明确表示支持进化论，但仍有44%的人主张给创世论或科学创世论以同等的地位，这显然是基督教方面长期为创世论辩护的结果。

如果说哥白尼、伽利略都是在三百年后才得以平反昭雪，他们的理论才为基督教会所正式承认，那么，进化论从问世到如今，也才150年左右，激烈的争论似乎并不奇怪。然而实际上，情况却要复杂得多。哥白尼和伽利略所伤害于基督教教义的，仅仅是说上帝创造的世界不像教会所理解的那样；而进化论说的则是，生物根本不是上帝创造的。由此出发，人们自然会做出进一步的推论：整个世界都不是上帝创造的。虽然 17、18 世纪的唯物主义思想家们早已说出了这个结论，但毕竟没有确凿的科学上的证据。进化论的出现，为这种唯物主义和无神论的哲学提供了坚实的基础，其对基督教教义的伤害之深是可以理解的。基督教中那些虔诚的信徒们，为了维护自己那过时的知识，投入更多、更大的热情也是可以理解的。至于这场旷日持久的理论斗争何时结束？现在还无法判定。

科学知识发展中的新旧斗争，是一种正常现象。或是由于习惯，或是由于利益相关，总会有人出面维护传统的知识。如果没有神的因素介入，其争论往往容易解决。旧的知识一旦成为神学教条，并且得到有组织的维护，新知识的成长就特别困难。近代以前，人类的知识发展缓慢，信仰神祇，并且努力事奉神祇、讨好神祇，维护神祇的意志不受侵犯，是重要原因。

五、宗教与科学的关系评述

人类要生存，就必有知识。人类最初没有专门生产知识的活动，知识的生产要靠在生产、生活实践中偶然发现和点滴积累。后来，生产有了剩余，人类也日益感到知识的重要，于是逐渐有了专门生产知识的部门，也就是科学的部门。不过在古代社会，专门生产知识的部门多是与事神相关的部门，比如天文学，还有与之相关的数学。物理学、化学、农业科学、生物学等对推动生产发展关系较大的部门，则难得发展，只能靠在生产过程中积累点滴知识。那些能够得到支持和较好发展的科学部门，其任务，也往往是首先为神学服务。天文学知识，首先是占星学的基础。中国古代如此，外国古代也是如此，这就是科学做了神学奴婢的情况。

在一定的范围内，神学并不排斥科学。相反，神学还要科学给自己以支持。因为神是不存在的。要把不存在的说成存在，并且是最高、最重要的存在，就必须借助人们熟知、常见、至少是已经被确信的知识，来说明神的存在。这是神学传播自己、教化世人常用的方式。作为神学家，不论他所信的神学如何要求消除欲望，但就其多数信徒来说，还是希望能过上较好的物质生活。这是佛教经典中要求对佛进行供养，基督教要求信徒交税，伊斯兰教要求交纳“天课”的基本原因。而要信徒能够交纳较多的物质产品，就必须能够生产出较多的物质产品。为了生产较多的物质产品，知识的生产和一定程度的发展也是绝对必要的。神学和神学家的需要，使神学不能不给科学的生产和发展留出一定的空间。至于空间的大小，那要视具体情况而定。但是必须留出一定空间，则没有疑问。在这个空间范围内，科学可以发展，但不能越出这个空间。就像主人也要给仆人一定的生活保障一样。好心的主人甚至会希望仆人生活得好一些，甚至还多少有点文化，以便更好地为自己服务。开明的神学或神学家，也会这样“支持”科学的发展。

但同样正确的是，这个空间是极其有限的。超出这个限度，科学的发展就要受到干涉。就像仆人的生活可以好一点，但不能越过主人一样。历史上所谓科学和宗教的冲突，都是因为科学的发展超出了神学设定的界限。仆人的发展损害了主人的权威，使主人丢脸了。

严格说来，神祇的产生，起初也仅仅是一种错误的知识，是人类统一的、追求知识活动的一部分。这一部分知识是错误的，但还有一部分知识是正确的。没有正确知识的积累和发展，人类就不可能发展成今天这个样子。正确知识的积累和发展，是科学发展的道路。错误的知识又可以分为两类：一般的错误可以在认识的过程中逐渐纠正，归并于科学。有关神祇的知识，由于神学家们借助神祇观念可以获得利益；一般人既没有纠正这个错误的能力，又有着对于强有力者的企盼，就使得有关神祇的知识特别难以纠正。神学家们不断强化着神祇的观念，神祇的能力越来越被夸大，神祇的“形象”则越来越虚幻、神秘，使人们无法用验证一般知识的手段进行鉴别。神学家们的工作，是神祇观念延续和发展的重要原因。

由于神祇被说成具有超自然的能力，甚至具有无限大的超自然能力，而科学仅能提供具体而有限的掌握和利用自然力的知识，和神的能力相比，当然就相形见绌，不得不长期屈从于神祇的威力之下，充当着仆人和婢女的角色。

然而科学是个不安分的奴婢，它寻求新知识的本性使它不断发展壮大，也不断和主人发生冲突。作为主人的宗教，其本性和科学恰恰相反。科学所寻求的知识必须不断更新，否则就不是科学。宗教所维护的知识则必须保持稳定，否则就会失去信任。假如你今天说人是神创造的；过几天你又说，错了，人不是神创造的。这样的神，还值得信任吗？因此，维护经典的权威，压制，甚至设法扑灭和经典冲突的知识，把经典上的知识说成是绝对真理，是宗教保持自己信众的必要条件。这也是所谓宗教和科学冲突的基本原因。

宗教和科学的本性，源于它们各自的目的。科学是人类寻求知识的活动。知识越多，人类的行动就越自由，生活就会越好。知识越准确，行为才会越正确。

而追求美好生活、并且保证行为正确，是人类共有的本性，也是科学的本性。世界上除却神经不正常的人，没有人愿意走路时硬往墙上撞。不仅人类，禽兽也是如此，也要有正确的知识指导，才能保证生存。因此，科学的本性，也就是人类的本性；科学的发展，就是人类的利益。但是宗教的目的，特别是世界宗教的目的，和科学恰恰相反，是个人的永生和永福。这是个虚幻的、不能实现的目的。科学在这里帮不上忙。不仅帮不上忙，反而会揭露这种目的的虚幻性和荒谬性。而实现这个目的的手段，也确实和科学无关。比如要禅定，要进修道院，要厌恶人生，要爱God胜过爱自己等等，这些都用不到科学的知识，也不会关心科学的发展。就像主人那些重要的活动不会让仆人插手一样。如果科学的发展干扰了宗教的目的，就像仆人干扰了主人的重要活动一样，只能受到压制，甚至惩罚。

基督教成为罗马帝国国教以后，大量优秀的人才被吸引进神学队伍，原来的那一点科学遗产也丧失殆尽。如何对待科学？基督教思想家们分成了两派：德尔图良坚决拒斥异教学术，包括哲学也包括科学；查士丁·马特尔（Justin Matyr）和亚历山大的克雷芒（Clement of Alexandria）则主张把希腊学术作为神学的婢女。奥古斯丁神父起初也认为几何、算术、天文学对于基督教是非常重要的，但是在临死前几年，他又认为理论科学和机械工艺对于基督教毫无用处。

因为科学对基督教没用，所以遭到漠视甚至敌视的情况，不少研究基督教与科学关系的学者也都看到了。怀特在他的《基督教世界科学与神学论战史》中写道：

> 正如我们所看到的那样，在早期的教会中，人们有着一种非常强烈的情绪，认为既然世界正在走向终结，因而所有对大自然的研究都是无用的……
>
> 当然，在早期的教会和中世纪，所有这类研究（按：对大自然进行科学研究）都是按照神学的模式来进行的。不以说明《圣经》或给人以精神上的启示为目的，这些研究就会被认为是无用的；人们普遍认为，过分热心于探索大自然的奥秘，无论对肉体还是对灵魂来说都是危险的；这类研究只有为了彰显上帝创世的荣耀及其目的时，才是值得称颂的。①

---

① 参阅：[美]安德鲁·迪克森·怀特（Andrew Dickson White）著《基督教世界科学与神学论战史》（上卷）（A History of the Warfare of Science with Theology in Christendom），鲁旭东译，桂林：广西师范大学出版社，2006年，第33页。

把彰显God的荣耀视作从事科学的动机，无论在天主教还是新教中，都是一样的。然而，这种彰显God荣耀的行为，却给God带来了灾难。虽然，如哥白尼、伽利略还有牛顿，其本人都是虔诚的教徒甚至神父，并且抱着彰显上帝荣耀的虔诚目的，他们工作的成果，却频频使God丢脸。这正是科学的本性和宗教的本性相互冲突而不可调和的表现。

自从哥白尼以后，科学以不可抗拒的力量和前所未有的速度迅猛发展，时至今日，不仅改变了以前的奴仆地位，而且成长为最重要的社会力量。昔日的“主人”境况个个大不如前，于是讨好这位今日的明星、昔日的奴仆，就成为各个宗教重要的理论工作。以人生为苦、世界虚幻的佛教神学家们说，佛教是支持科学发展的，佛教教义与科学结论是契合的；印度教说，吠陀和奥义书中已经包含了现代科学的一切原理；一些自觉或不自觉的儒教的继承者说，《周易》中不仅包含着已经发现的科学原理，也包含着尚未发现的科学原理。如此等等，其中以基督教的说法最多，其理论性也最强。

基督教说，近代科学发展在欧洲，那是因为欧洲人信基督教，近代科学是从基督教里出来的；基督教教义和使用的方法，和科学是一致的；基督教为科学的发展准备了前提条件；基督教经典中早就预言了近代科学的原理。为当代许多宗教神学家所共同欣赏的一句名言是：“科学家已经攀越许多的‘无知’山脉，即将准备征服那最高的顶峰，正当他扒着最后一块岩石攀身而上时，迎面而来的却是一群神学家，原来在数世纪前他们早已经在那里等待了。”① 如此等等。

所有的神学家都无法否认的是，科学的快速发展，是从哥白尼开始的。哥白尼之前，那些熟知吠陀、奥义书或者《周易》的学者们，没有一个做出过现代科学的发现。哥白尼以前的欧洲，科学的发展也是一个长期的停滞时期。近代科学确实是从基督教统治地区，也就是欧洲，首先发展起来的。然而任何一个新事物，都是从旧事物的母体中诞生的。不过这样的母体，不仅是生物学上的母亲。生物学上，从禽兽到人，母子关系都是最亲密的关系。然而在社会学上，新事物往往是在旧事物的压制、迫害下艰难发展的，所以当新事物成长起来的时候，与旧事物的关系，往往是仇敌的关系。至于说为科学的发展准备条件，则类似一个仆人经过艰难曲折获得成功以后，主人也会炫耀他对于这位仆人的恩情，而从不

---

① 江丕盛《科学与宗教对话的崭新现象》引 Robert Jastrow，God and the Asstronomer（New York：Wamer，1978），pp. 105—106语，载《桥：科学与宗教》，北京：中国社会科学出版社，2002年，第6页。

会再提他曾经如何虐待这位仆人。

至于说科学家们在知识高峰上见到数个世纪以前的神学家的比喻，甚至得到了一些糊涂科学家的赞赏。然而，假如一个人还没有失去起码的批判，也就是分析的能力，就应该轻轻地问一句：先生，神学家们是如何到达知识的山顶的呢？还有，当哥白尼、伽利略等人在攀登最后一块岩石的时候，他们看到神学家了吗？当达尔文、华莱士等人攀登最后一块岩石的时候，他们看到神学家了吗？看到了哪一位神学家呢？

科学家们在知识的山顶是否看到了神学家，只是当代某些神学家们的自说自话。确凿的历史事实是，哥白尼等科学家攀登上知识山顶的时候，所见的神学家，不是在知识的山顶上，而是在宗教裁判所里。如果知识的山顶确实有什么神学家，不过也是像月宫中有嫦娥一样。嫦娥奔月还是美丽的神话，说知识山顶有神学家，不过是某些神学家的虔诚幻想和某些亲教、媚教学者的妄言。

所谓宗教与科学的关系，归根到底，就是两种知识的关系。科学要发展的新知识，如果不伤及宗教所要维护的教条，一般也不会遭到压制。这就是在宗教思想的统治下，科学仍然能够有一定程度发展的情形。假如新知识的发展危及宗教所代表、所维护的那些教条，特别是核心教条，就像触及一个人、一个国家的核心利益一样，必然要遭到严厉压制。斗争的结果，要依双方的力量对比而定。至于斗争的性质，则从古到今都是一样的：科学，或说新的知识，永远代表者光明；宗教，总是维护着愚昧。

第五节 事神效果综述

一、宗教是古代世界的总理论

在古代社会，“宗教是这个世界的总理论，是它的包罗万象的纲要，它的具有通俗形式的逻辑，它的唯灵论的荣誉问题（Point d'honneur），它的狂热，它的道德约束，它的庄严补充它借以求得慰藉和辩护的总根据”①。马克思这个判

① 马克思《〈黑格尔法哲学批判〉导言》（1843 年），载《马克思恩格斯选集》第 2 版第 1 卷，北京：人民出版社，1996 年，第 1 页。

断不仅对于他当时的基督教国家是正确的，对于一般古代社会也是正确的。在古代社会中，不仅国家，而且整个社会，也都把宗教作为它的总理论。世界，是神祇创造的或掌管的；人类，也是神祇创造或主宰的。自然界的风雨阴晴，是由神祇掌管的；人世的秩序规范，是由神祇制定的。国家的兴亡、战争的胜负、收成的好坏、人生的祸福，都是神祇在主宰着。凡是难以解释的问题，只要归结为神的意志，就算是找到了终极的原因。

虽然如此，总理论不是一切理论。

根据宗教人类学家马林诺夫斯基的观察，原始人类在他们力所能及的范围内，并不事事求助于神祇。他们自己能够解决或者需要他们自己亲自动手去解决的问题，无论是生产中的问题还是战争中的问题，他们一定会亲自解决，决不依赖神祇。比如战争，他们必须亲自参加，但是能否胜利？他们就要求助于神祇；生产，自然也是要亲自进行，但是否一定能保证收成？就要求助神祇。也就是说，他们求助神祇的问题，都是他们解决不了的问题。

随着人类的发展，神祇观念也在发展。神祇的超自然能力变得越来越强大，人在神面前的相对地位也就越来越卑微。但是另一方面，人类实际的知识也越来越丰富，谋生的能力也越来越提高，人类不必借助神祇而由自己来解决的事情也越来越多。终于到了这样的时刻，人们领悟到，神祇是不存在的，无论什么样的神祇都是不存在的。人们的行为，完全可以不必借助神祇观念，而应该摆脱神祇观念，就像某些动物在生长过程中脱掉自己的皮壳一样。

动物的皮壳，是动物在进化过程中获得的；人类的神祇观念，也是人类在自己的发展过程中获得的。人类起初没有神祇观念，神祇观念是人类社会发展到一定阶段的产物。自从人类产生了神祇观念以后，人类就给自己的思想缝制了一副皮壳。这个皮壳是人类思想发展的形式，也是人类思想发展的边界，企图超越这个边界，就将受到严厉的压制和惩罚。

在人类的发展进程中，神祇观念的皮壳曾经经过了几次大的更新。由兽神到魔神，由魔神到人神，再到精灵神、超精灵神。与神祇观念的发展相应，信仰神祇的人类群体也由原始宗教发展到国家宗教，由国家宗教发展到世界宗教。每一次更新，都像动物的蜕皮一样，不仅是一个漫长的过程，还是一个痛苦的过程。现在，人类正在经历一次更大的思想蜕皮运动：彻底摆脱神祇观念，让思想完全自由地发展。这是一个更加漫长的过程，对于某些人来说，也是一个更加痛苦的过程。一些人摆脱了这个皮壳，他们充分感受到思想自由的快乐。自由的思想不仅带给人类前所未有的巨大的物质文明成果，也带给人类前所未有的巨大的精神文明成果。另一些人，则要紧紧地抓住这个皮壳，就像在寒冬里紧紧抓住自己的外衣一样。

不论今天的人们如何对待神祇观念，在历史上，神祇观念也就是马克思说的宗教观念，都曾经是人类社会的总理论，是包罗万象的纲领。外国是如此，中国也是如此。在这样一个时期中，无论是荣誉还是耻辱，是英雄事迹还是卑鄙勾当，都和这个总理论有关。古代任何民族都无法摆脱这总理论，就像任何人都无法越过童年和青少年一样。当前及其以后，人类摆脱神祇观念皮壳的过程也无法遏止，就像谁也无法遏止自己年龄的成长一样。

虽然如此，人类要不要摆脱宗教观念的皮壳？摆脱这个皮壳对于人类是福音还是灾难？当前仍然是争论激烈的问题。一些人主张，人类的思想，无论是过去还是现在或以后，都应该以神祇观念为总理论，在神祇观念的形式中发展。另一些人则主张，今天的人类应该抛弃这个皮壳，就像成人不能再穿童装一样。争论双方都认为自己是在坚持着真理，尽着自己的职责。但是就整个人类来说，这就是在摆脱神祇观念过程中的痛苦。争论的激烈程度，就是痛苦的深刻程度。而这个争论，和动物的蜕皮、植物的生长一样，也都是类似的过程：成长者要成长，皮壳要限制，于是就冲突，就痛苦。这样的痛苦过后，则是事物的新生。

历史上，神祇观念的每一次更新，同时也是人类观念发展的进步。更新否定了旧观念，创造了新观念，同时也推动着人类历史的进步。那些创立新神祇的人们，都向人类提供了一种新的观念，为人类的发展和进步做出了自己的贡献。

兽神和魔神的诞生，对于原来没有神祇观念的人类，就是一次带有根本性质的进步。把自然界和人类社会中经常出现且与生活关系密切的现象，或者不常出现但影响重大的现象，归结为某个比自己强而有力的存在者的作品，表明人类开始脱离动物界，走上了只是属于人类自身的、独立的认识世界的进程。动物们只能识别某些现象与自身安危利害的直接关系，只有人类，才可能去追寻现象背后的联系和原因，并且设法去掌握和控制这些现象。原始神祇的产生，就是原始人类所追溯到的各种现象的原因，也是他们企图掌握和控制这些现象的努力。所找到的原因是错误的，企图控制这些现象的手段自然也不可能奏效，但从此开始，人类也就给自己设定了一个高远而伟大的目标：探索自然界和人类社会的种种奥秘，说明它们的原因，并设法去控制它们。

国家宗教时期，许多神祇的功能集中于一尊神祇，并且产生了至上神或最高神。至上神的产生显然是由于人世产生了统一的领袖，但也表明当时的人类已经领悟到世界上某些现象的内在联系，并且企图寻找根本解决的办法。然而在这里，人类的领悟和想象能力不仅大大超越了自己的实际能力，而且在许多地方又远远偏离了客观的实际。

国家宗教对于人类观念最大的贡献，就是塑造了崇德的神祇。崇德神祇的产生，说明人类已经认识到，国家的安危与存亡，社会的安宁与动乱，归根到底，决定于当事者自身的品质和努力。自身的品质优秀，努力到位，就会得到神祇的庇护；反之，神祇也不会喜欢。这就把社会事件成败的主要责任也置于当事人的肩上，就像人类在与自然的关系上早就明白只有经过自己的努力才能获得生活资料一样。

但是此时的人们还不能完全否认神祇。这不仅是由于神祇维护着处于统治地位的人们的利益，还因为当时的人们尚无力掌握事关成败的那些主要条件，他们的努力往往并不能得到应有的效果。这时的人们不仅延续着对神祇的崇拜，而且加强了对神祇的崇拜。

崇德神祇的出现不仅表明人类认识世界的进步，也给人类社会带来了秩序和规范。国家宗教中的道德规范虽然被说成是神祇制定和给予的，但实际上则是人类自身对于统治者行为的规定和限制，使他们不能再任意而为，不能再危害国家和社会，同时也危害他们自身的长远利益。这样，统治者的长远利益得到了维护，被统治者也获得了较好的生活条件。获得长远利益使统治阶层有可能把更多的精力用于探索世界奥秘和进行文化创造，较好的生活条件使被统治者有较多的力量创造更多的物质财富，人类的幸福和社会的进步就在这样的环境中得到了更好的培育和发展。

国家宗教强调德行，目的是维护全社会的，也就是国家的利益。在社会财富有限的条件下，所谓国家利益，首先是掌握国家权力的人们的利益。为了掌握国家权力的统治者的利益，往往要损害被统治阶级的利益。尽管国家宗教把正义、公平作为神祇所崇尚的德行，但是不公平、不正义的事情往往比正义为多。而不公平、不正义的直接表现，就是人与人的不平等。在这种情况下，世界宗教出现了。

世界宗教借助神祇，提出了平等的原则。尽管当时仅仅能够做到在神祇面前的平等，也是人类观念的巨大进步。因为直到现在，人类也只能做到在政治或者法律等领域里的平等，人类实现平等权利的道路还很长很长。因此，平等观念的提出，就是给人类提供了一个新的、通向幸福的奋斗目标。

平等观念的提出，是基于人类追求幸福的本性。世界宗教出于发展自身的需要，对其他神祇的抨击，反映着人类认识世界的重大进步。那些过去被原始宗教或国家宗教所崇奉的神祇，许多都被世界宗教指责为没有生命的土木偶像，因而不具有任何赏善罚恶的能力。特别是基督教和伊斯兰教，他们对这些土木偶像的抨击，几乎是不遗余力。这些言论，至今仍然可以作为破除低级鬼神迷信的思想资料。

和光明永远伴随着阴影一样，神祇观念的发展所反映的进步，使人类在收获利益的同时，也总是伴随着失落甚至是荒唐。原始宗教所寻找到的重大事件的原因，使人类在探索重大问题之始，就走上了一条错误的道路。就像蚕儿给自己的身体结了一个茧一样，人类也给自己的思想结了一个茧。此后的人类，为了追寻重大事件的原因，不得不在这个茧中挣扎。或者重塑这个茧，或者给破茧而出准备相应的精神资料。国家宗教提出的崇德思想，在促使社会归于秩序的同时，也使社会大部分成员丧失了他们本来就有的自由。世界宗教人人平等的口号，使人类实现了在神祇面前的平等。但是这种平等权利的运用，却是让每个人都去追求那永远也不可能实现的永生和永福。世界宗教给了人类以可能想象到的一切，同时也使人类更加偏离实际而走向荒唐。

从历史的观点看问题，孔子、苏格拉底、释迦牟尼、耶稣（如果真有其人的话）、穆罕默德，不仅都属于人类思想史上最伟大的人物之列，而且是推动了人类思想进步的最伟大的思想家。次一等的，如中国的董仲舒、朱熹，基督教世界的奥古斯丁、托玛斯·阿奎那，其他宗教中许许多多类似人物，都以自己的思想劳作，推动着人类思想的进步。他们之所以能够在历史上留下自己的名字，最重要的原因就是给人类提供了新的思想。

今天，当我们面对这些古人的时候，同样面临着他们当时所面临的问题。我们尊崇他们，就像他们尊崇以前的贤者；我们不能止步于他们，就像他们也没有止步于前人。我们否定宗教观念，但是并不否定他们的历史地位；或许，这样才是真正继承了他们的精神。因为他们当时，都面对自己的时代，用最新的知识成果，为人类提供了新的观念。

二、神祇崇拜的总效果

人类崇拜神祇，已经有了一个漫长的历史时期。在这漫长的时期中，人类向神祇崇拜，祈求神祇帮助他们解决那些自己解决不了的问题。效果如何呢？

在原始宗教时期，人类解决了自己的谋生问题，发展了自己的数量，以致氏族、部落类的社会组织不能再满足需要，于是发展出部落联盟，为国家的诞生作了组织上的准备。人类所使用的工具，从打制的粗糙石器发展到经过修理、研磨的精制石器，甚至还使用了某些金属。谋生的手段，从采集、狩猎发展出了只有人类才有的农业和畜牧业。他们建造了房屋，制成了衣服，为以后的文明制度奠定了物质基础，甚至已经发明了许多作为后世文明基础的婚姻和社会制度。人类社会今天所具有的许多文明成果，在这一时期终了，几乎都可以找到它们的雏形或者胚胎。

但是我们最好还是相信，这一切文明成果的获得，不是由于当时的人们创造了原始的宗教，不是原始神祇的恩赐，而是原始人类实际努力的结果。神祇决不会赐给人类阳光和雨水。要谋取生活资料，一定得靠原始人类自身的努力。神祇也不会帮助他们取得战争的胜利。虽然对神祇的信仰可以鼓舞士气，但在双方都信仰神祇的情况下，胜负只能取决于参战者自身。只是在胜负已定的情况下，胜利者才可能说自己的神祇更加强大，而失败者才会归咎于自己的神祇，并向自己的神祇发泄怒火。

原始神祇的无能和无用，在国家宗教时期就已经遭到了批评。国家宗教的崇德思想，分明就是说，单是依靠祈求神祇，是不能解决问题的。要治理好国家，根本还要靠自己的努力。只有在国家治理得井井有条之后，才可以说，这是神祇的庇佑。假如治理不好，就只能怨自己德行不够，不能得到神祇的欢心。国家宗教把自己的神祇塑造得更加强大，而人类自身也就日益渺小。

推广到其他方面，大体也是如此。做工、务农、战争、医病，首先都要由人自己尽到努力，待到是非成败论定之后，才去归功于神祇或者归罪于自己。为了成功，国家宗教时期的人类更加努力地研究各种知识，从天文、地理到农学、医学，从治国原则到各种战略战术。社会财富的增多，使国家有可能除了必要的官吏和将军之外，还供养着一批把许多精力用于探讨各种知识的人物。不论哪个古代民族，似乎都知道，这些知识，才是他们生活幸福、国家安全的真正保障。虽然国家宗教也像原始宗教一样，把许多财富和精力用于向神祇祈求丰收、胜利和健康，祈求天下太平，但是他们不仅明白，而且明确说出，假如自身不尽其努力，神祇也不会喜欢。

国家借助神祇教育民众，对于保持秩序，维护安定，有一定的作用。这就是中国古代圣人所说的“以神道设教而天下服”，不过作用有限，但需要真正能够保持国家安定的因素存在。神祇的力量，不过是国家赏罚力量的升华和扩大。国家机构运转正常，神祇的作用就显著；国家机构不能正常运转，民众被逼到忍无可忍的程度，任何神祇都难以保证国家和社会的秩序。当动乱发生，甚至会有别人出来，重新建立秩序。新秩序的建立者或者宣布神祇不再保佑原来的统治者，或者抛弃原来的神祇，替换上自己的、新的神祇。类似情况的反复发生，即使当事者也会逐渐认识到，决定国家兴亡的，是他们自己，而不是神祇。

国家宗教所崇尚的德行，一面是统治者应有良好的品质，一面是民众应该遵守的言行规范。即使在那些刻意美化统治者品质的史书中，也可以看到善与恶并存，美与丑共生。对神祇的信仰，从总体上，并没有能够改善他们的品质。至于民众，虽然神祇教导他们要安分守己，但是利益的驱动，社会不公正的存在，不仅常常促使他们越出本分，不再守己，而且会制造大规模的社会动乱。

如同国家宗教否定原始宗教的神祇和事神效果一样，世界宗教更加激烈地抨击国家宗教的事神方式和事神效果。大规模的献祭被否认了，认为那样不能讨好神祇，甚至可能是一种罪过。世界宗教还贬低甚至抨击国家宗教的神祇，认为他们既无力量又缺乏道德。世界宗教的神学家们没有我们这样的历史观点，在他们眼里，原始宗教和国家宗教都完全没有达到自己的目的。当世界宗教取得国家宗教地位的时候，作为当时国家的统治思想，世界宗教和以往的国家宗教所取得的成就可以说是大体相当。

在国家宗教时期，每个国家都有自己特殊的神祇，这样的神祇对于国内，是凝聚民族统一的精神力量；对于其他国家，就是造成冲突甚至引起战争的精神力量。世界宗教使一位至上神成了诸多民族的共同信仰，但是却未能使这诸多民族统一为一个民族或一个国家。信仰同一神祇的人们，其间的争斗和战争一点也不少于信仰不同神祇的状况。由于要担负国家宗教的使命，世界宗教接续并且发展了国家宗教时期成熟起来的道德原则，并且用更加强大的至上神的力量加以保证和贯彻。其效果，也和国家宗教大体相等。高尚和卑鄙仅仅改换了自己的表现形式，却并没有改变相互的配比。

作为世界宗教特殊追求的，就是永生和永福。善人死后被认为是上了天堂，享受着永恒的幸福；恶人被认为是下了地狱，遭受着永恒的责罚。假如真的如此，则现实中一定会是道德高尚、恶人敛迹的社会。特别是神职人员，都一定会是人类道德的表率。因为为了永恒的幸福，现实中暂时的收敛甚至痛苦，都不过是微小的代价。诸多虔诚的僧人和修道士女们，正是为着这样的目标而把自己当作活祭，奉献了自己的一生。然而，现实中恶行的并不减少，使人们怀疑天堂地狱是否真的存在。而世界宗教发展到后来，也果然修正了自己的天堂地狱观念，说那不过是一种心灵的感受。善者，并没有生活在天堂之中；恶者，也并没有遭受地狱的永罚。也就是说，世界宗教并没有实现自己的追求。或者说，世界宗教的那些追求，本来就是虚幻的，不存在的。

不可否认，从第一批神祇产生开始，宗教就给人类提供着希望，给无助的人们提供着心灵的安慰。对神祇的信仰也确曾使一些善人安分，恶人向善。但是从总体上，宗教并未能实现自己的目标。阳光雨水都不是来自神祇，国家的安危兴亡实际上都是依靠当事人的努力，要普度众生的至今未能将众生普度而自己反倒逐渐衰落下去，企盼最后审判的始终实现不了自己的审判甚至所谓末日也被一推再推直到不再企盼。数十万年以来的宗教发展史，数千年文明时期的宗教发展史，都向我们表明，人类一系列目的的实现，都是自身努力的结果，而不是神祇的赐予。

近代彻底的无神论思潮的产生，开始于科学的发展突破了基督教教义的藩篱，但也与神祇的无能和宗教的无效直接相关。假如神祇是存在的，并且是全知全能的，宗教是有效的，它不仅能保证善者的幸福，还能保证社会的安定，则大规模的无神论思潮就绝不会发生。但是大规模的、彻底的无神论思潮不仅发生了，而且日益发展壮大，并且任何神祇也无力阻止这一进程，也就更加证明了神祇的无能和宗教的无效。17、18世纪中先进的人们，不仅从自然科学的发展中，也从历史的发展中，看到了神祇的无能和宗教的无效，于是得出了总的结论：神祇，无论是什么样的神祇，都是不存在的，从而使历史翻开了新的一页。新近三百年中人类所取得的文明成果，如果要作一个总体的评价，那就是摆脱了神祇的束缚，而直接诉诸自身的创造能力。事实证明，人类自身的创造能力，只有摆脱了思想束缚，才能充分发挥出来。而一旦发挥出来，就可能创造出今天难以想象的文明成果。

三、信仰神祇不是人类与生俱来的本性

人类确有共同的本性，就像世界上任何同类的事物都有自己共同的本性一样。正因为同类事物有共同的本性，我们才能从本质上去认识它们，把握它们。比如中国古人认为火的本性是“炎上”，水的本性是“润下”。把可以离开固定位

置而移动的称为“动物”，包括天上的行星和月亮；把不能离开固定位置而移动的生物叫“植物”。能够移动和不能移动，就是动物或植物的本性。对本性这样的认识是否正确，可以讨论，但是同类事物有共同的本性，则是不争的事实，也是不争的共识。

人类认识到事物共同的本性，于是把它们划分为一类。人，在古代许多民族中往往自成一类。只有佛教，把人和一切动物都看成一类，称为“众生”或“有情”。但是在近代科学发展起来之后，人类终于认识到，自己也是动物家族中的一员，于是给自己重新定位，把人看作是动物家族中发展程度最高的一类。

共同的本性使事物成为一类。所谓本性，就是本质属性。这些属性存在，该事物就存在；该属性不存在，因为某种原因得不到满足或者遭受外力的干扰甚至破坏，该事物就不存在，就衰败和灭亡。那些不属于事物本质、不关事物存亡的、有也可无也可的属性，就不是本性。比如猫儿向人献媚，牛马为人服役，猪羊供人肉食，就不是它们的本性，而是它们后天获得的非本质属性。假如那些迫使它们具备这些属性的因素消失，这些属性也就不复存在，但它们的本质属性还在，它们自身也就还在。

人作为动物家族中的一员，并且是高级动物，所以，动物的本性也是人的本性。然而人既然为人，在动物中自成一类，也就是因为除了和动物具有共同的本性之外，它还有自己特殊的本性，这个本性就是会制造工具。假如人类有那么一天，自己不会制造工具，退回到仅凭自己的双手和牙齿来谋生的境地，人也就不成其为人，而退化为一般动物。

伴随着工具的诞生和发展，人类也发展了自己的语言和思维。一般动物只能把生存竞争中获得的技能经过漫长的时期化为自己的本能。高级动物在本能之外，通过教育或训练方式传给后代的，也只是一些非常简单的技能。只有人类，能够把生产和生活实践中获得的技能通过语言和文字传给后代，并且世代积累，发展出非常复杂的工具系统和高超的思维能力。动物为了觅食和求偶，一般只会采取直接扑向的方式。某些较为高级的动物，会规避一些简单并且不太隐蔽的危险。只有人类，能够把各种利益关系进行深思熟虑的考量，然后再采取行动。由于个人的生产和生活条件不能相同，考量的立场和方式也会不同，因而就形成了不同的处事方式。这不同的处事方式会通过各种文化传播的渠道流传下去，成为后人不假思索的习惯行为。在思想家们看来，就是人与生俱来的本性。

实际上，这种经过认真考量以后所表现出来的人性，是在能够制造工具的基础上陆续获得的属性。这样的属性，不仅因时代、民族而差异，也因不同的社会生活地位而差异。去掉这些属性，人就可能失去自己时代的、民族的和社会地位的特点，但仍然不失其为人。

动物没有神祇，刚刚脱离动物界的人类，也没有创造出神祇。神祇的出现，是人类发展到一定阶段的产物。人类的起源，迄今为止的研究结果表明，已经有了一百数十万年甚至三百万年的历史。依照“万物有灵论”的宗教学理论所追溯到的尼安德特人的墓葬，神祇的起源不过一二十万年；依照我们的观点，把动物崇拜为神，也需要一个漫长的过程。不论从何种观点出发，只要尊重人类发展的历史，都不会做出信仰神祇是人与生俱来的本性的结论。

就在神祇产生以后，人类的神祇信仰，不仅因时代而差异，也因地区和国度而差异。说信仰神祇是人的本性，究竟是信仰哪一种神祇呢？说信仰兽神、魔神是人的本性，那么，信仰人神或精灵神就不是人的本性。说信仰某种特定宗教是人的本性，那么，信仰其他宗教就不是人的本性。从某一种神祇信仰的立场看问题，总是信仰者少而不信仰者多。而从这里得出的结论，只能是说信仰神祇不是人的本性，至少不是多数人的本性。

那种认为信仰宗教（神祇）是人的本性的说法，主要是基督教世界神学家们的意见。他们所说的宗教，其实就是基督教。也就是说，在他们看来，信仰基督教就是人的本性。依照基督教的教义，不仅原始宗教是偶像崇拜，不是宗教，其他产生于基督教之前的宗教，也几乎都被认为是偶像崇拜，是伪宗教，不是宗教。因此，在基督教诞生之前的人们，都可以说是没有宗教信仰的，所以，信仰宗教就不会是人的本性。就在基督教诞生以后，在基督教世界以外，大量的人群也是信仰着各自不同的宗教，因而信仰基督教也不是人的本性。

在基督教世界中，率先出现了一批彻底的无神论者。他们的前辈，甚至他们自己，原来应该都是信仰基督教的。但是在他们成人以后，经过认真的研究和比较，他们抛弃了信仰，摆脱了基督教，成为无神论者。并且从他们开始，无神论者的队伍逐渐扩大，根据基督教方面统计的资料，当今的世界，无神论者数以亿计，而且今后仍然有继续扩大的趋势。特别是在欧洲这个基督教的本土上，信仰基督教的人数则不断减少。这种情况也表明，信仰宗教（神祇），和人类从事政治、军事、法律、艺术诸社会活动一样，是人类在自己的发展过程中逐渐发展起来的属性。需要从事这些活动的因素消失，人类的这些属性也就不复存在。无神论者的出现以及队伍的不断扩大，更说明信仰神祇不是人类的本性。

那些主张信仰神祇是人类本性的人们，用意不在于证明人的本性是什么，而在于说明宗教是不会消亡的：既然信仰神祇是人类的本性，那么只要人类存在，神祇就会存在；神祇存在，宗教就会存在。而论述宗教永恒，也是为了吸引更多的人加入信教的队伍：对于这样一个基于人的本性的永恒存在，为什么要加以拒绝呢？拒绝宗教，就是拒绝人性中某种永恒的东西，甚至是丧失人性！

怀抱这样的用心，说出这样的结论，对于一个护教人士，我们所敬佩的，仅仅是他坚定的宗教立场和护教热情。然而自从近代科学产生以来，运用自己的头脑，通过事实的考察和理性的逻辑分析，然后决定是否接受某一结论，已经逐渐成为整个人类的“思维本性”。在这种情况下，仅靠热情所激发出来的东西，要想取信于人，特别是取信于学界，已经是越来越困难了。在这个问题上，历史的考察和逻辑的推理，只能使我们得出这样的结论：神祇（宗教）观念，和政治、法律等在历史上产生的东西一样，也将在历史的发展中消亡。至于这个过程以什么方式、经过多少时间、多少曲折才能实现？目前尚不能作出精确的预测，但是这个过程的必然实现，则目前还没有理由加以怀疑。18世纪以来无神论者的大量出现和队伍的不断发展，不过是这个过程的开始阶段。如果说在寓言和神话中，放出魔鬼的渔夫还可以重新把魔鬼骗入瓶中；那么在现实中，神学家要想把已经发展壮大的无神论者队伍重新纳入信仰神祇的行列，恐怕是没有可能的了。

四、信仰神祇是一种愚昧文化

今天如果有人抬着活人去献祭，或者搞什么“河伯娶妻”之类的勾当，恐怕全世界都会谴责这种行为是愚昧、迷信。但是如果说谁搞算命、风水和相术是愚昧迷信，就会有许多人不同意，甚至一些传统文化学者还会出来“澄清”，说什么算命是“预测学”，风水是“环境科学”，都是科学家族中的一员。至于要说信仰神祇就是愚昧，在如今，则可能招致更多的反对。不仅神学家，还有许多宗教学家；也不仅是神学家和宗教学家，甚至有些教授、企业家，有些官员，都会挺身而出，说，信仰神祇也是一种“文化”！就像认知活动是科学文化，歌舞戏剧是艺术文化一样。此外吃饭有饮食文化，喝酒有什么酒文化，上厕所有厕所文化，还有什么乞丐文化、妓女文化、宦官文化、流氓文化等等，总之大家都是文化，彼此彼此，谁都不要说谁的坏话，大家应该和谐相处。

在这种当前对众多社会现象的认知之中，科学无神论的声音，倒显得是一种太和谐的音符。它说信仰神祇是一种愚昧，这不就像大家正在灯红酒绿、觥筹交错的时刻，忽然有人大喝一声："这酒是假酒!"使大家不仅兴趣尽失，甚至还可能恶心、发怒。

然而，科学无神论者还是要说，信仰神祇，是一种愚昧，愚昧文化!

说信神是一种愚昧文化，其最基本的理由是：神祇是不存在的。

如苏格拉底所说，事奉神祇，向神祇献祭，然后祷告、祈求，要神祇帮你解决你自己不能解决的问题，本质上是神和人的一种交易。到世界宗教，物质祭品的交易在某些宗教中，原则上被取消了，但事奉神祇仍然是一种交易的本质，并没有改变。比如说，必须听信某神的话，某神才会保佑您，给您想要得到的好处。假如您不听某神的话，即使以一般社会标准衡量，您确实是个好人，也得不到该神的保佑和赐福。好比今天的总统选举，被选举者所要的，就是您的那一张票。区别在于，您投某人一票，或许指望，或者难以指望真能得到什么好处；某人也未必能够承诺给您什么好处，或者即使承诺了也没有用。但是人们事神，那是确实想要得到神的赐福，甚至是永恒的幸福和永远的生命。而神祇，则明确承诺，会给您什么样什么样的幸福。在这个交易中，事神的人自以为有多么聪明，他事实上也就是多么愚昧；他愈是认为自己聪明，也就愈加愚昧。

在原始宗教和国家宗教时期，人们向神祇献上物质祭品，所希求的，是具体事物的成功。后来要求德行事神，其要求也随之提高为整个国家的安宁和个人终生的幸福，甚至也包括子孙后代的繁荣昌盛。到世界宗教时期，出离德行的"活祭"之类，信神者奉献的，是一生的幸福甚至生命。其要求，也就不止于一时一事的成功或者一生的幸福，最多加上儿女的昌盛，而是自己的永生和永福，甚至包括所有亲属的永生和永福。相对于这永恒的生命和无限的幸福，奉献一生的代价，也实在是微不足道的。因此，无论是原始宗教时期还是到世界宗教时期，信仰者都自认为是用小而少的奉献，换来的是大而多的幸福。在这种交易中，信仰者也都认为自己是聪明的，是划算的。问题在于，交易是双方的交易，交易的双方必须存在，交易才可能公平。可是在人神的交易中，神祇根本就不存在，信仰者的投人，不可能有任何的回报，就像和并不存在的雇主签订的合同根本就无法执行一样。可是信仰者还都以为自己聪明，找到了通往幸福之门，这难道不是愚昧吗?

或者说，我们不用"交易"这个字眼，代之以普通的"交道"。人生于社会，总要和别人打交道。与之打交道的那个"别人"，可能是好人，也可能是坏人。

打交道的过程中，也可能上当受骗。只要对方是确实存在的，上当受骗也是通常的错误。但是假如有人告诉您，您中了大奖，只要给某公司送上多少税费，该公司就会把奖金寄来。然而实际上，这个公司并不存在；存在的，仅仅是声称该公司存在的中介。因为类似的事情而上当受骗者，不知有多少。受骗者的愚昧，大约无人否认。然而有人说，只要您给神奉献多少祭品，甚至自己的终生，神祇就会给您什么样什么样的幸福。您如数奉献了，然而神祇并不存在。存在的，仅仅是声称神祇存在的神学家。那么，信仰这并不存在的神祇是不是愚昧呢？

如果这样说还不明白的话，那么，再举一个例子。有人告诉您，说今天晚上，某山上清泉旁边，仙女们在洗澡。只要您抱走其中一位的衣服，就会像牛郎得到织女一样，得到一位仙女娇妻。假如有人信以为真，果然去了，难道不是愚昧吗？

当然，信仰神祇，有复杂而深刻的社会原因，不仅是偶然的上当受骗。但是，相信一个并不存在的对象，并且和这个对象打交道；而且不仅是一般的交道，而是毕恭毕敬的崇拜，指望这个并不存在的对象会给您幸福，难道不是愚昧吗？

或许会有人说，历史上多少贤人哲士，都相信神祇，难道他们都是愚昧的吗？

神祇观念的产生和发展，是一种历史现象。历史上的贤人哲士无法摆脱神祇观念，而只能用一种新的神祇替代旧的神祇，这是他们的不幸，也是历史的不幸。他们在神祇问题上的愚昧，历史要负一大部分责任。就像一个人在夜里行路摔跤，黑夜要负一大部分责任一样。自从科学无神论产生以来，人类已经认识到，神祇是不存在的，无论什么样的神祇都是不存在的。在这样的思想氛围中，如果还要信仰神祇，其愚昧就主要应由个人负责了。当然，社会负有宣传正确思想、即宣传科学无神论的责任。社会如果没有尽到宣传无神论的责任，那么，由此造成的愚昧，社会就要负一部分责任。

人类自从造出神祇以后，摆脱信神的愚昧，就像动物蜕去皮壳一样。动物每蜕一次皮壳，就是成长了一个阶段。历史上，那些否定旧神祇、创造新神祇的人物，如释迦、老子、耶稣（如果有其人）、穆罕默德，还有孔子，都是带领我们人类蜕去旧的愚昧“皮壳”的伟大人物。就这一点说，他们都是当时最聪明的伟大人物。然而历史的局限，使他们只能创造一个新的皮壳。而再一次蜕去皮壳，直到完全不要那个皮壳，就是人类摆脱信神愚昧的新的、更新的一步。

时至今日，在人类可以完全不要神祇信仰这个皮壳的时代，如果仍要坚持神祇信仰，那就只能说是一种愚昧。历史上那些伟人的聪明，是历史的聪明。用历史的聪明为今天的愚昧辩护，是认识的错位，也是为信神愚昧辩护的借口。

或许会有人说，有些科学家也信仰神祇，难道他们也是愚昧的吗?

是的，科学家是聪明的。然而科学家的聪明，只是在他的专业范围内，是聪明的。出了他的专业范围，就可能是愚昧的。20 世纪 80 年代，著名记者徐迟写过一篇陈景润的报道。说道陈景润在北京西单买完东西回到中关村，发现售货员少找了五分钱，于是又花一角钱坐车回来讨要。一个能够解开哥德巴赫猜想的伟大数学家，竟然算不过来生活上的小账。据说陈景润否认这件事。然而从古以来，一些伟大人物在生活小事上的此类表现，不在少数。类似的事件，往往成为人们饭后的谈资，也是事实。

国外真实的例子，一个是和达尔文一起发现了进化论的华莱士，另一个是克鲁克斯。克鲁克斯发现了元素铊，还发明了克鲁克斯管。这些重要发明，是今天电子显像管和日光灯的基础。他们两人在科学上的聪明，无人否认，而且少人能及。可是他们都相信巫婆可以招来死人的鬼魂，并且都曾经热衷于降神术。这些伟大的科学家，在鬼神问题上，却显得出奇的无知，甚至缺乏一个普通人的判断能力。

科学家的愚昧如果仅仅止于个人，一般不会危害社会，或者仅仅是一种不好的思想影响。科学家的愚昧言行如果影响到社会和政府的决策，其危害可就难以估量。在 20 世纪末期，我国境内流行了二十年的特异功能现象，就是一次聪明人犯傻的大展览。

五、特异功能和愚昧

20 世纪 80 年代初，一个叫唐雨的小学生，说他耳朵可以认字，以此来骗取同学们给他买烟抽。这本来是儿戏，像鲁迅所说，是旧中国在庙会上花几个铜板就可以学到的小魔术。他的小朋友们被骗几根香烟，也就算了，也是小孩子成长过程中常常要付出的代价。然而一些著名的、对我国的科学发展有着特殊贡献的科学家，却把这种小魔术当成最新的重大科学发现，誉为我们科学发展的“一声春雷”，并把这种常人不可能做到的事情称为“特异功能”。

一个小学生耳朵可以认字的事情见诸报端以后，各地类似的事情就纷至沓来，特异功能，也愈演愈烈。耳朵可以认字，眼睛可以透视。有人宣称他能向外发气给人治病，有人更宣称他在数千里外就可以发气给人治病。不仅可以治病，这种仅凭肉体所发的气还具有巨大的能量。他可以击落飞机、导弹，可以使全国的通信系统瘫痪。有人还宣称他可以影响地球的转动，改变日月的运行速度。

在这种宣称存在特异功能、事实上就是存在超自然能力的竞赛中，我们那些科学泰斗们不知道这正是历史上人们赋予神祇的超自然能力，而把这些能力都当做最新的科学发现，以为依靠这些科学奇人，就可以实现我国科学的腾飞。由于科学泰斗级人物的支持，一批又一批大大小小的科学家紧跟上来，并且影响到党、政、军各级领导干部，有不少人相信特异功能是存在的。而能够让科学家们和许多领导干部相信特异功能的，不过是这些宣称有特异功能的骗子们的魔术表演。在这些小骗子面前，这些著名的科学人物，一些党政干部，都显得是那么的愚昧！

这件事，使我们想起了中国历史上的“秦皇汉武，唐宗宋祖”。不论人们对他们的功过是非如何评价，他们都是当时绝顶聪明的人物，则无可否认。然而其中前面三位，都栽倒在那些并不高明，甚至可说是十分拙劣的骗局之中，相信长生不死，穷全国之力，也是自己的毕生之力，寻求不死的仙药。有的竟然服用所谓的“仙药”，以致英年早逝，导致政治危机，国家动乱。在那些小骗子面前，他们显得是多么的愚蠢啊！当代那些相信特异功能的人物，犯着他们同样的错误。在那些拙劣的骗局面前，一个个都愚蠢得可爱、可笑、也可悲！

特异功能风行的结果，是这些特异功能大师们纷纷宣称自己就是神。最后，是李洪志所创办的法轮功出现，并且宣称自己是比释迦、耶稣都更加伟大的神，能够带领他的信众离开这污浊的地球，到另外一个干净的国度中去生活。宣称练习他的所谓“法轮大法”可以治病，以致延误应有的治疗，甚至残害一个又一个信众的生命。而当别人对他们有所批评的时候，他们立刻就进行围攻，要求批评者包括报纸、杂志、广播电台和电视台，向他们赔礼道歉，甚至最后围攻中南海。

1999 年，法轮功信众围攻中南海，随后法轮功组织被定性为“邪教”，组织被取缔。从此以后，曾经满天飞的自称为神的特异功能或气功大师们，纷纷销声匿迹。那些宣称的超自然能力、特异的功能，一个也不见了。留下的，只是一场危害社会和国家安全的闹剧供后人品味，还有应该吸取但不少人却很少吸取的深刻的教训。

特异功能，在宗教学上，就是超自然能力。超自然能力，就是神祇才具有的能力。相信特异功能的存在，就是相信神祇的存在。在20世纪末的二十多年间特异功能大师们在中国大地上的群魔乱舞，是历史上不断发生的人神现象的复活和重演，这是神祇观念的返祖现象。这样的神祇比较容易识破。当然更容易识破的，是兽神现象的残留。那些仍然把动物当神的现象，往往是被人嘲笑或轻视的愚昧现象。但是相信精灵神和超精灵神也是愚昧，就比较难以被承认。其实，信仰的神祇可以不同，但作为一种愚昧的社会现象，则没有差别。

作为科学家，不仅在他的专业领域之外可能发生愚昧现象，在人生问题上，发生愚昧现象，其概率也不低。在他的实验室内，他能洞察分子原子的结构，分辨出各个基因的位置，却未必能够识破江湖术士的骗局。他能创造出影响整个人类生活状态的技术发明，却未必能掌握自己的命运。当他在生活上遭遇挫折或不顺的时候，假如有人告诉他，神祇可以帮他解决这些问题，使他得到心灵的宁静。假如他所受到的世界观、人生观、价值观使他不足以抵挡有神论的诱惑，就有可能把自己的命运甚至灵魂都托付给那个并不存在的神祇。

然而，科学家毕竟是科学家。为近代科学发展做出重大贡献的第一批科学家们，如哥白尼、塞尔维特、伽利略、牛顿等等，他们所处的时代，是全民都信仰神祇的时代。在他们成为科学家之前，他们都已经是虔诚的教徒甚至神父。然而他们诚实的工作，却不断突破神祇观念的束缚，并且给科学无神论的产生提供着坚实的理论基础。以致他们的后继者信仰神祇的比例，和神祇观念在总人口中所占的比例比较，还是要少得多。也就是说，科学家中信仰神祇的比例，要比普通人小得多。

另一个明显的例子是欧洲。这里曾经是基督教的大本营，同时也是无神论者的大本营。欧洲在近代的率先发展，和他们首先摆脱神祇观念的束缚程度密切相关。现在的情况是，基督教在欧洲是无可奈何地衰落下去了，基督教近些年来的战略方针，就是向其他地区，特别是非洲、亚洲一些地区传播。据不久前的一项统计显示，欧洲以外的基督教信徒，人数上已经超越了欧洲。而这些地区的经济技术、科学文化的发展，却大大落后于欧洲。

社会经济的发展，有许多复杂的原因。然而有一条是明确的，假如人类迄今为止仍然都坚信神祇创造世界，大地是宇宙的中心，不敢去触碰那些被神学确定为绝对真理的知识，不仅人类的思想会仍然停留在愚昧的黑暗之中，而且也不可能有今天的科学文化经济技术的发展。

那么，在神祇信仰问题上，就没有聪明人了吗？也不是。

历史上，那些用新神祇观念去替代旧神祇观念，因而创立了新宗教的人物，在否定传统旧神祇这个问题上，他们是聪明者。他们虽然无法摆脱神祇观念，但他们在当时的历史条件下，为人类提供了新的观念，推动了人类思想和社会的进步。

在那些创造了新宗教观念的人们前后，包括上古的巫师、祭司，也包括后来的神学家们，也往往是聪明的。他们努力维护神祇观念的存在，为神祇观念辩护，主张用神祇观念教导民众。因为正是由于神祇观念的存在，使他们获得了较高的社会地位和较为优越的生活条件。从原始时代的巫师、祭司，到现在的神父、僧侣，个别人可能会穷困潦倒，但作为一个社会阶层，他们总是社会上优越的或富裕的阶层。他们清楚，用神道设教，百姓们容易听从和顺服。所以他们要使民众陷入愚昧，以便自己获利。这些人，也是聪明者！

现在的美国政府也是聪明者，他们成立了一个专门的"宗教自由委员会"，专门监视其他国家的信仰情况。如果哪个国家妨碍他们传播神祇观念，就会遭到批评。因为他们知道，向外输出神祇观念，是符合他们的国家利益的。所以美国过去没有、现在也不会为其他国家的科学技术发展而设立一个"科学技术自由发展委员会"。他们知道，如果这样做，虽然是God赞许的积德行为，却不是聪明的行为。他们是聪明者！

近些年来，我们国家那些热衷于宣传信仰神祇优越性的人们，往往也是聪明者。他们从宣传陈旧文化的工作中，已经获得了相当大的利益。不仅在国内信徒捐献的财富中，他们分得了一杯羹；更聪明和能干的，还从美国政府等向中国实行所谓"宗教渗透"的机构中，分得了更大的一杯羹。他们也是聪明者。只有那些相信他们是为民众着想，为中国利益着想的人们，是犯傻。

至于科学无神论者，在鬼神问题上，是聪明者，也是愚昧者。聪明者，是因为他们清楚地知道神祇是不存在的，并且努力地想把自己的所知奉献给社会。说他们是愚昧者，是因为在"无神论无人讲"的年代，他们也不愿沉默；在"无神论无钱"的情况下，仍然要坚持自己的主张。

所以说，聪明和愚昧，是相对的，也往往是互相交织的。一个人，在某些问题上很聪明，往往在另一些问题上会很愚昧。在聪明还是愚昧的问题上，只有一件事是明确的，那就是，在今天这样的时代，如果还相信鬼神的存在，相信超自然的能力，并且要按照什么神的意志行事，那就绝对是愚昧的行为。

六、对待愚昧的方法是帮助摆脱

愚昧是认识问题和思想问题，对待愚昧的办法，和对待贫困一样，都只有一个，那就是摆脱。或者自己努力摆脱，或者在别人的帮助下摆脱。

愚昧的方面有多个，愚昧的形式也有多样，最基本的愚昧现象，是缺乏知识。要摆脱知识缺乏的状态，只有靠学习知识，没有别的办法。学习知识或是自学，或是拜师求学。现在教育发达，原则上人人都要接受一定程度的知识教育，人类的聪明程度，是空前的提高了。

知识的种类有多种。任何人，不论其智力有多高，要想掌握所有的知识，都是不可能的。只有某些神祇，被信仰者说成是全知全能的。作为个人，可以说人人都是聪明和愚昧并存。自然状态下，一只动物的知能就是所有该类所有动物的知能。人类自从脱离动物界以后，任何一个人的知能都代表不了所有的人。即使古人所说的圣人，也有无知、愚昧的一面。孔子说，他不如老农，不如老圃，是他的愚昧处。苏格拉底要证明那条神谕。神谕说苏格拉底是最聪明的人，于是他到处寻找被大家认为是聪明的人交谈。结果发现，这些人都很愚蠢。他也因此得罪了许多人，最后就是被这些人判处了他的死刑。这是他的愚昧处。中国《诗经》上说："既明且哲，以保其身。"古今中外，那些高尚的人，往往是精于谋事，却拙于谋身。精于谋事，是说他们把绝大部分精力都用于为国家、为民族的命运操劳，或者为科学为艺术的发展奋斗。拙于谋身，是说他们往往为事业而开罪于人，或者终生穷困，或甚至被谋害送命。反之，卑鄙的人，常常是精于谋身而拙于谋事。所谓君子常常被小人算计，不是君子知识和智力不足，而是志向不同，着力点不同。所谓"道不同，不相为谋"!

与圣人有所不知不能相对，是"愚夫愚妇，一能胜予"，即普通民众，都有他们过人的知能之处。

有些愚昧是不必摆脱的。如孔子不如老农、老圃之类。现在的专业分工细密，不少人更是知此而不知彼。然而一技之长，足以谋生，而且能为社会做出应有的贡献，也就不必要求过高。如果行有余力，多增加知识当然不是坏事；如果能力不足，也就不必强求。同样，有些聪明是不可以发展的。如小人谋人、投机钻营、逢迎巴结之类。发展这些聪明，就是以恶济恶，危害社会，败坏良善。不过，许多在一般社会生活中视为恶行的聪明，如果用于你死我活的军事斗争，可能会成为造就善果的智能。不过这样的讨论，非本书讨论范围。

但是有一种历史悠久、影响深远的愚昧，却是非摆脱不可，那就是信仰神祇。

历史上，摆脱神祇信仰的事件，曾经不断发生。这些事件，往往伴随着血与火的斗争。国家宗教的神祇，在征服和被征服的斗争中生存或者死亡；世界宗教在传播自己神祇信仰的过程中同时摧毁和消灭着一切其他的神祇。在那些生存下来的神祇信仰者看来，信仰那些死亡的、被摧毁或消灭的神祇，就是愚昧。

彻底的、科学的无神论产生之初，一些无神论者也认为，神祇信仰是一切罪恶的根源，摧毁或者消灭神祇信仰，是人类解放的前提。所以他们主张向宗教开战。然而实际上，他们所谓向宗教开战的意义，第一，不过是向当时的教会开战，即向宗教组织的头面人物开战。因为开战需要“士兵”，这些“士兵”也都是神祇的信仰者，即向之开战的宗教教徒。第二，不过是要全部清除宗教的信仰，即神祇观念。在他们看来，人们之所以信仰神祇，成为宗教教徒，乃是因为上当受骗的结果。只要揭穿骗局，人们就能醒悟。

事实证明，彻底的、科学的无神论是正确的，因为神祇、无论什么样的神祇，都是不存在的。但是向宗教开战的主张却是错误的，因为神祇信仰虽然有骗局，否认其中的骗局也不是历史事实。但人们信仰神祇，又不仅仅是骗局，甚至主要不是骗局。不仅受骗者自有受骗的根据，“行骗者”也不都是有意行骗。即使纯粹的骗局，在行骗过程未被全部揭露之前，想让受骗者醒悟也是非常困难的。在当代，在网络诈骗案件大量被揭露的情况下，仍然有不少人甘愿给骗子们汇钱和转账，甚至不听民警和银行工作人员的百般劝阻。至于要想通过揭穿有限的骗局，就想让信仰神祇者放弃自己的信仰，是更加困难的事。如果还要率领他们，向那些给他们传播“福音”的人们开战，就更加困难。因为神祇观念的存在，深深地植根于他们的生活条件之中。不改变他们的生存环境，也就不能彻底消除神祇观念。

马克思主义深刻分析了神祇观念产生的现实根源，主张在变革现实生活条件的过程中和基础上，让信仰者自己逐渐消除自己的神祇观念。用我们中国共产党领袖毛泽东主席的话来说，就是菩萨是农民自己立起来的，也要让农民自己去丢弃。

要信仰者丢弃神祇信仰的第一步，是争取政治解放，使国家政权从神学的统治下解放出来，进而使与国家政权相关的公共事务领域从神学的统治下解放出来。这一步，在当代，可说大多数国家已经做到了。其基本标志，就是实行民主政治，使国家政权与宗教相分离，使教育与宗教相分离。宗教，也就是神祇观念，不能再控制国家政治和教育。第二步，使信仰者丢弃自己的神祇观念。这一步，当代的状况，可说仅仅是开始。如果把人类摆脱神祇观念比作万里长征，则政教分离，即国家政治和教育脱离神祇观念控制，仅仅是这万里长征的第一步。第二步，也才刚刚开始。历史上，每一次神祇观念的转变，即新神祇代替旧神祇，往往要数百年甚至上千年的历程。现在要彻底摆脱神祇观念，所需要的时间，不会比以往短些，而可能更加漫长。但无论如何漫长，却是今后人类观念发展的必然趋势。

马克思主义所追求的，是人类的普遍解放。为此所进行的斗争，是人民群众争取自己解放的斗争。推翻旧制度，建设新社会，改变生活处境，是人民群众自己的事业，必须群众自己觉悟、自己起来，才能达到目的。科学理论和历史实践都证明，那些恩赐给群众的慈善、救济行为，只能解燃眉之急，而不能解决根本问题。要解决根本问题，必须是群众自己起来救自己。在现实的物质生活问题上是如此，在精神生活方面，就更是如此。在这个问题上，无神论者的责任，就是帮助人民群众弄清什么是神？为什么说神是不存在的？为什么说信仰神祇是愚昧行为？就像帮助那些仍然处于贫困中的群众脱去贫困一样，给他们出主意、想办法，教他们学习科学知识，掌握生产技能，自己行动起来，改变自己的命运。

人民群众信仰神祇的愚昧，和他们的贫困一样，是他们的不幸，不是他们的过错。马克思主义从创立之始起，对于人民群众的愚昧，和对于他们的贫困一样，都不仅仅是自上而下的同情，而是感同身受："宗教里的苦难既是现实的苦难的表现，又是对这种现实的苦难的抗议。宗教是被压迫生灵的叹息，是无情世界的心境，正像它是无精神活力的制度的精神一样。宗教是人民的鸦片。"① 这

---

① 马克思《〈黑格尔法哲学批判〉导言》(1843 年),《马克思恩格斯选集》第 2 版第 1 卷，北京：人民出版社 1995 年，第 2 页。

段话，深刻地描述了神祇观念在被压迫的人民群众中的作用：它深含着人民的苦难，又表达着人民对苦难的不满；它反映着人民对苦难的无奈，又安慰着人民的心灵，麻醉着人民的意识。

马克思主义对待信教者的态度，不是旁观的同情，而是共命运的哀伤。他希望信仰者摆脱神祇观念这种粗陋的精神食粮，就像他希望被压迫民众不再食用粗陋的物质食粮一样。马克思主义所致力的，是要人民认清宗教的虚幻，抛弃神祇许诺给他们的虚幻的花朵，去摘取现实的花朵。

摘取现实的花朵当然首先需要进行现实的政治经济斗争，但是科学无神论的宣传教育是必不可少的环节。单是无神论的宣传教育不可能消除人们的神祇观念，就像医生不可能消灭疾病一样。但是医生可以改变病人的健康状况，并且可以使未发病的人们懂得防病的知识，减少发病率。同样，无神论的宣传可以使思想动摇于有神、无神之间的人们减少向有神论靠拢的概率，使具有无神论观念的人们立场更加坚定。特别是对于青少年，无神论的宣传教育就更加重要。近年来，大学生信仰宗教的人数不断增长，引起了越来越多有识之士的忧虑。如果不紧急地采取积极的措施，坐视神祇愚昧观念不断侵蚀我们青少年的心灵，如同坐视疾病蔓延而不加医治。疾病不加医治，影响只是一时。坐视神祇观念蔓延，将会后患无穷。

第四章　中国共产党的宗教理论和宗教政策

第一节　中国共产党的宗教理论

中国共产党是中国工人阶级的先锋队，同时是中国人民和中华民族的先锋队，代表中国先进生产力的发展要求、代表中国先进文化的前进方向、代表中国最广大人民的根本利益，是中国革命、建设和改革事业的领导核心。党的宗教理论和政策是最先进最科学的，是中国政府正确认识和处理宗教问题的指导思想和行动纲领。

中国共产党的宗教理论是马克思主义宗教观，它由马克思和恩格斯创立、列宁继承和发展，是服务于无产阶级和人类解放的科学理论。马克思主义政党领导无产阶级和人类解放事业，必须正确认识和改造世界，包括正确认识和处理宗教问题。在马克思主义的三个基本组成部分中，宗教观从属于哲学和科学社会主义。马克思主义哲学是科学的世界观和方法论，与宗教有神论是根本对立的，马克思主义宗教观本质上是一种科学无神论。马克思主义政党领导社会主义事业，必须用马克思主义宗教观来分析和处理宗教问题。中国共产党在长期的革命、建设、改革实践中，坚持把马克思主义宗教观的基本原理同中国宗教问题的具体实际相结合，正确认识和处理宗教问题，形成了与马列主义宗教理论一脉相承又与时俱进的科学体系。

宗教和无神论　中国共产党人认为，宗教是一种原始而古老的思想文化，其核心是信神事神。从原始社会后期开始，人类逐渐形成一种观念，认为世界上存在着各种各样的神祇，人们只有处理好与他们的关系才能免灾获福、离苦得乐。以这种观念为核心，逐渐形成了各种各样的宗教，即以信神事神为核心的意识形态。在宗教有神论的统治下，人们起心动念、做任何事情都得考虑灵魂、鬼神、妖怪、上帝、天命等超自然力量。随着社会的发展进步，人们逐渐意识到这些一向被认为主宰或影响人们命运的东西其实根本不存在，这就是无神论。中国共产党坚持科学无神论，反对宗教有神论。

宗教的本质　马克思主义哲学认为，本质是一事物区别于他事物的根本属性。科学揭示宗教的本质，是马克思主义宗教观的基础，也是整个马克思主义理论大厦的基石。揭示宗教的本质，就是要揭开神祇的秘密。马克思主义认为，神祇是由幻想和妄想制造出来的虚假观念，客观上不存在，一切宗教观念都不过是支配着人们日常生活的外部力量在人们头脑中的幻想的反映。人们在日常生活中受到各种自然和社会异己力量的支配而无法摆脱，就把这种支配力量幻想地反映为具有超自然、超人间力量的神祇，认为它们主宰着世界，影响或掌握着人们的命运，因此力图通过信仰、崇拜和事奉神祇来改变自己的命运，这就是宗教的本质。毛泽东指出："宗教的本质是崇拜超自然力，认为超自然力支配个人、社会及世界。这完全是由于不理解自然力及社会力这个事实而发生的。"① 就是说，信神是迷信错误的，事神是徒劳无益的，信教对正确地认识和改造世界是有害的。

宗教的根源　既然神祇不存在，为什么会有神祇观念和信神事神行为？马克思主义认为，这是由于人们错误地反映支配其日常生活的自然力量和社会力量造成的。在原始社会晚期，智力日益发达的原始人开始思考自己的生活。面对变化莫测的大自然，他们不可能有科学的理解，于是就以己度物，用幻想的方式赋予其人格，视其为像人一样有感觉、有意识的生灵，正是这种对自然物的幻想和妄想，制造了最初的神祇观念。进入阶级社会以后，人类认识和支配自然的能力逐渐提高，但是比自然界的支配力量更严酷的社会异己力量接踵而来，成为支配人们日常生活的强大力量，于是神祇观念得到进一步发展，在自然神的基础上产生了社会神。毛泽东指出："自然支配，社会支配，万物有灵论，是原始宗教的三

① 《毛泽东哲学批注集》，北京：中央文献出版社，1988年，第214页。

个来源。”[①] “生产发达，对自然力逐渐理解得多，宗教发生的第一个根源渐渐失去。然社会的阶级制度确立，社会力仍觉不可理解；加以万物有灵论深入人心，故宗教仍然存在，但依各个特定社会形态而变化了宗教的形式和内容。另一方面，由于生产发达，对自然力与社会力之逐渐理解，哲学也出现了。”[②] 哲学的出现，对宗教产生了两方面影响，一是促进了宗教神学的产生和发展，使宗教更具有迷惑力；二是促进了科学无神论的产生和发展，不断破除宗教的迷思。当今世界，影响较大的宗教已屈指可数，不信教人口越来越多，但宗教还不会很快消亡。宗教是人类社会发展一定阶段的历史现象，其存在有复杂的自然根源、社会根源、认识根源。随着社会生产力发展、文明进步、人们思想觉悟的提高，宗教存在的基础和条件将逐渐减少，最终是要消亡的，但这将是一个十分漫长的过程。当前，全世界仍然有60%左右的人口信仰某种宗教，我国的信教人口也在10%左右，这是因为宗教仍有其存在的社会根源和认识根源。一方面，资本主义生产方式的统治使很多人不能掌握自己的命运，需要到宗教中寻求慰藉；另一方面，科学知识和唯物主义哲学的普及还很不够，掌握辩证唯物主义和历史唯物主义科学世界观和方法论的人更少，世界上还有数以十亿计的文盲，唯心主义和形而上学仍然束缚着许多人的头脑，使他们很容易信教。

宗教的产生 宗教产生于原始社会后期，是支配着原始人日常生活的自然力量在他们头脑中幻想的反映。最初的宗教是自然崇拜、图腾崇拜、鬼魂崇拜和巫术崇拜等，原始人以幻想的方式赋予某些与他们部落的日常生活密切相关的自然物以超自然力和人格并加以崇拜，如把某些飞禽走兽、草木虫鱼、山水火石、风雨雷电、日月星辰等自然物视为有感觉、能思维的神祇而加以崇拜，把自身的感觉和思维能力幻想地反映为寓于身体、在死亡时可以离开的灵魂而加以崇拜等。这样的超自然崇拜局限于部落内部，没有独立名称，世界上有多少个原始部落就有多少个原始宗教，所以统称为部落宗教。

宗教的发展 进入阶级社会以后，随着某些部落集团发展为民族，他们的宗教也融合发展为民族宗教，如美索不达米亚宗教（已消亡）、古埃及宗教（已消亡）、古希腊宗教（已消亡）、古罗马宗教（已消亡）、古波斯宗教（已消亡）、古印度宗教（婆罗门教，已发展为印度教）、古代犹太宗教（已发展为犹太教）、古

---

① 《毛泽东哲学批注集》，北京：中央文献出版社，1988年，第213页。
② 同上书，第214—215页。

代中国宗教（商周宗教，后发展为儒教，已消亡）、古代日本宗教（神道教）等。这些古代民族宗教往往与古代奴隶制国家同生共长，所以又称为古代国家宗教。在奴隶制帝国走向鼎盛和盛极而衰的过程中，又出现了某些由个人创立的新型宗教，其中有的发展为世界性帝国的国教而造成跨地区、跨民族、跨国家的影响，成为世界宗教，如佛教（释迦牟尼创立，后经孔雀帝国和贵霜帝国推广而成为世界宗教）、基督教（耶稣创立，后因罗马帝国推广和分裂而成为世界宗教）、伊斯兰教（穆罕默德创立，因阿拉伯帝国、奥斯曼帝国推广和分裂而成为世界宗教），有的因缺乏世界性帝国的推广和分裂而成为新型民族宗教，如琐罗亚斯德教（曾为波斯帝国的国教，因波斯帝国存在时间太短而成为帕西人的民族宗教）、耆那教、儒教（因中华帝国没有分裂和儒教跟清帝国一起灭亡而没有成为世界宗教）、道教、锡克教等。当前，在全世界约60%的信教人口中，影响较大的主要有基督教、伊斯兰教、印度教、佛教等。19世纪以来，在传统宗教衰落的过程中，又有一些新兴宗教产生，吸引了部分信徒，如摩门教、巴哈教、创价学会等。

宗教的消亡　世界上的任何事物，有产生就有消亡。宗教既然不是从来就有的，也就不会永远存在下去。马克思说："宗教本身是没有内容的，它的根源不是在天上，而是在人间，随着以宗教为理论的被歪曲了的现实的消灭，宗教也将自行消灭。"① 恩格斯说："当代的无宗教信仰最终将导致时代完全摆脱一切宗教的、超人的、超自然的事物，而不是恢复这一切。"② "随着每一次社会秩序的巨大历史变革，人们的观点和观念也会发生变革，因此，人们的宗教观念也发生变革。但是，现在的变革和过去一切变革不同的地方恰恰在于：人们最终识破了这种历史变革过程的秘密，抛弃一切宗教，而不再以新宗教的狂热形式把这些实际的'外在的'过程奉为神明。"③ "当社会通过占有和有计划地使用全部生产资料而使自己和一切社会成员摆脱奴役状态的时候（现在，人们正被这些由他们自己所生产的、但作为不可抗拒的异己力量而同自己相对立的生产资料所奴役），当谋事在人，成事也在人的时候，现在还在宗教中反映出来的最后的异己力量才会消失，因而宗教反映本身也就随着消失。理由很简单，因为那时再也没有什么东西可以反映了。"④《中共中央关于我国社会主义时期宗教问题的基本观点和基本

---

① 《马克思恩格斯选集》第2版第4卷，北京：人民出版社，1996年，第528页。
② 《马克思恩格斯全集》第2版第3卷，北京：人民出版社，2002年，第523页。
③ 《马克思恩格斯全集》第2版第10卷，北京：人民出版社，1998年，第253页。
④ 《反杜林论》，《马克思恩格斯选集》中文第2版第3卷，北京：人民出版社，1996年，第668页。

政策》(1982 年 19 号文件)指出:“到那时候,中国人民将在中国这块土地上,彻底地摆脱任何贫困、愚昧和精神空虚的状态,而造成一个物质文明和精神文明高度发达的、站在人类前列的光明世界。到那时候,我们国家的绝大多数公民,都将能够自觉地以科学的态度对待世界,对待人生,而再也不需要向虚幻的神的世界去寻求精神的寄托。这就是马克思、恩格斯所说的全部社会生活都处于人的有意识有计划的控制之下,摆脱一切异己力量支配的时代,也就是毛泽东同志所说的人们自觉地改造自己和改造世界的时代。只有进入这样的时代,现实世界的各种宗教反映才会最后消失。”

宗教的社会作用 全面认识宗教的社会作用,对于制定宗教政策、做好宗教工作具有重要意义。马克思主义宗教观十分注重对宗教社会作用的揭示,视之为正确对待宗教的理论基石。马克思说:“宗教是这个世界的总理论,是它的包罗万象的纲要,它的具有通俗形式的逻辑,它的唯灵论的荣誉问题,它的狂热,它的道德约束,它的庄严补充,它借以求得慰藉和辩护的总根据。”① 可见宗教的社会作用是十分复杂的。江泽民指出:“我国宗教的社会作用仍然具有两重性,既有积极的一面也有消极的一面,还会受到一定范围内存在的阶级斗争和国际上一些复杂因素的影响。对这个基本的现实,我们必须始终保持清醒的认识。”② 那么,宗教究竟有哪些社会作用呢?综合马克思、恩格斯、列宁和中国共产党人的有关论述,宗教主要有如下社会作用:(1)误导作用,把现实问题归结为非现实的神学问题,诱导人们用超自然幻想代替社会实践。(2)文饰作用,通过超自然幻想进行心理补偿和精神抚慰,是一种精神胜利法。(3)麻醉作用,通过文饰和自慰在精神上麻醉自己,忍受现实苦难。(4)辩护作用,把剥削压迫说成是神的意志,为反动统治辩护。(5)束缚作用,使信教者敬畏神灵、固守教条而畏首畏尾,放不开手脚。(6)殖民作用,充当帝国主义殖民侵略的文化工具。(7)渗透作用,充当敌对势力进行价值观渗透、培植反动力量的工具。(8)反抗作用,充当农民反抗封建剥削和压迫的神圣外衣。(9)暴恐作用,充当极端组织煽动制造暴恐活动的宣传工具。(10)文化作用,充当传承古代文化、进行道德教化的载体。(11)欺骗作用——充当某些个人或组织骗人敛财的工具。(12)交往作用,充当民间交往的媒介或纽带。(13)宣传作用,为打造人文景观和旅游景点

---

① 《马克思恩格斯文集》第 1 卷,北京:人民出版社,2009 年,第 1 页。
② 《江泽民文选》第 3 卷,北京:人民出版社,2006 年,第 58 页。

提供文宣资源。总之，宗教的社会作用极为复杂，既有积极的一面，也有消极的一面，而且消极因素和积极因素相互交织、难解难分。对宗教问题，一些同志在认识上出现偏差，一些地方在工作中出现摇摆，根子在没有正确地把握这两重性规律。因此积极引导宗教与社会主义社会相适应，必须辩证看待宗教的社会作用。

宗教问题的长期性、群众性、复杂性。这是中国共产党运用马克思主义宗教观的基本原理观察分析中国革命、建设、改革中的宗教问题而形成的基本理论观点，是制定党的宗教工作基本方针的重要依据。所谓长期性，就是说宗教的根源在短期内不可能完全消除，因此宗教将在世界范围和我国社会主义时期长期存在，我们必须尊重宗教产生、发展、消亡的规律，不能做违背历史规律的蠢事。所谓群众性，就是说宗教是一种群众性的社会现象，因为宗教的存在以大量群众信奉为前提，正确认识和对待宗教问题实际上是一个正确认识和对待信教群众的问题，宗教工作本质上是特殊的群众工作。所谓复杂性，就是说宗教问题从来都不是孤立存在的，而总是同政治、经济、文化、民族等方面历史和现实的矛盾相交错，我们必须善于把握宗教问题的这种特殊复杂性，防止用简单的办法处理宗教问题。

第二节　中国共产党的宗教政策

中国共产党的宗教政策是马克思主义宗教观在中国的具体运用，基本内容概括为党的宗教工作基本方针，即全面贯彻党的宗教信仰自由政策、依法管理宗教事务、坚持独立自主自办原则、积极引导宗教与社会主义社会相适应。这四句话是一个有机整体，前三句讲的是重大政策和原则，后一句讲的是根本方向和目的，是工作重点。

全面贯彻党的宗教信仰自由政策　尊重和保护宗教信仰自由，是党对宗教的基本政策。这是一项长期政策，是一直要贯彻执行到将来宗教自然消亡的时候为止的政策。宗教信仰自由，就是说：每个公民既有信仰宗教的自由，也有不信仰宗教的自由；有信仰这种宗教的自由，也有信仰那种宗教的自由；在同一宗教里面，有信仰这个教派的自由，也有信仰那个教派的自由；有过去不信教而现在信教的自由，也有过去信教而现在不信教的自由。我们共产党人是无神论者，应当坚持不懈地宣传无神论，但是我们同时应当懂得，对待人们的思想问题，对待精神世界的问题，包括对待宗教信仰问题，用简单的强制的方法去处理，不但不会收效，而且非常有害。还应当懂得，在现阶段，信教群众与不信教群众在思想信仰上的这种差异，是比较次要的差异，如果片面强调这种差异，甚至把它提到首要地位，歧视和打击信教群众，而忽视和抹杀信教群众和不信教群众在政治上、经济上根本利益的一致，忘掉了党的基本任务是团结全体人民（包括广大信教和不信教的群众）为建设现代化的社会主义强国而共同奋斗，那就只能增加信教群众和不信教群众之间的隔阂，并且刺激和加剧宗教狂热，给社会主义事业带来严重的恶果。当然，在贯彻执行这项政策的过程中，在强调保障人们信教自由的同时，也应当强调保障人们有不信仰宗教的自由。这是同一问题的两个不可缺少的方面。任何强迫不信教的人信教的行为，如同强迫信教的人不信教一样，都是侵犯别人的信仰自由，因而都是极端错误和绝对不能容许的。保障信教自由，不但不应妨碍而且应当加强普及科学教育的努力，加强反迷信的宣传。宗教信仰自由政策的实质，是使宗教信仰问题成为公民个人自由选择的问题，成为公民个人的私事。社会主义的国家政权当然绝不能被用来推行某种宗教，也绝不能被用来禁止某种宗教，只要它是正常的宗教信仰和宗教活动。同时，绝不允许宗教干预国家行政、干预司法、干预学校教育和社会公共教育，绝不允许强迫任何人特别是十八岁以下少年儿童入教、出家和到寺庙学经，绝不允许恢复已被废除的宗教封建特权和宗教压迫剥削制度，绝不允许利用宗教反对党的领导和社会主义制度、破坏国家统一和国内各民族之间的团结。总之，使全体信教和不信教的群众联合起来，把他们的意志和力量集中到建设现代化的社会主义强国这个共同目标上来，这是我们贯彻执行宗教信仰自由政策、处理一切宗教问题的根本出发点和落脚点。任何背离这个基点的言论和行动都是错误的，都应当受到坚决抵制和反对。

需要注意的是，党的宗教信仰自由的政策是对我国公民来说的，并不适用于共产党员。共产党员不同于一般公民，是马克思主义政党的成员，毫无疑问地应当是无神论者，而不应当是有神论者。党的文件明确规定：共产党员不得信仰宗教、不得参加宗教活动，长期坚持不改的要劝其退党。在基本上全民信教的少数民族中，生活在基层的共产党员，即使已经摆脱宗教信仰，但是如果拒绝参加任何含有某些宗教色彩和传统的婚丧仪式和群众性节日活动，则势必脱离群众，把自己孤立起来，因此，在这些民族中执行共产党员不参加宗教活动的规定时，也应当按照具体情况，区别对待，以利于联系群众。这些民族中的许多传统婚丧仪式和群众性节日活动，虽然含有某些宗教色彩和宗教传统，但是实质上已经成为民族风俗习惯的组成部分。我们的同志，特别是生活在基层的共产党员，既要在思想上同宗教信仰划清界限，又要在生活中适当尊重和随顺民族的风俗习惯。这当然不是说，对于那些不利于群众生产、生活和身心健康的风俗习惯，也不应当依据本民族大多数人的意愿进行适当的改革。在宗教同民族的关系问题上，各个民族和各种宗教有不同的情况，我们一定要善于具体地分析各个民族和各种宗教的不同情况，善于体察民族问题与宗教问题的区别和联系，正确地加以处理。一定要警惕和反对任何利用宗教狂热来分裂人民、破坏各民族之间团结的言论和行动。用马克思主义立场、观点、方法对宗教问题进行科学研究，是党的理论工作的一个重要组成部分。用马克思主义哲学批判唯心论（包括有神论），向人民群众特别是广大青少年进行辩证唯物论和历史唯物论的科学世界观（包括无神论）的教育，加强有关自然现象、社会进化和人的生老病死、吉凶祸福的科学文化知识的宣传，是党在宣传战线上的重要任务之一。建设一支用马克思主义武装起来的宗教理论研究工作队伍，办好用马克思主义研究宗教问题的研究机构和大学的有关专业，是党的理论队伍建设的一个不可缺少的重要方面。当然，在报刊上公开发表涉及宗教问题的文章要采取慎重态度，不要违背现行宗教政策、伤害信教群众的宗教感情。学术界要尊重宗教界的思想信仰，宗教界也要尊重学术界对于马克思主义的宗教理论的研究和宣传活动。

依法管理宗教事务 依法对宗教事务进行管理，是指政府对有关宗教的法律、法规和政策的贯彻实施进行行政管理和监督。政府依法保护宗教团体和寺观教堂的合法权益，保护宗教教职人员履行正常的教务活动，保护信教群众正常的宗教活动，防止和制止不法分子利用宗教和宗教活动制造混乱、违法犯罪，抵御境外敌对势力利用宗教进行渗透。对宗教事务进行管理，是为了使宗教活动纳入法律、法规和政策的范围，不是去干预正常的宗教活动和宗教团体的内部事务。一切宗教活动场所都应依法登记。经过登记的宗教活动场所受法律保护，在政府宗教事务部门的行政领导下，由爱国宗教团体和宗教教职人员按照民主管理的原则负责管理。开放新的宗教活动场所，须经县级以上人民政府批准。坚决制止自封传道人的传教布道活动以及其他各种非法传教活动。依法取缔非法开办的经文学校和修院、神学院。爱国宗教团体是党和政府团结、教育宗教界人士的桥梁，充分发挥爱国宗教团体的作用是贯彻执行好党的宗教政策、使宗教活动正常化的重要组织保证。要切实改变一些地方发挥爱国宗教团体作用不够的现象，支持和帮助他们加强自身建设，按照自身的特点和规章自主地开展活动，充分调动他们的积极性。要鼓励和支持他们办好以自养为目的的生产、服务和社会公益事业。要帮助他们解决办公用房、经费以及一些地方教职人员生活方面存在的困难，为他们开展工作创造必要条件。一切爱国宗教团体都应当接受党和政府的领导，遵守国家法律，发扬自我教育的传统，经常对教职人员进行爱国主义、社会主义、时事政策、国家法律、法规等教育，不断提高遵纪守法、维护国家安全和人民利益的自觉性。我国宗教界人士的绝大多数是爱国守法的，他们同党和政府长期合作，是维护国家和社会稳定、联系信教群众、办好教务的重要力量。各级党政领导机关要经常听取爱国宗教团体和宗教界人士的意见和建议，涉及宗教方面的重大问题要同他们充分协商。要支持和帮助爱国宗教团体办好宗教院校，有计划、有组织地培养一支热爱祖国、接受党的领导、坚持走社会主义道路、维护祖国统一和民族团结、有宗教学识、并能联系信教群众的宗教教职人员队伍，要加强对寺观教堂和其他宗教活动点主持人的培训。在依法保护公民宗教信仰自由权利和正常宗教活动的同时，必须依法坚决打击利用宗教进行破坏活动的违法犯罪分子。要采取有力措施坚决制止借宗教活动煽动群众闹事、扰乱社会治安、破坏国家统一和民族团结。对触犯刑律的要依法处理。对勾结境外敌对势力、危害国家安全的首恶分子，要从严惩办。对非法宗教组织要坚决取缔。对从事违法活动的宗教场所，情节轻微的要批评教育、限期改正，屡教不改或情节严重的要依法处理。在工作中要严格区分和正确处理两类不同性质的矛盾，正确掌握政策，团结和依靠宗教界爱国力量，分化、瓦解敌对势力，把受他们影响、控制的群众争取团结过来，把少数首要分子孤立起来。总之，依法管理宗教事务、妥善处理宗教问题的基本原则是：保护合法、制止非法、遏制极端、抵御渗透、打击犯罪。

坚持独立自主自办原则 我国宗教团体和宗教事务由宗教信徒自主办理，不受境外势力支配。应在平等友好的基础上积极地正确地开展宗教方面的对外交往，坚决抵制境外宗教敌对势力控制我国宗教的企图。不允许任何境外宗教团体和个人干预我国宗教事务，禁止在我国设立办事机构，建立寺观教堂，进行传教活动。对来自境外的宗教书刊、音像制品和其他宣传品，由政府有关部门制定管理办法，加强管理；凡有反对四项基本原则、反对政府等反动内容的，要依法收缴。任何人不得接受来自境外的、以渗透为目的的宗教津贴和传教经费。我国宗教团体和寺观教堂接受境外宗教组织和宗教徒的大宗捐赠，要经省一级人民政府或国务院宗教事务部门批准。宗教团体邀请境外宗教组织和宗教人士来访或应邀出访，需经省一级人民政府或国务院宗教事务部门批准，重大涉外活动需报国务院审批。非宗教团体邀请或接待有宗教背景的各种团体和有重要影响的宗教人士来访、旅游，要向政府宗教事务部门通报。经贸、科技、文化、教育、卫生、体育、旅游等部门对外开展交流与合作，涉及境外宗教组织及其附属机构或个人，签订有关合作项目，不得带有传教、设立宗教机构、建立寺观教堂等宗教内容的条件。要加强抵御境外利用宗教进行渗透的工作。利用宗教进行渗透，是指境外团体、组织和个人利用宗教从事各种违反我国宪法、法律、法规和政策的活动和宣传，与我争夺信教群众，争夺思想阵地，企图西化、分化中国。利用宗教进行渗透主要有两种情况：一种是打着宗教旗号企图颠覆我国政权和社会主义制度，破坏我国家统一、领土完整和民族团结；一种是企图控制我国的宗教团体和干涉我国宗教事务，在我国境内建立宗教组织和活动据点、发展教徒。两种情况有时也相互交叉。利用宗教进行渗透历来是西方反华势力的一个重要伎俩。对宗教渗透抵御防范不力，也是某些共产党领导的国家丢失政权的一个惨痛教训。各级党委和政府必须深刻认识做好抵御渗透工作的复杂性、迫切性和极端重要性，建立由各相关部门参加的工作机制，建立工作网络和信息网络。统战、民族、宗教、宣传、司法、公安、国家安全、外事、海关、外经贸、旅游、民政、教育、文化和新闻出版等部门要明确责任，各司其职，密切配合。要对宗教界加强坚持独立自主自办原则的教育，使他们在思想上、行动上自觉抵御渗透。要积极开展宗教方面的对外和对港澳台地区的友好交往。鼓励、支持宗教界在坚持独立自主、平等友好、互相尊重的基础上积极开展对外交往，增进与各国人民及宗教界的相互了解和友谊，为维护世界和平作出积极贡献。内地宗教界与港澳宗教界交往要遵循“一国两制”的方针，贯彻“互不隶属、互不干涉、互相尊重”的原则，促进香港、澳门的繁荣稳定。也要鼓励、支持内地宗教界与台湾宗教界的友好交往，为促进祖国统一服务。

积极引导宗教与社会主义社会相适应　我国是社会主义国家，我国宗教是在社会主义条件下存在和活动的，必须与社会主义社会相适应。这既是社会主义社会对我国宗教的客观要求，也是我国各宗教自身存在的客观要求。积极引导宗教与社会主义社会相适应，不是要求宗教界人士和信教群众放弃宗教信仰，而是要求他们热爱祖国、拥护社会主义制度、拥护中国共产党的领导，遵守国家的法律法规和方针政策；要求他们从事的宗教活动要服从和服务于国家的最高利益和民族的整体利益；支持他们努力对宗教教义作出符合社会进步要求的阐释；支持他们同各族人民一道反对一切利用宗教进行危害社会主义祖国和人民利益的非法活动，为民族团结、社会发展和祖国统一多作贡献。要鼓励和支持宗教界发扬爱国爱教、团结进步、服务社会的优良传统，在积极与社会主义社会相适应方面不断迈出新的步伐。引导宗教与社会主义社会相适应是一个长期过程，需要党和政府积极引导，也需要宗教界自身不断努力。要采取慎重严谨的态度，耐心细致地做工作，根据各个宗教、各个地方的实际，坚持求同存异、团结多数的原则，把握方向，抓住重点，稳步推进，取得实效。我们不提倡利用宗教。我们鼓励和支持宗教界发挥宗教中的积极因素为社会发展和稳定服务，鼓励宗教界多做善行善举。在国家引导和管理下，宗教组织可以从事一些有益于社会发展的公益、慈善活动。我国宗教在其产生和发展的过程中，与我国文化的发展相互交融，吸取了我国建筑、绘画、雕塑、音乐、文学、哲学、医学当中的不少优秀成分，可以研究和发掘其中的精华。宗教道德中的弃恶扬善等内容，对鼓励广大信教群众追求良好的道德要求有积极作用。宗教通过对信教群众的心理慰藉，对稳定信教群众的情绪、调节信教群众的心理也有积极作用。当然，肯定宗教中的积极因素，目的不是为了发展宗教，而是要努力使已经存在的宗教多为民族团结、经济发展、社会稳定、祖国统一服务。在处理这个问题时，分寸一定要把握好。宗教中的积极因素可以肯定，但不能夸大。积极引导宗教与社会主义社会相适应，必须坚持中国化方向，必须提高宗教工作法治化水平，必须辩证看待宗教的社会作用，必须重视发挥爱国宗教人士作用。宗教与社会主义社会相适应的过程，应该是调动积极因素、抑制消极因素的过程。既不能只注重抑制消极因素、忽视调动积极因素，也不能只注重调动积极因素、抑制消极因素。发挥宗教中的积极因素，不是要把宗教作为济世良方、人为助长宗教热，而是要因势利导、趋利避害，引导宗教努力为促进经济发展、社会和谐、文化繁荣、民族团结、祖国统一服务。

·附 录·

主要宗教神学知识及批判

第一章 原始宗教

原始宗教指国家诞生之前古代各个民族都曾经历过的神祇信仰。文化先进的民族在几千年前就渡过了这个阶段，发展较慢的民族甚至迄今为止，仍然保留有这样形态的宗教。

原始宗教信仰的神祇有兽神、魔神和人神。这些神都被认为是具有肉体的。事神的方式主要是献祭，祭品主要是肉食，最高级别的肉食就是活人。用活人献祭是原始宗教最残酷、令后人最不能接受的事神方式。后世某些地区残留的“猎头”献祭行为，许多神话魔幻小说中妖怪吃人的情节，其源头都是原始宗教用活人献祭的延续和影响。国家宗教初期不同程度地保留着活人献祭的行为，后来才逐渐被彻底否定，仅有某些残留。基督教中，耶稣之死被认为是 God 为拯救世人而献出自己儿子的行为，可视为当时当地象征性的最后一次活人献祭。

原始宗教中的兽神、魔神被画成形象，就是所谓的“图腾”。图腾崇拜，其实质是兽神、魔神崇拜。人们崇拜神祇，也崇拜与神祇相关的事物。还处于原始或者接近原始状态的人们崇拜与神祇相关的事物，曾经被误解为把这些物品当成神祇，因而称他们为“拜物教”。

原始人把某些兽崇拜为神，因为它们有强于人类的某些能力。崇拜魔神，一部分是人类想象力的产物，一部分是人类开始发现自身那强于禽兽的能力，因而在兽神身上安上人类器官的缘故。

随着对旧工具的不断改进和新工具的不断发明，人类谋生和掌握自然力的能力日益提高，猎获大型猛兽也变得比较容易。于是人间的英雄逐渐成为新的神祇，并成为神祇世界的主宰。兽神或被还原为兽，或作为人神的坐骑和奴仆；魔神或成为人神的下属，或被宣布为妖魔，逐出神祇行列。

刚刚脱离动物界的原始人类，其社会生活保留着较多的动物社会的规则，人类社会的规则处于逐渐建立之中。那时人类的行为没有善恶之分，只有成功与失败之别。相应于这样的社会现状，神祇也是力量型的。他们是人间的英雄，但没有后来的道德观念。他们强而有力，但在后人看来，往往是恶行累累。他们被赋予了超越常人的超自然能力，所以被称为神祇。但是人类起初的想象力有限，赋予神祇的超自然能力也有限，和还在人间的英雄相比，其力量相差不远。因而人间的英雄往往和神祇混杂、冲突，人神的界限往往模糊不清。

适应松散的社会组织，神祇也往往没有大小、主次之分。原则上，人人都可以创造自己崇拜的神祇。由于氏族也会有一个长久或暂时的主要人物，也就会有在一个氏族群体中信仰一位主神甚至只信一位神祇的情况。这种情况，不过是人人可以创造自己神祇的稍微扩大而已。只要眼光稍微超越一个以血缘关系联结起来的氏族的范围，神祇的无组织状态就和当时的社会组织一样明显。

当氏族联合为部落，部落又联合为部落联盟，部落联盟又发展为国家，人类的社会组织不仅逐渐壮大，而且组织状况也逐渐严密，神祇也开始联合为一个个群体，并出现主神。这时的宗教，就成为国家宗教。

第二章　国家宗教（一）：古埃及、古希腊、古罗马宗教

古埃及的宗教情况，由于他们的国家过早灭亡，留下的资料仅是一些残篇和许多必须依赖考古发掘才能知道的实物，此外就是别人关于他们的零星记述。依据这些材料我们得知，古埃及人很早就建立了自己的国家，在他们的国家中，尊崇着很多神祇。据希罗多德的《历史》，这些神祇中有一尊是主神，类似古希腊的宙斯。根据其他材料，这位主神的名字叫“阿蒙”或“拉蒙”，也有的文献仅称为“拉”。也有学者认为，哈皮神是至高无上的神，或者常常随着国王的变更而变更。国王被认为是阿蒙神的子孙，或者本人就是神。古埃及人对国王礼拜的隆重往往超过对神的礼拜。这些现象说明，古埃及随着国家的建立，国家宗教也在形成和发展。

埃及的神祇主要是人形，说明埃及的宗教此时已是人神统治时期。这些人神许多还保留着兽类的器官或者兽形的装饰，说明埃及神祇还处在兽神、魔神向人神过渡的时期，所以许多民众还信仰纯粹的兽神。

埃及第十八王朝的国王埃赫那顿（Ikhnaton 或拼作 Akhenaton）曾进行宗教改革，要求所有臣民只能信仰一位神——阿顿或阿吞（Aton or Atum），没有成功。

古埃及的祭祀阶层拥有很大的权力，往往能够决定国王的兴废。

据希罗多德的考察，希腊诸神多起源于埃及，其中最典型的就是波塞冬。在

希罗多德看来，宙斯在埃及被称为阿蒙，不过有一个兽头。古希腊的宙斯没有兽头，说明已经较为彻底地完成了向人神的转变。

由宙斯向上追溯，最早是女神该亚。神话说她单独生下了天神乌拉诺斯与山海诸神，又与天神乌拉诺斯生下了泰坦诸神，由于不满丈夫乌拉诺斯的恶劣行径，遂支持儿子克罗诺斯阉割了父亲乌拉诺斯。克罗诺斯娶姐姐瑞亚为妻。由于害怕重蹈父亲覆辙，他把生下来的每一个孩子都吃掉了。母亲瑞亚藏下了最小的儿子宙斯，后来领导兄弟们战胜了叔辈泰坦诸神，成为奥林匹斯山诸神的首领，也成为新的天神的首领。

古希腊神话的这些内容，当是原始社会状况和婚姻状况的反映，也是氏族和部落之间相互斗争状况的反映。

古希腊没有统一的政权，各城邦国家独立为政，宙斯也往往仅是神祇们名义上的首领。不少国王宣称是神祇的儿子，也有的仅仅是人间的英雄。神祇们具有超自然的能力，但是和人间英雄的能力往往相距不远，所以英雄们往往也挑战神祇。

古希腊的城邦国家，法律都以神的意志为基础。立法者在立法时，要给每个区指定保护神。划分领地时，要给每一位神祇指定一块负责供奉的区域。如何献祭，祭司的选择和任职条件，也由法律加以规定。祭司的品德要经过严格考察。神庙的选址，应当是在高地上，在市场周围。法庭则建在神庙附近，以便使诉讼和判决在神圣的高地上进行。在所有的伤害罪中，对于神圣事物的伤害是最严重的罪行。

古罗马的神祇深受古希腊影响。古罗马主神朱辟特，战神马尔斯，爱神维那斯等，在古希腊诸神中都可以找到原型。

和古埃及、古希腊一样，古罗马也把向神祇献祭视为和战争同样重要的事情。神庙中积聚了大量的财富，特别是黄金。神是不存在的，享用这些财富的，首先是那些祭司。在战争中，如果失败，这些财富也是敌军抢掠的对象。抢掠者不仅抢掠财物，而且刮掉神祇身上的金箔，毁掉那些神像。

古埃及到古罗马的神祇，都是国家的保护神，当国家遭受灾难的时候，他们不仅保护不了国家，而且也保护不了自己。相反，他们的安全总是要靠国家的实力来保护。国家存在，他们也存在；国家灭亡，他们的命运也随之改变。当时的国家和民众，都认为是神祇保佑着自己，却不知道实际上是他们在保护着神祇。

古埃及和古希腊的国家都先后灭亡了。当古罗马在北方落后民族的的进攻下岌岌可危的时候，基督教就指责古罗马神祇的无用、无能，甚至说古罗马的神祇不是神祇。不论基督教的神祇是真是假，他们对古罗马神祇的指责，是正确的。

第三章 国家宗教（二）：犹太教、印度教

犹太民族的前身是以色列人，以色列人的前身是希伯来人。希伯来的意思是"来自河那边的人"，是一个从幼发拉底河彼岸迁居迦南（巴勒斯坦地区）的民族。迁居的首领是亚伯兰，后来雅赫维神让他改名亚伯拉罕。

亚伯拉罕有两个儿子，长子以实玛利，次子以撒。以撒两个儿子，长子以扫，次子雅各。雅各十二个儿子，他们的后代形成十二个部落，统称"以色列人"。以色列人的意思是，"和神搏斗的人"，因为他们的父亲雅各曾在梦中和神搏斗。

十二个部落曾经形成一个统一的王国，后来分裂为"以色列"和"犹太"两个国家。两个王国后来都被外族消灭，以色列国的后裔被外族同化，只有犹太国的后裔保持着以色列的文化①。

希伯来部落来自美索不达米亚，曾接受苏美尔人、阿卡德人和巴比伦人的文化，信奉着多神教。是亚伯兰当首领后才决定和异教的偶像崇拜决裂，不敬木制的神柱和石头，只信仰一位雅赫维神，中文有的译为"上帝"。这唯一的雅赫维神"只是亚伯拉罕家族的上帝，不是其他家族的上帝，更不是全人类的上帝"②。也就是说，他们是把自己的祖宗神作为最高神，在古代社会，是非常普遍的事情。

---

① 参阅：[美] 大卫·托玛斯《犹太人历史》，苏隆译，北京：大众文艺出版社，2004 年。

② [以色列] 阿巴·埃班（Abba Eban）《犹太史》（DIES IST MEIN VOLK），颜瑞松译，北京：中国社会科学出版社，1987 年，第 12 页。

在《旧约》中，亚伯拉罕以前，从上帝创造亚当开始，曾经经历了数以百计的世代，他们似乎并不把雅赫维作为唯一的神。直到亚伯拉罕，雅赫维神立约，以亚伯拉罕的子孙充满世界为代价，取得了使亚伯拉罕一家信奉他为唯一神的承诺。如苏格拉底所说，这也是一种商业的交易。

亚伯拉罕的子孙们也未能都把这个信仰坚持下来。亚伯拉罕的长子以实玛利的后裔，亚伯拉罕孙子以扫的后裔，都不是以色列人。以色列王国灭亡，文化上也被同化，只有犹太人坚持着他们的文化和信仰。

就在犹太王国灭亡之前，他们就已经是亚述人的属国，国王玛拿西把异教的女神请进了自己的圣殿，他们原来的宗教被严重的玷污了。

公元前 6 世纪，犹太王国被巴比伦灭亡。他们的上层人物沦为巴比伦的囚徒。“由于经常受到灭亡的威胁，他们坚信必须维护和传播自己的信仰。”[①] 在这种特殊的条件下，信自己的神而不信别人的神，成为他们维持民族独立的唯一方式，也使他们把自己以前的宗教塑造成了仅信一神的宗教。巴比伦囚徒们塑造犹太民族一神信仰的时代，大约相当于孔子及其以后的时代。

巴比伦囚徒们归国以后，虽然努力保持着只信仰雅赫维一位神，但是雅赫维神仍然未能保护住他们国家的安全。他们一次又一次地遭受着亡国灭种的痛苦，终于流散世界各地。在长达一两千年的时期里，他们没有自己的国家。直到第二次世界大战结束，他们终于有了自己的国家。不过这不是雅赫维神保佑的结果，而是那些同情他们的凡人，在反法西斯战争胜利的情况下，有能力为他们解决了家园的问题。

流散各地的犹太人保持自己民族信仰的顽强精神引起了世界人民的普遍崇敬。然而实际上，改宗的，或者不信任何神祇的犹太人，也比比皆是。创造了马克思主义的卡尔·马克思，发现了相对论的爱因斯坦，著名精神分析学家弗洛伊德，都是犹太人，也都是彻底的无神论者。至于迁居中国的一支，则很早就被中国文化同化。

那些一直坚持自己信仰的犹太人，与其说是他们顽强，不如说是基督教压迫的严重。不是他们刻意要坚持自己的信仰，而是基督徒不接纳他们这些据说是杀死了耶稣的仇敌之后。不仅不接纳，而且时不时地会把他们当做异类加以清除。

---

① ［以色列］阿巴·埃班（Abba Eban）《犹太史》（DIES IST MEIN VOLK），颜瑞松译，北京：中国社会科学出版社，1987 年，第 62 页。

也就是说，不是他们自己不愿融入当地的社会，而是人家不让他们融入。无论如何，都是他们保存了神，而不是神保存了他们。

自然，神的观念也不是毫无作用。它安慰信仰者的痛苦，在苦难中使他们不丧失希望，就像走夜路的人大声歌唱给自己壮胆一样。不同的是，走夜路的人知道是自己给自己壮胆，信神的人往往不知道，安慰和希望都是自己或者自己的前辈们创造出来的，而认为确实有那么一尊神在指导着自己。

犹太教如今仍然是以色列国最主要的宗教，但以色列则是一个世俗的现代国家。其建国原则在它的独立宣言里已经明确宣布，并且体现于以色列的各种法律制度中。以色列政党繁多，执政的主要是世俗的政党。宗教团体，也必须以政党的形式参与国家政治。宗教和宗教政党虽然力图以各种方式影响政治，影响社会生活。比如要求所有人必须严格遵守安息日制度，必须依照他们的经典食用洁净的食物，而洁净与否必须由宗教认定等等，然而这些努力又常常和不信教的犹太人发生冲突。因此，虽然犹太教通过它的政党越来越多地干涉国家的政治，但要想使以色列重新成为一个真正以犹太教为国教的国家，使社会生活完全按照犹太教教义安排，使所有的犹太人都必须信犹太教，则没有了可能。

印度教大体可分两个阶段：从公元前 15 世纪至公元 4 世纪的婆罗门教时期，从公元 4 世纪至今的新婆罗门教时期。印度教有三大主神，但印度人往往各自崇拜其中的一个，并且因此形成不同的教派。

根据《摩奴法典》，宇宙从黑暗中产生了“在人间被称为梵天”的“那个人”。梵天创造了天地，创造了神祇、吠陀、时间、生物和人，也创造了痛苦和欢乐，喜悦和愤怒。他用诸神的分子，用天神之首的分子造成了国王，所以国王不仅是人，而且是神。他从口中生出了婆罗门，从臂上生出了刹帝利，从腿上生出了吠舍，从脚上生出了首陀罗，于是形成了印度的四大种姓。因为婆罗门是出自梵天身体上的最佳部分，所以婆罗门是这整个世界的法主，而法律，乃是梵天制定的。因此，遵守法律，就是服从神意。和其他国家宗教的情形一样，国家的法律，同时也是宗教教义；宗教教义，同时也是国家法律。

依据法律，婆罗门可以从事最为高贵的职业，其中最重要的是祭祀。为了祭祀，他们可以拿走首陀罗家里一定数量的东西。婆罗门宣扬“祭祀万能”。说祭祀不仅能得到神的福佑，而且可以使祭祀者成为神祇。印度教在发展中，由于祭祀地位的下降，婆罗门的社会地位和经济收入也随之下降。

由于重视祭祀，印度教的神庙也和古希腊、古罗马的神庙一样，聚集了大量的财富。据印度莫卧儿王朝洪达米尔的《传记之友》载，有一个神庙，其中珍奇的珠宝是一个王者的十倍。有十万个村庄负责供养神庙，三百名歌手和五百名善舞的女奴为这个神庙服务。庙中有一座极其宽敞的殿堂，支撑屋顶的柱子就有五十六根。苏丹马赫茂德攻破这座神庙以后，所得到的财富，“总数有两千多万第纳尔，甚至那些柱子都是用珍贵的宝石装饰的”[①]。

和其他神祇一样，印度教的神祇，作为国家的保护神，它们既保护不了国家，也保护不了自己。历史上，印度常常遭受侵略，在近代则长期沦为英国的殖民地。第二次世界大战结束以后，印度获得了独立。当然，这和印度教的诸神也没有关系。现在的印度教要想参与政治，也必须以组建政党的方式。

印度教很早就形成了轮回思想。如何摆脱轮回，成为印度教的一个重要问题。释迦牟尼找到了摆脱轮回的方法，从而独立出来，形成了佛教。从这个意义上说，佛教也可算是印度教的一个支派。

印度教延续到今天，印度教的种姓制度也影响到今天。今天的印度政府采取了许多措施，鼓励消除种姓差别的行为，但是要真正消除这一差别，还需要十分艰难的过程。

---

① 周一良、吴于廑《世界通史资料选辑》（中古部分），北京：商务印书馆，1974 年，第 107 页。

第四章　国家宗教（三）：儒教、道教、神道教

凡是了解一点中国历史的人都知道，中国古代有儒、佛、道三教。然而迄今为止，中国多数人还不认为儒教也是宗教。这个学术问题可以继续讨论。但是在中国古代的国家中，在佛教、道教之外，信仰着一套独立的神祇系统，则是历史事实。有关这套神祇系统的理论，载于儒经。事奉神祇的礼仪，由儒者们协助皇帝制定，载于历代正史的《宋史・礼志》。历史上，这套神祇系统及其相关理论部分，被称为“儒教”，本书也沿用这个称呼。

儒教的神祇系统，源于上古的神祇信仰。其最早的源头，可以追溯到《山海经》。《山海经》中的神祇多是魔神，但被称为“兽”。可以推测，在魔神之前，还存在着兽神信仰阶段。兽神时代早就过去，但以兽为神的观念残留则一直存在，后世并且增加有新的兽神，如狐狸精之类。不同历史时期的社会意识保存在同一时期的社会生活之中，直到今天，无论在哪一个国家，哪一个时代，都有这样的情况。区别仅仅在于，受教育程度较高、生活条件较好的国家或地区，古老的意识会保存得少些。

《山海经》中被称为“帝”的人神，已经占据了统治地位。那些兽神、魔神，或是帝的坐骑，或是帝的下属。作恶者，则被帝或者帝所派遣的英雄杀死。

至少在春秋时代，兽神、魔神已经遭到社会主流意识的摒弃。孔子和苏格拉底的时代大体相当。其对于神祇的观念，也大体相当。

大约从商代开始，中国古人就开始了把神祇精灵化的进程，其最后完成，大

约在魏晋南北朝时期。前后一千多年。到宋代，儒者们以程颢、程颐兄弟以及他们的后学朱熹为代表，又把最高神——昊天上帝，超精灵化，说成是“理”，但是其他神祇，仍然被认为是精神存在。

中国古代神祇虽然也被认为是精神存在，但和西方不同的是，中国古代的神祇，从最高神昊天上帝，到最小的神，即普通人死后所成的鬼，其精神部分都不能离开物质的气而独立存在。这也是中国古代哲学和西方哲学的基本分歧。奠基于古希腊哲学的西方哲学，认为精神可以离开物质而独立存在。中国古代哲学认为，构成人的精神或灵魂的东西，是气所固有的性质，不能离开气而独立存在。

中国古代国家从汉代开始独尊儒术。国家所信仰的神祇，被依据儒经加以确定。儒经中没有的，儒者们就重新创造。

直到秦汉之际，中国古代国家信仰的五位上帝，还都是上古的人间君主。到汉武帝独尊儒术，在五位上帝之上又创造了一尊最高神：太一。为了使天上的帝和人间的帝彻底脱离关系，汉代儒者又创造了灵威仰、赤熛怒等五个名称，作为五位上帝的称号。为了把传统的宗教神祇奠基在儒教的理论基础之上，儒者们又依据儒经为最高神定名。从晋代开始，到隋唐为止，最高神定名为“昊天上帝”。其意义是：我们头顶上的那一大团元气——昊天，是最高神的形体；因为它是宇宙的主宰，所以称为“上帝”。

昊天上帝之下，天上最重要的神是日和月。依据级别，则日，即太阳，是皇帝的兄长；月，是皇帝的姐姐。地上的最高神，是大地，称地祇。有儒者认为“天父地母”，即上天是君主的父亲，大地是君主的母亲。大地之神地祇，是昊天上帝的配偶。也有的儒者认为，地祇是单独的神，仅次于天，但基本平列。明代后期，采纳后者意见，把地祇作为独立的神，在京城北郊专建祭坛。清代延续了这个制度，地坛如今保存完好。地祇之下，最重要的神祇是“五岳”，即当时中国内地五座被认为最高的山：泰山（东岳）、嵩山（中岳）、华山（西岳）、衡山（南岳）、恒山（北岳）；其次是“四渎”，即黄河、长江、济水、淮河四条有入海口的河流。它们的神主牌，就放在地坛之上。每年夏至，陪同地祇享受皇家的祭祀。

上帝日月之下，是各种星辰。原则上，每一颗星就是一尊神。地祇、五岳和四渎之下，稍大的山川都是神祇。但是由于祭坛面积和国家财力的限制，能够陪同上帝或地祇享受皇家祭祀的，最多时有一千多位，少时则有数百位。

君主是上帝在人间的代理人。世俗的称呼是皇帝，神祇系统中称“天子”，即上帝之子。每一朝代的开创者，都被当朝认为是人神系统的最高神。在祭祀昊天上帝时，其神主牌位和上帝一起，置于天坛的最上层，享受最高规格的祭祀。

天地之下，祭祀最为广泛的神祇是“社稷”。社是土神，稷是谷神。社神起初是“能平水土”的共工氏之子勾龙，稷神是“教民稼穑”的周人的祖先，名弃。后来认为，社稷就是土谷的精灵；勾龙和弃，只是陪同享受祭祀者。依据儒教礼制，先是每个诸侯国，后来是每个县，都有一座社稷祭坛。再后则每个较大的村镇，都会建立自己的社坛。

儒教在传统神祇之上所添加的最重要的神祇，就是孔子。依据东汉末年的规定，孔子的规格和社稷同级。唐代开始，规定每个县都要建一座孔庙。并设立从祀制度，选择优秀的儒者作为国家一级的神祇，在孔庙中享受祭祀。次一级的优秀儒者，可以享受本地人民的祭祀，称为“先贤”。祭祀先贤的“先贤祠”，数量不限。从宋代开始，遍及各地，数量众多，以致国家不得不做出限制。

唐代在设置孔庙祭祀系统的同时，也建立了以姜尚为主神的武神系统。然而由于姜尚帮助武王伐纣，以臣弑君，有背忠诚原则，明清时代，被关羽所替代。关羽被称为“帝”，其级别几乎和上帝相同。

儒教神祇系统后来增加的另一位重要神祇是城隍。城是城墙，隍是护城河。传统没有这尊神，诸侯的祖宗神就是他所在城市的保护神。郡县制以后，长官频繁更换，城市就缺了保护神。大约三国时吴国，最早出现了城隍神，后来逐渐普及。宋代尚未被纳入国家祭祀系统，但官员们上任，都要先拜见先圣（即孔子）、社稷和城隍。元代，城隍神被正式纳入国家祀典。

城隍神和别的神不同，他不是一尊神被普遍祭祀，而是每个城市都各有自己的城隍。起初，城隍神多选守城有方的将军，比如汉代的周亚夫，唐代的张巡。后来由于战乱减少，治安问题突出，城隍神就多选文官充任。比如上海的城隍庙有两尊神，一尊是汉代的将军霍光，一尊是当时的县令。城隍的职责，是城市管理，可称为神界的市长。

还有文昌神、土地神、妈祖神等，都是后来儒者们新创造的神祇。文昌神是科举考试的保护神，因而是儒者们最为崇拜的神。土地神起源于传统的土神祭祀。传统重要的土神有社神，有后土，有地祇。它们的关系如何？长期争论不休。唐宋时期，开始出现了土地神，后来逐渐扩展，被民众广泛接受，几乎家家户户都设置土地神龛。据清代可靠的文献，土地神由韩愈担任。

原则上，那些对国家、对民族有重要贡献的人，死后都可以被追认为神。百姓们也常常把他们崇敬的人物祭祀为神。国家为了保证正统的神祇祭祀，同时防止民众借祭祀神祇聚众作乱，常常把那些未被纳入国家祀典的神祇祭祀称为“淫祀”而加以取消。

依据儒经的规定，只有天子，也就是皇帝，才可以祭祀上天，祭祀天下所有的名山大川，祭祀一切神祇。诸侯，后来是地方长官，可以祭祀境内的名山大川。大夫，可以祭祀门神、井神、灶神等五种神祇，称“五祀”。一般民众允许祭祀灶神。超出规定的祭祀，就是淫祀。

祖宗，是和天神、地祇并列的第三套神祇系统，称“人鬼”。鬼，“归去”的意思，是对成为神祇的死者的尊称，后来泛指所有死者不死的灵魂。依儒经，天子可以祭祀七位祖宗，诸侯五位，大夫三位，士一位，一般民众只能祭祀自己死去的父母。

依儒经，每一位被祭祀的祖宗都应单独建庙。庙中设神主牌，作为祖宗灵魂栖息的处所。东汉开始，皇家诸位被祭祖宗置于一庙，称为“同堂异室”。同堂异室制度不合古礼，但由于方便祭祀，所以被后世沿用不改。

由于郡县制的推行，诸侯、大夫被不断更换的官吏所取代。他们没有固定的封地，为祖宗建庙也日益困难。宋代朱熹总结前人的经验，创立“祠堂”制度。不论官民，都可以在自己定居的地方建立家族祭祀祖宗的庙宇，祭祀四代祖宗，称祠堂。为保证祭祀，祠堂设置公用的土地。祠堂有法规，可以处置违犯伦理规范的族人。最重的处罚可以判处死刑。

出于人情或者盼望得到更多的神祇保佑，从皇帝到民众，常常违背经文规定，祭祀尽可能多的祖宗和神祇。祭祀不仅需要财物，也需要时间。正常情况，一个地方主官，每年用于祭祀的天数，在一个月到两个月之间。在祭祀期间，不得处理政务。所以神祇的增多，不仅和正常生活争财，也和正常行政争夺人力，儒者官吏常常为废除淫祀而斗争。

清代末年，康有为认为，中国的弱小，是因为对孔子思想宣传不够。他仿照基督教制度，要求在天地祖宗之外，把所有的庙宇，包括佛寺、道观，统统改建为孔庙，允许人人可以祭天、祭孔，未获成功。以张之洞为代表的洋务派官吏，为了兴办新式教育，也要求把一部分神庙改为学堂。辛亥革命成功，新的共和国不祭天、不祭孔。于是天地日月社稷等神坛成为公共游览场所，孔庙则绝大部分遭到废弃。残留的儒教庙宇和鬼神观念被作为“封建迷信”而被不断“破除”。

历史上，儒家的先圣、先贤们创立了以“天”为至上神的神祇系统，对于巩固皇权、凝聚人心、促进国家统一发挥了重要作用，也是历代封建王朝高举的思想旗帜。当政权本身是有力量的时候，神祇也就有力量。政权衰落，神祇也就无力。清朝灭亡，儒教的神祇也随之被废，包括最高神昊天上帝。儒教的历史又一次证明，不是神创造了人，而是人创造了神；不是神保佑着人，而是人保护着神。

道教起初也是国家宗教，以治理国家为目的。和儒教的区别是，儒教主张以仁义治国，道教主张清静无为。当国家选中老子作为治国导师的时候，国家五位上帝之中，黄帝居于中央，最为尊贵，所以并称“黄老”。历史学家司马谈《论六家要旨》中，又称黄老为“道家”。从此以后，黄老、道家遂成为古人对道教的基本称谓。“道教”一词，最早见于《墨子》，是对孔子学说的称谓。直到晋朝，“道教”仍然指的是我们今天所说的儒教。北朝道士寇谦之，要废除“三张伪法”“清整道教”，“道教”一词才开始用于我们今天所说的道教。不过在古人的语言中，粗略统计，道教的三个名称，“黄老”的使用率占三分之一，“道家”占二分之一，“道教”仅占六分之一。

东汉末年，由于张角、张鲁先后在政治舞台上失败，道教遂逐渐把追求个人得道成仙作为最高目的。唐代，由于社会长期安定，生活富足，追求成仙成为一代时尚，然而失败也不断呈现于社会表面。单是皇帝，因为服食丹药而死的就有八九个，包括著名的明君李世民。

从唐朝末年开始，道教逐渐把服食丹药等修炼手段虚化为心灵的修养，把肉体不死成仙解释为心灵的清净或者人格的高尚，也就是实际上放弃了肉体成仙的目标。

道教和儒教一样，起初也是把传统的神祇系统作为自己的神祇系统。其最高神是天帝。所谓成仙，就是到天帝那里做一名仙官。由于以天为首的神祇系统是儒教国家的正宗信仰，道教从南朝开始，创立自己独立的神祇系统，其中最重要的是创立了最高神“元始天尊”，并在此基础上形成了三尊主神即玉清仙境元始天尊、上清境灵宝天尊；太清境的道德天尊即老子被神化以后的太上老君。依道经，这三清仙境的三位天尊都是由最早的气演化而成的，所以称为“一气化三清”。

北朝道教一直以太上老君为最高神。隋唐统一，南北合流。唐代国家把老子尊为“玄元皇帝”（孔子仅称“文宣王”），其神庙后来也改称为“宫”，但许多道教文献仍然承认元始天尊是最高神，并且从此再无改变。

宋代，宋真宗到泰山封禅，尊昊天上帝为“玉皇大天帝”。“玉皇”或“玉帝”这个称号，在南朝创立的道教神祇系统中，仅是个普遍神仙。唐代诗歌中多有“玉帝”“玉皇”的称呼，当是对儒教上帝的尊称，而不是把南朝新立的普通神仙尊为自己的最高神。同样，“玉皇大天帝”也是宋真宗向上帝献上的“尊号”，不是采纳道教的神仙名号。然而这样一来，上帝就有两个称号。宋徽宗时，臣子们疑问：昊天上帝和玉皇大天帝是一尊神还是两尊神？于是宋徽宗向上帝献尊号“太上开天执符御历含真体道昊天玉皇上帝”。意思是说，这是一尊神，是儒教上帝的称号。后来金兵南下，宋徽宗被俘。南宋建立以后，君臣们去掉了上帝称号中的“玉皇”二字，仍然只称“昊天上帝”。

儒教国家丢弃玉皇以后，道教逐渐把玉皇请进道观。从南宋开始，道观内逐渐修建起“玉皇阁”“昊天殿”之类，供奉玉皇大帝。并且塑成神像，如同人间的皇帝。在道教的宗教活动中，三清之下，就是玉皇大帝。如今的道教协会所在地白云观，中央一殿供奉玉皇大帝，三清则居于后殿楼上，如同退居二线。

道教供奉玉皇大帝，意在向儒教国家靠拢。然而在一些儒者看来，把上帝置于三清之下，难以容忍。朱熹抨击说，三清之中，老子不过是人鬼，那两位是“诡名侠户”，即冒名顶替或者虚构的角色，怎可高居上帝之上？儒者们也不满意给玉皇塑像，认为这是亵渎上帝。但是因为这样便于民众敬仰、礼拜，也就容忍了这种行为。

三清、玉皇之下，所有传统的神祇，道教都全部承认。道教新增的神祇，是众多的神仙。神仙之中，最高的是被认为成仙上天的黄帝，其次是早期的方士，后来的修仙者，还有历史上的社会名人，包括孔子、颜回、墨子等等，都被道教认为是神仙。神仙们不仅长生不死，而且能腾云驾雾，在天地之间自由往来。他们可以吃最精美的食品、喝最美好的酒，无事就下下棋，听听音乐，欣赏美丽的仙女跳舞。“神仙过的日子”是中国人心目中最好的日子。“饭后一袋烟，赛过活神仙”，神仙所享有的幸福被认为是最高的幸福。

早期修仙最好的去处是华山。晋代著名道士、炼丹家葛洪，著有《抱朴子》。其专讲炼丹的《内篇》中说道：“太华山下，白骨狼藉”，那都是修仙者的白骨。但是在葛洪看来，这些修仙者之所以成为白骨，是因为方法不对。假如用他的方法，炼服金丹，一定会成为神仙。到唐代，太华山下的白骨不大引人注意了，也可能是减少了。但按照葛洪的方法服食丹药而死的，或者入山修炼以致肉体瘦弱、精神呆滞、思想偏执的人，则日益呈现于社会表面。从唐代后期开始，修仙理论逐渐发生了根本变化，葛洪们的理论也被认为是错误的。宋金时代以后，道教终于彻底抛弃了肉体成仙的目标。

神仙，就是人神。相信人神的存在，在宗教观念中，也是一种落后的、野蛮的意识形态。更进一步，相信自己通过某些方法可以成为神仙，即成为人神，就更加荒唐。

唐代以前，修仙多在山里进行，山洞是最方便的住处，然而多阴暗潮湿，也是非常艰苦的住处。为了安慰这些修仙者，也或许是修仙者们自我安慰，“洞天福地”的概念产生了。据说中国境内，有三十六洞天，七十二福地。每一个洞天，都有一套日月照耀，不仅光明，而且四季如春。《西游记》中孙悟空们住的“水帘洞”，自称洞天，是名不符实的，因为只有洞而无日月，也就是无天。李白的《梦游天姥》诗：“洞天石扉，訇然中开。青冥浩荡不见底，日月照耀金银台”，就是对天姥山洞天的描写。里面的摆设用具，都是金银做的。只可惜的是，这仅是李白的梦。

《左传》中说，大禹治水时，曾经铸成了九座铜鼎，上面画有鬼神魔怪的形象，让百姓们在进入山林时，可以辨别“神奸”。入山修仙的人们，自然免不了和这些被称为“奸”的魔怪打交道。于是降妖驱魔的技术在道教中发展起来。常用的“斩妖剑”“照妖镜”之类法器，就是道士们必备的武器。道士们有这样的本领，自然也免不了被那些世俗中相信鬼神的人们请去做法驱除鬼魔。

然而道士行巫术，在其他宗教家看来，却是难入大雅之堂的东西。唐代朝廷上，经常组织三教辩论。对胜利者的奖赏，就是可以嘲骂失败者。佛教骂道士“手把桃符，腰悬赤袋，巡门厌鬼，历巷摩儿，本不异淫祀邪巫”。其实，佛教、儒教中容纳淫祀邪巫的现象并不比道教少多少，然而由于那些被认为高雅的内容道教不如儒佛二教丰富，巫术行为也就显得特别突出。

依据署名太上老君所制定的戒律，道士们是应该远离算命、驱鬼之类的巫术的。历史上，不断有大德高道企图改善道教的形象，但收效甚微。向高雅方向努力，仍然是今天道教的重要课题。

神道教是日本的国家宗教，其最高神是天照大神。二次大战之前，日本天皇被认为不仅是天照大神的子孙，而且是所谓“现世神”，也就是在世的人神。日本战败，应驻日美军司令麦克阿瑟的要求，日本天皇裕仁于1946年元旦发表《人间宣言》，称把他说成神是“无根据的”。

天照大神以下，凡被崇拜者，包括自然物和人，都可称为神。被崇拜为神的人，天皇而下，是皇亲贵族，各种名人和有功者，普通人家的祖先。供奉神祇的地方，依级别不同，称为神宫和神社。建神社之处要有一棵大树，类似中国古代的社树。日本被承认的神祇的数量，说法不同，较少的认为有八十万个，较多的认为有一千五百万个。

祭祀为国家做出贡献者的地方称为靖国神社，类似曾国藩所说的“生有功德，没则为神”。第二次世界大战后被作为战犯处死的东条英机等人，不仅是给其他国家，也是给日本自己带来沉重灾难的人，也被供奉在靖国神社，从宗教教义上说，也是是非不分、善恶不辨。

日本曾经是中国人学习西方，包括接受马克思主义的第一站，而神道教的人神信仰又是一种落后的宗教形态。这两方面具有巨大落差的思想共同铸造了日本特殊的民族意识。

二次大战中，日本天皇强迫伪满洲国皇帝溥仪从日本东京迎回天照大神在皇宫内供奉。所谓迎回天照大神，不是塑像，也不是像中国那样的神主牌，而是三件神器：剑、铜镜和一块玉。有的日本学者说日本神道教深受中国道教影响，当不无根据。

溥仪在迎接天照大神的时候，心里就特别别扭。他觉得，剑、铜镜这类东西，中国多的是。迎到长春以后，在皇宫中专建神庙供奉。现存长春伪皇宫供奉天照大神的地方，小而简陋，甚至不如清朝官府中供奉土地神的场所，是神的真正蜗居。至于当时伪满洲国所建的近三百座天照大神神庙，自然又等而下之。溥仪曾在东京审判日本甲级战犯时愤怒指责日本天皇强迫他把天皇的祖宗当成他的祖宗，所以特别委屈。可是如果把伪皇宫内天照大神的神庙和溥仪家原来的宗庙和天神祭坛相比，如果天照大神果然存在，其神的委屈当不亚于溥仪。

溥仪迎回天照大神的时间是1940年。虽然中国的抗日战争正处于非常艰难的阶段，但是日本侵略者的日子也不好过。天照大神迎回满洲，既没有保护住这个伪满洲国，也未能保护日本不要战败。二次战后，天照大神没有被抛弃，倒是应该感谢一位好人，他就是麦克阿瑟。不过天照大神果然有灵，如能明白麦氏的良苦用心，则如何解决神道信仰和当代思想发展的落差，就是日本思想界的重大课题。

第五章　世界宗教（一）：佛教

佛教的问世，是为了解决当时印度社会普遍关心的“轮回”问题。因为你虽然今生获得了一个好的轮回地位，比如说成为人或者成为天，但来生就可能成为畜生或者饿鬼。决定你在轮回中地位的，是你的言行所造的“业”。造善业的，做人、做天。造恶业的，做鬼、做畜生，甚至下地狱等等。即使单纯为了不下地狱，也无人愿意造恶业。但问题是，恶业往往在无意中就形成了，比如你出门不小心踩死了蚂蚁。而且恶业一旦造成，往往不能用善业抵消。一点小小的恶业，往往会酿成可怕的后果。我们书中曾经引用的《六趣轮回经》，说掐死跳蚤、虱子也要下地狱。佛经上“目连救母”的故事，在中国广为流传。目连的母亲仅仅是因为不愿施舍饭食给僧人，就受到下地狱这种受最严厉的惩罚。这种小过重罚的教义，使人终日处于胆战心惊之中，而只有脱离轮回，才能不受这份煎熬。

寻求摆脱轮回的办法有许多种，其中迦毗罗卫国净饭王的太子乔达摩·悉达多找到的办法得到了很多人的赞同，被称为“佛陀”（觉悟者），被尊为释迦族的圣人，称释迦牟尼。

佛陀找到的摆脱轮回的方法，其内容，包括三法印、四圣谛、五蕴、六度、八正道、十二因缘等等。这是一套完整而深刻的宗教教义，包括了对世界、人生的基本认识以及摆脱轮回实现最高宗教目的的方法。其中，正确认识世界和人生，是佛教的哲学，也是佛教教义的基础。由于这套教义要解决的是如何摆脱人生面临的轮回问题，所以我们就先从佛教的人生观谈起。

第一节　四圣谛和三法印

佛教的人生观集中体现于“四圣谛”中。所谓“四圣谛”，就是“苦、集、灭、道”四种神圣的真理。其中“苦谛”是四种真理的基础。

所谓苦谛，就是说，人生是苦的，这是第一条真理。如何苦呢？共有八种，即，生苦、老苦、病苦、死苦、爱别离苦、怨憎会苦、求不得苦、五阴炽盛苦。也就是说，人，从出生开始，就是苦的。可以说，所有的宗教教义中，佛教对人生的看法是最悲观因而也是最厌恶人生的。人生苦不苦？当然有苦。但是像佛教说的，人生就是苦，而没有乐，则是片面的人生观。

比如说“生苦”。佛经上说，刚刚受孕的胎儿，就要遭受苦难的折磨。母亲吃口热的，你会感到受热；母亲吃口凉的，你会感到受寒，没有一刻幸福。出生时，通过狭窄的生门，如同通过两座大山的夹缝，痛苦难忍。每个刚问世的小孩都哇哇大哭，就是因为痛苦难耐。出生以后，要老，是苦；会有病，是苦；要死亡，更是痛苦。未死时，亲爱的人会分离（爱别离），是苦；和讨厌的人不得不在一起（怨憎会），是苦；追求的得不到（求不得），也是苦，如此等等。人生既然如此痛苦，就不值得留恋，应该摆脱。

母亲腹中的胎儿是否痛苦，可以存而不论。出生时的啼哭，是苦，是乐，也随人所见，难有定论。人生在世，求不得固然是苦；然而也有求得的，那就是乐；爱别离、怨憎会固然是苦，然而也有爱团聚、怨憎离的时候，这就是乐；有病是苦，那健康时就是乐；老了是苦，年轻时就是乐；死亡是苦，活着就应该是乐。而且正常人的一生，其生老病死的时间加在一起，一般都比年轻无病的时间要短得多，所以人生多数时间还是幸福的。然而四谛的第一圣谛，只讲苦不讲乐，就是只讲了人生的一半，而且是一少半。而从这作为佛教教义基础的第一圣谛开始，我们就可以领略佛教哲学的基本思维方式：那就是只讲一面，不讲或故意掩盖另一面。对于要讲的一面，讲得非常深刻、生动，绘声绘色，极尽夸张之能事。比如胎儿及出生的痛苦，也只有佛教能讲得如此深刻。对于要掩盖的一面，则闭口不言。因而就佛教教义来说，与深刻生动相伴的，就是片面。

由人生进而认识世界，佛教也向世人提供了一套深刻但片面的哲学。比如世界是实实在在存在着的，但佛教认为这存在是虚幻不实的，称为“空”。比如被称为佛教“三法印”即三条基本原理的头两条，第一是“诸法无我”；第二是“诸行无常”。

诸法无我，是说一切存在，包括物质存在和精神存在，都“无我”，即没有自己。比如房子，没有房子这个东西。因为房子是由墙壁、屋顶、门窗等等组成的。除去墙壁、屋顶、门窗等等，房子在哪里？没有了，所以房子是空，虚幻不实。桌子是由桌面、桌腿等组成的。除去桌面、桌腿，桌子也不存在。至于人，是由肉体（色）、感受能力（受）、思维（想）等等“五蕴”构成的。除去这些，人在哪里？没有了，或者说，是空，虚幻不实。推而广之，世界上的一切物体，都是由地、火、水、风这“四大”元素构成的。除去这四大元素，一切物体就不存在。所以世界一切都是空，虚幻不实。

诸行无常。行，行为，包括思想的行为。事实上是指运动。佛教“十二因缘说”认为，一切事物都是依赖其他条件（因缘）而成就，同时又处于不断变迁之中，此一时刻的某物就不是下一时刻的某物，就像两只脚不能踏进同一条河流。所以任何事物都处于不断的变迁之中，所以是无常，即没有常住性。比如一个人，如果天天和他在一起，不易觉察到他有什么变化。如果十年才见一次面，就会感觉变化很大。然而这十年很大的变化不是一下变成的，而是逐渐积累的。依佛教的说法，是这一刹那和下一刹那就不一样，就在变化，只是你感觉不到罢了。

佛教说诸法无我，诸行无常，是为了说明人没有自我，人生无常，不值得留恋。人生不值得留恋，那么什么是值得的呢？这就是佛教的最终目的：涅槃寂静。

什么是涅槃寂静呢？首先是摆脱了生命，不生。那不就是死亡吗？不，不是普通的死亡。普通的死亡以后还要轮回。涅槃摆脱了轮回，处于永恒状态，也没有死亡，不死。就是说，涅槃是一种不生也不死的状态。不仅如此。这种状态下的涅槃者，不仅没有任何行动，甚至也没有一个念头，“一念不起”。因为在佛教看来，人有了念头，就会分别是非好坏。有了分别，就会有所喜爱。有所喜爱，就会产生争执或者痛苦等等。为了避免各种纷争所带来的痛苦，最好的办法是涅槃。涅槃状态下，不仅身体不生不死，念头也一个不起，所以叫做“涅槃寂静”。从佛教创立以来，难以数计的修行者，或拼命地读佛经以求得到佛教的智慧，或竭尽全力压制自己的各种欲望终日静坐以求能永远一念不起，都是为了要达到涅槃寂静的目的。

如果涅槃寂静果然能够实现，那么，不生不死、一念不起永恒安静了，烦恼确实是没有了，然而欢乐幸福也没有了。这是一种什么样的追求呢？为了不受痛苦，干脆也放弃一切快乐和幸福；为了避免死亡，干脆就不要出生；为了怕倒下，干脆不要站着；为了怕跌跤，干脆不要走路。

为了安慰这些放弃一切快乐幸福的追求，佛教先是仅允许一般修行者成为阿罗汉，后来又允许人人可以成佛，并描述成佛以后的生活。如果说现实的人生是无常、痛苦、无我、肮脏的世界，那么成佛以后，则是个美妙至极的有常、快乐、有我、干净或者宁静的“常乐我净（静）”的世界。

这个常乐我净的世界里，物质享受得到完全的满足。据《华严经》的描述，单是伞盖、华帐这些物品，动辄就十万件，甚至百千亿件。假如这是真的，也就是说，真的有这么多物品，佛该如何享受呢？而且，这是一种享受吗？庄子说：“鹪鹩巢于深林，不过一枝。”虽然仅需一枝，但深林对于鸟儿，还是必要的。那是它的活动场所，可以保护它的安全。对于佛，十万、甚至百千亿件伞盖、华帐堆积陈列在他的周围，犹如深林，甚至比深林还要密集，能舒服吗？况且，佛是金刚不坏死之身，那么，这些物品是否也能金刚不坏呢。如果坏了，这些垃圾该如何处理？这绝对是造经者十分欠考虑之处。况且，如佛所说，心生种种法生。对于佛来说，有什么会缺乏的呢？把成佛以后的生活描述得如此过分的奢侈，只能显示造经者的贪婪罢了。

回头来再说那个“诸法无我”。如果说桌子、房子是由各个部件组合而成，分解以后就没有了桌子、房子等等，但并不是所有的东西都是由部件组合而成的，比如生物到人，并不是由头脚腿等等组合而成的，这是其一。由头脚腿等组合而成的，那是机器人，不是生物学上的人。其二，桌子、房子等被分解后没了自我。但分解以前自我的存在也是事实。分解以后，又有许多新的自我，也是事实。各个部件的自我组合起来就是一个新的自我，也是事实。所以不仅是诸法无我，还有“诸法有我”的一面。而且“有我”是到处存在的事实，“无我”仅仅是佛教的设想。

所谓诸行无常，也是佛教片面理解的结果。事物的变动不居是客观事实，佛教揭示这个事实，是深刻的。但是深刻过分，就是错误。因为一刹那之间此就变成了彼，所以是无常。那么，在此一刹那，此就仍然是此，而不是彼。依佛教所说，则事物，大到天地，小到微尘，都有“成住坏空”四个阶段。即成就某物，某物的暂住，某物的损坏，最后，某物的虚幻不实。那么，这就明明是说，在成、住两个阶段，某物是有常的，而不是无常的。因此，正确的说法应当是：诸行既无常又有常。在这里，佛教为了自己的宗教目的，在哲学上又犯了片面性的错误。

人们常常说什么“颠倒黑白”“混淆是非”。颠倒黑白、混淆是非固然不可取，但能够把黑白颠倒，把是非混淆，则需要相当的才能。而要把古往今来多少人生活其中的实实在在的世界说成是虚幻的，不真实的，并且使很多人相信，那就不是一点点才能所能做到的。所以，佛祖释迦牟尼，确实有过人的才华和常人所不及的智慧。然而尽管才华过人，出其类而拔其萃，但要把这实实在在的世界说成虚幻不实，毕竟困难太大。许多人起初或许会仅仅被这理论的雄辩所折服，但时间久了，质疑的声音也会越来越大。佛教内部，也发生了对于世界是空是有的不同见解。为了弥补仅仅把世界说成虚幻所带来的理论困难，佛教高僧又提出了新的说法，并且创造了佛教特有的思维方法。这就是“不一不异论”。

第二节　不一不异论

所谓“不一不异论”，是龙树《中观论》的第一品，也是《中观论》的纲领。其内容是：

> 不生亦不灭，不常亦不断，
> 不一亦不异，不来亦不去。

这段用八个“不”字组成的偈文，被称为“八不中道”。中，相应正确的意思。八不中道，即由八个“不”构成的正确道理。如果译成通俗文字，就是这样的意思：

> 没有产生也没有亡灭，
> 没有永恒也没有间断，
> 没有相同也没有不同，
> 没有到来也没有归去。

对于这段文字的实际内含，理解差异较大。但是用否定的方式在对立的双方中一概不作肯定的思维方式，却影响深远。中国唐代佛教有个“三论宗”学派，最重要的一论就是这个《中观论》。《中观论》的“八不中道观”，也是三论派的理论基础。

《中观论》又简称《中论》。“中”的意思是正确，中观论或中论，意思就是“正确的理论”。也就是说，《中论》就是讨论什么样的理论才是正确的理论。依《中论》的说法，只有符合“八不中道”的理论才是正确的。因此，那种认为世界不是空，而是实有的理论是不正确的；同样，认为世界是空即虚幻不实的理论也是不正确的，认为事物处于刹那生、刹那灭完全没有永恒的理论也是不正确的，如此等等。那么，什么样的理论才是正确的呢？这世界既不实在又不虚幻，既不永恒又不间断，如此等等，才是正确的。

体现《中论》这一认识成果的偈文，后来被最早形成的中国佛教宗派天台宗所特别重视。这首偈文是：

> 因缘所生法，我说即是空；
> 亦为是假名，亦为中道义。

意思是说，一切存在（法），都是诸条件（因缘）和合而成的。比如房子由墙壁、门窗等和合而成，人由肉体物质（色）思想（想）等五种因素（五蕴）和合而成。因为由诸因素和合而成，所以没有自我，是空。但是和合而成的东西还是存在的，例如房子、人等，还是存在的，不过虽然存在，但因为没有自我，是空，所以只是假名，不是真实存在。只有认识到事物是由因缘所生，是空，又是假名，才是正确的认识（中道）。

在这里，佛教是无可奈何地向世界的真实存在性作了让步：承认这个世界上的存在物不仅仅是空，是虚幻不实，而且还有“假名”的一面，即假借名称的一面。假名这一面，也是不能完全否认的。不过，“我说即是空”，那是佛教的真理，是真谛；看到假名一面的，是世俗的真理：俗谛。两方面都顾及道，才是中道：中道谛。中国的天台宗把这样的世界观叫做“三谛圆融”，认为只有这样的认识世界，才是正确的。

在这里，佛教不仅向世界的真实存在性做了不得不作的让步，而且区别了两种真理：佛教的真理和世俗的真理。这等于说，佛教的真理不是世俗的真理！那么，佛教的苦啊，空啊等等，也就仅仅是适用于佛教信仰者的真理，而不是世俗也适用的真理！佛教为了强调佛法的高超，却不得不否定了佛法至少一半的真理性！

中道观的应用不仅在此，更重要的是它提供了一种“不……不……不……不……”的思维方式。对于任何理论问题，从不做肯定式的回答。这种方法被广泛推广，成为佛教应付各种理论难题的基本方式。这种思维方式也被带进了著名的《坛经》，称“三十六对法”，既三十六对对立的范畴。

这三十六对范畴，从自然界的天与地，日与月，到佛教术语的有与无，色与空，此外就是日常生活的各种对立范畴，比如邪与正，生与灭，常与无常等等。这是惠能在临近涅槃时告诫弟子们的方法。他在说三十六对法之前解释说：

> 动（用）三十六对，出没即离两边。说一切法，莫离于性相。若有人问法，出语尽双，皆取法对，来去相因，究竟二法尽除，更无去处。（《敦煌坛经》第 45 章）

说完之后，再次告诫弟子：

> 此三十六对法，解用通一切经，出入即离两边。如何自性起用三十六对？共人言语，出外于离相，入内于空离空。著空，则唯长无明；著相，唯邪见谤法。直言不用文字，既云不用文字，人不合言语，言语即是文字。自性上说空，正语言本性不空。迷自惑，语言除故。暗不自暗，以明故暗；暗不自暗，以明变暗。以暗显明，来去相因。三十六对，亦复如是。（《敦煌坛经》第 46 章）

不须多解释了。惠能这里不仅说明这三十六对法的重要用途，而且举例示范，可谓临终前的谆谆教导。而其关键，是两次都强调的“出入即离两边”。也就是在对立的意见中，从不作肯定的回答。因为肯定就是否定。肯定于此，必然否定于彼。而无论肯定与否定，都总会有自己的对立面，因而就有可能招来反驳。在对立的意见中，我从不肯定什么，也不否定什么，你就无法反驳我，因而在理论上就可以永远立于不败之地。

然而这样真的就永远立于不败之地了吗？

无论是佛教还是世俗，哲学的功能，就是为了指导行动。释迦佛祖之所以悟得什么四谛、八正道、十二因缘，目的是要说明这世界的痛苦、虚幻，不值得留恋，因而下决心去追求涅槃寂静。如果他一开始就说这世界也苦也不苦，也空也不空，甚至涅槃可有也可无，能够吸引群众吗？至于禅宗，在和他人论辩时，他要使用三十六对法。但他们自己的行为，却是确定的，而无法无可无不可的。因为这种无可无不可的思维方式，只可如此想，如此说，而无法如此做的。说的一样，做的一样，言行不一，表里不一，虽然可以用“不一不异”为自己辩护，毕竟于诚信品德有失。如果在行动上硬要贯彻三十六对法，那就或者偏向此方，或者偏向彼方。莫衷一是，也就各行其是。这正是禅宗给佛教造成的危机。诃祖骂佛、野狐禅之类的言行，就是这种思维方式的产物。

第三节 不坐禅的禅宗

禅宗也以这种方式批判，更准确说是反驳了传统佛教的几乎所有佛法。佛经可以完全不讲，一句“佛祖在莲花会上拈花微笑，以心传心”，就超越、也否定了所有佛经；什么佛祖、菩萨，都不存在，我就是佛，就是菩萨。西方净土也不存在。东方人念佛要往生西方，西方人念佛该到哪里？天堂、地狱，也不存在。思量善就是天堂，思量恶就是地狱。以往所有的成佛方法和成佛理论，也都是错误的。诵经、施舍、造塔造像，都无功德。所有的佛法，在禅宗，都被归结为一句“识心见性”。只要识心见性，立即就可以成佛。因为在他们看来，人的心性本来是清静或者清净的，也就是没有烦恼的。只要认识到这一点，也就不会有任何烦恼。而所谓涅槃成佛，最根本的目的，就是没有烦恼。在轮回的链条中，饿鬼、畜生固然烦恼，做人、做天，也免不了烦恼。现在领悟到本性清净，心无挂碍。一切烦恼也就无从产生，自然就超越天人，成就佛果。

以《坛经》为代表的禅宗教义，可说是对传统佛教教义理论的根本否定和最深刻的批判。原来什么天堂、地狱、佛祖、菩萨，都不存在，都不过是心头的一点想法而已。你信他、想他，他就有；你不信他，不想他，他就没有。这正应了中国的一句俗话：鬼神是心头想，如此而已。所以有人把禅宗的理论说成是无神论的，也是有道理的。

然而禅宗只是根本否定传统的佛教教义和理论，却不能完全否定佛教的教义和理论。如果完全否定了，那就不是佛教的禅宗。他在否定传统教义和理论的同时，第一不否定个人成佛的可能，而且把成佛作为自己追求的最高目标。

如何成佛呢？依《坛经》所说，归结为一句话，那就是认识到“本性清净”或称“本性清静”。

本性清净，固然可以说是先天就有，或者和出生一起具备。然而当一个人决定出家修行时，已经或远或近地离开了刚刚出生的时刻。依佛教所说，这一阶段，人是会以自己的言行造就恶业或善业的。那么，当修行者悟得本性清净时，以前所造的业，到哪里去了呢？或者说，怎么办呢？禅宗似乎没有提出这样的问题。然而这样的问题是存在的，禅宗没有提出解决的办法，只能是理论的不完整。

至于说领悟到本性清净，以致心无挂碍，或者说，不执着，因此就没有烦恼，成就了佛。此后的言行，也就会像孔子说的，“随心所欲”，但却难以保证“不逾矩”，这正是儒家抨击禅宗的地方。宋代的理学家说，儒和佛都讲心。儒家讲心，有个天理管着，有规矩存在。禅宗讲心，只到心为止，没个规矩，因而就可以肆无忌惮。行善不放在心上，是高尚；做恶不放在心上，就是残忍和冷酷。这两个极端，都可以从禅宗的理论中找到根据。

第四节　信佛与信神

“佛”的意思是“觉悟者”。他觉悟了，并且把自己找到的方法告诉你，让你也觉悟，这就是他的工作。所以他到处说法。他有数十个称号，其中最常用的，或者说最重要的，是“天人师”，即天和人的导师。事实上，魔鬼也常常听他说法，六道众生，都奉他为导师，所以他涅槃的时候，所有的六道众生都为他悲伤。

导师是什么意思呢？就像世俗社会中的研究生导师，他的任务是教人学问，他的能力也只能教人学问。他们没有行政权力，也没有司法权力。佛也一样，他也没有行政和司法权力，不能像其他神祇那样，对人赏善罚恶。佛的这个作用，类似中国的孔子。孔子就是儒教尊崇的导师：“至圣先师。”虽然在国家祭祀系统中，他的地位和社稷同高，但他不能赏善罚恶。所以从古以来，原则上，也无人或者也不允许普通人到孔庙中上香祈福。因为孔子只是导师，他不能给人祸福。

但是中国人对待孔子还算规矩，因为有国家法律管着。对待佛祖，可就大大错位。有句话批评说“平素不烧香，临时抱佛脚”。依这话的意思，假如你平素给佛烧香，碰到难题时，佛就能保佑你。这样的认识，也是完全错误的。这就是把佛当成了一尊能够赏善罚恶的神祇，而不是一个指导你人生道路的导师。认识是如此错位，行动上多大程度能够照佛的话去做，就更成问题。

佛大慈大悲，不错。但是大慈大悲的佛却不理会你现世的祸福，不会去给你消灾降福。他知道你的痛苦，也特别同情你的痛苦。他甚至比你更深刻地体会着你的痛苦，所以才叫大慈大悲。他并不帮助你解决现实的痛苦。他告诉你的办法，就是不要留恋这痛苦的人生，要按他的办法，去追求涅槃寂静。

然而人们现实的痛苦毕竟是当务之急，于是佛教到中国以后，不久就兴起了所谓观世音崇拜。观世音是一尊专为中国人创造的、以解救世间疾苦为己任的佛教的神，以补充佛仅仅作为导师功能的不足。据说观世音菩萨非常灵验，谁有苦难，她就会来解救，“哪里有苦难哪里有我”。然而稍通佛教常识的人都知道，观音大士原来是男的，中国人把人家变性成女神。如果是你，你会欣然接受吗？

至于观世音的救苦救难功能，既然“哪里有苦难哪里有我”，也就不妨谁都试一试。当你找工作受拒时，当你考学未被录取时，当你重病不治时，当你没钱买房时，当你路遇恶人时；甚至当你作恶将被破获时，当你贪赃枉法要被“双规”时，都可以呼唤观世音菩萨。那时候，你就会知道菩萨的作用和存在的状况了。

佛教的最终目的是成佛。然而法身佛的出现，宣布了原来所谓金刚不坏之身的佛是不存在的。禅宗识心见性为佛的主张出来，法身佛事实上也被否定了。虽然禅宗识心见性即可成佛，但除了惠能以外，其大弟子法海，最有能耐的弟子神会，也都不敢说自己已经成佛。至于其别禅者，更未见有人成佛。成佛的目标，事实上被禅宗否定了。成佛的目标是虚妄的，那么，成佛的一切手段，成佛的一切理论，也都难以成立。佛教留给今天人们有益的东西，一是对于世界虽然片面但却深刻的哲学见解；二是庄严雄伟的寺、塔等物质文化遗产。

第五节　轮回说

如果继续追溯，则成佛的目标，源自对于轮回难题的解决。那么，是否真的有轮回这件事呢？地狱、饿鬼、天等都且不说，人和动物之间，有这样一种轮回的关系吗？

佛教初入中国不久，儒者们就提出了这样的问题：人死气散。这已经消散如粉末一样气，还能重新聚在一起变为另一个什么东西吗？还有，人是“万物之灵”，怎能和动物相互轮回呢？中国佛教方面的回答是，人死灵魂不死，可以转归别的肉体；人和动物不同，但都是“众生”，就像圣人和愚人非常不同但都是人一样，所以可以轮回。

到了元朝，史伯璿作《管窥外篇》，他反驳道，人和物刚刚产生的时候，哪里来的那么多灵魂用于转生？也就是说，轮回说无法说明人和生物的起源问题。第二，轮回说仅仅是在人与其他动物之间，植物为什么不参与轮回。佛教的回答是，因为动物“有息”而植物没有。史伯璿认为，这是否定了植物和动物都是同出一个本源。就像人指甲、毛发，虽然没有感觉，更没有灵魂，但是和身体其他部分，都是血气所生。同样，动物和植物，也是出于同一个本源，即一气聚散。轮回说仅仅顾及动物而否定植物，自相矛盾。

人可变成其他生物，其他生物可以变成人，就像小青虫可以变成蝴蝶一样，首先是一个生物学问题。轮回学说如果得不到生物学的支持，就失去了存在的基础。也就是说，轮回说本身，就是子虚乌有之事。那么，佛陀要去解决这样的问题，有什么意义呢！

这个问题，历史上未见有什么答案，不知今天的高僧们会如何回答。

更重要的是，依佛教“三法印”或“几法印”：“诸法无我”，既然无我，甚至这一刹那的某甲和下一刹那的某甲都不是一回事，那么，造就许多恶业的某甲，和那个地狱中受苦受难的某甲就不是同一个“我”，那么，我又何必害怕轮回，惧怕地狱的惩罚呢！

佛教传到中国，中国信仰者给轮回说添加了一个主体，那就是不死的灵魂。人死了，灵魂不死。这不死的灵魂，或上天堂，或入地狱受苦。似乎解决了佛教的根本宗旨和轮回说的矛盾。然而，依佛教原来的教义，在地狱中的，也是生物，而不是死亡后的生物。因为佛教本来的教义认为，如果死亡，就没有知觉，没有知觉，也就感受不到痛苦；感受不到痛苦，惩罚就没有意义。如果人死之后灵魂果然不死，那么，这离开了肉体的灵魂也不会有知觉，也感受不到痛苦，那我又何必害怕什么地狱酷刑呢！

一种无中生有的理论，如果要避免自相矛盾，几乎是不可能的。

第六章 世界宗教（二）：基督教

据《旧约》，苦难中的犹太人日夜盼望神派遣像大卫那样被称为“弥赛亚”的君主来拯救他们，恢复以色列当年的辉煌。这一天果然到来了。《新约》中，一位叫耶稣的木匠的儿子说，他要来做犹太人的王。跟着他，就能得到拯救，于是人们认为他就是弥赛亚。《新约》记载着耶稣的事迹，被译成希腊文广泛流传。在希腊文中，弥赛亚读为“基督”。弥赛亚或基督的意思，本意是“受膏者”，意思是神让把膏油倒在他头上的人。这是一种神圣的仪式，大体相当于后代的加冕，也大体相当于中国古代的天命君主和导师。苦难中的犹太人盼望弥赛亚，也相当于古代中国人在乱世中盼望真命天子。

第一节 曲折的历程

耶稣自称是上帝的儿子，就不仅是上帝派遣的弥赛亚。说上帝的天国就要到了，自己要做犹太人的王，可以把苦难中的人们带到幸福的天国，对于苦难中的犹太人，是幸福的声音，所以记载耶稣言行的书被称为“福音书”。耶稣说，只有跟着他才能得救，并用许多神迹证明自己。据《新约》，他用手摸好了瞎子，治好了瘸子，使麻风病人痊愈，能把鬼赶下山崖；他一声呵斥，波涛汹涌的大海马上就恢复了平静。基督教后来曾严厉镇压有类似行为的女巫，把她们的行为称为巫术。但同样的事情，由耶稣和他的门徒们实行，就叫做“神迹”。直到今天，不少基督教徒仍然把这类神迹作为吸引群众信教的重要手段。不过这些神迹存在的根据，都来自信徒的“见证”。直到今天，所谓“见证”，仍然是有神论者证明自己神迹的基本方法。正是因为这种方法的不可靠也不可信，才有科学验证方法的发明。

耶稣还严厉斥责犹太教教士们的腐败，说他们把神殿变成了市场和贼窝。

苦难中的犹太人眼见犹太教的教士们无力拯救他们，现在可盼来了救世的君主，于是许多人都相信并追随了耶稣。

耶稣传教的成功严重损害了犹太教教士们的声誉和利益，于是他们联合起来，把耶稣扭送到当时的罗马帝国当局。依照罗马当局的规定，在当天判处死刑的两个人中，犹太教士们可以选择一个免刑。犹太教士们选择了另一个刑事犯，而让耶稣被当局处死。在处死前，教士们还用荆棘编成“王冠”戴在耶稣头上，说，你不是犹太人的王吗？现在给你戴上王冠。耶稣本来是要在地上，也就是在现实中建立一个人民幸福安康的天国，这时他知道不可能了，于是他说：“我的国不在这个世上。”而由此开始，基督教的天国就成为天上的国。虽然如此，后来的基督教信徒们还是常常盼着天国会降临到世上，他们甚至准确地预测出了天国降临的日子。不过这样的期望总是以落空结束，所以后来就不再盼望这种现实的天国了。只有中国的洪秀全，还坚持现实天国的目标。他说耶稣是上帝的大儿子，老大，他是老二，二儿子。耶稣没有完成的事，他做到了。他把自己的政权称为“太平天国”。“天国”二字，是基督教的。但“太平”二字却是中国的传统追求。儒家有周公致太平的榜样，道教也有《太平经》。

由于耶稣是被犹太教教士致死的，后来基督教发展壮大，就把犹太人，不仅是犹太教士，都视为迫害耶稣的罪人，至少是罪人的同伙，是自己的仇敌。什么时候他们想起这件事，或者他们认为有必要，就对犹太人下手。轻则抢劫财物，重则将人杀死。第二次世界大战中德国法西斯迫害犹太人，是这种历史仇恨的极端发展。第二次世界大战结束，这样的事情才宣告结束。

不过耶稣是否像释迦牟尼和孔子一样，确有其人？历史学家们持不同意见。有人认为，耶稣不过是当时此起彼伏的新教派小头目的代表，就像中国唐宋之际到处流传着吕仙的传说，后来合成为一个吕洞宾。但也有人认为耶稣确有其人。四部“福音书”记载也不一样。三部都说耶稣虽有父亲，但他是母亲玛利亚在没有夫妻生活的情况下所生的，因此是童贞女生子。中国古代也有童贞女生子的故事。据《诗经》，周人的祖先弃，后来被祀为稷神，他的母亲姜嫄就是在没有夫妻生活的情况下生下了他。

传说姜嫄怀孕是因为踩上了大人的脚迹，大人就是上帝，所以弃是上帝的孩子。玛利亚之子当然也是 God 之子。“母以子贵”。由于孩子的缘故，姜嫄在中国古代曾受到特殊的尊敬，被单独建庙，祀为贵神。玛利亚在基督教世界也受到仅次于耶稣的崇拜。

据《福音书》，耶稣被处死几天以后就复活了。不久又从天上下来，告诉人们，他在天上陪伴着父亲，坐在父亲旁边，吃牛油面包。他允诺，只要相信他，跟着他，就都会像他一样，坐在 God 旁边，吃牛油面包。现在西方发达国家的基督教徒大约多数都把牛油面包吃腻了，但在当时，可是日夜盼望的最高享受。

当然，天国不仅是牛油面包。据但丁《神曲》，当诗人走到天国最高处的时候，人们似乎正围绕在 God 身旁跳舞唱歌，类似西方人常常举办的 Party，不过没有提到美食和酒水，远不如中国王母的蟠桃宴，更难比佛教净土的奢侈豪华。这大约是因为基督教在诞生数百年以后就取得了国教的地位，后来还取得了政权。许多物质享受在现实中就可以得到，甚至他们的领袖敢于把许多妓女公开弄进皇宫，所以用不着多花精力去想象天国的美好。不像佛教，一般僧人犯戒，只能偷偷摸摸。著名的高僧在众目睽睽之下，更不敢偷越雷池，所以只能用努力地想象来填补人生的空缺。

耶稣被杀死了，但犹太人的苦难没有消除，盼望救世主降临的教，也就是基督教，仍然继续传播。犹太教说，犹太人是亚伯拉罕的子孙，而亚伯拉罕的子孙是 God 挑选出来的优秀人民。到最后审判的日子，会受到 God 的优待。但耶稣的后继者说，只要相信耶稣是救世主，就是 God 的选民，在最后审判的日子里就会受到优待。所以基督教不仅在犹太人地区，而且在当时欧洲文化最发达的希腊地区，在包括埃及在内的北非地区，广泛传播开来。最后就是整个欧洲，罗马帝国境内的所有地区，都有传播。在罗马帝国境内传播时期，起初还有个别皇帝迫害过基督教徒，如同中国的“三武一宗”打击佛教，但为时甚短即告解禁。公元 4 世纪，基督教终于成为罗马帝国的国教。

第二节 宗教与教会

基督教诞生不久，由于不能借助国家行政系统传播自己的教义，遂在国家组织之外形成了一些小团体，这就是最初的教会。教会活动需要经费，经费来自教徒的捐赠。为管理共同的财产，遂设立了管理委员会，这就是后来教会领导机构的雏形。在一个教会里，捐赠财产多的信徒往往拥有较高的地位。教会曾经试图和这种现象做斗争，但收效甚微。直到后来，拥有整个国家而且能向教会捐赠大片土地的国王，也往往会享有最高的宗教权力。基督教是信神的，但是教会却没法避免它是一个拥有各种利益关系的俗世组织。直到教会自身的财产大体相当甚至超越世俗的人们，教会才真正拥有独立的品格。

在各地教会中，罗马教会由于身在首都，借助皇帝的支持，遂成为各地方教会的领袖。后来，罗马帝国分为东西两个部分。东部首都君士坦丁堡主教要求和罗马主教拥有相等，至少是仅次于罗马主教的地位，但罗马主教不同意。从公元4世纪开始，经过数百年的争论，11世纪，双方教会终于正式分裂。东方教会称自己是东方的“正教”，俗称“东正教”，如今俄罗斯境内及其周边许多国家的基督教就是东正教。西方教会自称“公教”。公教下面的耶稣会传教士利玛窦到中国传教，除把God译为中国的“上帝”，还依中国古代齐国祭祀中有“天主”这个称号，称God为天主，所以罗马公教在中国被称为“天主教”。

公教会不仅和东方教会激烈争夺权力，其内部也时起时伏地发生着激烈程度不同的争夺权力的斗争，最激烈的时候，有三个人同时都自称教皇，互相指责。15世纪，因为教皇的腐败，特别是借所谓“赎罪券”大量搜刮钱财，引起德国教士路德的不满。在路德的反抗下，公教会又发生分裂，分出了被称为“新教”的一派。新教派别众多，在中国被称为“基督教”。新教主要流行于美国及北欧等地区。

罗马教会由于接受世俗国王贵族捐赠的大片土地，加上接收了西罗马帝国灭亡后的土地遗产，一度曾经拥有广大的领土，建立了教皇国。教皇也像中国古代的皇帝一样，不仅是宗教领袖，而且是世俗的国家元首。在某种意义上说，教皇国应该就是耶稣当年为之奋斗的天国，人民在那里应该处于“得救”的状态。但实际情况却不是这样。人民要负担教会和世俗官吏系统两套系统的供养，教皇一点也不比世俗的皇帝好些。教皇也像中国的皇帝一样，往往有所谓骄奢淫逸者出现。在一个时期里，罗马城内几位贵族夫人相继成为教皇情妇，她们的儿子也先后成为教皇。这一段时期在教皇国历史上被称为“淫妇政治”时期。

教皇国成立于公元8世纪。一千多年以后，随着反基督教势力的增长，其领土大部分被并入意大利。1929年，教皇国终于宣告结束。不过现在的梵蒂冈公国实际是教皇国家的继承者。它是联合国的成员之一，拥有自己的领土，虽然很小。

第三节　救赎与原罪

基督教的教义，被概括为“救赎”。救是“拯救”。就是说，God，实际是耶稣，要拯救犹太人于苦难之中。然而因为耶稣被杀，反而把犹太人送进苦难之中。中国俗语，“冤有头，债有主”。后来的基督徒要一切犹太人都来承担杀害耶稣的责任，并向他们复仇，实在是被冤枉者多。在这个问题上，还是历史学家们的意见正确，那些基督教徒哪里是真想为耶稣报仇，不过是贪图犹太人那点财产。至少对于大部分“排犹事件”和大部分参与排犹行动的基督徒，是正确的。二次大战以后的基督徒们放弃了为耶稣报仇的行动，是正确的。

耶稣当时要拯救的，是犹太人，至少主要是犹太人。耶稣的门徒们以及门徒的门徒们把拯救的范围扩大到所有的欧洲人，又扩大到美洲人、非洲人、印度人、中国人等等，也是太过夸大。其结果，从过去的历史看，拯救的结果极差，甚至是完全相反。在美洲，“新英格兰的清教徒”们在议会上决定，每剥一张印第安人的头盖皮赏金40镑，后来提高到100镑。英国议会还宣布，这是“上帝和自然赋予它的手段”①。在非洲，把黑人贩到美洲做奴隶的，也都是基督徒，至少当时无人敢说他不是基督徒。在中国，他们制造了一桩桩血腥的所谓“教案”。至于欧洲的拯救，则是在反对基督教的情况下实现的。历史事实使那些彻底觉醒的欧洲人明白，“从来就没有什么救世主”“要创造人类的幸福，全靠我们自己”。这两句歌词直接批驳的，就是基督教的核心教义。

那么，耶稣是否已经拯救了许多人的灵魂在他的父亲旁边吃牛油面包呢？

---

① 载《马克思恩格斯全集》第2版第44卷，北京：人民出版社，2001年，第863页。

要像耶稣那样，肉体复活，是不可能的。这一点，对于任何一个现在正常的成年人，都用不着解释。但是基督教最初说的复活，可就是肉体的复活，让枯骨从坟墓里走出来。行善的，复活得生；作恶的，复活定罪。

《旧约》中耶和华神说，他要让坟墓里的枯骨都出来，并且给他们一个大卫那样的王统治他们。《新约》中，实行最后审判的是“人子”，也就是耶稣。他让那些信他的义人得到永生。宗教家们，不论佛教的高僧还是基督教的主教、神父，当他们要宣扬自己优越的时候，往往都缺乏起码的算计。佛教供养佛要那么多帐子、伞盖，只能是妄想；《旧约》说到时候让坟墓里的人都复活，甚至让平原上的枯骨都长出筋肉来。说这话时绝对没有想到，这需要一个国家重新安排多少人口？其衣食住行如何解决。假如他们有过当代救济非洲和中东地区难民的经验，可能就不会说这些话了。至于《新约》许给义人永生，又说到时候让作恶的也复活定罪，这不是让作恶者也永生了吗？这样一来，行善的得到的好处在哪里呢？

要能够在最后审判时得到永生，首先当然是要信耶稣基督，在此前提下，一是平常要做好事；二是抛弃家人和财产，把自身献给耶稣做“活祭”。活祭，是修道院制度的理论前提。其后果也很明显，本来是尽快进入天国的手段，用路德的话说，却成了将兄弟姐妹们尽快送入地狱的手段。因为在修道院里，是各种丑闻，特别是性丑闻高发的场所。

为了保证经常做好事，基督教建立了忏悔制度。假如你做了坏事，可到神父那里忏悔。神父会告诉你什么是正确的，指导你做一个好人。这样的制度，从其初衷来说，也是善意。缺点是制度的设计者高估了那些替 God 放牧羔羊的神父们的德行自制能力。因为忏悔者要忏悔的事，像《非诚勿扰》电影中葛优向神父忏悔的那些内容，是极少，甚至可以说是不会发生的。因为这是关系到在最后审判时的最终结局问题，而且是面对神灵。忏悔者都会把心中最隐私的内容和秘密向神父道出，希望得到神父的指导。这样的场所，只能是一对一的谈话，因为秘密不能向第三者泄露。而在这一对一的场所，是那些替 God 放牧羔羊的人们代表 God 指导人们行为的时候，而且他们许多人也确实给了这些羔羊们以良好的指导。同时也不可否认，这也是那些存心不良的牧羊人作案的良机。牧羊者作案的对象，通常是妇女和儿童。当基督教传到中国，这一做法也是中国人难以接受的原因之一，不少人把这样的制度视为神父诱奸妇女的手段。而这样的看法，并不是空穴来风。历史上，神父们的性丑闻和中国的僧人几乎是一样多，而且现在似乎也不见衰减。就在美国总统布什访华在清华大学演讲教导中国的教授和学生们信宗教可以提高道德的时候，美国天主教神父猥亵甚至性侵儿童的案件，成千件地被揭露出来。其中许多案件，就是在忏悔时发生的。

这样，耶稣拯救世人的手段，在现实中几乎没有一样是有成效的。不仅没有成效，而且往往演变为罪恶。那么，拯救死后的灵魂呢？也就是说，耶稣是否真的可以在所谓的“义人”死后，把他们的灵魂带到天上，坐在他的父亲旁边吃牛油面包呢？

生前的拯救既然无效，死后的拯救则要以灵魂的不死为前提。但丁《神曲》的天堂里，有许多高贵的基督教圣徒，那不过是但丁个人的想象。因为依照耶稣死后基督教的理论，死后上天国的必要条件，是灵魂不死。然而当代基督新教神学家德国人奥托、英国人麦奎利等，都明确宣布，灵魂是“完全不存在的东西”。那么，死后的天堂也仅是虚构的幻想而已。

这样，基督教的所谓拯救，当初就不过是大言而已，一千多年后的今天，成效也确实为零。

与“救”相等的是“赎”。赎也是救，不过是自救。这种自救之所以称为赎免，是因为人一生下来就欠着God的债，所以要赎免。什么债？感情债。

依《旧约·创世记》，God创造了最初的两个人：亚当和夏娃，一男一女，让他们在伊甸园内幸福地生活，他们却辜负God的好意，偷吃了智慧果，因而有了智慧，知道了羞耻，明白了爱情。于是God发怒，把他们赶出伊甸园，让他们受苦。他们的子孙，因为他们的始祖父、始祖母偷吃禁果，于是就有了与生俱来的罪过：原罪。他们一生的善行，首先不是用来积德，而是用来赎免原罪。

古代不少思想家都主张愚民，认为民众愚蠢，才好统治。老子说：“民其难治，以其智多。”孔子说：“民可使由之，不可使知之。”然而把民众拥有智慧看作罪过，要用一生的善行来赎免，则是基督教的独创，并且有点太过分了。

中国传统，“父债子还”，至于孙子辈，就不说了。如果一个人犯了罪，子子孙孙都要背负这个罪名，就是过分中的过分了。中国古代也有株连九族之说。九族，也有人解释为上下九代，也就是九代而已，也没有说子子孙孙都要受牵连。况且株连九族都是“十恶”之类的大罪，比如谋反，谋叛等等，像这种偷吃树上一个果子，根本算不上是罪名，甚至也不是道德上的缺陷。不仅中国，外国也是一样，年轻孩子上树偷吃个果子，几乎是家家都有的事，况且《旧约》中的God当时也没有很重的处罚，仅仅是把他们赶出园子了事，为何因为这点事让他们所有的后代都背负罪名呢?

说到这里，可要说到世界宗教极不光彩的做法，就是一面用极端美好的天堂、净土来引诱人，一面又用地狱之类的东西吓唬人，而且总是把一点小事说成大罪。佛教说掐死一只虱子也要下地狱，基督教就说因为他们的始祖母偷吃了树上一个果子，所以每个人都终生负罪，每天都胆战心惊地过日子，唯恐再犯了哪一条以致最后审判时会下地狱。

其实，《旧约》中只说God把亚当、夏娃赶出了伊甸园，并没有说他们的子孙都要为此负罪。把这件事说成每个人的原罪，是奥古斯丁神父的杰作。奥古斯丁神父曾经写过《忏悔录》，忏悔他入基督教以前的荒唐行为。其实他更应该忏悔的，是他把亚当、夏娃偷吃树上果子的事定为人类的原罪，使基督徒们子子孙孙没有一刻安宁。

《旧约》反复说过一句话：God是亚伯拉罕家的God，或者God是雅各家的God。因此，God就是亚伯拉罕家的家族神，更准确地说，是他们的祖先。后来亚伯拉罕的子孙们繁衍成以色列人或犹太人，God就成为以色列或犹太人的最高神。就像我们是炎黄子孙，炎帝、黄帝，是我们的祖先神，后来曾经作为最高神上帝一样。这样，God创造的亚当、夏娃，也只是亚伯拉罕及其子孙的祖先，而不是其他人的祖先。即使有原罪，如果不是亚伯拉罕的子孙，也不应承当。他奥古斯丁让古罗马境内其他民族的人都承当原罪，就已经是扩大，至于后来又让欧洲日耳曼等所谓蛮族，让非洲黑人，亚洲蒙古人种都去承当什么“原罪”，绝对是强加之罪。

赎罪的方式，和得救的方式，是一样的。首先是德行。虽然德行与德行不同。在此是德行的，在彼就可能是罪过。但是让人重视德行，毕竟是一件好事。问题在于，真正的德行是不带个人目的的。如果为了某种个人目的，哪怕仅仅是为了受到表扬，德行马上就离卑鄙不远了。然而基督教让人重视德行，前面是天堂的诱惑，后面是赎罪的督促，让人这样去重视德行，无论如何都不能说是高尚的。

第四节　God论与三位一体说

无论是救还是赎，其根源都在于God。救，为的是God最后审判时能有个好的结果；赎，是因为亚伯拉罕的始祖在God的园子里犯下了原罪。基督教的教义也因此集中到一点，即 God 是否存在？以什么方式存在？God 的能力究竟有多么大，如此等等。这在基督教，称为“God 观”。也有人译为“上帝观”，其实是不确切的。

耶稣和释迦不同。释迦为了解决印度教的轮回问题，提出了一系列行动纲领，并为这些行动纲领提供了一整套全新的哲学基础。其高低优劣可以任人评论，但自成体系，自成一套，全是所谓“原创”的新成果。耶稣不同。他没有提出一套全新的理论，只是说跟着他就可以得救，而且只有跟着他才能得救。为什么只有跟着他才能得救？他宣布说，因为他是 God 的儿子。这就比犹太教的其他所谓“先知”，具有绝对优越的地位。但是问题在于，得救是怎么回事？于是要讲最后审判。最后审判又是怎么回事？还有，你是 God 的儿子，那么，God 是谁，他都做了什么，讲了什么，如此等等，如果要弄个明白，就必须求助原有的犹太经典。这就是基督教为什么要认《旧约》也是自己圣经的基本原因。因为仅靠《新约》讲不清楚。不像佛教，无论什么问题，佛经中都讲得清清楚楚。

把《旧约》也作为圣经，就有个《新约》和《旧约》的关系问题，而首先是耶稣和 God 的关系问题。这个问题，也是基督教神学家们长期争论不休的“God 观”中的重要问题。

初期的基督教在这个问题上就分成了至少两派。一派认为，耶稣是 God 之子，不是 God 本身，其地位要低于 God，因为世界都是 God 创造的。这是再正常不过的认识。除非耶稣也像古希腊的宙斯一样，把他的父亲打倒。这样一来就没有后来的许多话了。但是不能。当时的犹太人，刚刚脱离巴比伦囚虏的悲惨命运。而他们总结亡国的教训，就是没有只信自己的神。因此，God 作为唯一的至上神，对于当时的犹太人，已经是根深蒂固，难以改变。耶稣不可能另起炉灶，而只能宣布自己是 God 之子，这是他当时所能达到的最高限度。所以在后来的伊斯兰教看来，尔撒（即耶稣）不过是神的使者，并不是神的儿子，是完全正确的。他自称是 God 之子，已经是不能再高了。据《新约》诸福音书，耶稣也没有另起炉灶之意，也只说自己是 God 之子，跟着他可以得救云云。

如果仅仅这样，则耶稣开创的，不过仅仅是犹太教的一个支派，早晚都有可能融入犹太教之中。耶稣已经死了，不能讲话了。但这种前途对于他的后继者来说，就无异于灭顶之灾。于是以奥古斯丁神父为代表，坚决主张“三位一体”说，即认为圣子和圣父，还有圣灵，具有同样崇高的意义。也就是说，耶稣不仅是 God 之子，而且也是 God 本身。

依已故著名的中国基督教神学家徐怀启教授的解释，“三位一体”的“位”，是“面具”的意思，这是当时古罗马境内戏剧表演的必备道具。因此，所谓“三位一体”，就是一个演员带了三副面具。或者说，三副面具之下，其实是同一个演员。也就是说，圣父、圣子、圣灵，都不过是面具，面具背后，只有一个演员。这样，耶稣就取得了和 God 同样重要的地位；或者说，耶稣就成了 God，而不仅是 God 的儿子，更不仅是 God 的使者。

然而这实在是个很荒谬的说法，不仅后来的伊斯兰教公开指责基督教的三位一体说，早在基督教创立不久，内部的阿里乌派就一直反对这个学说。而三位一体说成为基督教的基本信条，是在罗马皇帝君士坦丁支持下在宗教会议上强行通过的，而不是在以理服人的基础上通过的。就在这一时期，基督教神父德尔图良发表了一句名言：“正因为荒谬，所以我信仰。”虽然直到今天，仍然有人在挖掘这话的“深刻含义”，我们也只能回敬说：“尽管你信仰，但它真荒谬。”信仰荒谬，正是我们说的愚昧！

类似的荒谬还有奥古斯丁关于 God 形象的说明，即 God 虽然按自己的样子造人，但 God 并不具有人的形象。这种连最起码的逻辑也不论的定论，实在是荒谬。然而这样的荒谬，却成了基督教从此以后所保持的信仰，即 God 是没有形象的，尽管他按自己的形象造人。

和基督教相比，佛教许多理论尽管片面，但还不至于违背逻辑的荒谬。佛教的二谛论以及所使用的因明逻辑，都还顾及“俗谛”，即顾及世俗的逻辑常识，基督教的神学家们，则可以完全不顾逻辑的合理性。这一点，一面说明基督教势力的强大，可以强制推行自己的主张，而佛教由于没有或缺少国教地位和政治权力，只能依靠理论自身的力量；一面也说明，基督教神父们还缺少佛教高僧的那点理论修养，甚至有些著名的教父公开拒绝哲学。

任何一个大的思想体系，都必须有哲学的支持。佛教自创了一套哲学，虽然片面，甚至逻辑上有许多自相矛盾，但毕竟是所谓原创体系，不依赖别人。基督教自身没有这样的体系，它的前身犹太教，经典上，也没有这样的体系，只是传统而简陋的神学信仰。为了说明自己信仰的合理性，基督教不得不借助古希腊的哲学。

基督教首先借助的，是古希腊柏拉图的哲学。这种哲学把世界分为两个部分：一个是“理念”或称“理型”的世界，一个是现实的世界。现实的世界，不过是理型世界的不完美实现。这种哲学也把人体分为肉体和灵魂两个部分，认为灵魂是可以离开肉体而单独存在的。在神祇精灵化的过程中，基督教借助于这种哲学，把 God 说成是纯粹的精神存在。然而在三位一体中，圣父、圣子既然都是纯粹的精神体，那么，圣灵又该如何安置？基督教的最高神就在这样的自我矛盾中艰难地维系着它的存在。基督教中之所以不断要为最高神的存在做出论证，原因之一，就是这尊神自身的矛盾太多。其别的宗教，无论是国家宗教还是世界宗教，都没有像基督教这样，在神的存在问题上花这么多的精力。然而尽管基督教神学家们花了这么多的精力来论证 God 的存在，今日新一代神学家们却不无讽刺地说，论证 God 存在，本身就是亵渎 God！甚至说，信仰 God，“会给宇宙的尊严带来损害并且会涣散人类的努力劲头”[①]。既然基督教的神学家们都如此说了，我们也就不必再说什么了。

基督教借助的古希腊哲学，主要是本体论。God 也曾被说成是世界的本体，犹如物质是所有物体的本体，动物是虫鱼鸟兽等等的本体，家具是桌椅床柜的本体。但是古希腊的本体论仅仅反映了同类事物的共同本质，是从现实纷纭复杂的现象中概括出来的具有普遍意义的概念，不是这些事物产生的根源。基督教借助本体论，则往往把 God 说成是世界的本体。God 创造世界，被说成世界是 God 这个本体的流出，如此等等。至于古希腊的辩证法，则几乎完全被抛弃了。所以在基督教统治的中世纪，欧洲哲学很少有什么成就。

第五节　关于爱

有了神，就有个神人关系问题。中国儒教认为，上帝降生了民众，给民众设立了君主和导师，让他们好好治理和教导民众，把上帝的恩惠送达四面八方。佛教说，佛是导师，教人如何成佛。观音菩萨，关注人们现实的苦难。道教说，神仙那里有仙药或仙方，教你成仙。这都是各宗教基本的神人关系。基督教的神人关系，被一些人归结为爱，即 God 爱大家。基督教，也因此被某些人称为“爱”的宗教。

世界上没有无缘无故的爱，也没有无缘无故的恨。这句话，是颠扑不破的真

---

① ［法］夏尔单（德日进 Pierre Teilhard de Chardin SJ，1881—1955）《问题的中心》。载：刘小枫主编《20 世纪西方宗教哲学文选》，上海：三联书店，1992 年，第 519—520 页。

理。至于原因是什么？那要具体分析。但不会无缘无故，则不会有错。对于基督教来说，God 爱你，其前提，也就是原因，是因为你爱 God。一个不爱 God 的人，God 决不会爱他。

《旧约》中，摩西传达的 God 的十条诫命，前三条，讲的都是必须要信 God，而且只能信 God，而不能信别的神。《新约》的基本精神，就是要信耶稣。相信耶稣是 God 的儿子，只有跟着耶稣才可以得救。近年来国内广泛流行的蒂里希首创的"终极关怀"说，其所关怀的，也是要爱 God。不少人把这"终极关怀"理解为人对自己最后归宿的关心，不过是望文生义的结果。

如果不爱 God，God 会如何对待你呢？历史上基督徒对待不信基督教者的态度不必多说了，因为许多事情未必都是 God 的指示，我们还是以《旧约》为据。

依《旧约》，以色列人最伟大的先知摩西，带领以色列人走出了埃及，给以色列人传达了 God 的十条诫命。接替摩西的先知约书亚，为以色列民族建立了伟大的功勋。他带领以色列人最终回归到 God"应许"给以色列人的土地，战胜了当地的诸王。据《旧约》记载，他一共击杀了当地的三十一个王者，并将许多城市"尽行毁灭"。因为 God 教导说：

> 你临近一座城要攻打的时候，先要对城里的民宣告和睦的话。他们若以和睦的话回答你，给你开了城，城里所有的人都要给你效劳，服侍你。若不肯与你和好，反要与你打仗，你就要围困那城。耶和华你的上帝，把城交付你手，你就要用刀杀尽这城的男丁，唯有妇女、孩子、牲畜和城内一切的财物你可以取为自己的掠物。①

这是"又公义，又正直"的 God② 在约旦河东教导摩西的话。摩西又把 God 的教导传达给了以色列民众。当约书亚继摩西之后做以色列先知的时候，他忠实地贯彻了 God 的指示。当他用吹角攻破耶利哥城的时候：

> 百姓便上去进城，各人往前直上，将城夺取。又将城中所有的，不拘男女、老少、牛羊和驴，都用刀杀尽。③

---

① 《旧约·申命记》20：10—14。
② 同上，32：4。
③ 《旧约·约书亚记》6：20—21。

接着他们又攻下了艾城，杀尽了艾城的士兵，生擒了艾城的国王，又杀尽了艾城的居民：

> 以色列人在田野和旷野杀尽所追赶一切艾城的居民。艾城人倒在刀下，直到灭尽，以色列众人就回到艾城，用刀杀了城中的人。当日杀毙的人，连男带女，共有一万二千，就是艾城所有的人。约书亚没有收回手里所伸出来的短枪，直到把艾城的居民，尽行杀灭。①

以后被如此处理的，还有伊矶伦、夏琐等城，有亚纳族等部族。他们抵抗以色列人，也是God的意思："因为耶和华的意思，是要他们心里刚硬，来与以色列人争战，好叫他们尽被杀灭，不蒙怜悯。"②

古代战争中，屠城的事件，频频发生。但是见诸国家宗教经典，说是神意让战胜者屠城，则不多见。至于为了毁灭他们，就让他们的心刚硬，进行抵抗，做这样唆使的国家神祇，也不多见。在《旧约》中被认为是上帝公义的意志表现、在今天只能被认为是暴行的事件，可以说是比比皆是③。

显然，那些被杀的人，都是不信、当然也不会爱God的人。God对待这些人的态度，说是什么都可以，但绝对不能说是爱。

那些原来曾是God的信徒，后来因为种种原因又不信了，可能有的仅仅是不那么坚定，God又是如何处置这些人呢？很简单，让他们灭亡。以色列国的灭亡，依《旧约》以及研究者的总结，就是因为他们后来不信God了。

至于《新约》，耶稣确实曾经教导，要爱一切人，包括自己的仇敌：

> 只是我要告诉你们这听道的人，你们的仇敌要爱他，恨你们的要待他好，诅咒你们的要为他祝福，凌辱你们的要为他祷告。有人打你这边的脸，连那边的脸也由他打。有人夺你的外衣，连里衣也由他拿去。凡求备的，就给他；有人夺你的东西去，不用再要回来。你们愿意人怎样待你们，你们也要怎样待人。（《路加福音》6：27—31）

---

① 《旧约·约书亚记》，8：24—26。
② 同上书，11：20。
③ 陈鼓应《耶稣新画像》（三联书店，1987年）一书，汇集了《旧约》中此类事例。

耶稣说，假如这样做了，“你们的赏赐就必大了，你们也必作至高者的儿子”（同上，35）。而且也必然会得到相应的具体回报：“你们要给人，就必有给你们的。并且用十足的升斗，连摇带按。上尖下流的，倒在你们怀里。”（同上：38）然而这样的事情有过吗？有过基督徒爱仇敌的事例吗？至于今天，一个典型的例子就是，下令出兵阿富汗和伊拉克的美国总统，能爱本·拉登和萨达姆吗？

这是一种从来就没有发生过的，也是压根儿就无法实现的爱！事实倒是恰恰相反，历史表明，当基督教处于弱小地位的时候，他们或许能够遵守这一条戒律。他们的脸可能被人打过，不敢还手。但绝不是因为这条诫命，而是因为力量弱小。他们的东西可能被人拿走过，他们不再索要，也是因为力量不足。当他们力量强大起来以后，我们在历史上见到的，都是基督教徒如何抢占殖民地，如何屠杀印第安人和亚洲、非洲、美洲的原住民。在我们中国，大体也是如此。义和团运动，就是被这样激发起来的。在这样的情况下，谁还敢去打他们的脸，要他们的外衣！也是他们同胞，但不是基督教徒的著名哲学家罗素，深知他的同胞们如何对待这段教导。他在《我为什么不是基督徒》一文中写道，虽然圣经上说了，你打基督徒的左脸，他会给你右脸。但是我劝你们，千万不要这样！当然，即使没有罗素的劝告，过去和当今的世界上，似乎还没有一个人会傻到真的去实行这条爱的诫命。

《新约》中，耶稣一面教导他的门徒要爱仇敌，一面也鼓动他的门徒起来斗争。不仅《启示录》中要求复仇，在《马太福音》中，耶稣也对他的门徒们说：“你们不要想我来，是叫地上太平。我来，并不是叫地上太平，乃是叫地上动刀兵。因为我来，是叫人与父母生疏，女儿与母亲生疏，媳妇与婆婆生疏。人的仇敌，就是自己家里的人。爱父母过于爱我的，不配做我的门徒；爱女儿过于爱我的，不配做我的门徒。”（10：34—37）这一条，倒是被基督徒认真地实行过，而且至今还在实行。因此，说基督教是什么样的好宗教都可以，但要说它是爱的宗教，确实不是那么回事。

那么，基督教是如何得到这样一个美名呢？也不是毫无根据。这是许多人情况不熟、移花接木的结果。

18 世纪，欧洲发生了资产阶级革命。这时候，距离新教与罗马公教的分裂，仅仅有两百多年。16 世纪，当新教诞生的时候，旧的罗马公教视新教为异端，曾严厉镇压。虽然新旧两派都宣称爱 God，但是他们相互之间，却相互视为仇敌。在德国，伴随着一场闵采尔领导的农民战争。约四十年后，在法国爆发了被称为“胡斯战争”的宗教战争。新旧两派教徒在长达三十余年间，相互厮杀，大的战役就有八次。17 世纪上半叶，在所谓神圣罗马帝国境内，发生了被称为“三十年战争”的新教和旧教间的激烈冲突，几乎所有的欧洲国家都被卷了进来。

新教和旧教都爱着一个 God，但相互之间为什么不能相爱？于是，一场新的思潮终于在欧洲萌发、酝酿，18 世纪末，爆发了近代史上著名的法国大革命。伴随在这个大革命前后的，是一种新的思想。这个思想概括为六个字，就是自由、平等、博爱。不少人把这六个字归属于法国大革命，认为是大革命期间产生的口号。也有的人经过认真考证，认为这是在大革命以后才完成的。无论如何，这个口号是 18 世纪到 19 世纪的产物，则没有问题。伴随着这个口号的，是反封建、反宗教的欧洲革命运动，也是没有问题的。也就是说，博爱这个口号，是反封建的产物，也是反对基督教的产物。它反对的，首先是基督教内部都只爱自己那一派而仇视别人，其次是反对基督教要求首先要爱上帝。它提倡的，是人类之间要互相亲爱，并且反对基督徒只爱自己信教的兄弟姐妹而仇视不信教者、特别是仇视和迫害无神论者。

博爱思想首先得到了无神论者的拥护和大力推广，其典型代表，就是著名的费尔巴哈。他一面坚决反对基督教，深刻揭示了基督教 God 的本质，一面要创立一种新的宗教来代替基督教，这种新的宗教，他称为“爱”的宗教。建立爱的宗教的创意得到了许多社会主义者的赞同，他们把这种宗教看成基督教和有神论的对立物和替代物。

博爱口号本身就不过是天真的好意而已，还要把它变成一种宗教，使大家不分民族、不分阶级地彼此相爱，更加是一种虚构和幻想。所以恩格斯不无讽刺地批评费尔巴哈说：

> 在费尔巴哈那里，爱随时随地都是一个创造奇迹的神，可以帮助克服实际生活中的一切困难——而且这是在一个分裂为利益直接对立的阶级的社会里。这样一来，他的哲学中的最后一点革命性也消失了，留下的只是一个老调子：彼此相爱吧！不分性别、不分等级地互相拥抱吧！——大家都陶醉在和解中了！[①]

① 中共中央马克思恩格斯列宁斯大林著作编译局编译：《马克思恩格斯文集》（第 4 卷），北京：人民出版社，2009 年，第 294 页。

费尔巴哈以后，对于他“爱的宗教”的研究和评论，至今都没有绝迹。结论和评价可以各有不同，但它是基督教的对立物，则没有疑义。

也就是说，“博爱”这个口号以及“爱的宗教”这个头衔，是基督教的对立物，是反对基督教狭隘相爱观的产物。因为它出自欧洲，即出自基督教的大本营所在地，因此就被某些基督教人士拿来作为粉饰自己的化妆品，或者用中国一句古话，即狐假虎威的产物。

第六节　关于最后审判

God最重要的功能，是最后审判。最后审判的概念在《旧约》中就反复提起，说到那时God要在众人中分出好坏。好的会得到表彰，坏的要受到惩罚。《旧约》中的这种情况，大约是当时以色列或犹太国处置罪犯的习惯，即到一定时期，统一处理。中国古代也有这样的情况，叫做“秋后处决”。以致演变到今天，还有“秋后算账”一说。古代处决犯人，未必都在秋后，“斩立决”的事情也不少，但确有许多要等到秋后。至于秋后算账，不过是最后算账的意思，未必真是秋后。《旧约》中的最后审判，也当是“到统一处置的时候”的意思。这处置的时候，未必就是一次，也可能是这次处置完，下一次什么时候再说。然而成了宗教教条以后，就成了最后的一次，并且往往和世界末日联系起来。认为最后审判就是世界末日时的审判，是一劳永逸的一种审判。

不过在《旧约》中，说最后审判完毕，God会给以色列人一个英明如大卫一样的国王，而在《新约》中，最后审判不仅成为终极的审判，而且耶稣将运用God所给的权柄，让义人永生，让坏人得到永罚。

一般说来，国家宗教的目标是国家的安全，所以没有为个人设计一个最终的结局。或者说，个人的最终结局也不必设计，死亡就是你的最终结局。但是世界宗教的目标是个人的脱离苦难得到幸福，所以都有一个最终的结局。佛教先是所谓涅槃，但未必成佛，后来就是人人可以成佛。基督教，则许给个人的永生和永福。从用心和用意上，二者是一致的。然而二者同样的缺陷是，最后统一算总账，而不在平素纠正你的过错。这是个非常吓人的，也是不仁慈的表现。

中国古代，汉武帝当政不久，招来贤良、文学之士，询问治国之道：天命是不是一成不变的？人的努力有没有什么作用？其中董仲舒的回答最令武帝满意。

董仲舒的回答是，上帝是仁慈的，是爱君主们的。君主们如果有了过失，上帝就会用灾害现象发出警告；如果还不悔改，又会再发出怪异现象严重警告。还不改正，上帝才让他灭亡。和董仲舒塑造的上帝相比，那些平素不去纠正人的过错，非要到最后来算总账的做法，实在是不仁慈的做法。

这种最后审判的教义在《新约》中被特别地强调了，成为基督教徒最高的，也是终极的目标。早期的基督教徒们，大多都认为最后审判的日子就要来了。有的什么也不做，整天在等着这个日子的到来。极端的，甚至要求别人把自己杀死，以便早日进入天国。罗马帝国境内不少基督教徒就是这样做的，那些所谓被罗马帝国迫害致死的，有些其实就是自寻死亡的。

然而不论《旧约》还是《新约》，都仅仅讲了最后审判，却没说这日子什么时候到来。于是一起起预言就不断地涌进基督教的教义，然而这样的预言也一而再地被延期、被推迟。最近一次是2012年12月21日。就在头一天，也就是12月20日，河北人民出版社在人民大会堂召开新书出版发布会。会后闲谈中，自然免不了次日即是世界末日的话题。一位宣传部门的人士说，某人听说世界末日要到了，于是卖掉了房产，卖掉了公司，挥霍一尽。又把平素难以启齿的包二奶、养小三之类的事告诉了妻子。夫妻一场，最后总该讲句真话吧。然后又找到自己的那些仇人，平素总是低眉顺眼不敢招惹他们，现在还怕什么？于是把他们一个个都臭骂一顿，出了恶气，这一生也不算白活。办完这些事以后，他就等着世界末日的到来了。自认为到此为止，自己这一生过得还算不错。

然而第二天早上，太阳照常升起来了，这位老兄却大放悲声道：我的世界末日真的来了！

这是一个笑话，笔者也希望，今后的人们，都能把所谓世界末日当成一种笑话，使茶余饭后多一条闲聊的话题。然而可悲的是，直到现在，仍然有人并不把所谓末日当成谈资，而是当成真事。他们也不像那位老兄仅止于挥霍和动口，而往往会结成团体，自残，也残人，成为所谓“邪教”。我们希望，有关人士，能够把这条教义做出合乎现代社会生活的新的解释，不仅对本教有益，也将惠及整个人类。

第七节 传教问题

传教问题是世界宗教才有的问题，原始宗教各人信各人的，不必传教。国家宗教的传播依赖国家实力的强弱，在征服与被征服中同时改变着国家宗教的命运。只有世界宗教，要靠信教者个人的努力来传播。其中基督教的传播最积极努力，伊斯兰教由于首先要担负国家宗教的功能，所以它的传播往往和国家之间的征服被征服相关。佛教虽然重视传播，主要方式是僧人说法，犹如老师讲课，爱听者听，不爱听者也不强求，所以方式比较和平。只有基督教的传教方式，最令人不堪忍受。

早期基督教的传教成就，主要依赖于耶稣门徒们的个人努力。一个原来只有十几个人的小团体，要不被人消灭或者同化，又要能够发展，不厌其烦地、锲而不舍地反反复复向已有宗教信仰的人们宣传自己的教义，以求他们改宗，可说是必要的、不得不使用的手段。历史上，类似基督教这样新兴的宗教小团体被其他宗教吞没，或者自生自灭的情形，不知有多少。基督教能够保存下来，并且发展壮大，其鼎盛时期不仅统治着欧美广大地区，而且扩展到其他各大洲，其原因，与教徒们坚韧不拔地从事传教活动，有极大关系。

然而对基督教自身发展是好的事情，对于被基督教发展所吞没的宗教及其文化，就未必是好事了。基督教的传教行为，往往是引起各种冲突的根源。

中世纪及其以前的情况不必说了，其血与火的斗争，是那时国与国、教与教之间关系的常态。但是随着社会的进步和人类意识的发展，特别是自由、平等、博爱口号的提出，凭借暴力去传播自己宗教的事情就越来越令人难以忍受。

著名历史学家汤因比在他的著作《一个历史学家的宗教观》中，用大量的篇幅谈到了 God 和善恶问题。在描述基督教在向外传播过程中给当地人民带去的“福音”时，他引用了洛克《论宗教宽容》的文字：

> 一批人数不多的基督徒，身边一无所有，来到一块崇奉异教的国土，这些外来者恳求当地人以人道主义为怀，供给他们生活的必需品。他们得到了这些东西并被允许在当地居住下来。后来他们同当地人结合在一起，成为一个民族群体。基督教也随之在那里扎根、扩张，但一时尚不能成为最强大的

> 宗教。在这种情况下，他们同当地人尚能保持和平、友谊、信任和平等。后来，官长成了一个基督徒，这样一来，那帮人便成了最强大者。于是，为了消灭偶像崇拜，顷刻间，所有契约被毁，一切公民权利都遭到践踏，那些无辜的异教徒——平等原则和自然法则的严格遵守者，那些从不以任何方式违犯社会法律的人们，除非放弃他们古老的宗教，皈依一个新的、完全陌生的宗教，否则他们注定会失去父辈们的土地和财产，甚至会丧生。由此我们终于可以看到：对教会的狂热加上奴役他人的欲望，究竟带来什么样的后果：以及用宗教和关心他人为借口，多么易于成为贪婪、掠夺和野心的托辞。①

当这些 God 的选民们滥用 God 赋予的自由意志的时候，God 就像一个失败的父亲管不住自己儿子一样的毫无办法，只好听任他们作恶，更不要说什么全知全能。

洛克是这类事情发生时的见证者，而且也是被 God 赋予自由意志，只是并不滥用的人，所以他憎恶那些滥用者。在他看来，这些滥用者极大地损害了 God 的声誉。所以他继续披露说：

> 那使基督教在全世界所有民族眼里变得面目可憎的事情当推：基督徒起先讨好地暗示，自己不过是要求自由地提倡他们的教义，后来却粗暴地推倒异域原有的宗教圣殿，即使政府下令重建，也拒不从命……②

“基督教在全世界所有民族眼里变得面目可憎”，这是洛克的结论。那时候的基督教，全不像现在这样温和，似乎也无人讲什么基督教是爱的宗教。至于洛克这句话里包含了多少所谓血泪账，我们这里也不想多说了。我们只希望，那些真的还想知道一点真相的人们，应该去读点相关的历史。

洛克也评论了中国皇帝使基督徒们高兴的、对基督教极其宽容的诏书。洛克说：

---

① ［英］汤因比（Arnold Toynbee）《一个历史学家的宗教观》（An Historians Approach to Religion），晏可佳、张龙华译，成都：四川人民出版社，1990 年，181—182 页。

② 同上书，第 182 页。

> 如果他着手弄清事情的原委，这是健全的政治所要求做到的，便永远不会同意他事实上给予传教士们的这种特权。他本该知道这伙人主张的是在耶稣基督的指挥下“勉强人进来”（按：《路加福音》第 14 章第 23 节）——也就是说，用流放、监禁、拷打、屠杀和镇压对付所有不愿皈依基督福音的人，废黜那些反对他们发展的君主。①

在这种情况下，那就“不是割断他们的喉咙，就是被他们割断喉咙”。还好，在洛克那个时代以后不久，中国就和基督教方面断绝了联系，所以当时还没有落到被人割断喉咙的地步。

但是没过多少年，基督教就借助坚船利炮，再一次来到了中国。这一次，是他们先凭借着割断那些反抗者的喉咙，然后再进行传教的。这次传教的结果，就是义和团运动和八国联军进入中国的首都北京。而造成这种后果的重要原因之一，据欧洲一些自由派的评论，是基督教那“缠磨人”的传教方式以及他们制造的太多的血案。

义和团运动至今，又百多年过去了。世界的变化，更加是一日千里。基督教凭借暴力传教的情况几乎不存在了，基督教变得越来越温和可亲了。于是，基督教是爱的宗教，基督教给人类提供普世道德，基督教促进科学的发展等等言论，也日益增多，似乎给当代社会带来文明和进步的动力，全来自基督教。如果说某些人士把“博爱”这个反对基督教的口号当做基督教的创意是狐假虎威的话，那么，把所有在反对基督教的进程中人类所获得的文明和进步都说成是来自基督教，那就是不知道什么叫耻辱了。

但是基督教“缠磨人”的传教方式，则没有改变。几乎每个人都会在你的周围碰到这样的情况。基督徒们向你传教，要你信教。尽管你一次次地拒绝，他们仍然锲而不舍地追逐。如果一个人喋喋不休地向你推销他的商品，会使你感到非常讨厌，那么，喋喋不休地传教呢！

基督教这种传教方式，一面是经典的要求，一面是信教者的功德。犹如佛教把反复诵经、修建佛寺、佛塔等作为功德一样。积累功德，就是积累上天堂的分数。两面合起来，遂形成了这样一种传教方式，并且成为传统，流传至今。

---

① ［英］汤因比（Arnold Toynbee）《一个历史学家的宗教观》（An Historians Approach to Religion），晏可佳、张龙华译，成都：四川人民出版社，1990 年，第 183 页。

这种传教方式背后，还有一个根深蒂固的思想根源，那就是认为自己的教义是真理，而且是绝对真理，真理就在他们自己手上。向你传教，是向你传播福音，是对你的恩惠。因为你原来信的那些，都是迷失，你是迷途的羔羊，我要让你归入正道。在这里，基督徒们所缺乏的，只有一条，那就是对别人信仰的尊重。既然缺乏尊重，也就免不了发生冲突。每当发生冲突，基督徒就会认为，这是魔鬼在作怪。这种褊狭的、唯我独尊的认识和心理，是坚定基督教信仰的条件，也是引发冲突的大根源。

最能体现基督教徒这种褊狭心理和褊狭认识的，就是美国政府设置的“宗教自由委员会”。

自由，作为资产阶级革命的口号，从它诞生之日开始，就不仅仅是允许宗教的自由，相反，倒是要从宗教的压迫之下争取自由。美国政府设置宗教自由委员会，偏爱推广宗教的自由，从酷爱自由的美国产生这样的机构，本身就是对自由精神的背离。因为单从思想领域来说，至少应该有不信教的自由，坚持无神论的自由。可是如果这样，那就必然和所谓宗教自由发生冲突。而美国利用国家机器这样一个暴力机构去推广宗教自由，显然是对不信教自由和无神论自由的侵犯，因而是一种文化帝国主义的政策。这个政策为之服务的，仅仅是美国政府所代表的少数人的私利。

如果美国愿意和其他国家平等相处，就应该取消这个也违背本国宪法精神的宗教自由委员会。至于基督教神学家们，最好也把福音书中传教的内容做出新的虚化的解释，如同他们或他们的前辈已经虚化了经典中许多内容一样。如果这样做了，不仅是非基督教信仰者的福音，也是基督教徒们的福音。如果仍然要坚持这么做，那么，受损害的，就不仅是被传教的人们。

第七章　世界宗教（三）：伊斯兰教

伊斯兰教诞生于佛教、基督教之后，是最年轻的世界宗教。该教汲取了基督教的许多教义，所以其神祇观念一开始就站在比较高的起点上。伊斯兰神学家们批评基督教“三位一体”的教义，创立了完全超越于精神和物质之上的超精灵神。人们除了赞颂这位至上神的至善至美、无处不在、无时不在等等以外，不能说这神“是什么”。因为世界是他创造的，被他创造的事物没有一样能够和他类似。在伊斯兰教的神祇观念中，也就存在着神的全能至善和现实世界恶行和苦难存在的矛盾。

伊斯兰教采纳了许多基督教的教义，然而他面对的是当时阿拉伯世界比较落后的社会形态。为了团结和组织民众，伊斯兰教不得不首先担负起国家宗教的责任。所以在《古兰经》中，就比佛经和《新约》更多地关注着社会生活，制定了许多现实生活的规则。这些规则当地当时可能是必要的甚至是先进的，然而随着伊斯兰教传播范围的扩大和时代的变迁，许多当地当时必要甚至是先进的规范，会成为不必要不先进甚至是落后的限制自身发展的规范。如何对待这些规范，是伊斯兰世界面临的最重要的思想课题。

从古以来，欧洲所经历的最重要的思想变革，就是近代以来随着科学的大发展对于基督教教义和生活规范的重新检讨。检讨的结果是，“教”衰落了，但社会进步了，人民的生活条件极大地改善了。欧洲的经验、教训，都是伊斯兰世界值得认真思考的大问题。

迄今为止，伊斯兰世界对这个问题的思考可以分为两个方向，一个是学习欧洲的榜样，实行变革。变革中，又产生了新的问题。面对新的矛盾，一些人又主张回归过去。回归过去的主张者，有的就成为所谓“极端主义”分子。极端主义者的极端行为，首先伤害的乃是伊斯兰世界的生命和财产，和平与安定。在解决极端主义问题上，说明天堂地狱实际上并不存在，抛弃“圣战殉教可进天堂”的愚昧观念，不让极端分子利用教义去做恶，是伊斯兰教神学家们面临的火烧眼眉的问题。

当欧洲的利器到达中国境内的时候，中国人民经历了一百多年的奋斗，终于找到适合自己发展的道路。在这个过程中，也不止一次地有人主张回归过去，认为那才是中国人的安身立命之处。然而更多的中国人知道，历史的河水不能倒流。要解决前进中出现的问题，只能是在继续前进之中。当年在中国人民寻找解放道路的时候，也曾经向伊斯兰世界中的先进者学习过。时至今日，中国人民一百多年为民族独立和国家富强、人民幸福而奋斗的历程，或许对于伊斯兰世界，有某种借鉴的意义。

结　语

科学无神论是在近代科学高度发展基础上产生的无神论思想。科学无神论彻底否认一切神祇的存在，并且不再创造新的神祇。

马克思主义无神论不仅彻底否认神祇的存在，而且科学地说明了神祇观念的起源和存在原因，科学地对待神祇观念和神祇观念的信仰者，因而是科学无神论的最高形态。

科学无神论是马克思主义理论体系的世界观基础，马克思主义也是科学无神论不断发展完善的理论指导。依据马克思主义的立场、观点和方法研究神祇观念，我们得出的结论有如下内容：

神是人创造的。人类创造的神并不都是精神性的存在，也并不都具有人的形象。

人类创造的第一批神祇，是动物神，或称“兽神”。在想象中把兽神某些有用的器官组合起来成为新的个体，就创造了魔神。随着掌握自然能力的提高，人类发现，真正值得崇拜的，是自身。于是先把人体的某些器官掺杂进魔神的身体，创造了半人半兽形的魔神。接着，就是把同类中的英雄崇拜为神，创造了人神。人神，就是人形的神。从兽神经过魔神到人神，都被认为是具有血肉之身的存在。

人神由于死亡、以及道德、能力等方面不可克服的缺陷，因而难以满足不断发展着的对于神祇的期待，在人神之后，人类又创造了精灵神。所谓精灵神，就是认为神乃是精神性的存在，它无形无象，又可以到处存在，以满足人类崇拜的需要，解决人类想要它们解决的问题。

精灵神的出现并没有解决人类要求解决的问题，对精灵神的期待和现实苦难之间的巨大矛盾，特别是神职人员的腐败，在近代科学首先发展的欧洲也首先彻底否定了一切神祇的存在，特别是否定精灵神的存在。于是，宗教家们为了维护自身的利益，在精灵神之后，又创造了超精灵神。所谓超精灵神，就是说，不能说神是物质的，也不能说神是精神的。最后，是不能说神是什么，只能说神不是什么。它是超越于一切现实存在的存在物。这样，超精灵神就成为仅仅是一个符号，一个没有任何内容的存在。

从构成质料上讲，神祇可以分为具有肉体的、纯粹精神的和超越肉体与精神只能说它为“有”或“存在”的，三种。它们的共同特点是，都被认为具有某种超自然力。神祇观念不断发展，神祇的超自然力也被一步步夸大，直到认为神祇能全知全能，是至善至美。

魔神出现以后，兽神就逐渐被认为不是神；人神出现以后，魔神被称为“魔鬼”“魔怪”或者“妖魔”，被逐出神祇的行列。精灵神出现以后，人神也被否定了，认为他们不是神。超精灵神，又否定了精灵神的存在。所谓超精灵神，乃是不能说它不存在又不能说它存在的、可以随时拿起又随时放下或丢开的纯粹的符号，因而是个实际上并不存在的幻想中的对象。

神祇观念被否定的历史，只能使我们得出这样的结论：神祇，从兽神、魔神到超精灵神，都是不存在的。传播这样的观念，向人们说明和宣传在神祇问题上的真理，是当代无神论者的责任。

信仰神祇的人们以各种方式结聚成社会集团，就是宗教。最初的、原始社会产生的宗教，我们称之为原始宗教。随着国家的产生，宗教也由原始形态演变为国家宗教。在国家宗教内部，产生了世界宗教。存留至今的三大世界宗教是佛教、基督教和伊斯兰教。从欧洲近代国家产生以来，在宗教自由前提下诞生的宗教，我们称之为新兴宗教。四类宗教有历史前后的顺序，也有各自的特点。它们共同的特点是：信仰神祇，并且按神祇的意志行事，以求得到神祇的帮助和佑护。

为了神祇的帮助和佑护，信仰神祇的人们用各种方式讨好神祇。从奉献物质的祭品到高尚的道德操守，甚至自己的一生。在献祭者看来，自己都是以小的代价去获取大的收获。但是由于神祇是不存在的，在这种人神的交易中，实际的效果是，奉献者献出了自己最好的东西，收获的仅仅是心灵的安慰。心灵的安慰可以使人得到一时的满足，但不能解决他要解决的实际问题，而且往往由于这种安慰而放弃真正应该进行的努力。无神论者的责任，就是要帮助人们认识到神祇的不存在，不要追求虚幻的不能实现的目标，要把精力用于真正该努力的地方，去“摘取现实的花朵”。

引用书目

（以出现先后为序）

1.《墨子》(《四库全书》本)

2. 国务院宗教事务局《更广泛的开展科学无神论的宣传》（内部参考）1954年

3. 世界宗教研究所《科学无神论讲话》(内部征求意见稿)，1977年

4. 任继愈《为发展马克思主义的宗教学而奋斗》，载1979年《哲学研究》第4期

5.《马克思恩格斯选集》第2版，人民出版社，1995年

6.（汉）许慎《说文》(《四库全书》本)

7.《周易》(《四库全书》本)

8.《辞源》第一版，商务印书馆，1915年

9.《基督教早期文献选集》，香港：基督教文艺出版社，1995年

10.《列宁选集》，人民出版社，1995年第3版

11.［古希腊］希罗多德的《历史》，王以铸译，商务印书馆，1985年

12.《长阿含经》(《中华大藏经》本)

13.《杂阿含经》(《中华大藏经》本)

14.《山海经》(《四库全书》本)

15.《史记》(中华书局标点本)

16.《尚书》(《四库全书》本)

17.《诗经》(《四库全书》本)

18.《论语》(《四库全书》本)

19.《孟子》(《四库全书》本)

20.《荀子》(《四库全书》本)

21.《唐开元礼》(《四库全书》本)

22.(宋)程颐《程氏易传》(四库全书本)

23.(宋)张载《正蒙》(《四库全书》本)

24.(宋)朱熹《朱子语类》(《四库全书》本)

25.[英]詹姆斯·弗雷泽(James George Frazer,1854—1941),《金枝》(Golden Bough),刘魁立译,大众文艺出版社,1998年

26.基督教《旧约》

27.基督教《新约》

28.[美]戴维·利明(Darid Leeming)、[美]埃德温·贝尔德(Edwin Belda)的《神话学》(Mythology),李培茱等译,上海:上海人民出版社,1990年

29.[苏]克雷维列夫等《宗教史》(История Религий),王先睿等译,北京:中国社会科学出版社,1984年

30.《左传》(《四库全书》本)

31.《国语》(《四库全书》本)

32.《汉书》(中华书局标点本)

33.《后汉书》(中华书局标点本)

34.《礼记》(《四库全书》本)

35.《罗摩衍那》,季羡林译,译林出版社,2005年

36.[英]渥德尔《印度佛教史》,王世安译,商务印书馆,1987年

37.[苏]托卡列夫《世界各民族历史上的宗教》,魏庆征译,北京:中国社会科学出版社,1985年

38.日本天皇《人间宣言》

39.《琉善哲学文选》,罗念生等译,北京:商务印书馆,1980年

40.吴于廑主编《外国史学名著选》,北京:商务印书馆,1988年

41.[古希腊]亚里士多德《论灵魂》,载:《亚里士多德全集》,苗力田译,北京:中国人民大学出版社,1990年

42. [古希腊]《柏拉图全集》，王晓朝译，人民出版社，2003年

43. 恩格斯《布鲁诺·鲍威尔和原始基督教》。载《马克思恩格斯全集》第2版第25卷，人民出版社，2001年

44.《尔雅》(《四库全书》本)

45. [英] 缪勒 (Friedrich Max Muller，1823—1900)《宗教的起源与发展》(Lectures on Origin and Growth of Religion)，金泽译，上海：上海人民出版社，1989年

46.《管子》(《四库全书》本)

47.《吕氏春秋》(《四库全书》本)

48. 王充《论衡》(《四库全书》本)

49.《诗经》(《四库全书》本)

50.《庄子》(《四库全书》本)

51. (南朝梁) 僧祐《弘明集》(《中华大藏经》本)

52. (唐) 道宣《广弘明集》(《中华大藏经》本)

53. (东晋) 慧远《形尽神不灭》，载《弘明集》

54. (南朝宋) 郑鲜之《神不灭论》，载《弘明集》

55. (南朝梁) 范缜《神灭论》，载《梁书·范缜传》

56. (东晋) 葛洪《抱朴子内篇》(《四库全书》本)

57. (南朝宋) 宗炳《明佛论》，载《弘明集》。

58. [英] E. 埃文斯—普里查德《原始宗教理论》，孙尚扬译，商务印书馆，2001年。

59. [美] G. F. 穆尔 (George Foot Moore)《基督教简史》(History Of Religions Part 2：Christianity)，郭舜平等译，商务印书馆，1981年

60. (北凉) 昙无谶译《大般涅槃经》(北本，《中华大藏经》本)

61. (唐) 实叉难陀译《八十华严经》(《中华大藏经》本)

62. (东汉)《牟子理惑论》，载《弘明集》

63. (梁) 梁武帝萧衍《立神明成佛义记》，载《弘明集》

64. 马坚《古兰经》，中国社会科学出版社，1981年

65. (清) 刘智《天方典礼》(《天方典礼择要解》)(《回族典藏全書》本，宁夏：人民出版社，2008年

66. (唐) 惠能《坛经》(宗宝本)(《中华大藏经》本)

67. （唐）惠能《坛经》（李申合校敦煌本），山西古籍出版社，1999 年

68. （唐）宗密《原人论》（《中华大藏经》本）

69. （宋）程颢、程颐《程氏遗书》（《四库全书》本）

70. （宋）朱熹《论语集注》（《四库全书》本）

71. （宋）朱熹《孟子集注》（《四库全书》本）

72. （战国）韩非《韩非子》（《四库全书》本）

73. ［德］尼采《快乐的科学》，黄明嘉译，中国和平出版社，1986 年

74. ［德］尼采《查拉图斯特拉如是说》，尹溟译，文化艺术出版社，1987 年

75. ［美］奥尔蒂泽（Thomas J. J. Altizer，1927—）《神学中的创造性否定》。载：刘小枫主编《20 世纪西方宗教哲学文选》，上海：三联书店，1992 年

76. ［美］保罗·田立克（Paul Tillich，蒂里希）《系统神学》第二卷（Systematic Theology vol. 2），郑华志译，东南亚神学院协会台湾分会发行，1988 年

77. 毛泽东 1938 年读李达著《社会学大纲》有关宗教问题的批注。载《毛泽东哲学批注选集》，北京：中央文献出版社，1988，第 214 页

78. 《使徒信经》，载《历代基督教信条》，宗教文化出版社，2010 年

79. 《尼西亚信经》，载《历代基督教信条》，宗教文化出版社，2010 年

80. 《亚他那修信经》，载《历代基督教信条》，宗教文化出版社，2010 年

81. 《西敏斯德信条》，载《历代基督教信条》，宗教文化出版社，2010 年

82. （宋）朱熹《晦庵集》（《四库全书》本）

83. （宋）赞宁《宋高僧传》（《中华大藏经》本）

84. （明）孙瑴编《古微书》（《四库全书》本）

85. ［古希腊］《克塞诺芬尼著作残篇》，载《古希腊罗马哲学》，商务印书馆，1982 年

86. ［法］涂尔干（杜尔凯姆 Emile Durkheim，1858—1917）《宗教生活的基本形式》（Les Formes Elementaires de la Vie Religieuse），渠东，汲喆译，商务印书馆，2011 年

87. ［英］缪勒《比较神话学》，金泽译，上海：上海文艺出版社，1989 年

88. ［英］罗素（Bertrand Russell）《西方哲学史》（History of Western Philosophy）（上卷），何兆武译，北京：商务印书馆。1988 年

89.《马克思恩格斯全集》(第 2 版) 第 25 卷，人民出版社，2001 年

90. [古罗马] 阿庇安《罗马史》，谢德风译，商务印书馆，1995 年

91. [英] 麦克唐纳 (A. A. Macdonnell)《印度文化史》(Indias Past)，龙章译，中华书局，1948 年

92. (东汉) 郑玄《毛诗笺》(《四库全书》本)

93.《逸周书》，(《四库全书》本)

94. (西晋) 杜预《左传注》(《四库全书》本)

95. (唐) 韩愈《羑里操》(《拘幽操》)，载《昌黎集注》《四库全书》本)

96. 敦煌本《历代法宝记》

97. 道教《西升经》(《正统道藏》本)

98. (汉) 董仲舒《春秋繁露》(《四库全书》本)

99. [意] 利玛窦《天主实义》(《续修四库全书》本)

100. [德] 路德《致德意志民族的基督教贵族信》，载：《路德选集》徐庆誉、汤清译，宗教文化出版社，2010 年

101. [英] 托马斯·马丁·林赛 (Thomas Martin Lindsay，1843—1914)《宗教改革史》，孔祥民等译，商务印书馆，1992 年

102. [德] 施特劳斯《耶稣传》第一卷，吴永泉译，商务印书馆，1981 年

103. 段德智《试论当代西方宗教哲学的人学化趋势及其历史定命》，载《哲学研究》1999 年第 8 期

104. [法] 夏尔单 (德日进 Pierre Teilhard de Chardin SJ，1881—1955)《问题的中心》。载：刘小枫主编《20 世纪西方宗教哲学文选》，上海：三联书店，1992 年

105. [英] 詹姆斯·C·利文斯顿 (James C. Livngston)《现代基督教思想》(Modern Christian Thought) 下卷，何光沪译，成都：四川人民出版社，1992 年

106.《西游记》

107.《封神演义》

108.《三国演义》

109. [英] 汤因比 (Arnold Toynbee)《一个历史学家的宗教观》(An Historians Approach to Religion)，晏可佳、张龙华译，成都：四川人民出版社，1990 年

110. [瑞士] 汉斯·昆 (Hans Kung)《什么是真正的宗教》。载：刘小枫主编《20 世纪西方宗教哲学文选》，上海：三联书店，1992 年

111. [德] 鲁道夫·奥托 (Rudolf Otto，1869—1937)《神圣的观念》。载：刘小枫主编《20 世纪西方宗教哲学文选》，上海：三联书店，1992 年

112. (清) 曾国藩《讨粤匪檄》，载《曾国藩全集》，兰州：甘肃文化出版社，2002 年

113.《以色列独立宣言》

114. [英] 约翰·麦克曼勒斯 (John Mcmanners) 主编《牛津基督教史》，张景龙等译，贵阳：贵州人民出版社，1995 年

115. [英] 怀特海 (Alfred North Whitehead，1861 - 1947 年)《科学与近代世界》，何钦译，商务印书馆，1959 年

116. [日] 池田大作、[英] 威尔逊 (Bryan Wilson)《社会与宗教》，梁鸿飞、王健译，成都：四川人民出版社，1991 年

117. 钟科文《法轮功何以成势》，北京：当代中国出版社，1999 年

118. 徐怀启《古代基督教史》，上海：华东师范大学出版社，1988 年

119. (元) 袁桷《郊不当立从祀议》，载《清容居士集》(《四库全书》本)

120.《五十奥义书》，徐梵澄译，北京：中国社会科学出版社，1984 年

121. 朱明忠《印度教改革史》(稿本)

122. [古希腊] 希罗多德《历史》，王以铸译，北京：商务印书馆，1985 年

123. [德] 斯威布《希腊的神话和传说》，楚图南译，北京：人民文学出版社，1984 年

124. [古罗马] 塔西佗《日耳曼尼亚志》，马雍、傅正元译，北京：商务印书馆，1962 年

125. (唐) 慧立、彦宗《大慈恩寺三藏法师传》，北京：中华书局，1983 年

126. [美] 摩尔根《古代社会》，杨东莼等译，北京：商务印书馆，1997 年

127. [美] 大卫·鲁达夫斯基《近现代犹太宗教运动》(M0dern Jewish Religious Movements)，傅有德译，济南：山东大学出版社，1996 年

128. 郭沫若主编《甲骨文合集》，北京：中华书局，1979—1983 年

129. (东晋) 干宝《搜神记》(《四库全书》本)

130. 裘锡圭《说卜辞的焚巫尫与作土龙》。载：《甲骨文与殷商史》，上海：上海古籍出版社，1983 年

131. ［法］列维—布留尔（Lucien Lévy-Bruhl，1857—1939）《原始思维》，丁由译，北京：商务印书馆，1987 年

132. （清）徐乾学的《读礼通考》（《四库全书》本）

133. 《明史》（中华书局标点本）

134. （清）秦蕙田《五礼通考》（《四库全书》本）

135. （唐）杜佑《通典》（《四库全书》本）

136. 《春秋公羊传》（《四库全书》本）

137. 老子《道德经》（《正统道藏》本）

138. ［以色列］阿巴·埃班（Abba Eban）《犹太史》（DIES IST MEIN VOLK），颜瑞松译，北京：中国社会科学出版社，1987 年

139. 《天尊说阿育王譬喻经》（《中华大藏经》本）

140. （清）毕沅《续资治通鉴》（《续修四库全书》本）

141. （宋）陈亮《龙川集》（《四库全书》本）

142. 《大比丘三千威仪》（《中华大藏经》本）

143. 《十诵律》（《中华大藏经》本）

144. 《四分律》（《中华大藏经》本）

145. （明）《礼部志稿》（《四库全书》本）

146. ［美］威利斯顿·沃尔克《基督教会史》，孙善玲、段琦等译，北京：中国社会科学出版社，1992 年

147. 张绥的《基督教会史》，上海：三联书店，1992 年

148. ［古罗马］奥古斯丁《上帝之城》，王晓朝译，北京：人民出版社，2006 年

149. 《北京青年报》2006 年 12 月 5 日 B3 版《先掏 6000 万美元，再卖房子卖地——美国最大教区为性丑闻埋单》

150. ［德］路德《反对杀人越货的农民暴徒》，转引自林赛《宗教改革史》，上海：商务印书馆，1992 年

151. ［瑞士］孔汉思（汉斯·昆 Hans Küng）、［德］库舍尔（Karl-Josef Kuschel）编《全球伦理：世界宗教议会宣言》（A Global Ethic—The Declaration of the Parliament of the World's Religions），何光沪译，成都：四川人民出版社，1997 年

152. ［英］爱德华·泰勒《人类学——人及其文化研究》（Anthropology—

An introduction to the study of man and civilization)，连树声译，上海：上海文艺出版社，1993 年

153. （汉）班彪《王命论》，载《汉书·叙传》

154. 《六趣轮回经》（《中华大藏经》本）

155. 《旧唐书》（中华书局标点本）

156. 《新唐书》，（中华书局标点本）

157. 《孝经》（《四库全书》本）

158. 《梵网菩萨戒经》（《中华大藏经》本）

158. 《法华经》（《中华大藏经》本）

159. （南朝梁）慧皎《高僧传》（《中华大藏经》本）

160. ［意］薄伽丘（G. Boccaccio）《十日谈》（Decameron），钱鸿嘉等译，南京：译林出版社，1994 年

161. 《路德选集》，台北：基督教文艺出版社，1996 年

162. ［英］爱德华·吉本（Edward Gibbon，1737 － 1794）《罗马帝王衰亡史》（*The History of The Decline and Fall of the Roman Empire*），载：吴于廑主编《外国史学名著选》，北京：商务印书馆，1988 年

163. （宋）朱熹《敬斋箴》，载朱熹《晦庵集》（《四库全书》本）

163. （宋）朱熹《大学章句》（《四库全书》本）

164. （北魏）杨衒之《洛阳伽蓝记》（《四库全书》本）

165. 《阿育王经》（《中华大藏经》本）

166. ［法］格雷戈里《法兰克人史》，寿纪瑜等译，北京：商务印书馆，1996 年

167. （唐）柳宗元《答周君巢书》，载《柳河东集》（《四库全书》本）

168. 马克思《资本论》，载《马克思恩格斯全集》第 2 版第 44 卷，北京：人民出版社，2001 年

169. 鲁迅《我的第一个师父》，载：鲁迅《且介亭杂文末编》，北京：人民文学出版社，2006 年

170. 何劲松《伪满期间日本佛教在中国东北扮演的角色》，载《世界宗教研究》2001 年第 3 期

171. 王向远《日本对中国的文化侵略》，北京：昆仑出版社，2005 年版

172. 王春华《侵华战争中的日本佛教徒》，载《科学与无神论》2005 年第 5 期

173. ［日］池田大作、［英］威尔逊（Bryan Wilson）《社会与宗教》，梁鸿飞、王健译，成都：四川人民出版社，1991年

174.《大戴礼记》（《四库全书》本）

175.《孔子家语》（《四库全书》本）

176.（唐）孔颖达《毛诗正义》（《四库全书》本）

177.（唐）孔颖达《周易正义》（《四库全书》本）

178.《春秋》（《四库全书》本）

179. 伊斯兰教《圣训》

180. ［美］安德鲁·迪克森·怀特（Andrew Dickson White）《基督教世界科学与神学论战史》（A History of thc Warfare of Science with Theology in Christendom），鲁旭东译，桂林：广西师范大学出版社，2006年

180. 江丕盛《科学与宗教对话的崭新现象》，载：《桥：科学与宗教》，北京：中国社会科学出版社，2002年

181.《毛泽东哲学批注集》，北京：中央文献出版社，1988年

182.《江泽民文选》，北京：人民出版社，2006年。

183. ［美］大卫·托玛斯《犹太人历史》，苏隆译，北京：大众文艺出版社，2004年

184.《摩奴法典》，蒋忠新译，北京：中国社会科学出版社，2007年

185.（唐）李白《梦游天姥》，载：《李太白集》（《四库全书》本）

186. 鸠摩罗什译《中观论》（《中论》）（《中华大藏经》本）

187.（元）史伯璿《管窥外篇》（《四库全书》本）

188.《太平经》（《正统道藏》本）

189. ［意］但丁《神曲》，王维克译，北京：人民文学出版社，2000年

190. 陈鼓应《耶稣新画像》，上海：三联书店，1987年

后 记

本书是中国无神论学会承担的、国家社会科学基金重点委托项目。负责人朱晓明，执笔人李申。经常参加讨论并提出撰写或修改意见的有：

朱晓明、徐麟、习五一、田心铭、加润国、左鹏、黄奎、王珍、戴继诚、黄超等。

书稿内容曾在2014年年会上进行讨论，会上对书稿提出建议或批评意见的有：

陈坤林（北京理工大学教授）

杨寿堪（北京师范大学教授）

汪维钧（南京政治学院教授）

申振钰（中国科学技术协会科普所研究员）

曾传辉（中国社会科学院世界宗教研究所研究员）

李春城（北京师范大学教授）

李林洲（福州市民族与宗教事务局政策研究室原主任）

李志英（北京师范大学教授）

李超英（中国矿业大学教授）

本书正编第四章《中国共产党的宗教理论和宗教政策》，由国家宗教事务局宗教研究中心副主任、中国无神论学会副理事长加润国同志撰写。

在书稿付印之时，对以上同志特致深切谢意！

此书出版，历经坎坷，所以特别感谢巴蜀书社及童际鹏同志，终使此书和读者见面。

《科学无神论原理》写作组

执笔者：李申，2015年8月15日